한민족은 일음절의 천재들

한국인 99%가 모르는 우리말의 비밀

서재만 지음

다누리

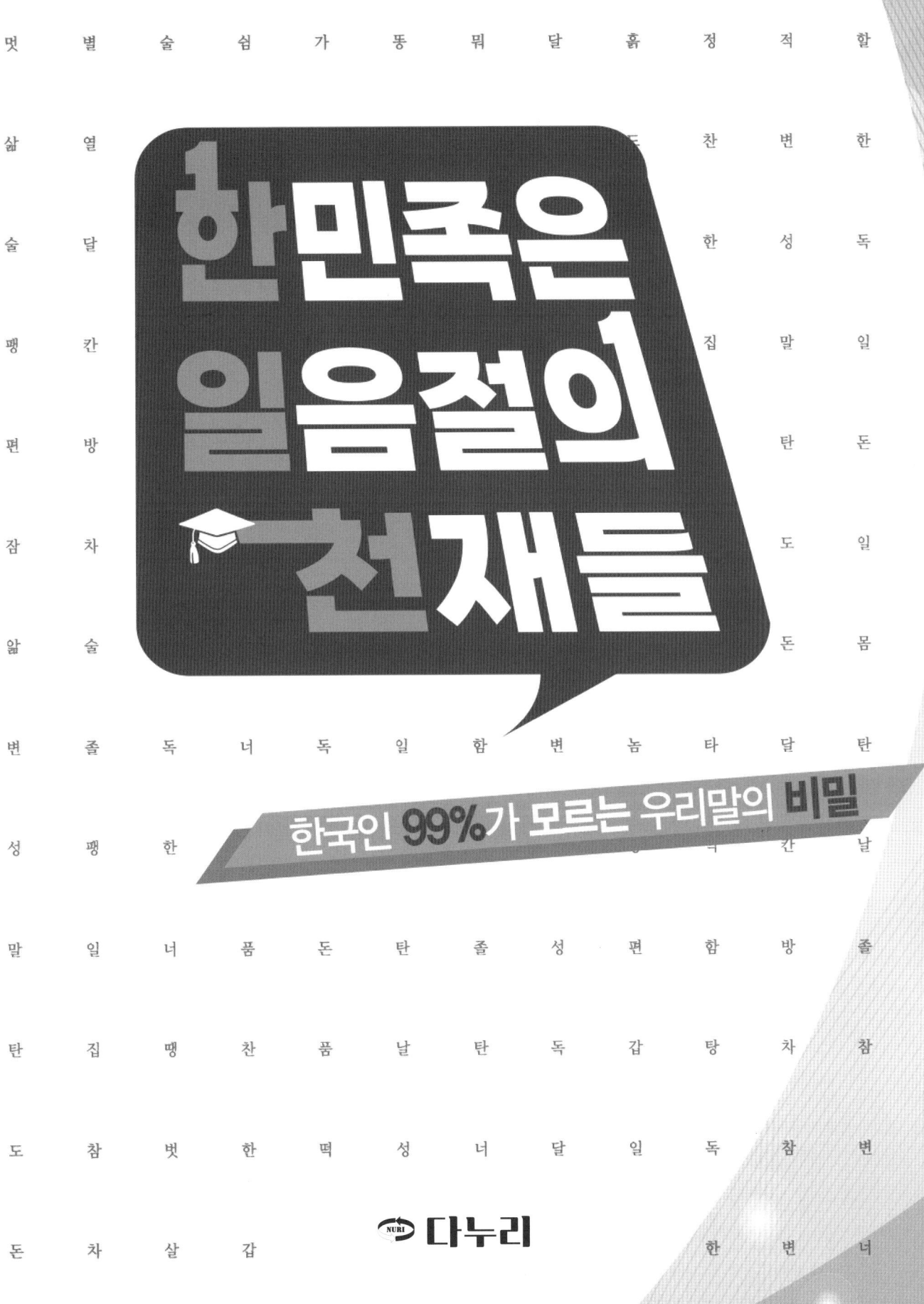

책을 시작하면서

먼저 저는 국어를 전공했거나, 또한 전문적으로 연구하는 학자도 아니고 게다가 책을 내본 적도 없는 지극히 평범한 보통 사람임을 먼저 밝힙니다. 단지, 우리말과 역사에 대해서 아주 조금 더 관심을 가지고 있는 정도였습니다. 약 20여 년도 훨씬 전에, 친구들과 이런저런 이야기하다가, '돈'을 벌려면, '땅'을 사야된다, 아니 '집'을 사야된다 등등 이야기하다 보니, 특이하게도 중요한 단어는 모두가 일음절로 되어 있어서 혼자서 매우 신기하게 생각했던 적이 있었습니다.

그러고 또 시간이 흘러, 약 10여 년 전에 라디오에서 스피드 퀴즈 프로그램을 듣고 있었는데, 사회자가 진행을 하면서 출연자 두 사람에게 각각 구호를 정하게 하는데, 보통은 자기 이름을 대든지 아니면 자기가 살고 있는 동 이름을 대는게 보통이었습니다. 그런데 하루는 어떤 출연자 한 사람이 자기는 '떡'을 좋아하니, '떡'으로 하겠습니다" 하였고 그 게임은 당연히 짧은 구호를 외친 '떡' 출연자가 이겼습니다. 그랬더니 거기에 영감을 받은 다음 출연자들이 죄다, 저는 "땀"의 소중함을 알기에 '땀'으로 하겠습니다", 다른 사람은 "저는 '꽃'을 좋아해서 '꽃'으로 하겠습니다" 이런 식이었습니다. 이 일이 계기가 되어서 우리말 - 특히 일음절의 경제성과 효율성에 더욱 관심을 가지게 되었습니다.

그리고 또 시간이 10여 년 지나서 코로나-19 라는 전대미문의 전염병이 전세계를 덥쳤고, 저 또한 이 병에 걸려 2주간의 격리기간을 갖게 되었습니다. 이 시간동안 뭘 할까 생각하다가, 차제에 보람있는 일을 한번 해보자 생각하고 가벼운 마음으로 이 책을 쓰게 되었습니다. 가볍게 시작했지만 벌써 3년이 걸렸는데, 나름대로 조사하고 연구하면서 놀란 사실 중의 하나가 한글에 대한 연구나 논문, 하다못해 유튜브 등은 헤아릴 수 없이 많지만, 우리말에 대한 연구나 관련 서적 등은 상대적으로 별로 없거나 매우 빈약하다는 사실이었습니다. 특히, 필자가 관심 가지고 있는 우리말 속의 일음절 단어에 대한 연구는 거의 없다시피 해서 저라도 많이 부족하지만 한번 해봐야겠다는 무모한 생각으로 이 일을 시작하게 되었습니다.

그런데 한편 생각해 보면, 우리 한글 또는 우리말에 대한 연구나 조사가 군이 국어를 전문적으로 공부한 학자에 의한 것이어야만 할 필요는 없습니다. 일테면, 우리 한글의 수준을 한 단계 높인 띄어쓰기는 미국인 호머 헐버트 선교사에 의해 사실상 생겼습니다. 그는 안중근 의사가 "한국인이라면 그를 하루도 잊어서는 안 된다"고 말할 정도로 그 당시 한국의 독립을 위해 많은 공헌을 하였고 또한 우리 한글의 우수함을 깨닫고 한글의 발전에도 큰 공로가 있는 훌륭한 대한외국인이었습니다. 당시, 한문체 문장에 습관이 박힌 조선인들 눈에는 보이지 않았지만, 영어가 모국어인 이방인의 눈에는 당시 조선어의 불합리성이 보였기 때문에 영어에 있던 이런 띄어쓰기를 한글에 도입할 수 있었습니다.

기왕 하는 김에, 우리말 속의 일음절 단어를 영어와 함께 같은 한자문화권인 일본어, 중국어와 같이 조사를 하였습니다. 사실, 한글이 만일 중국어나, 일본어처럼 표의문자(表意文字) 라면 신기할 것이 없겠지만, 우리말은 소리글-표음문자(表音文字) 임에도 일음절 단어가 많은 것이 신기한 것이지요. 아무래도 문법 지식도 짧고 학문적 소양이 많이 부족하다 보니까, 품사별로 분류 하지도 못하고 또 중국어 일부를 제외한 외국어 번역을 직접 하다 보니까 실수와 헛점투성이임을 솔직히 고백하니 관심있는 학자들, 독자들의 많은 지적은 겸허히 받아들여서 차후에는 더욱 보완하고 가다듬어서, 다같이 우리말의 지평을 넓혀 세계 속의 아름답고 위대한 한글과 우리말이 되기를 희망합니다.

2023년 9월

저자 **서 재 만**

Contents

책머리에 | 책을 시작하면서(저자 서재만) ······ 4
본문Ⅰ | 한일천(한민족은 일음절의 천재들) ······ 8
  • 너무나 빠른 우리 사회 ················ 9
  • 민족 정체성 ························· 10
  • 언어의 힘과 중요성 ················· 11
  • 말과 글의 차이 ····················· 12
  • 말과 일음절 단어의 기원 ············ 14
  • 韓中日은 같은 한자문화권 ··········· 16
  • 일 음절 단어의 의미 ················ 16
  • 숫자 또한 빨리빨리:일음절 ·········· 19
  • 빨리빨리의 의미 ···················· 19
  • 빨리빨리의 긍정적 요소들 ··········· 20
  • 효율성이 곧 돈이고 승자 ············ 20

본문Ⅱ | 폭풍성장의 비밀을 밝힌다 ······ 22
  • 놀라운 대한민국 ···················· 22
  • 놀라운 대한민국의 위상 ············· 23
  • 폭풍성장의 비밀을 밝힌다 ··········· 26
  • 대한민국의 문제, 문제, 문제 ········ 30
  • 대한민국의 미래 ···················· 33

역사시리즈 | 서문 :
  • '역사를 잊은 민족에게 미래는 없다' ······ 37

Chapter01 종교이야기　41
  • 기독교 ······························ 43
  • 이슬람교 ···························· 44
  • 불교 ································ 46
  • 자이나교 ···························· 47

Chapter02 미국이야기　51
  • G2 비교 ···························· 53
  • 압도적 1위 국가 : 세 가지 이유 ····· 54
  • 미국의 경제력과 크기 ··············· 57
  • 미국의 인권 문제 ··················· 58
  • 프랭클린 루즈벨트 대통령 ··········· 60

Chapter03 중국이야기　65
  • 중국의 역사 ························ 67
  • 중국의 정치 제도 ··················· 68
  • 전제 정치의 폐해 ··················· 68
  • 중국의 인명 경시 풍조 ·············· 73
  • 중국의 부패와 인터넷 정책 ·········· 75
  • 투명성의 반대말 : 꽌시 문화 ········ 75
  • 중국의 여러 문제들 ················· 76
  • 주변 국가 관계와 중국의 이미지 ···· 77
  • 방구석 여포들 ······················ 78

Chapter04 일본이야기　81
  • 일본 근대 까지의 역사 ·············· 83
  • 와 사상(和 思想) ··················· 84
  • 메이지 유신과 이이토코토리 ········ 87
  • 근대화 작업 ························ 89
  • 쿠다라 나이라고 아는가? ············ 90
  • 강약약강의 민족 ···················· 91
  • 끔찍하고 잔혹한 민족 ··············· 94
  • 우리와 일본의 현재와 장래 ·········· 95

Chapter05 이순신장군과 임진왜란　93
  • 장군의 큰 업적과 생의 변곡점 ······ 101
  • 우리가 이긴 전쟁이라고? ··········· 103
  • 정말 장군은 결정적 역할을 하였는가? 104
  • 장군은 어떤 사람이었나 ············ 105
  • 장군의 능력은 어느 정도였을까? ···· 107
  • 죽기 아니면 살기? ················· 109
  • 판옥선과 세키부네 ················· 110
  • 조선 수군의 주력 전술 ············· 111
  • 칭찬 받아야 할 위인과 처죽여야 될 놈들
    ································· 112
  • 조총과 활, 그리고 칼 ·············· 118

Chapter06 전쟁이야기   121

- 천고마비의 계절 ················· 123
- 전쟁의 역사는 말의 가축화로 부터 ······ 123
- 말로 흥하고, 말로 망한 몽골의 역사 ··· 124
- 변하지 않는 전쟁의 원칙 ············ 126
- 지피지기와 유비무환 ·············· 129
- 스페인의 남미 침략과 정복 ·········· 129
- 임진왜란과 조총 ················· 131
- 러시아의 우크라이나 침공 ··········· 132
- 못난 지도자들 ··················· 133
- 세상은 연결되어 있다 ·············· 134

Chapter07 문화이야기   137

- 지원과 여유가 낳은 현상 : 문화 ······ 139
- 문화 선진국 : 대한민국 ············· 141
- 팔만대장경과 장경판전 ············· 143
- 절대 지존과 브랜드 ················ 144
- 왜 문화인가? ···················· 146
- 주변국에서 중심국가로 ············· 149
- 노래, 드라마 그리고 영화 ············ 150
- 놀줄 아는 민족 ··················· 151
- 선구자 백범 ····················· 153

Chapter08 세종대왕과 한글   155

- 한글의 우수성 ···················· 157
- 세종의 왕으로서의 탁월함 ··········· 160
- 반대와 사대주의 그리고 홀대 ········ 162
- 잘못된 언어 습관과 용어들 ··········· 165
- 현대판 최만리들 ·················· 168
- 정겹고 아름다운 한글 ·············· 170
- 홀대 받는 한국어 VS 인기 짱 한국어 ··· 172
- 모국어란 무엇인가? ················ 173

Chapter09 언론과 기자   175

- 놓칠 수 없는 절대적 가치 ··········· 176
- 언론 자유도와 언론 신뢰도 ·········· 178
- 세가지 특징 ····················· 180
- 방송통신위원회 : 언론감시 ·········· 183
- 대담한 사기질, 도둑질 그리고 방관 ··· 183
- 언론의 사명 ····················· 185
- 프랑스의 과거사 청산 ·············· 186

Chapter10 친일파는 살아있다   189

- 친일파 분류 ····················· 191
- 제국주의자들과 식민지 경영 ········· 193
- 식민지 경영 방식 ·················· 194
- 일제가 행했던 구체적 정책 ·········· 195
- 우리속의 친일 매국노들 ············ 200
- 어린 독립투사 들 ·················· 201
- 힘들지만 의로운 길 ················ 202

단어장   205

- 단어장 서문 ····················· 206
- 종합 ·························· 208
- 건축관련 ······················· 251
- 쌍자음 단어 ····················· 252
- 도량형 단위 ····················· 261
- 인체 관련 ······················· 264
- 동·생물 ························ 267
- 자연 ·························· 268
- 먹거리 ························· 271
- 화학·금속·기타 ··················· 273
- 참조 및 인용 ····················· 274

한일천(한민족은 일음절의 천재들)

'한국인 99 %가 모르는 우리말의 비밀'

    이 책의 제목은 한민족은 일음절의 천재들이고 부제로 한민족 99%가 모르는 우리말의 비밀이라고 하니까 이 책의 제목만 보고서, 많은 독자들이 '이 책의 저자가 책 판매를 많이 하려고 제목으로 낚시질 하고 있네' 라고 생각할 것이다. 왜냐하면, 대부분의 독자들은 '이 땅에서 태어나고 자라 한국에서 정규교육을 다 받고 한국 말을 하며 먹고 살고 있으며, 한국어가 모국어인 내가 모르는 우리말의 비밀, 그것도 99%가 모르는 게 있을 수 없다' 고 생각할 것이다. 어쩌면, 필자의 섣부른 판단일지는 모르지만 적어도 내가 만나본 꽤 많은 수의 주변 친구들, 지인들은 단 한 사람만 빼고 모두 필자가 이제부터 주장하는 사실들에 대해서 금시초문이었고 미처 우리말에 그런 비밀이 있는지는 알지도, 생각해 보지도 못했다고 이야기 하였다. 필자 친구 중의 한명이 말하길, 그 이유는 우리말은 마치 우리에게 공기와 같아서, 공기가 있는 동안에는 공기의 소중함도, 중요성도 전혀 인식하지 못하다가 막상 공기의 공급이 30초만 중지되면 서서히 고통이 시작되다가 급기야 목숨까지 잃을 정도로 중요하지만 평소에는 그 중요성을 전혀 인식하지 못하고 있는 것과 같다는 말을 하였다. 즉, 너무나 우리에게 친숙하고 익숙하며 생활 그 자체이기 때문에 말이 말이지, 뭐 특별한 게 있냐고 한번도 우리말의 소중함은 물론이고 우리말에 필자가 밝히는 놀라운 비밀이 있는지는 아예 생각해 보지를 못했다고 했다. 자, 이제부터 필자가 왜 99%가 모르는 우리말의 비밀이라고 하는지 하나씩 밝혀 보고자 한다. 만일 끝까지 약만 파는구나 '낚였다' 하고 속았다는 생각이 들면 마음껏 필자를 욕하되, 반면 필자의 주장이 그럴듯하고 맞으면 이제부터 우리말을 아끼고 사랑하며 나아가서는 우리 대한민국과 우리 민족, 우리 역사를 사랑하는 계기가 되기를 바란다.

너무나 빠른 우리 사회 : 말 속에 들어있는 정신

외국인에게 대한민국의 특징에 대해 물으면, 대부분이 빨리빨리 문화 라고 말하며, 또한 동남아 등지에 여행을 가면, 그곳 현지 관광업에 종사하는 사람들이 가장 먼저 배우는 한국말 또한 빨리빨리라고 한다. 어떻게 그들에게 한국인 하면 가장 먼저 떠오르는 단어가 빨리빨리가 되었을까? 그런데, 이 땅에 살고 있는 우리는 우리가 그렇게 빠르다는 생각을 하지 못한다. 왜 그런지 그 이유를 밝히는 것보다 우리도 인식하지 못하는 우리 생활 속에 스며 들어있는 그 빨리빨리 문화와 또 그와 관련된 몇가지 사례를 밝히는 것이 이해를 돕는데는 더 빠를 것이다.

① 필자가 조기회 축구를 할 때이다. 요즘 조기회는 대부분 50, 60대가 반수 이상을 차지하는데, 그 중에 가끔 젊은 친구들도 당연히 있었다. 특별히 한 친구는 전직 선수 출신으로 잠깐 쉬고 있다고 했는데, 가끔씩 마음 먹고 드리블을 하면 그야말로 '쌩' 하고 우리 곁을 지나갔다. 너무나 빠르기에 깜짝 놀라서, 50~60대 아저씨들은 정말 감탄을 했더니, "선수들은 다 이래요. 저는 그 속에 들어가면 평범해요" 하는 것이었다.

② 지구의 자전속도를 아는가? 무려 시속 약 1,700 km/h 이다. 분당 약 28km 이고 1초에 460미터이다. 음속보다 더 빠른 무시무시한 속도로 자전을 하고 있지만, 지구 위에 발을 딛고 있는 어느 누구도 "어이구 오늘은 너무 빨라 어지럽네" 하지도 않고, 체감하지도 못한다. 그 이유는 지구를 둘러싸고 있는 우리 주변의 공기(대기)가 지구와 같은 속도로 움직이고 있기 때문이라고 한다.

③ 어느 날 국도변 옆의 한 식당에서 식사를 하고 있는데, 어떤 아저씨가 식당 문을 벌컥 열고 들어오면서 "아줌마, 이 집에서 제일 빠른 거로 두 개 주세요" 했더니 아줌마 왈 "우린 다 빨라요" 했다. 하루 중 가장 즐겁고 행복한 식사마저도 속도전으로

밀어 붙인다. 그런가 하면, 유달리 우리 음식에 "탕" 혹은 "국" 음식이 많은데 "곰탕, 설렁탕, 갈비탕, 내장탕, 도가니탕, 순댓국, 해장국, 선짓국" 등등이 있다. 가만히 생각해 보면, 국물이 주 내용인 음식들은 아무래도 밥을 말아 후다닥 빨리 먹기에는 제격이다. 또 비빔밥은 어떤가? 여러가지 음식재료를 넣고 고추장으로 한꺼번에 비벼서 먹으니 이 또한 속도전과 관계가 있다. 위에 열거한 음식들은 모두가 재료 고유의 맛을 천천히 음미하거나 즐기면서 먹는 것들이 아닌 거의가 간편식 개념에 가까울 정도로 바삐 일하는 사람들이 식사 시간을 줄이려는 의도가 분명한 음식들이다.

즉, 나를 포함한 우리 모두가 빠른 사회에 살고 있으니, 우리가 빠르다는 생각도 하지 않고 특별한 느낌도 없지만 외부에서 남이 볼 때는 한국이란 사회와 사람들은 참으로 빠르게 살고 있는 것이 보인다는 것이다. 그런데 이 빨리빨리의 정신과 문화가 우리가 일상적으로 아무 생각없이 하는 말에 깊이 들어가 있다.

민족 정체성

요즘 다민족으로 구성된 국가가 많기 때문에 그 나라가 그 민족이라는 등식은 성립하지 않지만, 대체로 한 나라에는 중심을 이루는 민족이 있다. 필자가 국민학교 다닐때는 우리는 단일 민족이라고 배웠지만, 이제 더 이상 그 표현은 쓰지 않는 걸로 안다. 하지만, 국민이라는 개념 안에는 다양한 민족이 포함되지만, 민족이라고 하면 다른 민족과 구별되는 그 민족만의 고유한 정체성을 가져야만 한 민족이라는 정체성이 생길 수 있다. 그러면 민족을 결정짓는 정체성은 무엇일까? 정체성의 사전적 뜻은 다른 것과 구별되는 고유의 것이란 뜻으로 대체로 다음 것들을 민족 정체성의 요소라고 생각하고 있다.

① 유전적으로 같은 혈통을 지니고 있어야 한다 - 외모와 신체적 골격등이 대체적으로 비슷해야 한다.
② 지리적으로 같은 영토 안에 살고 있어야 한다.
③ 6.25 전쟁, 8.15 해방 등 공통된 역사적 경험을 가지고 있어야 한다.
④ 같은 문화 - 옷, 음식, 음악 등 여러 다양한 전통적으로 내려오는 공통된 문화적 경

힘이 있어야 한다.
⑤ 결정적으로 같은 언어를 사용하고 있어야 한다.

위의 다섯 가지 중 그 민족을 결정짓는 가장 중요한 정체성은 통칭해서 언어라고 하지만, 말과 글 그 중에서도 말은 민족 정체성의 핵심 중의 핵심이다. 왜냐하면 민족 정체성은 같은 언어를 사용하고 공통된 역사와 문화 속에서 살면서 공동체를 자각하고 스스로를 자신의 민족과 동일시 하는데서 비롯되기 때문이다.

언어의 힘과 중요성

언어는 권력이고 힘이다. 그렇기 때문에 모든 식민지를 경영하였던 제국주의자들은 예외없이 피식민지의 언어를 빼앗고, 대신 정복자의 언어를 강제로 사용하게끔 하였다. 그 이유는 언어 자체가 갖는 그 힘을 충분히 알았기에 피식민지 언어를 못 쓰게 하면, 자연스럽게 민족의식은 약해져서 저항 의지를 상실하고 한 민족만의 정체성이 없어지기 때문에 결국은 나라의 독립 정신은 없어지고 정복자에게 쉽게 동화되어서 마침내 민족 또는 나라 자체가 없어지다시피 하기 때문이다. 가장 좋은 본보기가 남미 대륙에서 일어난 일이다. 300여 년간 식민 지배를 당한 결과로, 브라질은 포르투갈어, 거의 대부분의 남미 국가들[1]가이아나 트리니다드토바고는 영어를, 수리남은 네델란드어, 프랑스령 기아나는 프랑스어를 쓰고 있다.

이들 남미 국가들의 특징은 또한 정복자인 스페인, 포르투갈 사람들에 의한 혼혈이 굉장히 흔하고 또 많다. 그러다 보니 이들 정복자 국가들에 대한 감정도 제각각이다. 어떤 나라들은 여전히 날카로운 적개심을 가지고 있기도 하고 또 어떤 나라의 국민들은 꽤 호의적 감정을 갖고 있기도 하다. 중요한 점은 이들 국가와 국민들은 모두 포르투갈어와 스페인어가 그들의 국어가 되었고 대신 그들의 모국어는 이미 거의 잊혀졌던지 혹은 유명무실한 상태가 되었다는 사실이다. 그러면 그들의 전통문화는 어떻게 되었을까? 제대로 계승되고 발전하고 있을까? 필자가 알기로는 그것에 대한 관심 자체가 별로 없기에 그저 박물관 속의 이야기가 되어가고 있다 한다. 제국주의자들이 기필코 자기들의 언어를 피식민지 국민들이 사용하게 하려는 또 다른 이유는 바로 경제적인 이유에 있다. 예를 들

---
[1] 콜롬비아, 베네수엘라, 에콰도르, 페루, 볼리비아, 칠레, 아르헨티나, 우루과이, 멕시코 등이 모두 스페인어를 사용한다. 물론, 그외 자잘한 조그만 국가들

어서, 남미의 국가들이 해외에서 상품을 수입해서 쓰는데, 만일 그 제품이 단순한 소비성 제품이 아니라, 조립을 해야 하든지 상품설명서를 꼼꼼히 읽어야 하거나 혹은 지속적인 유지, 보수가 필요한 전문적인 제품이라면 자기들에게 익숙한 언어인 스페인어로 된 상품을 선택할 수밖에 없기 때문이다.

지금도 여전히 언어는 권력이고 힘이다. 따라서 세계인이 어떤 외국어를 많이 배우느냐가 현재 그 언어 국가의 세계적 위치를 알 수 있기도 하지만 또한 외국어의 인기는 시류에 따라 조금씩 변하는데, 1위는 여전히 영어, 2위는 스페인어, 3위는 프랑스어 이고, 어느덧 한국어도 당당히 6위가 되었다. 주목할 변화는 중국어가 8위 러시아어가 9위가 되었다는 점이다. 최근 중국의 안하무인식 무례함과 오만함은 중국에 대한 비호감을 드러내고 또한 러시아가 우크라이나를 침공함으로써 러시아 또한 비호감 국가가 되었기 때문이다. 한글과 우리말이 세계인이 배우는 외국어 순위 6위가 된 이유는 우리나라의 K-팝으로 대표되는 매력적인 한류 영향 때문이었을 거로 생각하는데, 이는 참으로 위대하고도 놀라운 일이라 생각한다. 앞선 외국어들은 모두 경제력과 식민지 개척에 의한 관련 효과에 불과하지만, 우리 한글은 남의 나라를 식민지로 만든 적이 없고, 경제력 또한 아직은 월등하지는 않지만 대한민국이 주는 그 긍정의 힘인 매력과 호감 - 소프트 파워 만으로 6위가 되었다는 사실은 참으로 경이롭기 짝이 없다. 이 매력과 호감은 결코 우연히 생기지도 않고 또 국가적으로 돈 들여 일부러 노력한다고 되는 것도 아니다. 그야말로 우리 한민족처럼 춤 잘 추고, 노래 잘하며, 놀 줄 알고, 신명이 많고 끼가 조상 때부터 흘러 넘쳐야 하는 우리 한민족만의 특질이다.

말과 글의 차이

말과 글은 어떤 차이가 있을까? 간단히 생각 해보면, 글은 말을 문자로 기록한 것이기는 하지만, 사람의 생각을 거쳐 말은 입을 통해서, 글은 책이나 문서를 통해, 바깥으로 나오는 과정은 분명한 차이가 있다. 글은 말에 비해 생각을 더욱 가다듬어서 쓰기 때문에 논리적, 이성적인 것으로 정보의 기록, 보존, 전달, 공유 등에 꼭 필요하기에 문법의 지배를 받을 수밖에 없고 대체로 전문적인 직업에 종사하는 사람들에게 많이 해당된다. 천만다행히 민족의 영원한 스승인 세종대왕께서 한글을 창제하셨기에 우리는 우리 민족만의 고유한 정체성을 유지할 수 있는 우리만의 글 - 한글을 갖게 되었다. 한글의 과학적 우수성과 편리함, 특별히 지식 정보화 시대를 맞이하여 중국어, 일본어 등과는 비교 불가의 우수함은 역사 편의 '세종대왕과 한글' 편을 참조하기 바란다. 이런 과학적이고 세상의 언어 중 가장 탁월한 한글이 있기에 우리의 미래도 밝으며 또한 지식정보화시대에 우리나라가 당당히 선진국 대열에 계속해서 선두에 설 수가 있다고 확신한다.

그러나 말은 어떤가? 훨씬 직설적이고 즉각적이며 글에 비해 훨씬 더 감성적이고 솔직하며 호소력이 있다. 문법과는 상관이 없으며 사투리도 많이 사용되며 또한 가까운 사이에는 주어의 생략도 매우 흔하다. 공식적인 대화나 정치인, 언론인을 제외한 보통 사람 간의 대화를 글로 적어 놓으면, 그 자리에 있지 않은 제삼자의 입장에서 읽어보면 그야말로 비문 투성이에, 문법적으로는 전혀 맞지도 않으며 이해하기가 여간 어려운 것이 아니다. 하지만, 말은 그 사람의 영혼을 담는 그릇으로, 사람의 생각과 사상을 담고 있기에 우리는 잘 모르는 사람이라 하더라도 잠깐의 대화만으로도 그 낯선 사람에 대한 대략적인 정보를 알 수가 있다. 지식 혹은 교양의 정도, 출신지방 등등 이다. 좀 더 거창하게 말하자면, 말에서 나가는 에너지는 당장은 별게 없는 것 같아도 궁극적으로 이 지상에서 최고 큰 에너지이고 이 질량이 세상을 변화시키게 된다. 사회를 변화시키고 우주를 변화시키는 것은 인간한테서 나오는 말이 대자연을 움직인다. 하나님 또한 이 말로서 이 세상을 창조하셨다.

말과 글 중 어느 것이 더 중요하냐고 따지는 것은 불필요하지만, 굳이 그 각각의 의미를 따져 보자면, 글은 없으면 대단히 불편하긴 하지만, 그럭저럭 생활하기에는 큰 지장은 없다. 쉽게 말해 일차산업 중 하나의 직업에 종사하면서 일하고, 시집가고, 장가 가고, 먹고 사는데는 글자는 몰라도 생활은 할 수 있었다. 이것은 마치 지구상에 있는 7,000여 개의 언어 중, 문자가 있는 언어의 종류는 300여 가지 정도 밖에 되지 않지만 문자가 없는 소수 부족이나 아직도 원시 부족상태의 사람들도 의사소통을 하고 자기들 나름대로 전통 방식으로 잘 지내고 있는 것을 보아도 알 수 있다. 하지만 말이 없다면 어떻게 될까? 아마도 거의 동물과 비슷한 수준의 생활이 되지 않을까 싶다. 인간만의 높은 수준의 사고 능력과 함께 원활한 의사소통이 안 되니 어떤 문명의 발달이나 기술의 진보 등도 거의 이루어지지 않을 것이기 때문에, 아무래도 기본적 인간 생활에 있어서는 말이 훨씬 더 중요할 수밖에 없다. 그렇기 때문에 일상적으로 사용하는 말, 모어 혹은 모국어에는 그 부족 나아가서는 그 민족만의 사상과 혼과 얼이 담겨있고 또한 그 속에 문화와 전통과 역사가 살아서 숨쉬고 있다.

말과 일음절 단어의 기원 : 무의식의 집단 지성의 산물

이처럼 중요한 우리말 - 지금 현재 우리가 쓰고 있는 이 한국어는 도대체 누가 만들었으며, 언제부터, 누가 사용하기 시작했을까? 특히 특정 사물에 대한 명칭, 즉 단어는 어떻게 만들어졌는지 궁금하기 짝이 없다. 예를 들어 옛날 지혜 있는 어떤 조상 한 분이 어느 날 장터에 사람들을 모아놓고 이 투명하고 마실 수 있는 이 액체를 "이제 부터 '물'이라고 부릅시다" 해서 만들어진 것이 아니다. 언어는 약속인데, 그야말로 우리 민족끼리 혹은 같은 부족끼리 간의 집단 지성으로 만들어질 수 밖에 없다고 생각한다. 그것도 특별히 의도하거나 인지하는 것이 아니라 생활하면서 거의 무의식 상태에서 집단 지성으로 만들어지는 것이라고 생각한다. 이처럼 우리말의 기원은 언어를 연구하는 학자들의 다양한 의견이 있지만, 아무도 정확히 알 수 없는 사실상 미지의 영역에 속한다. 왜냐하면, 문자와 달리 말은 어떤 객관적 증거나 자료가 남아 있을 수 없기 때문에 다만 여러 언어학자들, 인류학자들이 추측하건대 지금 우리가 사용하는 한국어와 유사한 단어가 인도의 남부지방에 꽤 있다고 하면서 특별히 농사와 관련된 비슷한 단어가 많이 발견되는 것으로 보아 벼농사의 전래과정과 유사하지 않을까 하고 생각하고 있다. 물론 우리말은 우랄알타이 계통으로 북방 민족에서 비롯되었다고 이야기 하는 학자들도 전통적으로 많이 있다. 어느것이 옳은지 쉽사리 알 수는 없기에 앞으로 많은 학자들의 다양하고도 폭넓은 조사와 연구, 토의가 필요하다.

아무튼, 말의 효용성은 무엇일까? 목적은 정보 전달인데 어떻게 하면 쉽고, 빨리, 정확하게 할까 하는 경제성과 속도인 효율성을 추구하는 쪽으로 발전해왔다. 그러다 보니, 같은 정보를 전달하더라도 효과적으로 빨리, 쉽게 전하기 위한 무의식의 집단 지성이 우리 한민족 속에 발동하기 시작해서 연면히 지금까지 이어져 내려오고 있다.

다시 말해서 3음절 보다는 2음절이, 2음절 보다는 1음절이 발음하기에 더 쉽고 빠르다는 것은 두말 할 필요가 없다. 단 한 단어의 예를 들자면, 우리말로 **물(水/수)** : 1 음절

이지만, 일본어는 水[みず/ 미즈] : 2 음절이고 중국어도 水[shuǐ / 스웨] : 2 음절 이다. 이처럼 한자(漢子)로는 같은 단어 하나를 놓고도 동양 3국은 각기 다른 발음과 또한 다른 음절 수를 보인다.

한국어		일본어		중국어	
물	(水 / 수)	水	[みず / 미즈]	水	[shuǐ / 스웨]
칼	전쟁 무기	刀	[やいば / 야이바]	刀	[dāo / 따오]
창	〃	槍	[やり / 야리]	戈	[gē / 꺼어]
총	〃	鐵砲	[てっぽう / 뎃뽀우]	枪	[qiāng / 치앙]

보기 단어 중 아래 세가지 칼, 창, 총은 어떤가? 모두가 전투 시의 너무나도 화급한 시간에 목숨이 왔다갔다하는 절체절명의 상황 때 주로 쓰여지는 단어들이다. 예컨대 전투 중 이들 무기를 지칭할 때 일 음절 단어가 훨씬 효율적이기도 하지만 또한 이들 단어들을 발음을 해보면 모두가 된소리들이라서 주변이 시끄러운 상황에서도 너무 뚜렷한 발음의 단어들이라 잘못 들을리도 없다. 이 또한 신기하기 짝이 없다. 필자만 신기한가?

위에서 언급하였듯이 글은 1443년에 창제되었지만, 말은 누가 언제 어떻게 만들었는지 여전히 알 수 없고 앞으로도 영원히 아무도 알 수 없다. 달리 말하면 아주 먼 옛날 조상부터 시작해서 지금도 너와 나, 우리가 집단 지성으로 여전히 같이 만들어 나가고 있는 것이 우리말이다. 그렇기 때문에 이 책의 제목도 "한민족은 일음절의 천재들"이다. 다시 말하지만, 지금 사용하는 우리말은 누가, 언제, 어떻게 만들었는지 알 수 없다는 말은, 우리말의 창조자 혹은 생산자는 당연히 너와 나를 포함한 우리 모두가 지금도 같이 만들어 나가고 있다는 사실이다. 따라서 우리 한민족 한 사람 한 사람 모두가 일음절의 천재들이기에, 우리는 무엇보다도 우리말을 관심을 갖고 아끼고 사랑해야 한다.

조상들만 일음절 단어를 많이 만들어 쓴게 아니고, 지금도 끊임없이 새로 만들어지고 있는데 몇가지만 예를 들어보자면 다음과 같다. 요즘은 오히려 총기발랄한 젊은 세대가 더 많이 축약된 단어를 만들어서 쓰는 것 같다.

짤: 주로 인터넷상에서 사진이나 그림 따위를 이르는 말. "짤방" 에서 비롯된 말, 엄카 (엄마 카드), 엄빠 (엄마·아빠), 소확행 (소소하지만 확실한 행복), 베라 (베스킨라빈스), 파바(파리바케트). 등등 일일이 열거하기도 힘들 정도로 너무나 많은 축약된 신조어가 계속해서 만들어져 가고 있다. 재미있는 것은 조상들 못지않게 지금 세대도 우리 속에 흐르는 DNA가 끊임없이 우리 민족으로 하여금 전혀 자각하지도 않는 가운데 언어의 경제성과

속도의 효율성을 계속해서 추구하고 있다는 사실이다.

韓中日은 같은 한자문화권 : 우리만 표음문자(소리 글자)

　말은 살아있는 생물이기 때문에 끊임없이 만들어지고, 변하고 또 사라져간다. 큰 틀에서야 별로 변하지 않았겠지만, 아마 몇백 년 전의 조상들과 지금 우리가 만나서 대화를 하면 얼마나 의사소통이 원활하게 될지 궁금해진다. 아무튼, 누가 만들었는지 알 수 없지만, 우리 말 속에는 유달리 일음절로 된 단어들이 무척이나 많다. 필자가 조사한 바로는 품사 구별없이 최소한 1,200 단어는 족히 넘어간다. 그런데, 매우 중요한 사실은 동양 3국 -한국, 중국, 일본이 같은 한자문화권이지만, 이 두나라가 뜻글자인 표의문자(表意文字)를 사용하는 반면, 우리말은 소리글자인 표음문자(表音文字)를 사용한다는 것이다. 만일, 우리말도 같이 표의문자라면, 일 음절로 된 단어가 많다는 것은 그리 신기한 일도 아니고 놀랄 일도 아니다. 희한하게도, 소리글자임에도 불구하고 일 음절로 된 단어가 많다는 그 점이다.

일 음절 단어의 의미

삶이란 무엇인가	삶- 인생 또는 생명 그 자체.
돈 버는게 목적인가	돈 - 모든 재화의 상징.
일 하려고 태어났는가	일 - 모든 경제활동의 통칭
몸이 건강하려면	몸 - 건강을 대표.
밥을 많이 먹어야 하고	밥 - 음식을 대표.
일을 마치면 **집**에 간다	집 - 안식과 쉼이 있는 곳
집에서는 **잠**을 자고	잠 - 휴식
똥도 싸고	똥 - 모든 배설의 통칭
쉼을 가진다	쉼 - 휴식과 재충전.
돈을 많이 벌면 **땅**도 산다	땅 - 경제활동 목표의 상징.

위의 **굵은 글씨로 된 단어**는 우리 인생에서 가장 중요한 단어를 나열해 본 것이다. 물론, 이것들 외에도 인간에게 꼭 필요하다는 의식주(衣食住) - **옷, 밥, 집**도 있고 너무나 중요한 인간의 본능 중의 하나인 성(性) - **씹**도 있다. 기타 문화 생활에 꼭 필요한 **춤, 창** (노래), 음식 중 최고의 음식인 **술**, 그리고 술은 혼자 마실건가? **벗** 또한 나이들면서 더욱 소중하다. 또한 생명 그 자체에 가까운 **물**, 인류를 원시 상태에서 벗어나게한 너무나 소중한 **불** 이외에도 **해, 달, 별, 산, 들, 강** 등 자연이 있고, 인간에게 꼭 필요한 **개, 소, 닭, 말, 양** 등 동물들도 있다. 이 동물들은 4,000여 종의 포유동물 중 가축화 된 10여 종류의 모두 인간과 매우 가까운 가축들이다. 모두가 어떤 공통점이 있는가? 독자들도 이제 느끼기 시작하겠지만 우리생활에 꼭 필요하고 중요한 단어들은 거의 예외없이 일 음절로 되어있다. 신문물이 들어오기 전의 개화기 이전의 생활은 거의 일음절 단어만 사용해도 생활에 큰 지장이 없을 정도였다. 필자가 발견한 원칙은 다음과 같다.

1. 모든 중요한 단어는 거의 일 음절로 되어있다.
2. 사용빈도가 높은 단어일수록 일 음절 단어의 사용이 많다.
3. 한자에서 비롯된 외래어 보다 대체로 순수 우리말이 많다.
4. 동음이의어가 대단히 많다.

수많은 동음이의어가 있지만, "푹"이란 단어 부사 하나의 예만 들자고 한다. 무려 16가지의 다른 뜻과 쓰임새가 있다. 그 설명과 예문을 들어보도록 하겠다.

① 깊고 푸근하게 잠이 들거나 피곤한 몸을 매우 흡족하게 쉬는 모양을 나타내는 말.
  예) 아기가 잠이 푹 들었다, 감기는 푹 쉬면 낫는다.
② 고개나 머리를 아주 깊이 숙이는 모양을 나타내는 말.
  예) 누렇게 익은 벼이삭이 고개를 푹 숙이고 있다, 형철은 부끄러운지 고개를 푹 숙이고는 아무 말이 없다.
③ 어떤 대상이나 분야에 아주 깊이 열중하는 모양을 나타내는 말.
  예) 그는 도박에 푹 빠져서 헤어나지 못했다, 성규는 요즘 컴퓨터 게임에 푹 빠져 있다.
④ 어떤 것이 갑자기 깊이 빠지거나 들어가는 모양을 나타내는 말.
  예) 자동차 바퀴가 진흙에 푹 빠져 버렸다, 피곤하면 뜨거운 욕탕에 푹 들어갔다 나오너라.

⑤ 흠씬 익을 정도로 몹시 끓이거나 삶거나 고는 모양을 나타내는 말.
　예) 할머니께서는 돼지머리를 푹 삶으셨다, 소화가 잘 안되면 밥을 푹 끓여 먹어라.

⑥ 연기나 한숨 따위를 아주 깊이 내쉬는 모양을 나타내는 말.
　예) 철수는 담배연기를 푹 내뿜으며 쓸쓸한 표정을 지었다, 윤수는 한숨을 푹 쉬면서 땅만 쳐다보고 있다.

⑦ 가루 따위가 구멍으로 한꺼번에 많이 쏟아져 나오는 모양을 나타내는 말.
　예) 그는 넘어지면서 그만 쌀을 바닥에 푹 쏟고 말았다, 어머니는 봉투 속에 들어 있던 밀가루를 쟁반에 푹 쏟았다.

⑧ 드러나지 않도록 아주 잘 싸거나 덮는 모양을 나타내는 말.
　예) 창수는 너무 추워서 이불을 푹 뒤집어쓰고 잤다, 나는 혹시라도 들킬까 봐 모자를 푹 눌러썼다.

⑨ 깊고 뚜렷이 파이거나 꺼진 모양을 나타내는 말.
　예) 구덩이가 푹 팬 곳에는 잔뜩 물이 고여 있었다, 큰 고생을 한 언니는 양볼이 푹 꺼져 있었다.

⑩ 사람이나 물건이 단번에 넙적 고꾸라지거나 힘없이 쓰러지는 모양을 나타내는 말.
　예) 술이 잔뜩 취한 행인은 길바닥에 푹 쓰러졌다, 달려가던 소년이 돌부리에 걸려 앞으로 푹 고꾸라졌다.

⑪ 작은 물건으로 힘있고 깊게 찌르거나 쑤시거나 파는 모양을 나타내는 말.
　예) 흉악한 강도는 집주인을 칼로 푹 찔렀다, 언니는 부지깽이로 아궁이를 푹 쑤셨다.

⑫ 심하게 젖거나 썩거나 쉬거나 삭거나 하는 모양을 나타내는 말.
　예) 푹 곰삭은 젓갈이 입맛을 당겼다, 빗물에 푹 젖은 몸이 점점 떨리기 시작했다.

⑬ 숟가락이나 삽 따위로 음식이나 물건을 많이 퍼내어 크게 파이는 모양을 나타내는 말.
　예) 소년은 여물을 푹 떠 가지고 외양간으로 갔다, 인부는 힘들이지 않고 흙을 한 삽 푹 파 올렸다.

⑭ 목소리나 기세 따위가 가라앉거나 수그러든 모양을 나타내는 말.
　예) 범수는 푹 가라앉은 목소리로 자초지종을 말했다, 아이는 기세가 푹 수그러져서 말없이 서 있었다.

⑮ 분량이나 크기 따위가 갑자기 많이 줄어든 모양을 나타내는 말.
　예) 겨울이 되자 일거리는 푹 줄어들었다.

⑯ 날씨가 따뜻하다, 푸근하다의 방언.
　예) 오늘은 날씨가 겨울답지 않게 푹하다.

고려대 한국어 대사전 참조

물론, 이외에도 필자가 미처 발견하지 못한 숨어있는 의미가 많이 있을 줄 안다. 어쨌든, 일 음절 단어는 위에 언급한 언어의 경제성, 속도와 효율성과 함께 빨리빨리 DNA가 합하여져 만든어진 것이라 생각한다.

숫자 또한 빨리빨리 - 일음절

말만 빨리빨리가 들어가 있는 것이 아니다. 숫자를 읽는 발음 또한 모두 일 음절이다 - 일, 이, 삼, 사, 오, 육, 칠, 팔, 구, 십, 백, 천, 만, 억, 조, 경 등 모두가 일 음절 발음이다. 반면, 우리를 제외한 영어, 일어, 중국어는 모두 일 음절도 있지만, 이 음절, 삼 음절 발음도 있다. 6.25 전쟁 때 우리와 같이 작전을 했던 미군이 우리만 음성 모르스 부호로 통신이 가능하다는 사실을 알고 매우 신기해 했다고 한다. . 이같은 사실이 우연한 일이라고 생각하는가?

빨리빨리의 의미

우리 민족 DNA 속에 빨리빨리가 들어있다고 흔히 이야기 하는데, 다른 나라 사람들은 빨리 해야겠다고 의식적으로 노력하는 반면에, 우리 민족에게는 빨리빨리가 기본적으로 장착되어 있다고 한다. 한때는 빨리빨리 문화가 부정적 요소가 많다면서, 지양해야 될 잘못된 것인양 이야기될 때도 많았다. 예컨대, 끝마무리가 좋지 않다. 일을 대충대충 한다, 날림공사가 많다, 눈가림만 살짝 한다. 산업재해나 환경보호 등에 대한 대처가 미흡하다. 반면 아래 사례들은 빨리빨리가 가지는 긍정적 요인으로서 오늘날 한국을 이처럼 폭풍성장을 하게 만든 중요한 원동력 중의 하나라고 생각한다. 물론, 어떤 제도나 문화든, 항상 좋은 면만 있는 것은 세상에 거의 없다. 모든 일과 현상에는 반드시 긍정적 요소와 함께 부정적 요소도 함께 있기 때문에 그것을 받아 들이고 적용하는 사람들의 의식과 수용 과정에서 어떻게 반응하고 적용하느냐 하는 차이만 있을 뿐이다.

빨리빨리의 긍정적 요소들 → 경쟁력 향상

1. 한 공정의 반복작업으로 인한 숙련도 향상으로 일 처리 속도가 빨라진다 - 일 처리가 빠른 사람이 업무 능력도 뛰어나며, TV 생활의 달인을 보면 끝마무리도 오히려 보통 사람 보다 더 좋다.

2. 전체 공정을 파악하고 또 알고 있어야만, 부분 작업도 빨리할 수 있다. 즉, 다음 작업을 무엇을 해야하는지를 모르면 작업의 속도를 올릴 수 없다. 다시 말해서, 전체 공정을 꿰뚫고 있는, 업무 파악이 필수적이다. 흔히 말해서 일머리를 알고 있어야만 가능한 일이다.

3. 업무에 대한 의욕이 없는 사람은 절대 일을 빨리 하지 않는다. 혹시, 주변에 일에 의욕이 없는 게으른 인간이 직장에 빨리 출근하거나 일을 빨리 시작하는 것을 본 적이 있는가? 즉, 빨리빨리는 열정과 의욕 충만의 다른 말이다.

4. 한 공정을 빨리하는 것보다, 여러 공정 중 하나를 줄이거나 때로는 순서를 바꾸든지 혹은 동시에 하는 것이 훨씬 더 큰 효과가 있다는 것을 알기에 전체 공정을 파악해서 시간과 업무의 낭비 요소를 없애려 노력한다.

5. 빨리빨리가 몸에 밴 개인 혹은 집단은 궁극적으로 경영의 효율성을 추구할 수 밖에 없다. 어떻게 하면 불필요한 시간과 업무의 낭비를 줄이고 최고로 효율성을 높일까 늘 연구하고 고민하니 이것이 곧 경쟁력이다. 또한 이 빨리빨리 문화는 창의성과 밀접한 관련이 있다. 왜냐하면, 빨리빨리 곧 효율성을 추구하는 것 자체가 끊임 없는 창의적 아이디어를 추구하는 것이다

효율성이 곧 돈이고 승자

이처럼 빨리빨리가 추구하는 궁극적 목표는 효율성이다. 어떻게 하면, 일을 쉽고 빨리할까 궁리하는 자세가 늘 몸에 배여있고 이를 연구하고 또한 실행한다. 실제 경제활동에 있어서 효율성은 곧 돈이다. 건설공사는 공기단축이 곧 돈이고, 제품 개발에 있어서 경쟁사 보다 앞선 제품 출시 또는 특허 신청은 시장을 선점하니 곧 돈이다.

대표적인 사례 하나만 들자면, 1970 년대 열사의 나라 중동에서 일할 때 당시 정말 가

진 것이라고는 몸뚱아리 하나밖에 없던 시절에 건설회사들과 근로자들은 공기 단축을 위해 낮에는 물론이고 밤에도 횃불까지 켜서 밤낮주야로 일을 열심히 하였다. 한국 건설사가 공기단축의 큰 장점을 가지다 보니, 걸핏하면 이 핑계 저 핑계로 계약한 공기보다 늦어지는 경쟁 국가보다, 발주처로 부터 더 많은 일거리를 확보하는 것은 당연했다. 만약 당시 공기는 빨라서 좋지만, 완공 후 하자가 많아서 별로이다라는 평가를 들었다면, 추가 일감 확보가 되었겠는가? 그때부터 우리 건설회사들과 근로자들은 속도와 품질 두가지 면에서 세계적인 경쟁력을 확보할 수 있었고, 이후로부터 지금까지도 중동에서 우리에 대한 평가는 높을 수 밖에 없다. 당시 그 열사의 지방에서 땀 흘리고 수고한 근로자들은 그때 벌어들인 돈으로 가정에서 존경을 받을 수 있었고 또한 한국을 근대화 시키는데 큰 공헌을 한 훌륭한 어른들이다.

　이처럼 우리 속에 인식하든지 못하든지 깊이 스며있는 빨리빨리 정신과 문화는 부끄러운 것도 아니고, 고쳐야 하는 잘못된 것은 더더욱 아니다. 오히려 정보의 가치는 속도에 있다고 하는 지식정보화 시대를 맞이한 지금 우리는 우리 민족 DNA속에 있는 이 빨리빨리 정신을 긍정적으로 더 확산시키는 일에 집중해야 한다. 하지만 세상 일에는 반드시 빛이 있으면 어둠도 함께 있다는 사실을 나라와 사회는 깊이 인지하여야 한다. 이 극도의 효율성을 추구하는 정신은 심각한 부작용인 빈부격차와 계층간의 갈등 등 부정적인 현상도 같이 있으므로 이를 최소화하기 위한 대책과 치유도 같이 병행되어야 한다. 나라가 부자가 되면 뭐하는가? 대다수 국민이 불행하면 말짱 꽝이다.

　결론적으로, 우리 한민족 DNA속에 들어있는 빨리빨리 정신과 문화가 우리의 무의식의 집단 지성을 만나서 일음절 단어를 창조해 내고 생산하였다. 다시 말하면, 우리말 속의 그 많은 일 음절 단어는 우연한 일이 아닌 우리 민족 정체성이 만들어 낸 결과물이다.

폭풍성장의 비밀을 밝힌다

놀라운 대한민국

최근 몇 년 사이에 대한민국의 성장은 우리가 아닌 세계인의 눈으로 볼때 여간 경이로운 것이 아니다. 약 70 여년 전인 1953년 6.25 동란이 끝난 직후인 1953년 GNP가 불과 US$65 달러에 불과했던 나라가 무려 560 배 폭풍 성장을 하여서 2022년 US$36,400을 기록하였다. 그런가 하면, 2021년 7월 UNKTAD (UN 무역개발협의회)가 1964년 기구설립 57년 만에 세계 최초로 전회원 만장일치로 한국을 개발도상국에서 정식으로 선진국으로 분류하였다. 한국은 어느덧 세계 10위의 경제대국이 되어 수출은 6위, 수입은 9위이며 세계에서 유일하게 원조를 받는 나라에서 거꾸로 원조를 주는 나라가 되었다. 1953년 세계 150~160위 권의 최하위 가난뱅이 국가에서 2년 연속 G7 회의에 초청받고 있는 실로 놀랍기 짝이 없는 기적의 역사를 쓰고 있다. 이것은 사실상 현실 세계에서는 있을 수 없는 비현실적인 기적이나 마찬가지인데, 굳이 비유를 하자면, 전교생 200 명인 학교에서 150~160등의 최하위권 열등생이 어느날 갑자기 방학이 끝나서 오더니 갑자기 전교 10위 권의 최상위층 우등생이 되는 것과 같다. 독자들 주변에 그런 학생이나 사례를 한번이라도 본적이 있는가? 그런 놀라운 있을 수 없는 기적을 현재 대한민국은 매일 써나가고 있다.

위에서 G7 (서방 선진 7개국)을 언급하였는데, 우리가 정말 대단한 것이, 우리 앞에 있는 미국, 일본, 독일, 영국, 프랑스, 이탈리아, 캐나다의 공통점이 무엇인지 아는가? 물론, 이들은 당연히 현재 세계 최고 7개의 부자 나라들이다. 그런데, 사실관계를 역사적 관점에서 들여다 보면, 이들은 결코 으시대거나 잘난체해서는 안 되는 나라들이다. 일본, 독일, 영국, 프랑스, 이탈리아는 한때 모두 식민지 국가를 경영하였던 제국주의자 - 침략자들이었다. 지금 이들이 잘난 체하고 거들먹거리면서 누리는 부의 상당수가 피식민지 국가에서 산 사람들의 신체를 절단하고, 노예로 부리고, 사람 죽이면서까지 빼앗아온 부로 만들어진 것은 부인할 수 없는 엄연한 역사의 진실이다. 그러면, 미국과 캐나다는 식민지를 가지지 않은 괜찮은 나라가 아닌가 착각할 수 있다. 그런데, 사실은 이들 두 나라는 앞의 나라들과는 수준이 다른 악의 끝판왕이라고도 할 수 있다. 이 두 나라는 잠시 피식민지 국가를 빨아먹다가 물러난 것이 아니라, 아예 그 땅에 살고있던 원주민들을 거의 말려 죽이다시피 하고 자기들이 그 땅의 주인들이 되었다. 그야말로, 우리 속담처럼 굴러온 돌이 박힌 돌을 빼내고 자기들이 주인 행세하는 셈이다. 너무 심하게 수탈당해서 그런지, 그 당시의 피식민지 국가들이 한결같이 지금도 후진국 신세를 못 벗어나고 있지만, 우리 대한민국만이 유일하게 그 역경을 탈출해서 버젓이 그 패악질을 일삼았던 제국주의자들과 같은 반열에 올라섰으니, 참으로 위대하고 대단한 대한민국이 아닐 수 없다.

놀라운 대한민국의 위상 : 10가지 위대한 점

1. 의도와 목적을 가지고 창제된 자기 나라 문자를 가지고 있는 세계 유일의 나라.

우리를 제외한 세계 모든 국가는 언제 누가 만들었는지도 모르는 출생이 불분명한 문자를 쓰고 있다. 게다가 그 문자는 가장 쉽고, 단순하며 또한 과학적이라서 지식 정보화 시대에 딱이다.

2. 손기술이 세계 최고인 나라 – 속된 말로 부업을 해도 먹고살 수 있다.

기능올림픽: 1967년 스페인에서 개최된 첫 대회 출전 이후, 총 30번의 출전 대회에서

19차례 종합우승을 거둔, 비교 불가의 강국. 손기술이 좋고 빠르기에 어떤 분야에서도 두각을 드러낸다.

3. 원조 받는 나라에서 주는 나라로 바뀐 유일한 우등생 나라 – 세계 10대 경제 선진국.

UN산하기구인 UNDTAD 기구 설립 57년 만에 1964년 세계 최초로 전회원 만장일치로 한국을 개발도상국에서 정식으로 선진국으로 승인하였으며 피식민지 국가 중 유일하게 사실상 G7 가까이 도약하였으며, 세계 10대 경제 선진국이 되었다

4. 문화 선진국이자 문화 대국 – 세계는 한국의 매력(소프트 파워)에 빠지고 있다.

2000년 초 미국 Life지에서 지난 1,000년 동안 역사상 중요한 대사건 100 가지를 뽑았는데 그중 1위가 쿠텐베르크의 성경 인쇄가 꼽혔는데, 우리의 "직지심체요절"은 그보다 80여 년 더 빠르며 "무구 정광 대다라니경"과 함께 각각 금속활자인쇄와 목판인쇄 두 부문에서 세계에서 가장 앞선 문화 선진국이다. 또한 최근의 BTS, Black Pink 등 K-Pop과 각종 영화, 드라마 등을 위시한 한류 영향으로 2021년 한국은행에서 발표한 해외에서 벌어들인 문화예술 저작권료 수입이 7억 5천만 달라(약 1 조원)에 이르고 있다.

5. 국방력이 세계 5위인 나라 – 폴란드와 약 30조 이상 무기 수출을 계약.

미국의 군사력 평가 기관인 Global Fire Power가 최근 밝힌 발표에서 한국의 국방력이 일본을 제치고, 5위에 올랐으며 우-러 전쟁으로 인해 고조되고 있는 유럽의 긴장상태로 인해 무기 수입 수요가 폭증하고 있지만, 이 수요를 감당하기에는 현재 한국만 한 나라가 없다. 소련제, 중국제는 품질이 의심스러워서 아예 처음부터 제외한 상태이고, 우리 무기가 선택된 이유 중 첫째는 미제에 비해 가성비가 좋고, 둘째는 신속한 공급 능력이다.

미국은 납기가 느려도 너무 느리고 또한 기술이전도 잘 해주지 않으니까 폴란드는 우리가 기술이전을 약속하자 아예 유럽 지역에서 우리의 수입 대리점 역할을 하면서 독일, 영국, 프랑스, 이탈리아 등지에 자기들이 직접 제조하여 팔아 먹겠다는 야심찬 계획을 보이고 있다. 그야말로 원-윈 이다. 폴란드는 정서적으로도 우리와 동병상련의 아픔을 같이 가지고 있다.

6. 아시아에서 가장 키가 큰 나라 – 키가 크고 덩치가 커져서 나쁜 점은 없다.

아시아 국가 중 평균 키 높이 현재 1위 이다. 2022년 현재 20세 남성의 신장은 174.9 cm 여성은 162.3cm이다. 2위 일본은 1980년대 이후 거의 정체상태라고 한다. 영국의 한 연구기관에 의하면, 지난 100 년간 한국여성의 키가 세계에서 경이적으로 가장 많이 자랐다고 한다.

7. 세계 10대 선진국 중 유일한 피식민지 국가

위에 언급하였듯이, G7 국가 (서방선진 7개국) 중 일본, 독일, 프랑스, 영국, 이탈리아 등은 직접 식민지를 가졌고, 미국, 캐나다는 아예 그 땅에 살고 있던 원주민을 쫓아내다 시피 하고 그 땅을 차지하고 나라를 세웠다.

우리만이 유일하게 피식민지 국가 출신으로 나쁜놈들과 같이 어깨를 겨루게 되었다. 즉, 지지리도 어렵던 가난뱅이가 어마어마한 거부가 된 셈이다.

8. 빨리빨리 문화가 세계 최고인 나라 – 지식 정보화 시대 정보의 가치는 속도

특별한 설명이 필요 없을 정도로, 빨리빨리는 우리 DNA속에 각인되어 있다. 지식 정보화 시대인 디지털 시대는 정보의 가치는 속도에서 오기에, 속도가 더욱 경쟁력인 세상이 되었다. 너무나 많은 예 중에서 딱 한 가지만 생활 속의 예를 든다면, 안경에 대해서 언급하겠다. 우리는 안경을 맞추는 일이 그냥 동네 마실 가듯이 가서 뛰어난 손기술과 효율적인 시스템 덕분에 길어야 30분 안에 맞추어서 쓰고 돌아온다. 그런데다 가격도 크게 부담스럽지도 않은 편이다. 하지만, 유럽이나 미국은 보통 2주 정도가 걸리며, 가격도 국내의 보통 4~5배정도 된다고 한다. 그러니 해외 이민나간 교포들이 그곳 안경 가격에 기겁하고, 절차나 시간에 놀라서 국내 잠시 들릴때 무조건 3개 이상 맞춘 후 가지고 돌아간다고 한다. 국내에서만 사는 국민들이야 이런 속도나 가격이 너무 당연하고 새삼스러울 것이 없다.

9. 단결심이 최고인 나라 – 뛰어난 공동체 의식.

태안에서 2007년 12월 7일 기름 유출 사건이 발생했을 때 해외 전문가들은 복구에 약 20~30년이 걸릴 것이라고 예상하였지만, 자발적으로 자원봉사를 온 연인원 120여만 명 시민들의 적극적이고 헌신적인 참여로 불과 2년 만에 겉으로 보이는 모습은 어느 정도 회복되었고, 어장은 7년 만에 복구가 되었다. 이외에도, IMF 때 금 모으기 운동, 길 가던 트럭이 갑자기 사고로 넘어져서 내용물이 쏟아 졌을 때 어디서 나타났는지 낯선 행인들이 금방 모여서 물건 담아주고 청소까지 해 주는 것, 등등 헤아릴 수 없을 정도로 특별히 어려운 상황에서 뭉치고 서로 돕는 정신은 세계 최고이다. 우리 남편, 우리 마누라, 우리 집 등등 외국인이 기겁하는 호칭부터 무의식 중에도 우리는 끈끈한 공동체 의식을 가지고 있으며 심지어는 여럿이 같이 먹는 식사 메뉴 정할 때도 거의 통일해서 먹는것이 일반적이다.

10. 저항 정신이 최고인 나라

2차 대전 이후 독립국 중 유일하게 경제 선진국과 민주화를 이룬 나라. 임진왜란 때 왕인 선조는 불이나케 내빼고, 오합지졸인 관군들도 조총 총소리 한 방에 80 %가 그냥 도망가는 그 힘든 때 의병들이 나서서 나라를 지켰다. 고려때 세계 최강 몽골이 침략했을 때, 고려 조정은 그냥 항복하고 굴복하였지만, 삼별초는 항복하지 않고 3년을 버텼다. 일제 식민지 시절 때도 그 무섭고 잔인무도한 왜놈들에 맞서서 무수한 애국지사들이 초개와 같이 목숨을 아끼지 않고 끊임없는 저항운동과 어린 학생들까지 참여한 3.1 만세 운동을 펼치는 등 결코 타민족 지배를 허용하지 않았다. 국내적으로는 근대에도 6.10 항쟁, 1980년 5.18 광주 민주화 운동, 2016년의 촛불혁명 등 불의하거나 민의를 짓밟는 세력에게는 결코 총칼에 쉽게 굴복하는 호락호락한 백성이 아니다.

폭풍성장의 비밀을 밝힌다

그런데 이렇게 대단한 성취를 이뤄낸 대한민국의 기적과 놀라운 성장의 비결이 무엇인지 궁금해하는 해외 학자들이 꽤 있고 이들은 열심히 사회과학적 측면에서 그 원인을 조사하고, 연구하고 있다고 한다. 하지만, 이것이 그 비밀이다 하고 밝히기에는 딱히 잡히는 게 없는 것 같다. 우리가 흔히 듣는 첫번째 이유는 높은 교육열을 이야기 하는데, 필자 또한 일정 부분은 수긍하지만, 충분하지는 않은 것 같다. 조금만 시야를 넓혀보면, 중국이나 인도, 일본의 상위권 학생들의 교육열은 우리와 비교할 수 없을 정도로 훨씬 더 높다고 한다. 두번째 이유는 높은 지능(IQ)을 드는데, 이것 또한 어느 정도는 맞지만, 동북아시아 지역의 국민들 IQ 또한 비슷하게 높기에 이것도 충분한 설명은 되지 못한다. 딱히 이거다 하고 잡히는 게 없으니까, 심지어는 젓가락 문화도 그 중의 하나라고 이야기한다. 젓가락질 같은 세밀한 손놀림은 두뇌의 발전과 활용에 도움이 된다고 하지만 이것 역시 충분하지도 만족스럽지도 않은 이유인 것 같다. 모두가 어느 정도는 맞지만, 모두를 충분히 납득시키는 원인이나 조건이 아닌 다소 설득력이 떨어지는 이유이자 설명이다. 그럼, 그 이유는 무엇일까? 필자 또한 일방적 주장일 수도 있겠지만 필자 나름의 연구와 조사를 토대로 내린 결론은 바로 다음이다.

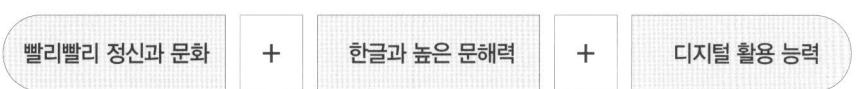

이제 필자가 이렇게 주장하는 나름의 근거를 밝히고자 한다.

1. 빨리빨리 정신과 문화

빨리빨리는 효율성의 다른 이름이고 또한 시간 단축과 직접적인 관련이 있다. 시간은 인간과 어떤 관계가 있는가? 이 세상은 온갖 종류의 불평등과 불공정으로 가득 차 있다. 사실상 온전한 공정과 평등은 애시당초부터 없다. 알다시피, 금수저를 물고 태어나는 사람도 있고 태생적으로 부실한 몸을 부모로 부터 물려받아 늘 골골하는 친구들도 있다. 꽤 많은 남한 사람들이 현실에 불만을 갖고 살면서 젊은이들은 '헬조선' 이런 말을 쉽게 하지만 만일 우리가 서울 기준으로 몇십 킬로미터만 북쪽에서 태어났더라면 젊은 돼지같은 독재자와 그 일족들을 어버이 수령님과 백두혈통으로 평생 모시고 살아야만 한다.

하지만, 모든 인종, 피부색, 혈통, 나라 등등과 관계없이 모든 인간에게 공평하게 주어진 유일한 것은 시간으로 나이 들면서 느끼는 가장 소중한 것은 시간이다. 만일, 돈, 건강, 시간 중에서 하나만 고르라 하면 단연코 그것은 시간이라는 생각이다. 돈은 잃으면 다시 벌면 되고, 나빠진 건강은 의사나 약의 도움 혹은 운동으로 다시 되찾을 수 있지만, 지나간 시간은 어떤 경우에도 되돌릴 수 없다. 그래서 유한한 인간이 한번 가면 다시 오지않는 이처럼 소중한 시간에 대해서 할 수 있는 유일한 일은 바로 속도를 빨리하는 것이고, 곧 업무의 효율성을 높이는 것으로 이런 빨리빨리 정신이 우리의 말과 문화 곳곳에 깊이 들어가 있다. 앞의 단락인 우리말 속의 그 많은 일 음절 단어들과 거의 의식도 못할 정도로 우리 속에 깊게 배어 있는 음식을 포함한 각종 문화와 습관들이 바로 그것들이다.

그런데 이처럼 소중한 시간은 근대화 이전의 시간 보다는, 산업혁명 때의 시간이, 또 아날로그 시대의 시간보다는 지식정보화 시대 - 디지털 시대가 훨씬 중요하고 더 큰 가치가 있다. 첨단 과학기술이 더욱 발전할수록 속도의 경쟁은 점점 더 심해지는 것뿐만 아니라 거의 승자독식의 상황으로 가기 때문에 속도와 시간 즉, 빨리빨리 DNA 를 가진 우리에게 절대적으로 유리한 우리의 시간이 다가오고 있다.

2. 한글과 높은 문해력

한글은, 어떤 이는 미래시대의 문자라고까지 극찬할 정도로 과학적이다. 여러가지 장점이 있지만, 손으로 글을 쓰던 시대에는 주로 한자인 중국어나, 일본어에 비해 한글은 배우고 쓰기 쉽다는 장점은 있었지만, 그렇게 큰 차이가 없는듯이 보였다. 하지만, 타자기와 최근의 컴퓨터 자판이 등장하면서부터는 상황이 완전히 바뀌기 시작했다. 몇 해 전 대전 MBC 주최로 한, 중, 일 3국의 대학생들에게, '어린왕자' 한 챕터를 자국의 언어로 치게 하고 속도를 측정하였는데, 한글의 타자 속도는 중국, 일본에 비해 무려 7배가 빨랐다.

또한 LG사가 모바일 세계 문자 전송 대회(엄지족 대회)를 개최했는데, 한국 팀이 전 분야를 싹슬이 우승을 하였다. 많은 사람들의 창의적 아이디어가 축적이 되어 지금의 효율적으로 자판 배열이 된 타자기와 또한 스마트폰으로 여러 작업을 쉽고 빠르게 할 수 있게 되었다. 물론 그 바탕에는 당연히 과학적이고 효율적인 자랑스러운 한글이 있기 때문에 가능하다. 이런 컴퓨터 자판이나 스마트폰을 이용한 정보의 기록과 저장은 당연히 우리가 유리하고 앞설 수 밖에 없다. 또한 이런 쉬운 한글과 함께 높은 교육열 덕분에 우리나라의 문자해독율은 세계에서 가장 높은 반면 문맹율은 세계에서 가장 낮다고 한다. 국민들의 전체적인 문해율이 높아야 나라가 선진국 혹은 고도산업사회로 진입할 수있다고 한다. 왜냐하면, 어차피 학교에서 모든 것을 배워 나올 수는 없는데다 새로운 신기술은 계속 나오므로 그것과 관련된 매뉴얼만 보고도 기계를 작동시키거나 원리를 이해하는 능력을 실제 작업자 개개인이 갖추고 있느냐 하는 것이다. 이것이 바로 문해력인데 높은 수준의 교육을 받은 소수 엘리트뿐만 아니라, 일반 평균 수준의 국민들 문해력이 높아야 새로운 기술이나 시스템을 이해하고 받아들여서 현장에서 바로 적용할 수 있기 때문이다.

3. 디지털 활용 능력 : 새로운 패러다임의 시작

위 두가지 사실, 빨리빨리의 효율성 추구 정신과 한글의 우수함 만으로는 한국의 폭풍성장의 이유로 들기에는 다소 부족하다. 알다시피, 우리나라는 1997년에 사실상 나라가 부도가 난 상황인 IMF 위기를 겪었다. 외화 부족 사태로 인한 경제적 충격으로 대다수의 사람들이 고통을 겪었고, 나라가 거덜나서 과연 그 위기를 극복이나 할수 있을지 앞이 보이지 않는 상황이었다. 그것이 불과 25년 정도 전의 일로서 그리 오래된 과거의 사건이 아닌데 우리는 어떻게 그 큰 위기를 극복하고 이 짧은 시기에 무려 세계 10위권의 경제대국이 될 수 있었을까?

이제, 또 다른 이유를 밝혀 보고자 한다. 인터넷 시대가 언제 시작되었는지 아는가? 그 기원은 미국 국방성이 구축한 알파넷으로 1969년 이라고 하지만, 우리나라에서 일반 대중이 본격적으로 쓰기 시작한 때는 대략 1995년경으로 기억한다. 그리고 또한 디지털이라는 용어가 쓰이기 시작한 것 또한 대략 2000년 초부터 라고, 생각한다. 정확한 의미도 좋지만 보통 사람 입장에서, 단순하고 쉽게 말하자면 흔히 아날로그는 구식, 오래된 것 이라면 그와 대비 되는 개념으로 디지털은 인터넷을 기반으로 하는 새로운 세상 문명 정도로 이해하면 된다. 좀 더 깊게 들어가면, IT (정보와 기술) 혹은 ICT (정보, 통신, 기술) 또 그것에 기반한 4차 산업혁명, 요즘은 챗'GPT, AI (인공지능), 메타버스, IOT(사물 인터넷) 등 50대, 60대 이상의 보통 사람이 들으면 정말 이해하기도 어렵고 또 그것들이 주는 의미를 충분히 인지하고 따라가기도 벅찰 정도이다. 다시, 크게 또 쉽게 구분하자면, 컴퓨터와 인터넷이 없던 이전의 세상을 아날로그 시대라 하고, 둘의 출현 이후를 디지털 시대 라고 하는데, 이 둘의 출현으로 완전히 새로운 세상, 즉 새로운 패러다임의 시대가 시작되었다. 이 대 전환기의 시대에 빨리빨리의 DNA+지구 최강의 과학적 문자인 한글을 가지고 있는 우리의 시간이 시작되고 있고 또 우리는 그 흐름을 제대로 잡고 있는 것이다.

그런데 이런 디지털 작업은 어떻게 시작되는가? 물론, 그 최초의 영감이나 발상은 두뇌로부터 시작되지만, 어쨌든 그 시작은 손끝을 통한 자판으로부터 시작된다. 위에 언급하였듯이, 우리 한글은 컴퓨터 자판 혹은 스마트폰으로 정보를 검색하거나 기록하는데 탁월하다. 그러다보니 거의 대다수 한국의 사무직원들은 컴퓨터 활용에 매우 친숙하고 또 능숙하기에 엑셀이나 파워포인트 등 여러 다양한 프로그램들을 대체로 무리없이 업무에 잘 활용한다. 즉, 이런 디지털을 활용한 개개인의 업무 능력이 뛰어나고 그것들이 모여서 회사의 경쟁력을 이루고 나아가서는 국력이 되는 것이다. 반면 일본에서 회사 생활하는 지인으로부터 듣기로, 일본에서는 엑셀만 할줄 알아도 능력자 취급을 받을 정도라고 한다. 이 차이가 작은 차이라고 생각하는가? 한마디로 아날로그와 디지털의 눈에보이는 큰 차이점 중 하나는 바로 컴퓨터이다. 결정적으로 이 컴퓨터와 인터넷을 활용한 지식 정보산업 시대인 디지털 전환이 시작되면서 우리의 경제력은 급속도로 성장하기 시작해서 IMF를 겪은지 불과 25년 만에 세계 10대 경제강국이 되었다. 한마디로, 본격적인 디지털 시대가 시작되면서, 한국은 GDP가 2000년 불과 US$10,841에서 22년 만인 2022년 US$36,400 으로 폭풍 성장을 하였다. 새로운 산업 전환기인 디지털 시대를 맞아서 우리 한글을 기반으로 한 우리의 뛰어난 디지털 활용 능력 외에는 달리 이 놀라운 성장을 설명할 적절한 말 또는 이유가 달리 없다.

최근 비슷한 시기에 우리와 비슷한 정도로 급속한 성장을 이룬 나라들이 몇개국 있는데 우리를 제외한 거의 대다수의 나라들은 모두가 지하 광물자원인 석유 등의 발견을 통한 엄청난 국토지리적인 혜택이 있었다. 반면 우리에게는 그동안 무슨 특별한 잇점이나 환경적, 지리적인 혜택이 있었는가? 그동안 7광구에서 석유가 쏟아졌는가? 남북통일이 이루어졌는가? 해저 보물선이 발견되었는가? 이 엄청난 일을 일으킨 사람은 바로 우리들 자신이다. 아무리 생각해도, 필자 소견에는 이것 외에는 달리 설명할 다른 말이 없다.

대한민국의 문제, 문제, 문제

  필자는 지금까지 우리나라의 장점과 좋은 점에 대해서만 나름대로 찾고 분석하였다. 하지만, 절대 오해하지 마시라. 어느나라 어느 민족이든, 장점만 있고 좋은 점만 있는 사람들은 있을 수도 없고, 있을리도 없다. 우리 또한 고쳐야 하는 숱한 문제들이 여전히 있고 또 이것들을 치료하기 위해서 추구해야 하는 목표들도 있다.

1. 정 문화
  한국민의 따스한 정 문화는 참으로 아름답기 그지없다. 자식을 향한 어머니의 사랑 등 하지만 이것이 상대를 바꾸면 온정주의로 바뀌면서 끼리끼리 혹은 패거리 문화가 된다. 흔히 말하는 혈연, 지연, 학연 등으로 엮이는 과정을 통해, 특정 직업이나 계층에서 거대한 기득권 세력으로 바뀌면서 부패의 온상이 되는 경우를 많이 본다. 공평과 정의는 간곳 없고 소위 우리끼리 혹은 같은 편끼리 눈에 보이지 않게 알음알음으로 해먹거나 같이 사이좋게 챙긴다. 세계적인 많은 사회과학자들의 연구와 조사에 의하면 후진국이라고 불리는 모든 나라에서 공통적으로 발견되는 나라를 거덜내고 있는 가장 심각한 현상이 부정부패라고 하는데 바로, 온정주의는 여러 다른 말로 포장하려고 하지말고 바로 부정부패 그 자체이다. 한 가지만 예를 들자면, 인도는 비공식적으로 정부 또는 부패한 정치인이 예산의 40%를 빼먹는다고 한다. 불과 얼마전, 우리로 치면 현직 조달청장이 정치권이 예산의 40%를 횡령하니 나라 살림이 되지않는다고 기자들에게 발언할 정도로 나라 전체가 부패로 충만하여서 인도 사람들도 부패에 대해서는 심한 넌덜머리를 낸다고 한다.

2. 극심한 경쟁
  빨리빨리 문화가 있는 우리나라는 경쟁이 다른 나라에 비해 더욱 심하다. 크게 봐서, 국가적으로는 성장할 수 있는 중요한 원인이긴 하지만, 개인을 놓고 보면 전혀 달라진다. 어차피, 경쟁에서 이겨 달콤한 과실을 갖는 자는 소수이고, 훨씬 많은 다수의 사람들은 경쟁에서 탈락하고, 실패하고 뒤쳐진다. 이 땅에 태어난 모든 사람들은 모두가 존중받아야 하는 소중한 사람들이고, 어떤 이의 삶 혹은 생명은 더 귀하고, 반면에 무시해도 되는 삶이나 생명은 있을 수 없다. 다시 말해서, 경쟁에서 뒤쳐지거나 실패한 사람들도 똑같이 한번 사는 세상에서 무시되어서는 안된다는 이야기이다. 하지만 현실은 어떠한가? 그렇지 않기에, 한국은 높아진 국력과 경제력과는 상관없이 국민들의 행복도는 60위 권으로 무척 심각하게 낮은 편이다. 실제로, 세계 최고의 자살률, 최저의 출산률과 낮은 혼인률 또 노인 빈곤률 등 사회적 불평등과 불공정은 극심한 편이다. 이를 방지하고 궁극적으로 국민을 행복하게 하기 위한 정부 혹은 사회의 적극적인 포용과 대책이 반드시 필요하다. 많은 국민이 불행하면 부자 나라가 되면 뭐하는가? 소수만 행복한 나라는 참으로 의미가 없고, 우리라는 단어를 쓰면 안 된다.

3. 사대주의와 열등감

우리나라 사람들은 땅덩이는 좁고, 사람은 같이 많이 살다보니 남과 비교하는 좋지 못한 비교의식이 너무 심하다. 오랜 농경문화와 정착된 생활을 해왔던지라 항상 남을 의식하고 또한 비교하면서 상대적 차이로 불행해하고 혹은 으시대거나 한다. 그러한 낮은 자존감의 열등의식은 거꾸로 사대주의로 표출되고 있다. 2022년도 모건스탠리의 발표에 의한면, 한국 여인네들의 소위 명품이라고 우기는 고가 사치품의 구매가 세계 최고로 무려 21 조원 어치라고 한다. 그런가 하면, 진정한 세계 최고의 명품 중의 명품인 한글은 촌스럽다고 길거리의 간판은 거의가 영어 그 자체 혹은 영어를 한글로 적어놓은 간판이 수두룩하다. 또한 아파트 이름은 도무지 국적 불명의 외국어 혹은 영어로 도배를 하는가 하면, 아주 사소한 것들도 온통 세련 되기 짝이 없는 영어 일색이라 나이드신 분들 혹은 저학력인 분들을 위한 배려는 아예 없는 세상이 되어가고 있다. 국력의 신장과는 관계없이 오히려 더 심해지는 우리 속의 사대주의와 열등감은 반드시 극복해야 한다.

4. 인간에 대한 존중과 사랑

위의 것들은 고쳐야 하는 허다한 우리속의 문제들로서 특별히 극심한 경쟁과 그로 인한 후과로 실패하고 뒤쳐진 자들에 대한 배려와 따뜻한 온정이 반드시 필요하다. 그 온정은 특권의식으로 우리사회를 부패로 물들게하는 가진자들, 자기네들 끼리의 음습하고 불의한 온정이 아니라 정말 세상의 벼랑 끝으로 몰리고 있는 사람들에 대한 관심과 존중과 사랑이다. 연구에 의하면 20명이 불행하다 여겨서, 자살할까 생각하면 그 중의 한명이 실제 극단적인 생각을 행동으로 옮긴다고 한다. 다시 말하면, 우리 주변에는 미처 행동으로 옮기지는 않았지만, 수시로 자살 충동을 느끼는 극도로 불행하다고 느끼는 자포자기 상태에 있는 19명의 이웃이 우리와 함께 같이 살고 있다는 이야기이다. 그러니 전반적인 대한민국의 행복지수는 매우 낮은 것이다. 혹시 이글을 읽는 성공하거나 높은 지위에 있는 독자가 있다면, 부디 잘나가는 당신들, 높은 사람들이여 당신 주변에 있는 같은 부류만 보고 '세상은 아름다워, 살만한 세상이야' 하고 속단하지 말기를 바란다. 사실 당신이 지금 누리는 그 높은 지위와 부는 온전히 당신의 노력에 의한 것이기도 하지만, 70%는 부모 덕, 이웃 덕 혹은 운빨이 좋아서, 혹은 조상 음덕으로 잘 살고 있다는 생각을 해서 으시대거나 뻐기지 말기를 부탁드린다. 진정한 인간의 향기와 품격은 결코 높은 지위에 있어서도, 많이 가져서도 아니고 다만, 약자와 어려운 처지에 있는 이웃을 향한 따스한 눈길과 위로의 말과 함께 실질적으로 행동하는 애정어린 손길이 있는 사람임을 명심하기 바란다.

대한민국의 미래

동네 상권도 시간이 흐르면 같이 흐르고 변하듯이, 세상의 부나 또 강대국 혹은 부자 나라들도 항상 그대로 있는게 아니고 수시로 바뀐다. 15 세기에 시작된 대항해 시대에는 당시의 블루오션이 신대륙 개척이었는데, 이 흐름을 간파하고 항해술, 선박제조, 신무기의 개발 등을 통해 개척자로 나섰던 포르투갈과 스페인은 당시 신대륙 발견과 식민지 개척으로 어마어마한 부를 축적하고 당시 세계의 패권을 쥐었다. 지금도 작은 나라지만, 당시에도 포르투갈은 인구가 채 100만 명이 되지 않는 작은 나라였는데 자기 덩치와 인구의 거의 100배가 넘는 브라질을 식민지로 경영을 하였다. 그 후에는 소국 네델란드도 한때 세계의 패권을 잠시 쥔 적도 있었는데, 지금 세계의 수도라고 불리는 미국 New York은 초기 정착기에 네델란드인이 원주민에게 불과 24 달러에 사서 그곳을 New Amsterdam으로 불렀다. 그 후에는 알다시피 영국은 '해가 지지않는 나라' 라고 불리면서 세계 곳곳에 엄청난 식민지를 가지고 전세계를 상대로 호령을 했다. 하지만 지금 영국은 Brexit라는 뻘짓으로 심각하게 해가 지는 나라가 되어가고 있다.

그런데 참으로 놀라운 점은, 영국 매디슨 연구 센터의 기록에 의하면, 1820 년대 세계 최고 부자는 부동의 1위가 바로 청나라로 GDP가 2,286억 달러, 2위가 인도로 1,114억 달러, 3위가 영국인데 362억 달러, 4위가 프랑스로 354억 달러, 5위가 독일이 268억 달러, 그 다음이 이탈리아, 일본, 미국 순이다. 이 당시 청나라의 부와 국력은 지금의 미국을 능가할 정도로 대단하였고, 인도 또한 유럽 나라들과는 비교조차 안 되는 엄청난 경제력을 가지고 있었음을 알 수 있다. 하지만, 그후 산업혁명을 일으켜 강국으로 올라선, 악의 끝판왕 영국은 중국을 아편으로 골로 보냈고, 인도는 식민지로 삼아 등골을 빼먹어서 지금의 허접한 나라로 만들었다. 이처럼 세계적인 전쟁이나 산업혁명 등 새로운 대변혁기를 맞으면, 그 전환기를 어떻게 받아들이고 적용하느냐에 따라서 나라의 크기와 관계없이 새로운 세계의 강자로 올라설 수가 있다. 다시 말하면, 부자나라 혹은 강대국이 변화를 모르거나 지체가 되면 서서히 망조가 들거나 약소국이 되고 마는 것과는 달리, 반대로 별볼일 없던 약소국도 신기술 혹은 새로운 산업등장으로 인한 시대 변화의 주체 혹은 적극적 수용자가 되면 강대국으로 올라설 수 있다. 일본이 한때는 메이지유신을 성공시켜서, 아시아의 절대 강자가 되었지만, 그 이후로는 국민성 자체가 결정장애가 있는건지 아니면 변화를 두려워하는 건지 30년 이상을 뒷걸음만 치고 있다.

이제 우리에게 이 전환기에 강자로 올라설 수 있는 기회가 오고있다. 최근 20여 년 동안 급속하게 경제 발전을 이룩한 나라들은 우리나라를 제외하고는 거의가 거대한 광물자원의 발견 등 외생변수에 의한 성장이 대부분이다. 하지만, 알다시피 우리는 주변환경이 정치적으로, 군사적으로, 경제적으로 호의적인 적이 한번도 없었다. 여전히 우리는 남북으로 갈라져서 군사적 긴장상태가 늘 계속되고 있다. 어쨌든, 디지털 전환기 또는 혁명기에 그 시작은 컴퓨터 자판으로 시작될 수 밖에 없다. 또 그 자판기를 활용한 컴퓨터 사용과 여러 새로운 디지털 산업은 우리에게 엄청난 도전과 기회인 것은 틀림없다. 이 단락의 결론을 맺자면 다음과 같다.

1. 빨리빨리로 장착된 세계 최고의 속도와 추진력
2. 민족의 영원한 보물이자 수호신인 한글과 높은 문자해독력
3. 시대 전환기인 지식산업화 시대에 맞는 디지털 활용 능력

이 세가지가 함께하는 한, 우리 민족은 다가오는 시대에도 세계적인 강자로 더욱 성장할 수 있으리라 확신한다.

물론, 예상하지 못한 많은 시련과 어려움 또한 있으리라 생각되지만, 우리 속의 분열과 부패, 여러 답답한 문제들과 또한 우리 힘으로 어쩔 수 없는 국제 질서 속에서의 시련과

도전, 어려움도 또한 많으리라 생각한다. 하지만 우리 역사가 언제는 평안하고 좋았는가? 항상 지금 못지않은 시련과 도전 또 환란의 연속이었음에도 불구하고 여기까지 올 수 있었다. 다시 한번 거듭 강조하지만, 한글과 우리말은 우리 민족에게 보물이고 수호신이다. 아무리 많이 쓰고 사용해도 영원히 닳지도 않고 없어지지도 않으며, 쓰면 쓸수록 더욱 빛이 나고 풍성해진다. 이 한글과 우리말이 우리에게 있는 한, 우리 민족도 세계를 향해 가까운 미래에 크게 떨쳐서리라 확신한다. 부디 우리 말과 글에 자부심을 가지고 더욱 아끼고 사랑하기를 바란다. 왜냐하면, 한글과 우리말은 우리 민족 그 자체이며 나아가서는 우리 자신이다. 이 세상에 자기를 아끼고 사랑하지 않는 사람이 있는가?

마지막으로 어느 현자의 변화에 대한 경구를 소개하면서 이 장의 글을 마치고자 한다.

> **"변화를 일으키면 지도자가 되고**
> **변화를 받아 들이면 생존자가 되고**
> **변화를 거부하면 죽음을 맞이한다."**

역사시리즈 서문

- 1장 : 종교이야기
- 2장 : 미국이야기
- 3장 : 중국이야기
- 4장 : 일본이야기
- 5장 : 이순신장군과 임진왜란
- 6장 : 전쟁이야기
- 7장 : 문화이야기
- 8장 : 세종대왕과 한글
- 9장 : 언론과 기자
- 10장 : 친일파는 살아있다

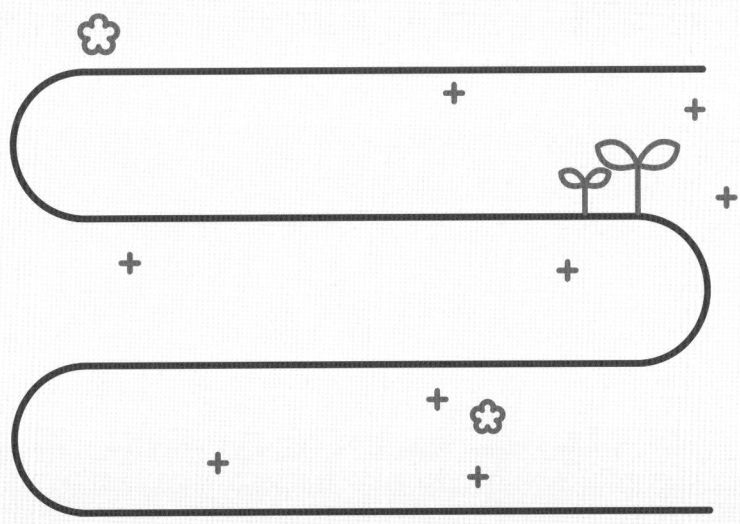

'역사를 잊은 민족에게 미래는 없다'

이 책을 읽는 독자들은 이런 질문을 할지도 모르겠다. 한글과 우리말에 대해서 이야기 하더니 갑자기 왜 역사 이야기를 할까 하는 것이다. 다소 뜬금없는 이야기 같아 보이기도 하겠지만, 사실은 우리말과 글에 관심을 갖고 있는 한국인이라면 우리 역사 이야기에 관심을 갖는 것은 지극히 당연하다.

왜정시대에 우리 말과 글 또 역사에 대해 연구하던 많은 선각자들인 단재 신채호 선생, 박은식 선생등은 우리말에 대한 연구 그 자체가 곧 독립운동 이라고 하였고, 나라는 잊어버려도 언젠가 되찾을 수가 있지만, 역사를 잊어버리면 되찾을 수가 없다며 우리말에 대한 연구와 함께 올바른 역사 교육의 중요성을 누누이 강조하였다.

이처럼, "나는 우리말과 글은 사랑하지만 우리 역사에는 관심 없다"는 말은 성립이 되지 않는다. 왜냐하면, 우리 말과 글은 우리 민족이 갖는 가장 대표적인 정체성이기 때문이고, 역사는 한마디로 우리 자신에 대해 아는 것이다. 그러므로 당연하게도 우리 말과 글에 대해서 관심을 갖는 것은 곧 우리 역사에 대해서 관심을 가지는 것이기에 이렇게 총 10 편의 짧은 주제로 정리해 보았다. 참고로, 이 책은 정통 역사서가 아니기 때문에, 필자 임의로 선정한 나름의 주제를 가지고 정리해 보았으니 조금이라도 세상 흐름과 역사 이해에 도움이 되고 또한 재미 있게 읽게 되기를 부탁드린다.

역사를 공부해야 하거나 알아야 하는 필요성을 이야기할 때 자주 인용되는 경구가 있다. 바로 이 서문의 제목인 "역사를 잊은 민족에게 미래는 없다"이다. 단재 신채호 선생이 말했다고도 하고 영국의 윈스턴 처칠 수상이 말했다고도 한다.

하지만 이를 입증할 뚜렷한 사료적 증거는 없다고 하기도 하지만, 역사에 대해서 말할 때마다 자주 인용되는 이유는 그 어록 자체가 갖는 깊은 의미이다. 역사에 대해 무지하거나, 역사를 잊어 버린다는 이야기는 나 혹은 우리에 대해 제대로 알지 못하게 된다는 것을 말한다. 영원한 우방도, 적도 없는 이 극심하고도 치열한 약육강식의 정글과 같은 세계에서 우리가 100여 년 전 당했던 그 치욕과 아픔의 역사에 대해서 잊거나 제대로 알지 못하고 있다면 또 그처럼 허망하게 외침으로 나라를 잃고 식민지 시절의 고통을 되풀이 할 수 있기 때문이다. 왜냐하면, 우리는 일제가 심어놓고 간 악의 뿌리 때문에 지금도 우리끼리 반목하고 미워하는 바람에 하나가 되어서 미래를 향해 나아가는데 장애가 되는 걸림돌이 우리속에 여전히 있다는 사실이다. 역사가 주는 중요한 교훈 하나는 "역사는 되풀이된다"는 사실이다.

아무쪼록 임의로 선정한 불과 10개의 주제를 가지고 이야기 하면서 역사에 대해서 이러쿵 저러쿵 언급한다는 것이 매우 경솔하고 주제넘은 일이긴 하지만, 어디 역사라는게 꼭 허가 난 전문가들만 하라는 법은 없다. 어쩌면 비전문가들도 역사 및 현재 우리가 맞닥뜨리고 있는 불합리한 현실에 대해서 의견을 제시하는 것이 학문의 언로를 틔우고 또한 보다 다양하고도 폭넓은 주장들을 통해 학문과 연구의 지평을 넓히는데 조금이라도 보탬이 되기를 소망하면서 주제별 이야기를 시작하고자 한다.

Chapter 01

종교이야기

- 기독교
- 이슬람교
- 불교
- 자이나교

Chapter 01

종교이야기

인간의 삶에 있어서 종교는 어느 시대, 어느 나라를 막론하고
항상 있어 왔고 앞으로도 인류의 삶이 지속되는 한 사람들은
영원히 어떤 종교, 어떤 형태이든지 반드시 신앙생활을 할 것이다.

    세상에는 크게 봐서 3대 종교라고 일컬어지는 기독교, 불교, 이슬람교가 있다. 이외에도 수많은 종교가 있고 어떤 종교는 소멸한 것도 있지만, 새로이 만들어 지는 종교들도 있다. 물론 아주 새로운 것도 있지만, 대개는 기존의 위 3대 종교에서 분파된 것으로 끊임없이 핵분열 하듯이 만들어 지고 있다. 왜 끊임없이 새로이 만들어지고 있을까? 기존의 종교 이론을 뒤엎을만한 새로운 유물이나 종교적 증거가 발견이 되어서 기존의 경전을 새로이 쓰던지 또는 고치거나 덧붙일 만한 사실이 없는데도 계속 새로운 분파는 만들어 지고 있다. 예컨대 그 새로운 발견으로 인해 종교이론을 새롭게 세우고 그에 기반한 포교활동이나 종교 활동을 해야 한다고 주장하는 측과 그럼에도 불구하고 그게 뭐가 대수냐고 그냥 하던대로 하자는 측의 첨예한 교리상 대립으로 더 이상 한집 살림을 할 수 없어서 서로를 욕하고 헤어져 새로운 분파를 만드는 것도 아닌 것 같다. 짐작컨대 서로 갈라서고 새로운 분파를 만드는 이유는 종교적 이론의 해석 차이 때문이 아니라 대부분은 인간의 이기심과 탐욕으로 인한 것으로 그 밑바탕에는 대부분 물질과 종교 권력의 독점으로 인한 갈등과 충돌 때문이다. 심지어 우리나라에서는 영남과 호남이라는 지역적 차이 때문에도 새로운 분파를 만들기도 한다. 도대체 신앙과 지역감정이 무슨 차이가 있는지 알다가도 모를 일이다.

모든 종교는 기본적으로 권선징악의 사상을 바탕으로 사랑, 평화, 자비 등의 선하디 선한 이상적 가치를 표방하고 있다. 각 종교의 성직자들은 모두가 높은 도덕성에 기반한 세속과 구별된 종교적 가치를 추구하는 겸손과 자제의 삶을 실천하려고 애쓰고 있다. 실제 대부분의 종교인들은 어떤 종교이든지 끊임없는 자아성찰과 인내로 세상 혹은 세속과 구별되는 존경받을만한 훌륭한 삶을 살고있다. 하지만 유감스럽게도 모든 종교가 그들이 겉으로 말하는 것처럼 이 세상에 선한 영향력을 끼치고 또 모든 성직자가 다 훌륭한 것만은 아니다. 알다시피 우리나라에서는 천주교, 기독교, 불교 모두 그 신자가 점점 줄어들고 있다. 경제가 성장하고 GNP가 상승하면 신자의 숫자가 반비례 한다고 하며 기독교 기반의 모든 선진국이 그러하다고 하니 우리도 예외는 아닌듯 하다.

하지만, 반드시 경제 성장의 그 부정적 영향 때문만은 아닐 것이다. 예컨대, 일반 사람들 중에서 한때 교회를 다니다가 지금은 안 나가고 있는 사람들이 제법 되는데 그 깊은 속내는 일일이 알 수 없지만, 그 중 상당수는 교회나 성직자를 포함한, 사람에게 상처받고 실망하여 돌아선 사람들도 꽤 된다고 하니 깊이 생각해 봐야 할 문제이다.

인간의 삶에 있어서 종교는 어느 시대, 어느 나라를 막론하고 항상 있어왔고 앞으로도 인류의 삶이 지속되는 한 사람들은 영원히 어떤 종교, 어떤 형태이든지 반드시 신앙생활을 할 것이다. 과연 신앙이 무엇이고 또 인간은 왜 신앙생활을 하는 것인지 그 본질에 대해 따지는 것은 너무 무거운 주제이자 다루기 힘든 주제이므로 다만, 3대 종교라고 일컬어지는 기독교, 불교, 이슬람교에 대해 생각해 보고 또한 이들 중 어느 종교가 더 좋고 나쁜가 따지고 논하는 것도 가능하지도, 필요하지도 않은 일이기에 단지, 각 종교가 갖는 특성에 대해서 언급해보고자 한다.

기독교

먼저 기독교는 현재 선진국이라 일컬어지는 미국, 영국, 유럽 등지에 많이 분포되어 있는데 중세 때는 자기들 종교의 성지탈환을 위해 수많은 인명과 물자의 손실이 발생한 길고도 지리한 십자군 전쟁을 일으키기도 했다.

　기독교의 대표적인 종교적 구호는 "땅끝까지 복음을 전파하라" 인데 이를 위해 아직 기독교 복음이 닿지 않은 오지를 위험을 무릅쓰고 가는 경우가 많았다. 물론 아직도 그러한 노력과 시도는 계속되고 있다. 그러다 보니 우리나라를 비롯하여 일본, 특히 중남미의 원시부족 등에게 다가가서 복음 전파를 위해 노력하던 초기 기독교 선교사는 사역 중 때로는 허망하게도 무수히 목숨을 잃었다.

　그런데, 그 수많은 초기 선교사 들이 그렇게 많이 목숨을 잃은 이유는 꼭 전도 행위 때문만은 아니었다. 어쩌면 자업자득인 경우도 있었다. 유감스럽게도 스페인을 비롯한 제국주의 국가들이 그 지역을 정복하고자 할때 전도의 목적으로 이미 그 지역에 거주하고 있던 선교사들을 이용하는 경우가 많았다. 심지어는 그 국가들은 정복군을 보내기 전 반드시 복음 전파라는 미명하에 선교사들을 투입시켜서 미리 지형 조사, 지하 광물자원 유무, 인구 조사, 주민 성향 조사 등 스파이 노릇을 하게 만들었다. 본국의 지원을 받을 수밖에 없는 선교사들은 강요에 의한 비자발적 협조자도 있었지만, 더 많은 지원을 노린 적극적, 자발적 협조자도 그중 꽤 많이 있었다. 결국 내부 고발자 역할을 한 이들의 도움으로 정작 자기의 전도 대상이던 원주민들이 본국의 군사에게 처참히 죽음을 당하고 정복당하는 안타까운 일들이 꽤 있었다고 한다. 이런 일들은 그 당시 아무리 통신이라고는 입소문밖에 없던 시절이라 하더라도 전해 전해 알려지게 마련이었다. 물론 전해지는 과정에서 부풀려지는 일은 허다하다. 그러니 초기 기독교 선교사들이 동북아 지역에서는 우리나라를 비롯한 일본 등지에서 무수히 억울한 목숨을 잃을 수 밖에 없었다. 그 당시 집권자들에게는 서양귀신이요, 나라를 침략하고자 하는 외국 군대의 앞잡이 역할로밖에 보이지 않았기 때문이었다. 잘못된 나비효과라고 할까? 순수한 복음 전파자들이 먼 땅에서 행해진 타락하고 오염된 선배 선교자들이 행한 종교의 본질을 벗어난 군사적 정치적 협조 행위로 인한 애꿎은 희생물이 되었다.

이슬람교

　이슬람교는 초기 기독교보다 더한 열심으로 적극적으로 전도 행위를 하고 있는 듯한데 이슬람교의 확장 이유 중 하나는 종교적 교리 중 하나인 일부다처제와 다산으로 인한 자연적인 확산도 큰 이유 중 하나인 것 같다. 기독교인들은 대체로 출산률이 저조한 선진국 기반인지라 부모로 부터 대물림 되는 자연적인 확산이 느는게 아니라 인구 감소로 인해 오히려 종교 인구 감소가 지속적이다. 반면 이슬람교의 신도들은 다산으로 인한 증가 속도가 현저히 빠르다. 한때 해가 지지않는 나라라고 했던 영국의 수도인 런던의 현재 시장이 이슬람권 출신 이민자 후손인데 이런 일은 앞으로도 더 가속화 될 것이다. 왜냐하면 속된 말로 쪽수로 압도하기 때문이고 독일같은 경우는 이슬람계 가정이 자녀를 5명만 출산하면 아무것도 하지 않고도 중산층 수준으로 살 수 있다고 하니 제도의 허점과 그 다산의 종교적 특성이 이 문제를 더욱 심화 시킬 것이다. 남의 나라 이야기이니 좋다 나쁘다 말할 수 는 없지만, 기독교 정체성을 가지고 있는 대표적인 세계적 대도시가 그렇게 되었다 하니 기분이 묘한 것은 사실이다. 문제는 시간이 가면 갈수록 그러한 현상은 점점 더 심해지리라는 것은 불을 보듯 뻔하다.

이슬람교에 대해서 깊이 잘 알지 못하는 사람도 시아파와 수니파 이야기는 많이 들어보았을 것이다. 사실 우리와는 큰 관계가 없기 때문에 깊이 알 필요는 없지만, 이전에도 그랬고 앞으로도 뉴스에서 지속적으로 이 두 종파에 대해서 나올 것이기 때문에 세계사를 이해하려면 필수적으로 알아두는게 좋다.

현재 이슬람권의 90 % 정도가 수니파인데 사우디아라비아를 주축으로 아랍권 국가의 대부분을 차지하며, 반면 시아파는 10% 정도인데 주로 오늘날 이란에 가장 많이 분포해 있다. 사실 오늘날 수니파와 시아파는 교리상의 문제로 대립하지는 않는다. 그럼에도 이들 두 종파 간의 갈등은 살인 등의 폭력 사태로까지 치닫고 있는 실정이다. 얼핏 생각하면 같은 아랍권인데도 설마 그렇게 서로를 미워할까 싶지만, 사실 인종적으로도 분명한 차이는 있다. 사우디아라비아는 아랍계이고 이란은 페르시아계 민족이다.

하지만 두 종파 간 분쟁의 시작은 이슬람 창시자인 무함마드가 후손 없이 세상을 뜨면서 생긴 승계 시비가 원인이 된 것으로 무려 약 1,400 여년 전 632년에 발생하였다. 분쟁의 가장 큰 원인 제공을 한 이는 이슬람의 창시자이면서 예언자인 무함마드인데 그는 죽을 때 자신의 후계자를 지명 하지 않았다. 그의 사망 후 다수파인 수니파는 코란의 절차에 따라 무슬림 공동체의 합의에 의한 계승자가 후계자가 되어야 한다고 주장한 반면 소수인 시아파는 혈통을 통해 공동체의 지도력이 유지될 수 있다는 근거에서 무함마드의 사촌이자 사위인 알리 이븐 아비 탈리브를 후계자로 추대했다. 그러나 다수파인 수니파는 이를 무시하고 무함마드의 친구이자 장인인 아부 바크르를 추대하였고 결국 수니파의 의견대로 아브 바크르가 초대 칼리프가 되었다.

그런데 이후 4대 칼리프가 된 시아파인 알리의 즉위 과정 중 3대 칼리프인 수니파, 오스만이 암살당하였는데 그 암살 주도범이 시아파인 알리라고 의심을 받았다. 수니파 세력의 의심을 받던 4대 칼리프 알리도 결국 암살 당하고 이어서 그 아들 하산도 독살 당하였다. 이 사실을 알게 된 알리의 둘째 아들 후세인과 친척들은 멀리 이라크까지 피신하였지만, 수니파 원로원들은 피신해 있던 이라크 칼리바까지 무려 30 만 명의 군대를 보내 후세인과 그 일가족 모두를 잔인하게 찢어 죽이고 갈라 죽였다. 이를 계기로 갈라선 알리의 추종자들은 수니파에서 나와 알리의 아들 후세인의 죽음을 추모하면서 그 아픔과 눈물에 동참하기 위한 시아파만의 고행의 의식을 지금도 매년 1월 10일이 되면 5일 동안 행한다.

전술하였듯이 죽이고 죽는 암살, 살육 등의 잔인한 일이 벌어진지 약 1,400 여년이 흘렀다. 하지만 아직도 철천지 원수지간이 되어서 용서, 화해 등 화합의 단어는 아직도 없이 그날의 그 끔찍하고 잔인했던 살상을 반복적으로 추억하고 기념하는 일만 계속하고 있다. 억울하게 희생당한 그날의 피해자들과 동변상련의 아픔을 함께하기 위해 자신들의 몸을 잔인하게 자학하는 끔찍한 짓들을 종교의 이름으로 지금도 행하고 있다.

정말 양쪽 모두에게 진지하게 묻고 싶다. 언제까지 서로를 미워하고 죽이는 그 짓을 계속할 것인지? 또 서로를 그렇게 철천지 원수로 여기는 것이 이슬람교에서 내세우는 교리와 무슨 근본적인 관계가 있는지? 알리든 후세인이든 이미 천년도 전에 죽은 사람들이다. 아무리 그들이 억울하게 죽었다 한들 그 사람들 때문에 또 다른 천하보다 귀한 현재 살아가고 있는 사람들을 죽이고 죽는 일이 합리화 될 수도 없고 그래서도 안된다.

불교

위의 두 종교가 유일신을 믿는 적극적, 투쟁적인 종교라고 여겨지는 것 과는 달리 불교는 대체로 그렇게 많은 문제나 분쟁을 일으키지 않는 조용한 포교 및 종교 활동을 하고 있는 것으로 보인다. 나는 지금껏 불교 기반의 국가가 이웃나라를 침략하거나 정복 전쟁을 일으켰다는 이야기를 듣지 못한 것 같다. 물론 한 국가 안의 다른 민족끼리나 그 국가의 지도자가 자기 민족을 대량 학살하거나 하는 행위는 종종 있었다.

불교는 엄밀하게 말하면 종교가 아닌 철학에 가깝다고 한다. 부처를 믿어서 극락왕생 하거나 해탈하는 것이 아니라 스스로의 수행을 통해서 해탈의 경지에 이르고 다음 생에는 더 나은 존재로 태어나는 것이 목표라고 한다. 즉, 윤회를 믿는 것이다.

자이나 교

여기에서 독자들에게 묻고 싶다. 자이나교를 아시는가? 불교의 한 분파로서 생명있는 것에 대한 극도의 경외심을 가지고 철저하게 불살생을 이론 만이 아니라 직접 실천하며 사는, 주로 인도를 기반으로 한 종교이다. 돈버는 것과 관계 없이 쓸데 없는 세상 일에 관심이 있는 분들은 듣거나 본적이 있을 것이다. 나도 꽤 오래전 친구로부터 실오라기 하나 걸치지 않고 벌거벗고 생활하는 사람들이라는 이야기를 듣고 실소하면서 인터넷을 통해 찾아보았다. 처음에는 세상에 저런 멍청이들이 있는가 하는 조롱하는 마음으로 찾아 보았는데 과연 방송을 보니 수도승들은 대낮에도 고추를 덜렁거리며 대로를 걸어 다니는 데 그것도 뒤에는 수십명의 옷을 입은 시중드는 여승들이 따르고 있었다.

처음에는 괴상망측한 저 행위가 종교와 무슨 관계가 있나 하는 호기심과 정말 수준 낮은 종교를 빙자한 사교 집단쯤으로 생각하며 보았는데 보면 볼수록 나는 진지해질 수밖에 없었다. 그 수도승들이 가지고 다니는 것은 오직 물 주전자 1개와 빗자루 1개가 그들이 소유한 전부였다. 그 두 가지는 앉거나 누울 때 혹시 잘 보이지 않는 벌레들을 죽이지 않기 위해 또 음식 먹기 전 손을 씻기 위해 필요한 것뿐이었다. 나머지 보통 인간이 소중하게 생각하는 것들 즉, 돈과 지갑, 귀금속 등은 옷을 입지 않으니 아예 가질 수가 없고 집도 매일 밤 사실상 길거리에서 노숙을 하니 필요가 없다. 최고 종교 지도자라 해도 호의호식을 하거나 귀한 대접을 받고, 가지고 누리는 것은 아무것도 없다. 사실상 24 시간 노출되어 있는 생활을 하니 설사 신앙적 훈련이 덜된 수도승이 엉뚱한 짓거리를 하려해도 도무지 할 수가 없다. 자이나교의 성직자가 된다는 것은 한마디로 "고생 끝 행복 시작"이 아니라 인간적으로 보면 "행복 끝 고행 시작"이다. 일정기간의 훈련이 아니고 진짜 죽어야 끝나는 고생이다.

좀더 구체적으로 보면 자이나교 성직자들의 일상은 다음과 같다. 아침에 일어나면 간단한 기도 후에 남자들은 맨발에다 완전한 알몸으로 대로를 걷는 게 일과이고 식사는 하루 두 번 여승들이 준비한 양념이 안된 완전한 채식으로 된 요리를 선채로, 맨손으로 받아먹는다. 그마저도 만일 식사 중에 머리카락이나 이물질이 조금이라도 나오면 그날은 그냥 강제 금식을 해야 한다. 잠자는 것 또한 어떤 호사도 없이 헛간 같은 곳에서 거적 같은 것을 덥고 자는데 모기가 물어도 그냥 손으로 쫓고 참고 자야한다. 그 중에 가장 힘든 부분은 남자는 3개월, 여자는 4개월에 한번씩 삭발이 아니라 몸에 난 모든 털을 손으로 뽑는 행위이다. 머리카락을 손으로 다 뽑는 것은 그나마 덜 아프지만, 수염까지 손으로 다 뽑으니 눈에는 저절로 눈물이 그렁그렁하다. 연로한 노인들은 힘이 없어서 직접 뽑을 수 없으면 비교적 젊은 수도승들이 대신 뽑아 준다.

계속해서 보자면, 어떤 인간적 호사도 종교 권력의 누림도 없이 보통 사람의 가치관으로는 그야말로 최하층 생활을 하다가 더 이상 걸을 힘이 없고 동료에게 짐이 되면 스스로 다비를 요구하여 불에 타죽는 것으로 삶을 마감한다. 심지어 출가하고 나면 자녀나 가족들이 찾아와도 어떠한 대화도 하지 않으며 물끄러미 잠깐 보는 것이 전부이다. 자녀들이 갈 때도 잘 가라 인사도 없다. 여기서 이야기가 끝나면 그래서 뭐 어쩌라고 이다. 요즘 말로 반전의 이야기가 있다.

인도는 세계 제 2위의 인구 대국으로서 여전히 전체적으로는 아직도 개발 도상국으로서 가난하고 또 불합리한 부분이 많지만 크게 발전한 부분도 있는데 제약업과 IT산업이다. 자이나교는 인구 구성상 인도 전체적으로는 불과 0.4%에 불과 하지만, 경제계와 정치계에는 무시못할 파워를 가지고 있다. 인도에 있는 세계적인 IT 그룹들의 오너들 중에 자이나 교인들이 상당히 많은데 그들은 분명하고도 확실한 종교적 신념을 바탕으로 세상에 선한 영향력을 많이 끼치고 있다고 한다. 가난하고 어려운 이들을 향한 기부와 도움을 주는 일에 적극적이고 부의 대물림 보다는 재산을 사회에 환원하는 구체적인 선한 일을 많이 하고 있다. 이른바 보통 사람들이 생각하는 종교의 이상적이고도 본질적인 모습에 가깝다. 자신들에게는 지나칠 정도의 고행의 연속인 엄격한 인내와 절제의 삶을 살지만, 헐벗고 굶주린 이웃에게는 자신들이 가진 것을 아낌없이 나누어 주는 진정한 사랑과 희생의 종교인 것이다. 이런 자이나 교인들이 어찌 남의 것을 뺏기 위한 강도질, 도둑질, 사기질 그리고 이 모든 나쁜 행위의 끝판왕인 침략 전쟁을 일으키겠는가? 그 방송을 보면서 내내 드는 생각은 과연 한국의 어떤 종교, 어떤 성직자이든 저 사람들과 비슷하게라도 살 수있는 사람이 단 한사람이라도 있겠는가 하는 생각이 들었다.

자이나교의 종교로서의 진리 여부야 논할 수 없지만 최소한 자기 종교에 대한 지고지순한 믿음과 분명한 확신, 그 치열한 복종, 특별히 최고 지위의 교주임에도 불구하고 거지나 다름없는 그 끝없는 고행을 감수하면서도 얼굴에 나타나는 평안함을 보면서 나는 처음의 그 조롱하고 비웃는 마음이 경건함과 숙연한 마음으로 바뀌었다. 세상의 그 누구가 함부로 자이나교를 이렇다 저렇다 말하며 조롱하고 비웃을 수 있겠는가? 그럴수도 없고 그래서도 안된다.

다른 종교의 성직자들 또한 저렇게 극한의 경건함과 절제로 살아야 한다고 생각하는 사람은 없다. 어차피 한번 사는 인생인데 누구나 행복 추구권이 있으니 각자의 방식대로 그 종교가 허용하는 범위 안에서 사람으로서의 행복을 누리면서 성직자 생활을 하는 것은 지극히 당연하고 또 비난 받을 일도 아니다. 다만, 겉으로는 꽤 경건한 척 하면서 속으로는 속물 근성을 가지고 일반인과 똑같은 가치관을 가지고 물질 추구, 종교 권력 추구, 신앙 양심에 어긋나는 부끄러운 짓을 마구 해대는 종교인들도 꽤 많기 때문이다. "믿음, 소망, 사랑 그 중에 제일은 물질"이라는 우스개 소리가 있다. 잘 모르는 것 같아도 일반인들도 그들이 얼마나 타락했는지 대충은 알고 있으며 그럴수록 그런 종교인 나아가서 그 종교에 대한 거부감은 심해진다.

종교는 인간에게 꼭 필요하며 앞으로도 변함없이 우리 곁에서 존재할 것이다. 어느 종교가 진짜 진리인가 따지는 것은 어차피 답이 없는 질문이기 때문에 할 필요없다. 다만, 종교 행위를 통해서 인간을 행복하게 할 수가 있다면 참 좋은 것이다. 불교는 나라가 위기에 처할 때마다 수많은 불자들이 목숨을 바쳐 나라 구하는 일에 앞장서는 참으로 나라와 백성들에게 훌륭하고도 유익한 일들을 많이 하였다. 기독교 또한 개화기에 외국 선교사들은 가난하고 헐벗은 이나라 백성들에게 병원을 지어 사람을 살리고 수많은 교육기관을 지어서 이 백성들을 무지로 부터 탈출시켰으며 또한 전쟁의 난리통으로 생겨난 수많은 고아들을 돌보는 선한 일들을 많이 하였다.

어떤 종교이든지 간에 이처럼 백성들을 치료하고, 교육하고, 고아들을 돌보는 이런 좋은 일들을 많이 한다면 국민들은 그 종교가 어떤 종교이든지 앞으로도 계속해서 그 종교가 확산되기를 희망하며 또 그렇게 되도록 응원하고 또 응원할 것이다. 세상의 모든 종교가 입으로가 아닌 확실한 진정성을 가지고 그 종교가 표방하는 진리를 끊임없이 실천하여 계속해서 국민들에게 인정받고 사랑받는 종교가 되기를 희망해 본다.

Chapter 02

미국이야기

- G2 비교
- 압도적 1위 국가 : 세 가지 이유
- 미국의 경제력과 크기
- 미국의 인권 문제
- 프랭클린 루즈벨트 대통령

Chapter 02

미국이야기

그런데 미국은 과연 아름다운 나라인가, 아니면 나쁜 나라인가?
결론부터 말하자면 좋은 나라도 나쁜 나라도 아니다.
다만, 자기 국익 확보와 그것의 추구에 매우 충실한 국가이다.

    모두가 알다시피 미국은 명실공히 현재 세계 제 1의 절대 강대국으로서 우리나라와는 너무나도 밀접한 관계를 맺고 있다. 경제적, 외교적, 군사적인 것과 함께 문화적으로도 그렇고 거의 모든 면에서 우리에게 지대한 영향을 미치고 있다. 일부 나라에서는 공공연히 우리나라가 사실상 미국의 속국이라고 조롱하며 우리 또한 미국이 기침을 하면 우리는 감기에 걸린다는 표현을 할 정도로 좋든 싫든 최강대국 미국의 눈치를 볼 수 밖에 없다. 반면에 역사적으로 미국의 득을 보고 사는 경우도 많았는데 현재도 그렇다고 봐야 된다. 결정적으로 실제 6.25 동란 때 미국이 참전해서 도와주지 않았으면 우리는 거의 북한과 중국의 수중에 들어가서 지금 김정은과 김일성을 어버이 수령님과 백두혈통이라 부르며 살고 있을 것이다. 그리고 앞으로도 우리와 미국과의 이런 관계는 지속될 것이기에 미국은 과연 어떤 나라인지 좀 더 자세히 살펴보자 한다.

    그런데 미국(美國)은 과연 아름다운 나라인가, 아니면 나쁜 나라인가? 결론부터 말하자면 좋은 나라도 나쁜 나라도 아니다. 다만, 자기 국익 확보와 그것의 추구에 매우 충실한 국가이다. 이 자체는 특별히 미국만 꼬집어서 비난할 수 없는 세상 모든 나라가 공통적으로 원하고 노력하는 것이다. 국익 확보 행위를 선,악의 개념에서 본다는 것 자체가 순진하다 못해 어리석은 생각일 뿐이다. 거기에는 오직 약육강식의 정글의 논리만 있으며 약소국은 언제든 강대국의 먹잇감에 불과했다는 것은 인류의 긴 역사가 증명하고 있다. 왜 태초로 부터 전쟁은 끊어지지 않고 계속되는가? 그것은 인간의 탐욕이 강자로 하여금 약자의 것을 뺏게끔 부추기기 때문이다. 전쟁은 롯또 복권과 같으며 약쟁이가 마약을 끊지 못하는 것과 같다. 그야말로 일확천금의 유혹이 탐욕스런 인간들로 하여금 전쟁을 일으키게 만든다.

그런데 무엇이 미국을 이처럼 세계 최강자의 자리에 오르게 하였으며 앞으로도 오랫동안 그 지위가 유지될 것이라고 세계의 유수한 국가의 학자들이 대체로 동의하고 있는데 그 이유는 무엇인가? 그것은 세계 최고의 하드웨어 (국토 지리적 잇점) + 소프트 파워 (끊임없이 세계의 우수한 인재가 모이는 것) 때문이다. 예를 들면 최고의 스포츠 과학, 의학 장비로 완비된 세계 최첨단 경기장에서 세계 최고 기록을 가진 선수가 경기를 하니 세계 최고의 기록과 챔피언이 나올 수 밖에 없는 것과 같다. 거기다가 우승한 챔피언에게 두둑한 금전적 보상과 함께 높은 사회적 지위도 주니 선수들은 앞다투어 그 팀 소속 (미국 시민)이 되려고 하는 것이다.

G2 비교

중국은 현재 미국과 더불어 자기들이 G2 중 하나라고 강변하며 향후 20년~30년 후면 자기들이 미국을 추월하고 세계 최강자가 될거라고 호언장담 하고 있다. 과연 그럴까? 누구나 꿈은 꿀 수 있다. 그러나 아래의 표를 보면 과연 지금도 중국이 미국과 버금가는 국력을 갖고 있는지 또 장래에 그 일이 가능할지 대충 가늠해 볼 수 있다. 개인적으로 생각해 볼 때 미국은 아래 세 가지 이유 때문에 앞으로도 꽤 오랫동안 압도적인 세계 최강자가 될 수 밖에 없다.

구분	미국	중국
GDP	22.6조 달러	16.6조 달러
국방비 / 년간	7,405억 달러	2,090억 달러
인구	약 3억 3천만 명	약 15억 명
해양 영토	1,150만 km²	88만 km²
금 보유량	8,133톤	1,842톤
노벨상 수상자	257 명	0

① GDP : 2021년 기준으로 중국이 미국의 약 73 % 수준. 많이 추격한 상태임.

② 국방비 : 예산 이외에도 미국은 세계 총 59개 국에 군대 주둔 중. 또한 총 170개 국가에서 매년 미군 + 주둔군의 합동 훈련 실시. 반면, 중국의 동맹국은 러시아, 북한 정도. 기타 있어봐야 미미.

③ 인구 : 유일하게 중국이 압도적 우위. 하지만 너무 많은 인구는 독이 될 수도 있음.

④ 영토 : 육지 영토는 미국이 조금 크나, 해양 영토는 중국이 미국의 1/13 밖에 되지 않음.

⑤ 금 보유량: 유사시 가장 확실한 자산. 그 국가의 경제력 및 자본력 추정의 총합.

⑥ 노벨상 수상자: 한 나라의 과학기술력 수준의 바로미터. 또한 노벨상을 가장 많이 배출한 대학 10 개를 꼽으면 미국 대학이 9 개, 1 개는 이스라엘. 즉, 계속해서 우수한 인재를 배출하고 있다는 증거.

압도적 1위 국가 – 세 가지 이유

1. 세계 최고의 지리적 위치

얼마전 한 유튜브에서 지리적 위치가 세계 최고인 국가로 미국을 꼽았는데 충분히 그러고도 남는다. 세계 제3위의 넓은 땅덩이에 국토 효율성이 85% 수준이다. 러시아는 땅덩이로 치면 당연히 세계 최고이지만 효율성은 채 20%가 되지 않는다고 한다. 혹독한 겨울철에도 사용가능한 제대로 된 항구조차 몇 개 빼고는 별로 없다. 또한 국토의 대부분은 매장된 지하자원 말고는 인간이 살기 힘든 동토의 땅이기 때문이다. 영토 너비 2위인 캐나다 또한 밴쿠버, 오타와, 몬트리올과 토론토 빼면 사람 살곳이 못되는 지역이 거의 대부분이다. 반면 미국은 세계에서 유일하게 식량 자급자족이 가능한 비옥한 토지와 석유를 비롯한 막대한 광물자원을 가지고 있다. 거기다가 엄청난 세계 최고의 해양 영토를 가지고 있다. 이 부분은 대단한 의미가 있는데 지금까지도 그렇지만 앞으로도 바다를 가지고 있는 해양세력이 세계를 주도할 것이다. 우리야 태초부터 반도 국가로 살아왔으니 바다가 없는 국가의 한이 어떤건지 알 길이 없다. 심하게 말하면, 바다가 없는 나라의 발전 가능성은 앞으로도 별로 많지가 않다고 보면 된다. 참고로 미국은 요즘 흔히 말하는 세계 유일의 5각형 국가이다. 경제력, 국방력, 에너지 자원 보유량, 곡물 생산량, 과학 기술력 등 5개 핵심 분야에서 전분야 모두 세계 최고 수준이다. 실질적으로 세계에서 유일하게 중요 분야의 자급자족이 가능한 국가이다.

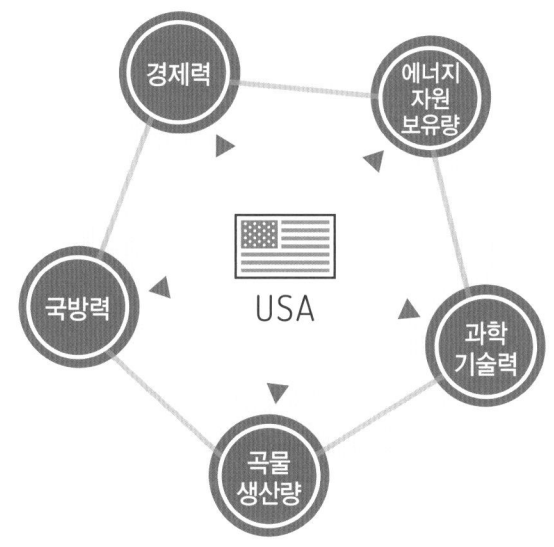

2. 뛰어난 인재들을 보유한 국가

오해하지 마시라. 모든 대부분의 미국인이 우수하다는 것은 결코 아니다. 다른 나라와 마찬가지로 미국인의 평균 수준은 거기서 거기이다. 필자가 말하는 부분은 미국의 부와 자본 또 기회가 세계의 우수한 인재들을 계속 불러 모으고 있기 때문이다. 가난한 나라에서 온 탁월한 학생들은 학업을 마친 후 자국으로 돌아가는 사람들도 있지만, 정말 우수한 사람들은 미국이 남기를 권유하며 그들 또한 기꺼이 미국 시민이 되는 것을 자랑스러워 하고 있다. 미국 사회 자체가 인종의 용광로 같은 곳이기도 하고 능력만 되면 충분한 사회적 지위와 함께 물질도 따르니 굳이 가난한 본국으로 돌아갈 이유가 없다. 이런 세계 최고의 인재들이 끊임없이 새로 유입되며 또 이들에 의해 미국은 세계의 새로운 트렌드를 선도하는 경제, 문화의 선구자 역할을 하고 있다. 사실상 세계는 미국이 정한 시스템, 표준, 원칙으로 돌아간다. 그런데 이런 새로운 시스템은 누구에게 유리할까? 물으나 마나 뻔한 이야기다. 정한 사람 마음이다. 물론 이런 우수한 인재들만 미국행을 원하는 것은 아니고 어중이 떠중이도 미국 가기를 소원하는 사람들로 넘쳐나고 있다. 트럼프 대통령 재임 시절 미국과 멕시코 사이에 엄청난 돈을 들여 거대한 장벽을 세운 이유가 그 때문으로 이러니 세계의 선진국 중 인구가 늘어 나는 곳은 미국이 유일하다.

3. 매력이 넘쳐나는 국가

중국은 분명히 강대국 중의 하나이다. 그러면 중국이 선진국인가 하는 물음에는 대부분은 아니라고 할 것이다. 그러면 매력이란 무엇인가? 그것은 바로 연성권력이라고 하는 소프트 파워를 말한다. 선진국의 조건은 여러가지가 있겠지만 구체적인 수치나 통계로 나타나는 부분 외에도 그 나라 하면 떠오르는 긍정적이고 좋은 이미지가 있어야 한다. 그 중 대표적인 것이 영화나 음악인데 우리가 미국 아닌 다른 나라 사람과도 '스타워즈', '쥬라기 공원', '해리 포터' 등 헐리우드에서 만든 유명 영화 이야기를 같이 재미있게 하면서 새삼 문화의 힘 -미국의 힘을 강하게 느낄 수 있었다. 독자 중 G7 국가 중 미국 아닌 다른 나라의 영화나 음악 중 하나가 바로 생각 나는 것이 있는가? 아마 별로 없을 것이다. 필자 또한 거의 생각 나지 않는다. 음악 또한 마찬가지로 미국 시장이 사실상 세계를 압도하고 있다. 그러다 보니 알게 모르게 세계인의 정신과 삶에 이미 미국의 정신과 문화가 깊이 영향을 끼치고 있다. 이런 긍정적인 매력이 있는 국가, 즉 소프트 파워가 강한 국가는 다양한 분야에서 큰 잇점을 갖는데 대표적으로는 관광 수입의 증대와 함께 미국 상품의 가치를 크게 높여준다. 한때 우리는 미제는 똥도 좋다는 말을 흔히 하곤 했다. 'Made in U.S.A.' 하면 뭐든지 세계 최고라는 인식을 세계인이 갖고 있다. 우리는 흔히 미국 상품이 비싸면 그럴만한 가치가 있겠지 하고 수긍하지 왜 이렇게 비싸? 하지는 않는다. 단적인 예로 주변에 미국으로 이민을 간절히 희망하는 사람은 꽤 많지만, 중국으로 이민을 못가서 안달하는 사람이 있는가?

미국의 경제력과 크기

　미국이 크다, 강대국이라고 흔히 이야기 하지만 보통 사람들이 그 규모와 크기를 구체적으로 알 수 있는 길은 별로 없다. 다행히 필자는 무역업에 약 30년 가까이 종사하면서 실제 미국의 그 엄청난 경제력과 크기를 알 수가 있었다. 신변장신구 수출업에 종사할 때 'AVON'이라는 미국에 본사를 둔 글로벌 화장품 회사가 있었다. 대개 화장품이나 의류업을 주업으로 하는 회사들이 신변 장신구도 같이 취급을 하였는데 이 회사는 'VENDOR' 등록을 한 회사로부터만 수입을 하고 있었다. 글로벌 회사 답게 미국을 비롯한 거의 대부분의 유럽 국가들과 일본 등지로부터도 수주를 받았는데 문제는 이 회사에 납품 하려면 최소 3번의 샘플 발송과 관계 기관으로부터 검사 성적서 발급 및 최종적으로 S.G.S. 라는 다국적 검사 기관을 통한 파견 검사까지도 통과 하여야 하였다. 보통 까다롭고 번거로운 일이 아니었지만, 원체 주문량이 많고 또 단가도 나쁘지 않았기에 기꺼이 그 일들을 감수할 수 있었다. 한 마디로 돈이 꽤 되었기 때문이었다.

　계속해서 이야기 하자면, 동일 아이템으로 같이 주문을 받았는데 항상 미국이 먼저 주문을 하고 그 후 다른 나라들이 주문을 하는 방식이었다. 미국의 최초 주문량은 적게는 1만 개 조금 많으면 10만 개, 그런데 선적도 하기 전에 30만 개 또는 50만 개를 추가로 주문하는 일이 흔하였다. 때로는 선적 하자마자 추가 주문을 50만 개 혹은 100만 개 정도 하는 경우도 종종 있었다. 사실 그 업계에서는 50만 개 100만 개 하는 숫자는 거의 꿈의 숫자나 다름 없었다. 그런데 문제는 미국을 제외한 다른 국가들의 주문량 이었다. 네델란드, 스위스, 벨기에 등의 국가들은 보통 천개 미만의 몇백 개 수준이고 영국, 독일, 프랑스 정도가 겨우 3천 개~5천 개 남짓 이었다. 더 웃기는 건 일본의 주문량 이었다. 몇백 개 단위가 아니라 215개, 327개 그런 단위로 소량 주문을 하였다. 그런데 문제는 기타 나라에서 아무리 소량 주문을 하더라도 위에 열거한 똑같은 과정을 거쳐야 한다는 것이었다. 그러니 수출 업체로서는, 미국과 거래를 하려면 반드시 다른 나라의 소량 주문도 받아야 한다는 계약 조항 때문에 그야말로 울며 겨자 먹기를 할 수밖에 없었다. 그런 일들을 몇 년 하다 보니까 정말 도대체 미국은 그 많은 양을 어떻게 소비하는지 신기할 정도로 다른 나라들과는 비교 불가의 어마무시하게 큰 나라라는걸 체험할 수 있었다.

　그래서 흔히 수출업자들이 말하길, 돈을 벌려면 무조건 미국하고 해야 된다, 일본 하고는 아무리 오래 해도 돈을 벌 수가 없다 라고 하는 말이 이해가 되었다. 위 사례는 사실

단적인 예에 불과하지만 보통 사람이 어느정도 미국의 규모와 크기를 체감할 수 있는 실제 사례라서 이야기하였다.

미국의 인권 문제

1980년대 미국 대통령을 지낸 카터씨는 인권 외교를 부르짖었다. 외교 관계를 도덕적, 인권적 관점에서 접근하면서 상대 국가에게도 따르도록 종용하고 강요하였다. 어떻게 보면 매우 바람직하고 이상적인 시도인데 뜻대로 잘 되지는 않은것 같았다. 각국과의 외교 관계는 원체 서로간에 얽히고 설킨 문제들이 많기 때문에 단순히 도덕적, 윤리적인 관점에서 해결될 수 없는 문제투성이이기 때문이다. 그런데 사실 미국 역사를 조금만 알면 이런 시도는 참 헛소리라는 걸 금방 알기에 미국으로부터 문제 국가라고 지적 당하던 국가들이 오히려 미국을 조롱하고 비난하였다. 한마디로 자기 눈의 들보는 보지 않고 남의 눈에 티끌이 있다고 지적하는 꼴이기 때문이었다.

미국의 건국 이야기는 참으로 아름답기 짝이 없다. 1620년 Mayflower호를 타고 100여 명의 영국인이 신앙의 자유를 찾아 Polymouth에 도착함으로써 시작된다. 그러나 낯설고 물선 새로운 대륙에 도착한 이들은 1년 만에 거의 반수가 풍토병과 굶주림 등으로 죽어 나갔다. 이들을 초기에 도운 것은 인디언[1]들 이었다. 옥수수 농사 짓는 기술을 전수해 주고, 카누 만드는 방법, 낚시하는 방법 그리고 메이플 시럽 만드는 법을 가르쳐 주었다. 이 메이플 시럽 제조 방법의 전수는 초기 이주민들의 죽고 사는 문제에 결정적 도움을 주어 단백질이 부족하여 질병에 걸려 죽는 일이 더 이상 안생기게끔 하였다. 그래서 이 모든 것에 감사를 느낀 이주민들이 다음 해 추수를 마친 후 원주민들을 초청하여 성대한 잔치를 베풀고 서로간에 선물도 나누었다. 너무 감동적이고 따뜻한 이야기이다. 이를 기념하여 개신교에는 'Thaksgiving Day(추수 감사제)' 라는 신앙 축일도 생겼다.

하지만 아름다운 이야기는 거기까지이다. 그 이후의 역사는 모두가 아는 대로이다.

필자는 어릴 때 서부 영화를 참 좋아하였다. 서부의 총잡이와 인디언들, 기병대 이야기는 정말 흥미진진 하였다.

---

[1] 아메리카 원주민

금발의 늘씬한 백인 아가씨를 흉악하기 짝이 없는 인디언이 겁탈을 하고 또 이를 응징하는 미남 백인 남자 배우의 용감무쌍한 이야기, 무뢰하고 잔인한 인디언들이 괴성을 지르면서 백인 마을을 습격하여 민간인들을 무참히 죽이고 약탈하고 떠나면 이를 추격하여 토벌하는 용감한 기병대 이야기 등등은 오락영화로서는 최고였다. 하지만 지금와서 보니 그 인디언(사실은 아메리카 원주민)들은 임진왜란, 정유재란 때 무참히 죽임을 당한 조선의 백성들이고, 몽골군+관군의 토벌에 끝까지 저항한 삼별초 군사들이고, 일본군+관군의 토벌에 황토현에서 저항하다 무참히 죽임을 당한 녹두장군 전봉준이 이끄는 흰옷 입은 동학군 이었다. 즉, 그 기병대는 조선의 백성들을 쫓는 왜놈 병사들이자 몽골군 이었다. 진실은 남의 땅을 침략하여 그 땅에 살고 있던 백성들을 무참히 죽이고 수탈하여 마침내 그 땅을 차지하고 주인 행세를 하는 그런 악랄한 짓거리들을 침략자 입장에서 왜곡하여 미화한 영화인 것이다.

역사는 승자의 기록물이기 때문에 아무 생각없이 살면 승자들이 조작하는대로 왜곡된 역사를 바보같이 믿는 등신이 된다. 굴러온 돌 미국 이주민들은 박힌 돌 아메리카 원주민들을 끊임없는 정복 전쟁으로 사지로 내몰고 거의 씨를 말렸다. 인디언 보호구역이란걸 만들고 거기까지 죽음의 행군을 시키는데 얼마나 고통스러웠으면 도착했을 때의 인원은 출발 때의 불과 10분의 1밖에 되지 않았다. 그후 그 정착촌에 카지노를 만들어서 원주민에게 회복불능의 커다란 암덩어리를 선사 하였다. 즉, 카지노는 속성상 죄악 산업이기 때문에 거의 필연적으로 마약, 매춘, 알코올 중독과 이로 인한 범죄가 뒤따르게 되는데, 카지노로 말미암아 이 3종 셋트에 노출된 원주민 청소년들은 현실의 어려움과 암담한 장래에 절망하여 백인 청소년 자살률의 무려 12배의 자살자가 매년 속출하고 있다. 정말 끔찍한 일이 아닐 수 없다.

아직도 대부분의 사람들이 인디언 (인도 사람)이라 잘못 부르고 있는 아메리카 원주민들과 마찬가지로 흑인[2] 또한 백인들로부터의 차별과 핍박은 아직도 여전하다. 노예로 끌려와서 억울하게 죽거나 모진 학대를 견뎌야 했던 그들의 조상들에 비하면 가시적인 차별은 많이 나아졌다고 하지만, 현재 미국 교도소에 수감 중인 10대, 20대 재소자의 비율은 인종별로 보면 월등한 차이가 있다. 특별히 범죄를 더 많이 저지르는 사악한 인종이라서가 아니라 사는 환경 자체가 열악하고 범죄에 쉽게 노출되기 쉬운 환경에서 자라는 것도 큰 이유이긴 하지만, 인종별 범죄자를 다루는 사법 당국의 방식과 인식에도 매우 뚜렷

---

2) 아프리카 이주민들

한 큰 차이가 있다. 한 가지만 예를 들자면 미국의 인구 구성 비율은 백인이 약 60%, 히스패닉이라고 불리는 라틴계가 약 18%, 흑인이 약 14% 이다. 하지만, 현재 미국 재소자 전체의 48%가 흑인이다. 같은 죄질의 범죄라도 유달리 흑인에게만 가혹한 사법체계는 엄연히 존재한다. 이런 인종 차별과 악행을 여전히 행하고 있는 미국이 남의 나라에 감 놓으라 대추 놓으라 하는 것은 뻔뻔스럽기 짝이 없고 웃기는 짓이다.

프랭클린 루즈벨트 대통령

미국에 40여 명의 대통령이 있는데, 국민을 대상으로 인기 투표를 하면 거의 매번 1, 2위를 다투는 두 인물이 있는데 그 두 사람은 다름아닌 링컨 대통령과 루즈벨트 대통령이다. 링컨 대통령은 남북전쟁 승리와 노예해방이라는 큰 업적이 있기 때문이고, 루즈벨트 대통령 또한 크게 세 가지의 업적이 있다. 첫 째는 대공황 탈출, 두번째는 2차 대전을 연합국 대표로서 승리로 이끈 일, 세 번째는 2차 대전 후 많은 식민지 상태의 국가들을 독립하게 만든 일 이다.

특별히 프랭클린 루스벨트 대통령은 우리 민족과 밀접한 관계가 있다. 그의 인생 철학과 그것에 기반한 정책이 있었기에 우리나라를 비롯한 많은 식민지 상태의 국가들이 독립하고 국권을 회복할 수 있었다. 그래서 처칠 수상은 "전 인류와 역사는 그에게 큰 빚을 졌다"고 말하였다. 긴 인류 역사상 어떻게 보면 그는 유일무이하게 최강대국 지도자로서 자국만의 부국강병을 추구하지 않고 오히려 기득권을 포기하고 인류 보편적인 인간의 삶과 가치에 관심과 연민을 가지고 이를 구현하기 위해 노력을 하였고 또 실질적으로 많은 유익한 결과들을 만들어 냈다. 좀 더 자세히 알아 보자.

루즈벨트 대통령은 원래 명문대 출신의 금수저에다가 키 크고 잘 생긴 언변 좋은 변호사 출신이었다. 그는 정치계에 입문하자마자 금새 모두로부터 주목을 받고 장래가 기대되는 그런 정치인 이었는데 그의 정치적 성향은 원래부터 진보적으로 30대 후반에 이미 부통령 후보가 될 정도로 승승장구하였다. 그런 그가 어느날 휴가 갔다가 갑자기 그곳에서 큰 질병에 걸리고 만다. 소아마비라고 알려졌는데 어쨌든 그날 이후로 그는 전신마비가 되어서 정치는 고사하고 발가락 하나 꼼짝할 수 없는 일상생활 자체가 불가능해진 상태가 되었다. 그 후 약 3년간에 걸친 부인의 적극적이고도 정성어린 간호와 본인의 장애

극복을 위한 불굴의 초인적인 재활운동을 통해 아주 조금씩 회복할 수 있었다.

그는 3년여간 침대에 꼼짝 못 하고 누워 지내면서 인간의 아픔과 고통에 크게 공감하게 되었고 사회적 약자들에게 동병상련의 마음을 갖게 되면서 가슴과 마음까지 따뜻해지는 진보주의자가 되었다. 그 후 기적적이고도 극적인 재기를 통해 대통령 선거에 출마한 그는 압도적인 표 차이로 당선되는 것은 물론이고 훌륭한 재임 성적으로 처음이자 마지막으로 미국의 4선 대통령까지 될 수 있었다. 박애주의자가 된 그는 국내적으로 사회적 약자인 사람들을 위해 실업 수당, 장애인 수당, 연금 제도 등 각종 사회 보장 제도를 그의 재임 중 만들었다. 대표적인 대공황 타개책인 'New Deal 정책'도 사실은 가난한 사람들을 더불어 같이 잘 살 수 있게 하는데 그 목적이 있었다. 본인의 의지와 무관하게 사회적으로 약자가 된 사람들을 'Forgotten Men' 즉, 영원히 잊혀지게 해서는 안되게 사회와 국가가 도와야 한다는 신념으로 그런 정책들을 추진하였다.

국내적으로 다음과 같이 연두교서를 통해 4가지 인권과 관련한 '4 Freedoms'를 발표하였다.

1. 언론과 표현의 자유
2. 종교의 자유
3. 궁핍으로 부터의 자유
4. 공포로 부터의 자유

이는 미국 뿐만 아니라 오늘 까지도 모든 민주국가가 지향하는 기본적인 인권과 관련한 자유이자 권장 사항이 되었다. 국제 정치적으로도 약한 자의 편에 서는 철학에 바탕하여 1941년 처칠 수상과 함께 대서양 헌장을 다음과 같이 발표 하였는데, 그 내용은 다음과 같다.

1. 강대국이라고 해서 남의 나라를 빼앗지 않는다.
2. 2차 대전이 끝나면 더 이상 식민주의는 하지 않는다.
3. 과거에 빼앗았던 땅도 다 돌려준다.
4. 정치 제도는 다른 나라가 간섭해서는 안되고 그 나라의 국민이 선택하게 한다.
5. 가난한 나라의 노동 조건 개선과 사회 보장은 잘 사는 나라가 협력해 주어야

한다.

사실 영국은 내심으로 결코 하고 싶지 않았다. 알다시피, 영국은 한때 "해가 지지 않는 나라" 라고 불릴 정도로 세계에서 가장 많은 식민지를 갖고 있었고 현재 세계적으로 발생하고 있는 민족 분쟁, 영토 분쟁의 대부분의 원인을 제공할 정도로 악랄한 짓거리들을 도처에서 행하였다. 그런 영국이 평소 같으면 순순히 기득권을 포기하고 물러날리가 없었다. 하지만, 이 때가 언제인가? 2차 대전이 한창으로 영국을 제외한 전 유럽이 독일의 수중에 들어가 있을 때였다. 당시도 미국으로부터 많은 지원과 함께 빚도 지고 있던 영국은 그야말로 전쟁 승리를 위해서는 미국의 도움이 절실할 때였다. 한 마디로 미국의 제안을 거절할 명분도 없었고 형편도 아니었다.

결과적으로 미국과 소련이 참전함으로 결국 연합군이 승리할 수 있었기에 전쟁을 승리로 이끌어 전 유럽을 구원한 당시 미국의 위상은 그야말로 구세주이자 유일 패권국이었다. 전쟁 후에도 식량 지원을 비롯한 복구를 위해 계속 미국의 지원을 받아야 하는 처지에 있던 영국, 프랑스, 독일 등을 위시한 전 유럽은 미국이 하자는대로 하는 것 외에는 달리 다른 방도가 없었다. 사실 당시 식민지를 갖고 있던 유럽의 여러나라들은 누구라 할 것 없이 피식민지 국가에서 너무나도 반인륜적인 악행을 서슴지 않고 행하였는데 단적인 하나의 예만 든다면 벨기에 하면 모두가 꽤 근사한 국가로 인식하지만, 그들이 콩고 민주공화국에서 행한 짓거리 들을 보면 오히려 매우 심한 비난을 받아야 마땅하다. 통치 중 그들 눈에 조금만 잘못해도 예사로 사람을 죽이고 심지어는 많은 어린이들의 손목과 발목을 아주 사소한 이유로 댕강 댕강 잘랐다. 만약 프랑스, 독일 등 유럽의 백인 어린이들이 타국에 의해 그런식으로 처벌을 받았다면, 그 일을 행한 국가는 두고 두고 비난을 받을 것이 뻔하다. 거기다가 그들은 물러나면서 자기들이 통치 중 건설한 학교, 병원 등을 모두 싸그리 박살내고 나왔다. 그런 자들에게 무슨 선의를 기대할 수 있겠는가? 결코 자의로는 선선히 물러날 나라들이 결코 아니다.

마침내 1943년 카이로 국제 회의에서 처칠, 장제스와 함께 최초로 한반도의 독립을 보장한다고 선언하였는데 이 덕분에 우리는 2년 후 해방을 맞이할 수 있었다. 참으로 우리에게는 은인이 아닐 수 없다. 역사적으로 볼때 단 한번도 어떤 나라, 어떤 지도자가 루즈벨트와 미국처럼 선의로 자국의 기득권을 포기하고 자국과 관계없는 약소국의 독립을 지원하고 또 가능하도록 실행한 사람이 단 한명이라도 있는가? 필자의 기억에는 없다.

물론 이에 대한 반론도 있을 수 있겠지만 미국과 루즈벨트 이외에 비슷한 시늉이라도 한 사람이 있는가? 우리가 알고 있는 대부분의 위인들 - 플루타크, 알렉산더 대왕, 칭기츠칸 등등 위인으로 불리던 수많은 사람들은 대부분이 정복전쟁을 통해 자국은 부국강병을 이루었겠지만 침략을 당한 약소국 입장에서는 철천지 원수들일 뿐이다. 이런 점에서 보면 왜 루즈벨트 대통령이 전인류에게 커다란 은혜를 베풀었는지 알 수 있다. 개인적으로 겪은 엄청난 육체적 고통을 초인적인 의지로 극복하는 과정을 통해 인격이 훌륭하게 성숙해졌고 이것이 계기가 되어 자국민만이 아닌 인류 전체 인간에 대한 사랑을 실천한 프랭클린 루스벨트 대통령에게 진심으로 감사하고 또 감사하다.

마지막으로, 미국이 지금 이렇게 세계를 쥐락펴락 하는 것은 결정적으로 미국 돈 달러(Dollar)가 세계의 기축통화이기 때문이다. 그 가공할 위력과 상징성은 말로 다해 무엇하랴.

Chapter 03

중국이야기

- 중국의 역사
- 중국의 정치 제도
- 전제 정치의 폐해
- 중국의 인명 경시 풍조
- 중국의 부패와 인터넷 정책
- 투명성의 반대말 : 꽌시 문화
- 중국의 여러 문제들
- 주변 국가 관계와 중국의 이미지
- 방구석 여포들

Chapter 03

중국이야기

중국은 매우 큰 나라로 세상에서 네번째로 큰, 약 950만 ㎢ 이다.
남한이 약 10만 ㎢ 이니 남한의 거의 95 배 정도의 크기에
인구는 약 15억 명 정도라고 하니 남한의 약 30 배 정도로 많다.

    중국은 해방 전까지는 우리와 직접 국경을 맞대고 오랫동안 밀접한 관계를 맺고 살아온 나라이다. 지리적으로 가깝다 보니 힘이 약한 우리나라로서는 역사적으로 중국으로부터 오랫동안 침략을 당하며 살아왔다. 또한 대륙의 끝에 있는 입장이라 여러 선진 문물도 일방적으로 전해 받는 입장이었다. 문자를 비롯하여 유교, 천문, 지리, 농사, 의술 등 다방면에 걸쳐서 우리에게 전해지는 세상의 거의 유일한 열린 통로였다. 지금이야 무엇이 유일한 통로였나 하는 생각이 들지만, 비행기가 없던 시절에는 오직 바닷길과 육로 밖에 없었다. 그런데 바닷길은 때때로 풍랑을 만나기도 하는 위험성과 변수가 항상 도사리고 있지만, 육로는 산적만 만나지 않으면 비교적 안전하게 또 대체로 예상하던 일시에 도착할 수 있기 때문이었다.

    잘 알다시피 중국은 매우 큰 나라로 세상에서 네번째로 큰, 약 950만 ㎢ 이다. 남한이 약 10만 ㎢ 이니 남한의 거의 95 배 정도의 크기에 인구는 약 15억 명 정도라고 하니 남한의 약 30 배 정도로 많다. 가늠이 안될 정도의 엄청난 크기 임에는 틀림이 없다. 중국은 56개의 민족으로 이루어져 있는데 대체로 90%는 한족이라고 하며 나머지 55개의 소수 민족이 10% 미만이라고 한다. 대체로라고 한 이유는 실제 진짜 한족 비율은 그보다 낮은데 인구 조사할 때 본인이 한족이라고 하면 그대로 인정 해 준다고 한다. 소수 민족으로

사는 것 보다 한족으로 편입되는 것이 혹시라도 있을 민족 분쟁시에 보호를 받을 수 있기 때문이라고 한다. 잦은 정변과 내전 등이 만연한 국가에서 살다보니 그렇게 하는 것이 본인과 가족의 안전에 도움이 되기 때문이다. 또한 정부 입장에서도 마다할 이유가 없는 것이 한족의 덩어리가 크면 클수록 통치하기도 좋고 쉽기 때문이다.

중국의 역사

중국 문명은 황하 강에서 시작되었다고 하며 역사적 증거가 있는 최초의 왕조는 은(殷: BC 18~21세기) 이라고 할 수 있다. 역사가 긴 만큼 주 나라, 춘추전국시대 등이 있는데 최초로 BC 221 년 주의 제후국 가운데 하나인 진(秦)이 중국을 통일하였다. 시황제(始皇帝)는 봉건제를 폐지하고 전국에 군현(郡縣)을 설치했으며 나라마다 달랐던 화폐, 도량형, 문자의 서체를 통일하고 본격적으로 나라의 기틀을 완성하였다. 이때 그는 지금까지도 남아 있는 만리장성도 짓게 했다. 그 이후 유방이 BC 2020 년 한(漢)을 세웠고 그 다음은 위진남북조시대(魏晉南北朝時代), 그 다음은 수나라(隋), 그 다음은 당나라(唐), 그 다음은 송나라(宋), 그 다음은 몽골족이 세운 원나라(元), 그 다음은 명나라(明), 그 다음은 만주족이 세운 청나라(淸), 마지막으로 신해혁명으로 중화민국(中華民國) 이 1912년 탄생하여 지금에 이르고 있다. 지금 언급한 것은 큰 흐름에서 왕조의 성립만 열거한 것이고 나머지 자잘한 국가 또는 민족, 집단 등의 흥망성쇠는 너무 복잡하다. 중국의 역사는 한 마디로 전쟁의 역사라 할 수 있을 만큼 전쟁으로 날이 새고 날이 지는 수많은 정변과 침략과 혼란이 난무하던 나라였다. 이러다 보니 이로 인한 공포와 불안이 국민성과 생활 풍습에 많은 영향을 끼쳤다. 이 책은 정통 역사책이 아닌만큼 아주 간단히 살펴 보았다.

중국의 정치 제도

필자가 주재원으로 중국에 약 2년 정도 있을 때나 지금 한국에서 만나 본 한족, 조선족들은 현재 중국의 급속한 성장 덕분에 미국과 함께 G2라고 불리는데 대한 엄청난 자부심과 또 특별히 정치제도-중국 공산당의 일당 독재 제도에 대해서도 매우 긍정적으로 생각하고 있었다. 그들은 한국, 미국의 정치제도를 매우 조롱하고 비판하였는데 특별히 잦은 정권교체로 인해 하루아침에 180도 바뀌는 정책 변화를 비판하였다. 일견 맞는 말로 그것에 대한 불만과 아쉬움 또한 우리도 가지고 있다. 또한 한국은 일부 국민이 정부 정책에 대한 지나친 반대와 함께 대통령의 권위를 무시하고 걸핏하면 욕하고 비판하는 일이 많은데 그렇게 해서 어떻게 국정을 운영할 수 있겠느냐 하는 것이었다. 그에 비해 자기네는 지도자가 바뀌어도 공산당에 의한 일관된 정책을 펴기때문에 흔들림 없이 고도성장을 이룩할 수 있다고 자랑하였다. 얼핏 생각하면 맞는 말 같지만 참으로 하나만 알고 둘은 모르는 무식함에서 나오는 말이 아닐 수 없다. 민주주의 제도는 완전하지 않고 여전히 불합리한 면이 많은 제도임에 틀림이 없다. 하지만, 인류 역사를 통해 수많은 시행착오를 거치면서 그나마 인간이 만든 정치 제도 중 가장 합리적이고 나은 것으로 평가받고 있는 유일한 제도가 민주주의이다. 무엇보다 사람의 가치를 중시하는 제도로서 국민을 정부나 지도자가 법에 의하지 않고는 함부로 처벌하지 못하게 법과 제도로서 보호하기 때문이다. 중국 인민들이 자기네 정부를 최고라 여기고 곧 세계 최강대국이 될것이라고 착각하는 데는 이유가 있다. 그것은 바로 철저한 언론 통제 때문임을 절대 다수의 인민들은 모르고 있다. 공산국가 또는 전제주의 정권의 특징은 조금이라도 나쁜 소식, 불리한 통계 등은 철저히 감추거나 왜곡하는게 다반사이다. 반면에 가급적 긍정적이고 좋은 소식 위주 또는 긍정적인 수치의 통계만을 알려주니 좋게 말하면 애국심이 고취되고 요즘 말로 국뽕이 차게 되는 것이다.

전제 정치의 폐해

중국은 역사적으로 한번도 민주 정부를 가져본 적이 없다. 신해혁명 이전에는 완전한 봉건 군주 국가였고 그 이후부터 지금까지도 이름만 달라졌지 장제스의 국민당 정부 또 지금의 중국 공산당 정권에 의한 통치는 이전의 군주 전제 정치나 사실상 같다. 전제 군주가 다스리면 그 결과는 모 아니면 도 인 경우가 많다. 청나라 때 4대 강희제, 5대 옹정제, 6대 건륭제 등의 훌륭한 군주가 다스리면 나라가 크게 부흥하지만, 그 반대의 무능하거나 무식한 왕, 혹은 소시오 패스 급의 성격 파탄 지도자들이 다스리면 나라는 망하거나 크게 기울게 된다.

중국에는 4대 경국지색의 여인들이 있는데 나라를 기울게 할 정도의 아름다운 여인 이라는 뜻인데 달기, 하희, 포사, 말희가 있다. 이 네 여인들도 문제가 있지만 이들에 빠져서 오직 여자와 즐기거나 또 여자를 기쁘게 하기 위해 정사를 게을리하다가 자신은 물론이고 나라까지 망하게 한 멍청한 군주들-이런 일들을 방지할 수 있는 견제와 비판이 없는 군주제도의 폐해가 문제라는 사실이다. 여기서 실제 사례 세가지만 살펴 보도록 하자.

1. 포사

포사는 주 나라 유왕의 왕후로 매우 아름다운 자태로 유왕의 마음을 완전히 사로잡았다. 그런 포사는 특이하게도 잘 웃지를 않았는데 '이를 안타깝게 여긴 유왕은 그녀의 의붓아버지에게 도대체 어떻게 하면 포사를 웃게할 수 있는가 하고 물어 보았다. 그랬더니 어릴적부터 포사가 비단 찢어지는 소리를 들으면 웃었다고 했다. 실제 그 소리에 포사가 빙그레 웃음을 보이기에 유왕은 국내의 비단을 거의 구해서 포사를 웃게 하기 위해 날이면 날마다 그 비싼 비단을 찢어 대어 나라의 국고가 마를 지경까지 오게 되었지만 이내 그 일도 시들하게 되었다. 똑 같은 일을 해대니 더 이상 자극을 받지 않는 것이었다. 그러던 어느날 한 병사의 실수로 봉화불을 올렸는데 적병이 침입했다는 신호로 안 제후들이 병사들을 이끌고 다급히 유왕을 도우러 왔다. 그런데 알고보니 실수로 그랬다는 것을 알고 헛되이 돌아갈 수 밖에 없었는데 그것을 본 포사가 빵 터졌다. 이 일을 보고 멍청한 유왕은 "그래 바로 이거야" 하고는 마치 큰 발견이나 한 것처럼 포사를 웃게 하기 위해 수시로 가짜 봉화불을 올렸다. 그때마다 헛되이 출병 했다가 돌아가기를 반복한 제후들은 엄청 화가 나서 다시는 속지 않겠다고 결심하였다. 그 결과는 짐작하듯이 얼마 후 건융족이 쳐들어 와서 봉화불을 급히 올렸지만, 어떤 제후도 도우러 오지 않았다. 결국 유왕은 건융족에게 죽임을 당했고 포사도 죽었다는 이야기도 있고 잡혀 갔다는 이야기도 있다. 어쨌든 이 일로 주 나라는 망했다. 한 이상한 여인과 그에 미친 멍청한 왕 때문에 많은 백성이 죽고 나라도 망했다.

2. 서태후

서태후는 청나라 말기 궁녀로 들어 갔다가 뛰어난 미모와 재능 또 본인의 야욕에 찬 노력 덕분에 함풍제에게 아들 재순을 낳아주는 덕분에 황후 다음 서열인 의귀비가 되었다. 9대 함풍제 사후 서태후의 아들 재순이 불과 6세에 동치황제가 되었기에 서태후는 섭정 정치를 이때부터 시작하였다. 10대 동치제는 불과 18세에 석연찮은 병으로 요절하였고, 연이어서 11대 광서제까지 4살에 즉위하는 바람에 계속해서 섭정 정치를 이어 나갔다. 그러다 광서제는 37세에 갑자기 사망하였는데 사후 조사 결과 그는 독살 당한 것으로 확인 되었기에 이와 관련하여 많은 역사학자들은 거의 서태후가 사주 했을거라고 추측하고 있다. 이후 선통제는 불과 2세에 황위에 올랐는데 그가 마지막 황제 푸이이다. 이 세 황제가 모두 너무 어린나이에 즉위하고 또 단명 하는 바람에 서태후는 무려 48년 동안 실질적으로 청나라를 다스렸다.

당시 청나라 말기는 급속한 몰락의 길로 접어들어서 내우외환의 위기로 나라가 어지러운 상태였다. 부정부패가 극심하였고 무능한 지도자들의 거듭된 실책과 안이한 시대 상황 판단 능력에 비해 서구열강은 산업혁명 등으로 급속한 발전을 이루어서 경제력과 근대화 된 군사력이 청나라를 압도하였다. 국내적으로는 '태평천국의 난' 이라는 농민반란과 대외적으로는 영국, 프랑스, 미국, 러시아 등의 서구 열강이 월등하고도 선진화 된 군사 장비로 무장한 군대가 압력을 가하고 있었다. 임칙서를 비롯한 깨어 있는 사람들이 망국의 근원인 아편을 근절하려 애썼지만 도리어 1890년대는 자국 생산 제품이 수입품의 10배가 되었고 전체 세금 수입의 거의 60%가 아편에서 걷는 세금일 정도로 나라가 망조에 들었다. 본격적으로 1839년 제 1차 아편 전쟁의 굴욕적인 패배로 남경 조약을 체결하고 그 조약사항 중 하나인 홍콩을 영국에 할양하게 된다. 곧 이어 1857년 2차 아편 전쟁이 발발하고 패배한 청나라는 서양과 텐진 조약을 체결할 수밖에 없었는데 이때 서양은 또 다시 엄청난 이권을 떼어가게 된다. 한해 예산이 약 1억 냥이었는데 4.5년 치에 해당되는 4억 5천 냥이라는 엄청난 전쟁 배상금을 물어 주어야만 했기에 이 막대한 전쟁 배상금 갚을 돈이 없어 아편 거래를 통한 세금을 걷으려고 온 국민이 아편쟁이가 되도록 방치하였다. 또한 청나라는 1894년의 청일전쟁 때도 힘 한번 제대로 못쓰고 일본에게도 패배했는데 이 당시 청나라는 전쟁만 하면 하는 족족 박살이 났다. 이때도 전쟁 패배로 영토도 빼앗기고 2억 3천 냥이라는 배상금도 또 물어 주어야만 했다. 이때부터는 사실상 청나라는 서구열강의 거의 반식민지 상태나 다름없게 된다.

이 기간 동안 실질적으로 나라를 다스렸던 서태후는 한마디로 국가 최고 지도자라는 막중한 공적 마인드가 전혀 없이, 단지 질 나쁘고 욕심 많은 한 인간으로서 청나라라는 거대 제국을 망하게 하는데 결정적인 역할을 하였다. 어렵고 힘든 시기의 청나라를 거국적인 시야를 가지고 지도자로서 타개책을 모색하기 위한 노력을 하는 대신 영악한 권모술수로 자신의 정치생명 연장에만 골몰하였다. 심지어는 나라야 망하든 말든 끝없는 개인적인 욕심을 다음과 같이 부렸는데, 저질스럽고 고약한 인간이 권력을 가졌을 때 할 수 있는 온갖 나쁜 짓은 다 하였다. 보물, 특히 비취와 진주 등 사치하는 일에 엄청난 돈을 들였으며 그녀가 신는 신발과 버선 만드는 사람만 매년 3천 명 이상이 동원되었고 비용 또한 1만 냥 정도가 들었다. 식탐 또한 대단해서 매끼 준비하는 음식의 가짓수만 128가지였는데 배가 불러 더 이상 처먹지 못하면 눈으로 보는 관상용 음식을 따로 차리게 하였고 한끼 식대만 약 100냥이었다. 이 돈은 보통 농민의 1년 치 끼니에 해당하는 어마어마한 음식 값이었고 또 본인의 미용을 위해서는 매일 두명의 산모의 젖을 먹는 등 많은 돈을 지출하였다. 결정적으로 어마어마한 규모의 개인 별장인 이화원을 짓게 했는데 건설비만 무려 3천 만냥으로 청나라 1년 치 전체예산의 약 30%가 들어갔다. 문제는 이 돈이 당시로서는 서구 열강의 해군 장비 보다 더 뛰어난 동양 최강의 함대로 불리던 북양함대의 유지비였다는 사실이다. 정작 군대는 돈이 없어서 훈련할 포탄과 연료 부족으로 제대로 훈련을 하지 못해 수병들의 숙련도가 너무 낮아서 첫 실전이었던 청일전쟁 때 일본의 연합함대에 힘 한번 제대로 못쓰고 대패하면서 궤멸 되었다. 이것 뿐이랴, 색욕 또한 대단했다고 한다. 말년에도 매일 두 명의 젊은 미남자를 침실에 오게해서 밤새 즐기다가 소문이 새어나갈까 봐 다음 날 아침 잔인하게 죽이는 일을 반복했다고 한다. 한마디로 입고, 처먹고, 온갖 호사 부리고, 더러운 욕정 채우는 일에 인민들의 땀과 피로 채운 국고를 허망하게 낭비하는데 나라가 안 망할 수 있겠는가? 이런 역사를 중국 사람들은 도대체 모르고 이런 말을 할까, 아니면 그건 옛날 일이고 지금은 그런 일이 안 생길 거라고 믿기 때문에 그럴까? 당시 세계 최대의 강대국 청나라는 아래 3가지 이유로 엄청난 대가를 치른채 망해서 역사의 뒤안길로 치욕스럽게 사라졌다.

① 시대의 흐름에 뒤쳐진채 근대화를 제때 하지 않은 일.
② 고위 관료를 비롯한 나라의 전반적인 부정부패.
③ 공적 마인드가 전혀 없이 개인적 욕심만 채운 서태후의 섭정 정치.

시대를 막론하고 견제와 비판이 없는 일당 독재 혹은 전제국가에서는 언제든 일어날 수 있는 일임을 꼭 알아야만 한다. 우리 또한 남의 역사를 통해 타산지석의 지혜를 배우지 않으면 후회하는 일이 생길 수 있음을 반드시 명심해야 한다.

3. 마오쩌둥

마오쩌둥은 중화인민 공화국을 건설한 건국의 아버지이자 나라의 대표적인 영웅이다. 국공 내전에서 장제스의 부패하고 무능한 국민당 군을 엄청난 전력의 열세를 게릴라전으로 극복하고 승리한 대단한 업적을 이루었다. 그러나 영웅담은 여기까지이다. 사실상 여기서 그가 죽었다면 그는 불멸의 영웅이 될 수 있었을 것이다. 건국 후 그는 무식한 자가 무소불위의 권력을 가지면 나라를 어떻게 망가뜨리는지를 몸소 보여 주었다.

대약진운동이라고 아시는가? 건국 후 농업국가에서 빨리 소련처럼 공업화 국가를 이룩하고 싶었던 모택동은 풍부한 농민대중의 노동력을 이용하여 철강 생산량을 늘리면 된다고 판단하였다. 그래서 동네마다 토법고로라는 용광로를 만들게 하고는 온갖 종류의 철로 된 물건[1]을 구분하지 않고 싸그리 다 집어 넣어서 강철을 제조하라고 하였다. 참으로 어리석기 짝이 없는 짓거리였다. 거기서 나온 철은 아무짝에도 쓸모 없는 탄소덩어리 선철만 만들었는데 당시 전문가들은 모두 헛짓거리 한다는 걸 알고 있었지만, 감히 말할 수가 없었다. 또 한번은 모택동이 지방 시찰 중 참새를 보고는 별 생각없이 해로운 생물은 다 없애야 한다[2]고 참새 잡기 운동을 지시하였다.

그 지시대로 참새를 박멸하자 그 부작용으로 인해 천적인 해충과 메뚜기가 심각하게 늘어나서 식량 생산량은 급락하였다. 이로 인한 생태계 불균형은 3년 대기근을 촉발시켰고 그 결과 4천만 명 이상의 인민들을 굶어 죽게 만들었다.

문화대혁명에 대해 들어 보았을 것이다. 위의 두 뻘짓으로 물러나지 않을 수 없었던 모택동은 얼마 후 다시 권력을 되찾을 기회를 잡게된다. 대약진운동의 엄청난 실패와 공산당의 부정부패, 일당 독재로 인해 더욱 더 심해지는 빈부격차 등등은 젊은이들 특히 농촌에 있는 청년들에게 큰 박탈감을 주었기에 대규모 시위를 시작하게 된다. 이들을 홍위병으로 부르는데 이들의 주 타도대상은 부르주아, 부패한 세력 등이었는데 모택동은 자기의 정치적 재기를 위해 이들을 자기의 전위부대로 적극 이용하기 시작했다. 공산혁명 이전의 옛것은 모조리 혁명의 걸림돌이라는 논리로 문화재, 유적, 유물, 사상, 인물 등 가리

---

[1] 자전거, 냄비, 후라이팬 농기구 등등
[2] 제사해운동(除四害運動) 즉 네 가지 해로운 생물인 들쥐, 파리, 모기 그리고 참새를 없애야 한다는 운동

지 않고 옛것과 기존의 것은 모두 개혁 대상, 즉 제거 대상이었다. 그야말로 세계 사상 초유의 자기 나라와 민족을 향한 집단 자해를 10여 년 계속하였다. 그들이 자랑하던 빛나는 유적을 거의 파괴하였고, 귀중한 책자들은 불태워졌고, 무형 문화재 전수자들은 죽임을 당하거나 온갖 망신을 당해야만 했다. 공자를 비롯한 사상가들의 묘도 파헤쳐졌다. 죽은 자를 이렇게 대하는데 산 자들은 어떻게 했을까? 스승들도 제자들에게 조리돌림을 당하는 모욕을 격어야 했으며 심지어는 부모들도 자식들에게 온갖 행패를 당하기도 하였다. 아무튼 이렇게 집단 자해의 광란의 10여 년을 보낸 후 모택동은 마치 아무 일도 없었던 것처럼 이제 청년들은 농촌으로 하방하라고 지시한다. 그것으로 끝이다. 그들은 아무 얻은 것도 없이 철저히 이용만 당했고 소리없이 조용히 사라졌다. 대신 모택동은 이 일을 계기로 다시 확고부동한 최고 지도자가 되었다.

중국의 인명 경시 풍조

이 세 인물의 이야기는 중국의 긴역사 속의 흑역사 중 극히 일부분에 지나지 않는다. 이 두 인물 외에도 전통적으로 꽤 많은 전제군주의 지도자들은 백성의 목숨을 대단히 하찮게 여겼다. 원래가 오랑캐 집단이라서 그런지 몰라도 강희제 등 몇몇의 훌륭한 지도자들을 제외하고는 사람 죽이는 일을 마치 김장철 상한 배춧잎 날리듯 파리 목숨처럼 여겼다. 몇가지 예만 들자면 다음과 같다. 첫째로, 중국을 처음 통일한 진시황은 며느리를 부인으로 맞이 할 정도로 반인륜적으로 여색을 즐기기도 했지만, 재임시 일도 열심히 하여 많은 업적도 남겼다. 하지만 1974년 한 농민이 우물을 파다가 우연히 병마총을 발견했는데 실제 발굴을 해보니 어마어마한 규모였는데 이것은 후일 조사 결과 엄청난 규모의 진시황 무덤의 일부로서 모두 진흙으로 만든 8천여 명의 거의 실제 크기의 병사들과 마차, 말 등이었다. 이들은 진시황 사후에 그를 지키고 호위 하기 위한 병사들로서 특이한 것은 모든 병사의 표정 묘사가 매우 사실적이면서도 각각 다 달랐다고 한다. 무려 39년 동안 엄청난 국고를 들여 약 70만 명의 인부와 장인들, 군사들을 동원하여 세계 최대 규모의 무덤과 병마총을 건설하게 하였는데 끔찍한 것은 이것들을 완성한 후 병마총을 제작한 모든 작업자들을 죽게한 것이었다. 건설이 완료된 후 병마총 안에 있던 최소 수천 명에서 많게는 수십만 명의 작업자들, 후궁들을 바깥에서 출입구를 막아 안에서 죽게 만들었다.

그 이유는 자기 무덤의 위치를 아무도 모르게 해서 사후에 도굴되어 험한 꼴 당하지 않으려고 했기 때문이었다.

두번째 사례는 위에서 언급한, 모택동이 대약진운동의 뻘짓으로 4천만에서 5천만 명의 인민을 굶어 죽게 만든 일이었고 세번째 사례는 비교적 최근의 천안문 민주화 사태인데 모택동 사후 등장한 등소평은 미국과 맞설 정도의 오늘의 중국을 있게 만든 보기 드물게 훌륭한 지도자로 평가 받는 인물이다. 정치는 공산당 일당 독재체제지만 경제는 흑묘백묘론을 주창하여 거의 자본주의식 국정 운영으로 가난하고 힘든 국가를 어엿한 G2 국가로까지 부강한 국가로 만들었다. 그런 그도 개혁, 개방 정책으로 민주화 요구가 높아져서 학생을 중심으로 1989년에 천안문에서 발생한 소요 사태를 탱크를 동원해서 무력으로 진압하였다. 공식적으로 알려진 것은 아무것도 없지만 이때도 민주화를 요구한 수많은 학생과 시민이 죽었다고 한다. 중국의 긴 역사를 보면 기본적으로 황제건 높은 관리이건 무고한 백성 죽이는 일을 참으로 대수롭지 않게 여기는 풍조가 너무 많아서 일일이 열거하기 힘들 정도이다.

이 모든 일이 벌어진 것은 민주화 되지 않은 전제 군주 국가 또는 일당 독재 공산 국가이기 때문에 발생한 일인데도 중국 인민을 대상으로 하는 최근의 여론조사는 90% 이상이 현재 정부에 만족한다는 응답이 나왔다는 사실이다. 남의 나라 정치제도야 자기들 마음이지만, 행여라도 이런 국가가 지금의 미국처럼 절대 강국이 되는 일만은 반드시 막아야 한다는 생각이 강하게 든다. 최근 중국이 힘이 세졌다고 주변 국가들을 우습게 알고 무시하는 말과 행동을 반복하는 것을 보니 조선 시대처럼 굴다가는 되놈들의 속국이 될지도 모르니 정신 바짝 차리고 국력을 키우는 일을 더욱 열심히 해야한다. 만약에 중국이 도발해서 전쟁을 하게 되면 최종적으로는 우리가 이기기는 쉽지 않겠지만, 중국 또한 인민의 절반 정도는 죽고 나라가 반쯤 절단 날 수도 있다는 것을 알게 해주어야 한다. 왜냐하면 역사는 반복되기 마련이고 또한 역사를 잊은 자에게 미래는 없기 때문이다.

중국의 부패와 인터넷 정책

앞서 보았듯이 여론 조사를 해보니 중국 인민의 90% 이상이 현정부와 정책에 만족한다고 한다. 아무리 공산당 일당 독재국가라고 하지만 대단히 높은 수치로서 사실상 여론의 반대나 반정부 세력은 없는 것과 같다. 하지만 다음의 사실들을 인민들이 알고나면 과연 계속 그렇게 될 수 있을지 궁금하다. 첫째로 중국은 언론 자유가 전혀 없다는 사실이다. 정부 특히 최고 지도자가 불편해 하거나 인민이 알면 별로 좋지 않은 소식들은 보도되지 않거나 적당히 맞사지 되어 전해지게 된다. 두번째로 중국 정부에 대한 외부 세계의 객관적인 소식이나 평가 등은 국내에서는 전혀 알 길이 없게 만들어 놓았다. 그것은 바로 중국의 만리방화벽(Great Firewall of China GFW)과 황금 방패 프로젝트(Golden Shield Project)이다. 이 두개의 시스템은 악명 높은 인터넷 검열 시스템으로 시진핑은 '인터넷 주권'을 강조하면서 전 국민이 사회주의 체제 아래 단결하자는 명분을 내걸었는데 전자는 외부로부터의 체제 강화를 위한 장치이고, 후자는 국내 치안 유지가 목적이다. 한 마디로 Google 등 해외로 연결된 인터넷 망과 내부의 인터넷 활동을 감시하여 철저하게 언론을 통제하고 여론을 조작하기 위함이다.

투명성의 반대말 : 꽌시 문화

세계의 많은 사회 과학자들이 한동안 아프리카, 남미, 아시아 등지의 가난한 국가들이 해외로 부터 그렇게 많은 도움과 원조를 꽤 오랫동안 받는데도 왜 그 가난을 못벗어나는지 많이 조사하고 연구하였다. 그랬더니 그 이유는 인물이나 제도가 나빠서가 아니라 거의 공통적으로 부정부패가 가장 큰 이유였다고 한다. 부정부패가 없어지지 않는 한 밑빠진 독에 물붓기나 마찬가지라는 사실로서 부정부패의 반대말은 투명성이다. 그런데 중국 사람들이 자기네 사회의 전통 중 꽤 자랑스럽게 생각하는 것 중의 하나가 꽌시(關係)이다. 중국에서 사업을 하거나, 하려는 한국 사람들은 아마도 이 말을 제일 많이 들었을 것이다. 자기들이야 꽌시의 아름다운 예로 관포지교(管鮑之交)나 삼국지의 도원결의(桃園結義) 정도를 이야기 하지만, 사실상 이 말은 부정부패를 일삼는 자들의 끼리끼리 문화에 불과하다.

중국에서는 꽌시가 사업의 처음이자 마지막이라고 하는데 중국의 부정과 부패 문제는 어마어마해서 특히 고위관리나 정치인의 부패와 뇌물 수수 규모는 상상을 초월할 정도이다. 그럴 수 밖에 없는 것이 중국은 국영 기업도 많은데다 그렇게 큰 나라에서 오직 공산당 간부 출신인 권력자가 인·허가권을 가지고 있으니 뇌물이 오가지 않고는 일이 되지 않는다. 권력자들은 돈이 오가는 통로에 금고를 올린 책상 하나 놓고 인·허가증을 미끼로 통행세를 받는 셈이다. 그렇게 치부한 권력자들은 거의 예외 없이 축첩을 하고 또 상상을 초월한 막대한 재산을 해외, 주로 스위스나 미국에 빼돌려 놓았다고 한다. 만일 이러한 시진핑 가족을 비롯한 공산당 간부들의 부패문제가 백일하에 인민에게 알려진다면 그들이 과연 정권을 유지할 수 있을까? 이러니 그들은 미국의 경고에도 불구하고 죽으라고 해외로부터의 인터넷 유입을 차단하고 있는 것이다.

중국의 여러 문제들

1. 소수 민족 문제

중국이 내부적으로 가장 신경쓰는 예민한 부분이 소수 민족 문제이다. 겉으로는 한족의 비율이 90%가 넘으니 거의 단일 민족처럼 보이지만, 문제는 사실 소수 민족이 차지하는 영토의 비중이 무려 64% 가까이 되기 때문이다. 즉 이들이 만일 독립을 하게 된다면 중국은 거의 빈껍데기만 남게 된다. 게다가 신장 위구르 지역은 경제적으로 엄청나게 중요한 막대한 지하 광물 자원이 많고, 티벳트는 중국의 양대 하천인 황하와 장강은 물론 인더스 강과 갠지스 강, 메콩 강, 살윈 강, 이라와디 강 등 동남아시아와 남아시아의 주요 하천이 티베트에서 발원하기 때문에 만약, 티베트가 독립하여 이러한 수자원을 군사 무기화 한다면 그야말로 중국이 상상할 수 있는 최악의 악몽이다. 막대한 공업용수를 사용하는 산업계는 물론이고 사람이 먹는 물까지 직접 관련되어 있으니 중국이 절대 티베트의 독립을 용납할 수 없는 일인 것이다. 이런 실정이다 보니 중국은 만일 단 하나의 소수 민족이라 하더라도 독립을 하도록 허용 했다가는 그 여파가 일파만파 퍼질 수 있다 보니 아무리 서방세계로부터 신장 위구르 지역의 인권 문제나 티베트 독립 문제로 공격 받더라도 소수 민족에 대한 탄압과 회유정책으로 완강하게 독립 운동을 억제할 수밖에 없다.

2. 한 자녀 문제와 농민공 문제

그 외에도 한 자녀 출산 정책으로 인해 야기된 흑해자(黑孩子, 헤이하이즈) 문제와 거주 이전의 자유가 없기 때문에 생긴 농민공 문제 등 해결이 거의 불가능한 숱한 난제들을 안고 있다. 흑해자 문제는 한 자녀 이상 출산하게 되면 거액의 세금을 물어야 하니, 남아선호사상이 강한 중국 전통 때문에 출산한 자녀가 만일 여자이면 아예 출생 신고를 하지 않고 호적이 없이 살아가는 어둠의 자식을 말하는데 그 숫자는 아무도 알 수 없지만, 최소 몇 천만 명은 된다고 한다. 농민공 문제 또한 심각한데 도시와 농촌간의 큰 경제적 격차 때문에 농촌을 떠나 도시로 취업하러 온 농민들에게는 절대로 도시로 거주 이전을 허가하지 않기 때문에 평생 정착하지 못하고 도시의 변두리, 지하 등에서 쥐족이라 불리며 살아가는 것이다. 사고가 생겨 죽어도 제대로 된 보상 조차 받지 못하고 사는 딱하기 짝이 없는 농민공의 숫자 또한 최소 3억 명 정도는 되리라 추측하고 있다.

주변 국가 관계와 중국의 이미지

최근 중국은 나라의 힘이 세지고 일부 국민들이 부자가 되었다고 꽤나 오만하게 으시대는 꼴을 보이고 있다. 자기들은 20~30년 후가 되면 미국을 제치고 세계 최고의 강대국이 될거라고 자신하고 있다. 될지 안될지는 그때 가봐야 알 수 있겠지만, 회의적인 시각도 매우 많다. 필자 또한 그 중의 한 사람이다. 어쨌든, 등소평 집권 후 그들이 급속한 경제성장을 이룩한 것은 사실로서 세계의 공장이라 불리며 세계 어느 나라를 가도 집집마다 중국제를 빼고 나면 살림이 불가능할 정도로 비교적 저가 공산품은 'Made in China'가 점령했다. 하지만 돈은 벌었을지 몰라도 장기적으로 국가 이미지는 아주 나쁘게 형성된 것 같다. 보통 사람들이 떠올리는 중국제 하면-저질의 싸구려 제품, 짝퉁 제품의 천국, 지적 재산권 보호를 하지 않는 나라 등 어떤 나라를 막론하고 세계적으로 아주 나쁘게 형성이 되어있다. 우리가 미제, 프랑스제, 이태리제, 일제 상품 하면 얼른 떠오르는 이미지는 비싸지만 고급스러운 좋은 품질의 제품 또 그런 나라라는 인식이 있다. 소위 선진국 또는 세계의 일류 상품이라는 이미지이다. 반대로 저렇게 나쁘게 형성된 상품의 이미지와 함께 부자가 된 중국 여행객들의 태도 또한 세계인들로부터 조롱과 질시의 대상이 되었다. 어디서든 대체로 그들은 무례하고, 시끄럽고 방문국을 더럽히며 다닌다.

유럽의 명품 매장에서 방구 뀌고 트림하고 가래침을 뱉고 다니니 돈 좋아하는 유럽 상인들도 기겁을 하는 것이다. 그러니 일부 국가에서는 아예 바깥에 현지어와 중국어로 개와 중국인 출입 금지 팻말을 붙여 놓기도 한다. 즉, 중국인을 개 취급 하는 것이다.

방구석 여포들

중국인의 기질 중 우리 한민족과 비교되는 큰 차이점 중의 하나가 방구석 여포들이고 이불 쓰고 독립만세 부르는 사람들이다. 개인의 불이익 침해에는 엄청 민감하고 과격한 반응을 보이지만, 국가적 또는 사회 전체적인 피해에는 크게 개의치 않는 사람들이다. 대표적으로 일제 시대 1937년 수도인 남경대학살 때 무려 30여만 명이 죽임을 당했다. 어떤 역사학자는 독일이 유태인에게 행한 홀로코스트보다 더 악랄하고 처참한 민간인 대학살로서 셀 수도 없이 자행된 강간 등, 심지어는 일본군 초급 장교 두사람이 목베기 시합까지 하였고 이를 왜놈 신문은 중계방송 하듯이 자랑스레 보도하기도 했다. 이런데도 그 후 중국인은 어떤 저항 운동도 하지 않았다. 그저 때리면 맞고 강간하면 하는대로, 죽이면 죽고 그냥 당하기만 했다. 이런 일이 당시 장제스도 답답했던지, 우리의 윤봉길 의사의 도시락 폭탄 투척 의거 후 "중국 백만 대군이 못한 일을 조선 청년이 해냈다" 라면서 태도가 달라져서 우리 임시 정부를 적극적으로 돕기 시작했다. 임시정부가 중국 땅에서 그처럼 활발히 무장 투쟁과 함께 독립운동을 할 수 있었던 이유는 윤봉길 의사 한 사람의 의롭고도 용감한 거사가 있었기에 가능했던 것이다. 이처럼 중국의 국민 기질은 한마디로 대체로 용기도 기백도 없는 그런 사람들인 것같다.

혹자는 미국과 중국이 결국 전쟁을 하는 것이 아닐까 하고 말하는 이도 있다. 그럴 수도 있겠지만, 현실적으로 중국이 미치지 않은 다음에야 그런 일은 일어날 수 없다. 왜냐하면 지금 현재 국방력 차이도 크지만, 중국은 근본적으로 외국 군대와 전면전을 벌일 수가 없다. 그 이유는 중국은 현재 14개 국가와 국경을 같이 하고 있는데 전반적으로 모두와 사이가 좋지 않다. 적의 적은 동지이니 만일, 전쟁이 발발하면 이들 국가 중 상당수는 중국에 적대적인 태도 즉, 상대국인 미국에 협력할 가능성이 매우 높다. 즉, 전선이 엄청 확대되니 자국 수비가 매우 힘들어 진다. 거기다가 결정적으로 소수 민족들이 있는데 그 중 특히 신장위구르족과 티벳은 전쟁만 발발하면 게릴라 전술로 중국의 뒷통수를 공격하려 할것이다. 당연히 미국 또한 이들을 적극 지원하고 부추겨서 중국의 주력 군대가 미국과의 전쟁에 집중하지 못하게 하려 할 것이기에 만일, 중국이 전쟁을 하려면 먼저 이들부터 제압하고 난 다음에 시작하지 않으면 안될 것이다. 반면 미국 본토에 대한 공격은 사실상 불가능한데 ICBM 등으로 장거리에서 폭탄 공격은 가능하겠지만, 비행기, 항공모함, 육상군 등은 거의 접근이 불가능하다. 미국의 촘촘하고도 정밀한 방위 시스템도 큰 이유 중 하나지만, 지리적으로 미국은 너무 멀어서 중국의 우호 협력국 또는 동맹 국가의 중간 기착지가 없는 한 미국 본토 공격은 불가능하다. 이와 반대로 미국은 일본이나 우리 대한민국의 확실하고도 든든한 중간 보급과 급유, 항공모함 기항, 항공기 기착 등 본토와 떨어져서도 얼마든지 거의 무제한의 작전이 가능하니 전쟁만 시작 됐다 하면 거의 일방적으로 두들겨 맞다가 끝날 공산이 크다. 왜냐하면 중국은 허술한 방패만 있고 상대를 찌를 창이 없는 것과 같다. 참고로 육지 영토의 크기는 미국과 큰 차이가 없지만 해양 영토의 크기는 미국이 무려 13배나 크다. 이 지리적, 영토적 차이가 전쟁 발발시는 어떠한 결과를 만들지는 유사 이래의 전쟁사를 보면 대충 짐작이 가고도 남는다. 그런데 근대 중국 역사를 보면 중국인의 기질 또한 국가적 재난 앞에 단결력도 약한데다 모질고 독한 구석도 없으니 미리 미국에 돈 많이 꼬불쳐 놓은 공산당 지도부는 꽁지가 빠지게 내뺄 수도 있다. 이런데도 중국이 저렇게 군사 굴기니 하고 외치는 것은 아시아 지역의 골목 대장이라도 확실히 하겠다는 심산이 아닐까 생각한다.

아무튼 가벼운 마음으로 중국 이야기를 시작했는데 쓰다 보니 이야기가 상당히 길어진 것 같아 읽는 독자들이 지루해 할까 걱정된다. 다만, 역사는 항상 반복되고 그들은 지금도 우리를 속국처럼 여기고 말하며 다니니 우리로서는 중국과 중국인에 대해 더욱 잘 알아서 다시는 아픈 역사가 반복되지 않게 해야 한다. 다시 한번 말하지만 "역사를 잊은 자에게 미래는 없다"

Chapter 04

일본이야기

- 일본 근대 까지의 역사
- 와 사상(和 思想)
- 메이지 유신과 이이토코토리(良いとこ取り)
- 근대화 작업
- 쿠다라 나이(くだらない) 라고 아는가?
- 강약약강의 민족
- 끔찍하고 잔혹한 민족
- 우리와 일본의 현재와 장래

Chapter 04

일본이야기

세계적으로 인접한 국가끼리는
대체로 앙숙인 경우가 많기는 하지만
우리와 일본 사이는 거의 철천지 원수 사이이다.

일본은 현재 우리와 가장 가까운 외국 국가이다. 중국도 가깝긴 하지만, 현실적으로 북한으로 막혀 있다보니 중국이나 일본 모두 배나 비행기로 접근할 수밖에 없으니 그렇다. 지리적으로 가깝기도 하고 또 우리는 대륙의 끝에 있는 반도 국가라서 자연스럽게 우리가 중국으로부터 전해 받은 여러 선진 문물을 개화기 이전까지는 주로 전해주는 위치에 있었다. 그럼에도 우리는 임진왜란, 정유재란, 36년간의 식민지 통치 등 처참하게 일방적으로 당하고 살았다. 세계적으로 인접한 국가끼리는 대체로 앙숙인 경우가 많기는 하지만 우리와 일본 사이는 거의 철천지 원수 사이이다. 아니 정확히 말하자면, 우리야 일본을 불구대천의 원수로 여기는 것이 지극히 당연하지만, 실제 당한 적이 없는 일본이 거꾸로 혐한(嫌恨)이니 해서 우리를 더 적극적으로 자극하고 있다.

일본은 남한과 비교해서 국토 면적이 약 3.8 배 정도로 제법 큰 나라이고 인구 또한 약 1억 2천 5백만 정도로 우리의 2배가 훌쩍 넘는다. 북한과 합해 비교를 해도 땅도 약 1.7배 가량, 인구 또한 대략 1.7배 정도 될 정도로 우리 한반도와 비교하면 섬나라라 해도 제법 큰 나라로서 1990년대 거품이 꺼지기 전까지만 해도 미국 다음의 압도적 경제 대국이었다. 최근에는 중국이 그 자리로 올라섰지만, 지금도 G7 국가 중에서는 독일, 프랑스, 영국, 이태리, 캐나다 등을 한참 발 아래 두고 있는 아직은 여전한 확실한 넘버 3의 경제대국이다. 그러나 최근 코로나19 사태에 대한 부실한 대처와 함께 점점 늘어나는 국가 채무 때문에 I.M.F.로부터 걱정스런 지표를 많이 받았지만, 아직도 세계적으로 해외에 많은 자산을 가지고 있어서 그야말로 부자가 망해도 3년은 간다는 속담이 들어 맞는 나라이다.

일본 근대 까지의 역사

일본의 고대 역사는 조몬 문화, 야요이 문화가 존재했는데 이들 문화는 아직은 제대로 된 국가 형태나 제도 등을 갖추지 않은 원시 부족 형태에 가까웠는데 그나마 야요이 문화 때부터는 벼 재배와 함께 철기 문화도 시작되었다. 많은 역사학자의 의견에 따르면, 조몬 문화의 주체는 원래부터 일본에 거주하던 부족이었으나 야요이 문화의 주체는 대륙에서 건너간 사람들이었을 가능성이 높다고 한다. 그 이유는 체질적 특성이 한반도 남부고대인에 더 가깝고 이전의 조몬 토기가 급속히 사라지고 새로운 철기 문화로 대체 되었다는 사실 등이다. 어쨌든 그렇게 흐르던 역사는 6세기 후반 들어서 명실상부한 고대국가가 성립 되었고 당시 여왕인 33대 스이코 덴노의 조카 쇼토쿠 태자(聖德太子)가 섭정으로 다스리기 시작하면서 제대로 된 국가 형태를 갖추는 한편 화 사상(和 思想)인 헌법17조(憲法十七條)를 만들었다. 그 이후 최초의 사무라이 군사 정권인 가마쿠라 막부 시대부터 무로마치 막부, 그리고 에도 막부를 끝으로 1868년 메이지 천황에 의한 왕정복고가 수립되었다. 이후부터는 실질적으로 사무라이들에 의한 막부 정치가 끝나고 신문물의 도입과 함께 1889년 덴노가 헌법을 공포하고 제한 선거를 통해 양원제 의회를 설립하면서 본격적인 근대 정치제도를 수립하였다.

이후는 알다시피 2차 대전을 일으켰다가 패전국이 되고 미군에 의한 군정을 겪은 후에 1955년 자유당과 민주당이 합당하여 지금의 자민당이 되었고 그때 이후로 지금도 일본은 거의 대부분의 역사 동안 사실상 자민당에 의한 일당독재가 변함없이 계속되고 있다. 이전에도 그랬지만, 앞으로도 우리는 지리적 이유로 일본과는 계속해서 이런저런 일로 엮일 수밖에 없다. 물론, 이웃나라끼리 선린우호 관계로 잘 지내면 이상적이지만, 지금까지의 역사로 보면 일본인의 그 전쟁과 살상을 좋아하는 호전성과 야만성은 결코 변하지 않을 것이 틀림없기 때문에 우리는 날카로운 매의 눈으로 일본이라는 나라와 일본인의 민족성에 대해서 충분히 알고 대처할 필요가 있다. 일본인과 일본사회를 제대로 이해하기 위해서 그 사회를 관통하는 중심사상인 '와 사상'과 오늘의 일본을 있게 만든 '메이지 유신'에 대해서 알아보고자 하는데, 이 두가지를 올바로 이해하지 못하면 일본인과 일본사회를 제대로 이해하기는 대단히 어렵다. 반대로, 이 두가지를 제대로 알고 이해하고 나면, 지금 일본에서 일어나고 있는 갖가지 이해하기 힘든 일이나 현상들도 대부분 이해할 수 있게 된다.

와 사상(和 思想)

33대 여왕인 스이코 덴노의 조카 쇼토쿠 태자 (聖德太子)가 섭정으로 다스리는 동안 지금까지 일본 사회의 정신과 인간 관계를 지배하는 화 사상 (和 思想)인 헌법17조 (憲法十七條)를 만들었는데 말이 좋아 헌법이지 오늘날의 헌법과 달리 관리와 귀족이 지켜야 할 정치적, 도덕적 의무 같은 것이었는데 한번 알아보도록 하자.

'와(和)' 란 무엇인가? 조화롭게 하다 할때의 그 화 자이다. 일어 발음으로 화를 와로 읽는데, 일본에는 화과자 화식, 와규 등 와자가 들어가는 단어가 많이 있다. 좋고 고급스런 것은 대부분 이 '와'자를 붙인다. 이 '와 사상' 은 한 마디로 지배계급이 피지배 계급을 효율적으로 통제하고 다스리기 위한 하나의 사회 규범에 가까운 것으로 국가나 사회가 조화롭게, 안정적으로 통치되기 위해서는 각자가 정해진 자기의 위치에서 남의 것, 위의 것 넘보지 말고 자기에게 주어진, 자기 신분에 맞는 일만 열심히 하라는 것이다. 현재에는 단순히 사회적 지침을 넘어서서 마침내 지금까지도 일본사회와 일본인의 생활과 정신에 크나큰 영향을 끼치는 한마디로 일본을 관통하는 중심 사상이 되었다. 그런데 어떻게 쇼토쿠 태자가 서기 604년에 만든 단순한 이 헌법이 그렇게 자리를 잡고 또 지금까지도 일본인과 일본 사회에 이렇게 강력하게 영향을 미칠 수 있었을까? 그것은 바로 이 헌법을 뿌리내리게 한 강력한 이유가 있었는데 다름아닌 사무라이 집단에 의한 불응자에 대한 무자비한 처벌과 혹독한 집행이 있었기에 정착 되었고 지금까지도 정부를 비롯하여 높은 지위와 권위가 있는 지배적 위치의 사람에게는 일본인을 무조건 순종하는 사람들로 만들었다. 이제는 일본인을 규정 짓는 사회 현상이 되었기에 이 '와 사상'에 대한 근본적인 이해없이는 일본에서 벌어지는 여러 사회 현상과 일본인의 독특한 국민성을 알기는 대단히 어렵기에 사례 중심으로 설명을 해보려 한다. 이 '와 사상'이 얼마나 심각하기에 저명한 외국의 인류학자는 일본을 사실상의 카스트 제도가 존재하는 후진적인 나라라고 하였다.

1. 사례 1 노포(오래 된 가게)

우리나라는 100년 된 가게가 있기나 할까 할 정도로 역사와 전통이 깃든 그런 가게가 거의 없는 편이다. 하지만 일본은 흔히 하는 말로 100년 된 가게는 명함도 못 내미는 그런 곳이다.

200년 300년은 물론이고 세계에서 가장 오래 된 가게는 무려 1,400년이 지나도록 지금도 여전히 성업 중이라고 한다. 이와 곁들여 일본 최고의 동경대를 졸업한 수재가 대기업에 입사하여 임원으로 있다가 어느날 갑자기 퇴사하고 홀연히 고향의 부친이 운영하던 우동집을 이어 받아서 한다는 이야기를 우리는 종종 듣곤 한다.

2. 사례 2 일본 정치의 세습 문제

막부 정치를 타파하고 당시 소수에 속하던 초슈번(長州)과 사쓰마번(薩摩)연합이 동맹을 맺은 이른바 삿초 동맹(薩長同盟)을 통해 천황 체제 아래에서 정부를 수립한 이 두 현은 그때부터 지금까지 약 150여 년간 사실상 총리 자리를 독점하고 있다. 이 두 현이 막부 정권을 무너뜨리고 메이지 유신을 이끌었으니 총리를 독점할 권리, 일종의 기득권이 있다고 정치계에서 묵시적으로 인정해 주기 때문이다. 최근 충격으로 피살된 아베 총리 가문이 대표적인데 총리를 지낸 A급 전범인 그의 외조부 기시 노부스케를 비롯해 아버지인 아베 신타로도 여러 장관직을 거치고 총리 직전까지 갔었고 그의 동생인 기시 노부오도 현재 방위 장관으로 활약 중이다. 그런데도 이런 독식에도 일본 사회나 국민들 아무도 비판적인 시각이 없을 뿐더러 국회의원 특히 집권 자민당의 구성원을 보면 최소 40%이상이 세습 정치인이다. 이런 현상이 구조화 되다보니 신인 정치인의 등장은 매우 힘들기에 신선한 활력이나 시대 변화에 따른 개혁등의 유연한 시대 정신은 기대하기 힘들고 그냥 앉은 자리에서 버티기만 해도 주구장창 흘러가니 바뀔 필요가 없는 세상이 바로 일본이다. 그러다 보니 고령 정치인이 많고 심지어는 지금도 투표 용지에 후보자의 이름을 유권자가 직접 써넣는 식으로 투표를 한다. 과연 이렇게 하면 누구에게 유리할까? 신인 혹은 익숙한 그 아버지의 아들 지금 그놈?

3. 사례 3

약 30여 년 전에 형님이 지방에서 도자기 공장을 하고 계신 관계로 자연스레 관여를 하게 되었고 그것이 계기가 되어 일본의 도자기 산지 아리타를 방문할 기회가 있었다. 당시 두가지 사실에 놀랐는데 그것은 다음과 같다. 첫째는 그곳의 거래처를 비롯한 많은 현지인들이 우리를 무척 환대하고 융숭한 대접을 해주기에 그 이유를 물었더니 그곳의 많은 사람들이 백제인의 후손들 이거나 그들로부터 기술을 전수 받은 일본인이기에 아무래도 한국에 대해서 좋은 감정을 가지고 있기 때문이라고 했다. 둘째는 각 공장마다 고유의 디자인, 문양 등이 존재해서 남의 것을 카피하는 문화가 아예 없다는 사실이었다. 어떻게 그것이 가능한지 의아해서 물어 보았더니, 일본은 남의 것을 카피 하지도 않지만, 만약 그랬다가는 판매 조합 등의 상인들이 아예 복제 상품은 취급을 안해주는 것을 넘어서서 앞으로의 그 공장과의 거래 자체를 안 할 수도 있다고 했다. 한마디로 오래 전부터 생산해 왔던 그 공장 고유의 디자인, 문양 등으로만 제조, 판매만 가능한 것이지 괜히 남의 것 흉내 내거나 넘보다가는 그 바닥에서 존립 자체가 불가능하다고 했다. 당연히 그 업계에서는 누구나 물건만 봐도 어느 회사 것인지 모두가 안다고 했다.

당시 한국에서는 그 공장 또는 회사(브랜드) 만의 특유의 디자인, 무늬 등이 별로 없었고 만일 유행하는 어떤 디자인이나 문양이 있으면 잽싸게 카피해서 내놓기 때문에 결과적으로 모두가 패자가 되는 그런 시스템 이었다. 처음 개발한 사람도 충분한 판매량도 이룩하지 못한데다 복제품은 가격을 훨씬 낮추어서 내놓으니 그 방면으로 꾸준한 기술의 발전도 이룰 수 없고 적정한 채산성 확보도 어렵다보니 제살 깍아먹기식의 아사리판이 되어 결국에는 한국의 식기류 도자기 산업은 1990년대 이후로 거의 망하거나 그 규모가 급속히 쪼그라 들었다. 반면 일본의 도자기 업체들은 남의 것 신경쓰지 않고 자기 고유의 것만 전념해서 개발하니 기술은 점점 축적되어 세계 최고 수준의 제품이 되어 합리적인 마진을 보면서 판매를 하고 소비자 또한 그런 문화를 당연히 받아 들이는 이상적인 시스템이 정착되어 있다. 그래서 아직도 일본의 도자기 산업은 한국의 주부들은 물론이고 세계적으로도 여전히 많은 사랑을 받고 있다.

당시는 이런 표면적인 현상만을 보고 일본의 장인정신과 기업 문화가 너무 부러워서 과연 선진국이구나 하고 감탄하면서 반대로 우리는 너무 못나 보여서 우리의 국민성과 기업 풍토 나아가서는 나라에 대한 심한 자괴감을 가질 수밖에 없었다.

이 '와 사상'에 대하여 알아야만, 왜 일본에 장인문화가 있고, 아시아에서 유독 그렇게 노벨상 수상자가 많은지 또 우리는 자녀들이 학교에 갈때 "1등 해라", "친구와 사이좋게 지내라" 하지만, 일본은 "남에게 迷惑(めいわく) 메이와쿠(민폐) 끼치지 말아라"가 항상 부모들이 자녀들에게 하는 말인지 알 수가 있다. 왜냐하면 일본인과 일본 사회에서는 조직에 순응하는 것이 가장 중요한 덕목이자 생존 전략이었다. 그렇게 하지 않으면 즉, 조직에서 튀는 행동을 하거나 남에게 피해를 주면 사무라이들이 가차없이 죽여버렸기 때문이었다. 그래서 지금도 일본에서는 이지메 문화도 심하고 강간 등의 피해를 당해도 피해자가 비난 받고 심지어는 코로나가 걸려도 본인이 부주의해서 그렇다고 스스로 자책하다가 자살한다. 본인의 과실이 아님에도 불구하고 본인 때문에 나라 혹은 회사, 조직이 어려워지면 비난 받으니까 드러내기보다는 그냥 혼자서 숨기면서 참고 또 참는다. 우리네 정서나 서구 사람들 의식으로는 도무지 이해가 가지 않는 괴이한 사회 현상이 일어나는 곳이다. 이러다보니 선진국 중 거의 유일하다시피 시민단체 등이 별로 없거나 있다해도 영향력이 거의 없는 곳이 일본이다. 일본 사람들은 근본적으로 정부 시책에 반대하는 일 자체를 별로 하지 않고 다만, 높은 사람들이 어련히 알아서 잘하겠지 하고 만다. 그러니 정치인과 관료들만 살판나는 곳으로 종국에는 건전한 반대나 견제가 없으니까 이들이 국민 눈치를 전혀 보지 않고 자기들 맘대로 한다. 이것을 국민들은 또 높은 시민의식에서 나온 민도가 높은 증거라고 헛소리 한다. 우리처럼 정부 시책에 반대하고 데모하는 것을 민도가 낮아서, 수준이 낮아서, 그렇다고 여긴다. 보편적인 세계인의 눈에도 참 괴이하기 짝이 없는 민족이 일본과 일본인이다.

메이지 유신과 이이토코토리(良いとこ取り)

'와 사상'이 정신적이고 사상적인 행동 규범으로서 긍정적인 면과 부정적인 면을 동시에 가지고 있다면 '메이지 유신'은 오늘의 일본을 있게 한, 나아가서는 동양 전체에 큰 영향을 미친 엄청난 변혁, 개혁 운동으로서 전세계적으로도 이만큼 성공한 개혁 운동이 있었나 할 정도로 일본의 백년대계를 건설한 탁월한 업적이었다. 이 메이지 유신을 통해서 얻고자 한 것은 부국강병으로서 그 바닥에는 일본의 '이이토코토리' 정신이 있는데 이 정신은 '좋은 것은 무조건 취한다'는 실사구시의 정신을 말한다. 그것이 서양 것이든 어디 것이건 국익에 도움이 되기만 한다면 무조건 적극적으로 배우고 수용해서 자기 것으로 만든다는 뜻이다.

무신 정권인 막부 정권이 막을 내리고 천황 중심의 지배 체제가 확립된 사건을 메이지 유신이라고 부르는데 메이지 유신을 통해 봉건제를 폐지하고 근대적 통일 국가를 형성하고 다음과 같은 개혁정책을 실시하였다.

- 토지 개혁 정책 실시.
- 의무교육 확립 및 교육제도 설립.
- 군 의무 복무 및 징병제 실시.
- 세수 확보로 정부 재정이 안정적이 됨.
- 자본주의 성립.
- 입헌정치가 시작.
- 부국강병 목표 수립 → 구체적 계획 실시.

이때는 동북 아시아 전체가 선진화 된 서양 세력에 의해 강제 개항을 당하거나 침략을 당해 영토를 빼앗기고 무수한 재물을 빼앗기는 등 엄청난 수모를 당할 때였다. 일본 또한 미국의 페리 제독에 의해 1853년 강제 개항을 당하고 연이어서 1858년 영국, 러시아, 네델란드, 프랑스와 수호통상조약을 체결해야만 하였다. 여기까지는 특별히 일본의 메이지 유신을 크게 칭찬할만한 일은 없다. 필자가 주목한 점은 다음과 같다. 청나라나 조선은 서양세력의 압도적인 무력과 선진화 된 문물에 놀라기만 했지 적극적으로 수용해서 배우고 따라 잡으려는 노력은 하지 않고 나라가 망하는 그 순간에도 서태후, 민비 등 집권 세력은 그저 빠져가는 배 한쪽에서 자기 먹을 것만 챙기는 쥐새끼 같은 모습만 보였지만, 일본은 다음과 같이 분명하고도 확실히 달랐다.

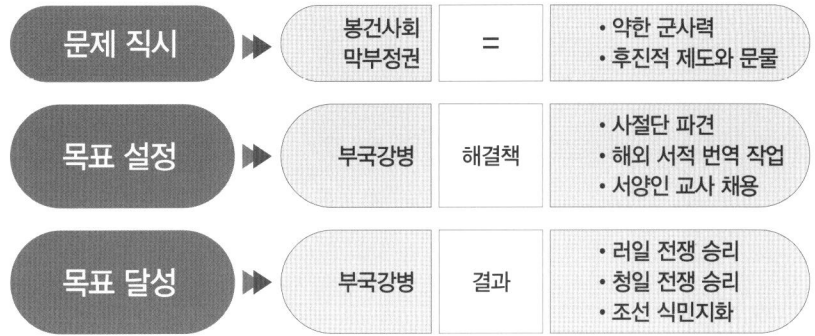

근대화 작업

거듭 말하지만, 일본은 서양 세력에 의해 강제 개항을 당하거나 약한 국력 때문에 수모를 당할 때 특별히 당시 대제국인 청나라가 묵사발 되는 것을 보고 타산지석을 삼아 재빨리 서양 세력의 제도와 문물, 특히 과학 기술을 배우고 따르기 위해 나라 전체가 진심을 다해 약 150년간 다음과 같이 최선의 노력을 기울였다.

① 사절단 파견 : 1871년~1873년의 1년 10개월 동안 사절단 대표로 이와쿠라 도모미 등 정부를 대표하는 50여 명의 고위 관료가 상당수의 유학생들과 같이 12개 선진국을 견학. 주로 각국의 정부 조직, 산업 수준, 무역, 교육을 비교·연구하였다. 특히 미국의 교육제도와 영국의 산업혁명에 큰 감명을 받았는데 이를 상세히 기록하여서 후일 일본이 부국강병을 이루기 위한 국가 정책의 추진 방향을 설정하는데 기초로 삼았다.

② 번역 작업 : 정부 주도로 서양 문물과 관련한 번역 작업을 실시하였는데 서구 사상의 수용에 매우 적극적이었다. 당시 번역은 국민국가 건설을 위한 국가화·국민화 프로젝트로서 이때 지금 우리가 자주 사용하고 있는 사회(社會)-society, 자유(自由)-freedom, 개인(個人)-individual, 권리(權利)-right, 현대(現代)- modern, 민주(民主)-democracy 등의 새로운 단어를 만들어 내었다. 이 단어들은 당시 동양에는 아예 없는 개념이었기 때문에 그때 일본의 지식인들은 위 언어가 내포한 관념과 철학, 신념, 가치관 등에 대해 치열하게 토론하면서 창조해 낸 신조어이다. 우리는 아무

생각없이 이것들이 한문으로 쓰여 있으니까 막연히 중국에서 온 한자라고 생각하였다. 이외에도 당시 국가 예산의 엄청난 금액을 번역 작업에 쏟을 정도로 서양 문물을 배우기 위해 총력을 다해 노력하였다.

③ 서양인 교사 채용 : 외국인 우대 정책을 실시하여서 무려 국가 예산의 30%를 이들에게 고액의 보수를 지급하면서 분야별 최고의 외국인들을 대거 교사로 초빙하여 이들로부터 서양의 과학기술을 단기간에 배우고 흡수 하였다.

쿠다라 나이(くだらない) 라고 아는가?

사전적 뜻은 '하찮다, 시시하다, 가치없다'는 뜻으로 과거 야마토 왕조 시대에 백제를 쿠다라라고 읽었는데 당시 백제는 일본에 한자와 유교, 불교 등의 선진문명을 전해 주던 위치에 있었기에 백제의 물건은 최고급품으로 귀하게 여겨졌다. 장에 간 일본인들이 둘러보고는 백제에서 온 물건이 없다[1] "쿠다라 나이"라고 말하고 돌아갔다는데서 유래한 말로 현대 일본어에서도 쓰이고 있다. 이처럼 한반도에 한참 뒤졌던 일본은 조선이 쇄국정책을 택하고 무능하고 한심한 고종이 아버지 대원군과 며느리 민비간의 사이에서 중심을 잡지 못하고 시간을 허비하던 사이에 저만치 훌쩍 앞으로 달려 나갔다.

위 사실들을 볼때 냉정하게 말해서 일본이 동북 아시아 전체를 지배할 능력과 실력이 되었음을 알 수가 있다. 부국강병의 목표를 이루기 위해서 일본은 얄미울 정도로 나아갈 방향을 정확하게 파악하였고, 그 목표 달성을 위해 일본 특유의 잇쇼켄메이[2] 정신으로 전 국민이 달려서 마침내 일본은 아시아 거의 전체를 제패하였으며 당시도 초강대국이던 미국을 상대로 겁없이 전면 전쟁까지 벌였다. 2차 대전 초반에는 해군력과 공군력은 미국과 거의 비슷하거나 능가할 정도의 막강한 군사력이 있었기에 전쟁을 이기기 위해서 미국은 막대한 인명피해를 치르렀고 또한 엄청난 전쟁 물자를 쏟아 부어야 하였다. 그후 모두가 알다시피, 원자폭탄 2발을 맞고 나라 전체가 거덜나다시피 한 일본은 마침내 항복하였다. 그런데 놀라운 사실은 폭삭 망한, 전후 불과 약 30~40년 후에 세계 제 2위의 경제 대국이 되어서 미국의 정신이라고 불리던 여러 건물들과 영화사도 사들이는 등 미국을 위협할 정도까지 성장하였다는 사실이다. 물론, 우리에게는 비극이지만 이웃나라에

---

1) 쿠다라 나이(くだらない)—모두 일본 국내산 제품들이라 시시하고 살만한 물건이 없다는 뜻
2) 잇쇼켄메이(いっしょうけんめい : 一生懸命)—목숨 걸고 일을 함

는 축복인 1950년 초반의 한국 전쟁은 일본이 고도 성장하는데 어마어마한 땔감 역할을 하였고 1960~1970년대의 베트남 전쟁 또한 그들에게는 중요한 성장의 자양분 역할을 하였다.

강약약강의 민족

우리나라 중국같이 일본과의 나쁜 역사적 경험이 없는 나라의 국민들이 보는 일본과 일본인은 꽤 괜찮은 사람들이다. 대체로 깔끔하고, 조용하고, 예의 바르다. 매년 세계 호텔 업계 종사자들을 대상으로 하는 고객 평가는 항상 최고이다. 복도나 객실에 모여서 시끄럽게 떠들지도 않고 룸서비스도 잘 이용하지 않고 또 떠날때는 머물렀던 방도 크게 청소 할 필요가 없을 정도로 깨끗하게 청소와 정리정돈을 한 후 떠난다. 이러니 그쪽 사람들이 안 좋아할래야 안 좋아 할 수가 없다. 여담으로, 생각나는 한 나라-중국인은 거의 정확하게 정반대이다. 일단 잘 씻지않아 더럽고, 시끄럽고 또 무례하다. 이러니 중국인을 많이 접해본 세계인의 평가가 어떨까?

필자가 몸 담았던 무역업계에서는 매년 세계 무역인을 대상으로 신용도 조사를 하는데 일본은 어김없이 매년 세계 1위이다. 세상사가 다 그렇듯이 그쪽도 샘플만 받고 튀는 먹튀도 많고 또 돈 떼먹는 바이어도 많지만 일본은 그런 면에서 가장 모범적인 신용도 최고의 국가이다. 거의 30여 년 전 이야기이다. 친구 중 하나가 형제들과 함께 창업하여 잡화류를 일본에 수출하고 있었는데 주문 물량이 없어도 매일 밤 늦게까지 샘플 디자인도 하는 등 열심히 하던 중 어느 날 갑자기 거래 은행 지점장이 사업장을 방문하였다. 방문 이유를 물었더니, 일본에서 당시로서는 거금인 5천만 원이 그 회사 통장으로 입금되었기에 무슨 일인가 하고 확인차 방문했다고 하였다. 그 전까지는 기껏해야 5백만 원 미만의 돈만 입금되다가 그랬으니 의아한 일이긴 했다. 그때야 일본 거래처에 전화해 보니, 바이어가 말하길 "젊은 사람들이 열심히 하고 또 품질과 가격도 마음에들어서 계속 거래를 하려고 미리 선입금 하였다" 라고 말했다. 주문은 차차 할테니 그 돈으로 원자재를 싸게 현금에 구입해서 계속 자기들에게 지금처럼 좋은 가격에 공급해 달라는 이야기였다. 단적인 예이긴 하지만, 필자가 거래해 본 일본인 또한 대체로 비슷했다. 사실, 이런 일은 유럽 혹은 미국 바이어들과의 거래에서는 거의 일어날 수 없는 일이다. 2차 대전 종전이 가까워지면서 미국의 큰 걱정은 도무지 항복을 모르고 끝까지 항전하는 일본군에 태평양 전쟁에서 크게 데여서, 곧 일본 본토에 상륙전을 하면 또 얼마나 많은 미군이 희생될까 하는 것이었다. 무모하기 짝이 없는 카미카제 자살 공격이나 본진의 거의 80%~90%가 죽어도 항복하지 않는 근성으로 봐서는 시뮬레이션을 해보니 적게 잡아도 미군의 희생이 거의 30만 명 정도 될거라는 그런 이야기였다. 그러다보니 원자폭탄이라는 극약처방을 쓰지 않을 수가 없었는데 요즘 와서는 일본이 비인륜적이니 하면서 마치 자기네가 피해자인냥 행세를 하는 것을 보면 정말 가소롭기 짝이 없다. 한심한 것은 이런 역사도 모르는 자들이 지금의 시각으로 핵 사용이 옳았니, 잘못됐니 하는 한가하기 짝이 없는 철없는 소리들을 해댄다.

그 이후 맥아더 장군이 처음 군정을 시작하면서 일본인의 저항 및 독립 운동을 무척이나 경계하였는데, 그 이유는 전쟁을 하면서 겪어보니 그들은 도대체 포기를 모르고 극악스럽기 짝이 없게 전투원 대다수가 죽어도 항복하지 않고 결사항전하는 그 태도는 미군을 질리게 만들었다. 그래서 당연히 미 군정에 대한 적개심과 저항운동이 극심하리라 예상하였는데 의외로 미 군정 시책에 너무나 순종적이라서 미국인들은 당황스러울 정도로 놀랐다고 한다. 왜 그런지 여러모로 알아봤더니 천황이 항복한다고 했으니 이제 자기네도 항복하고 윗사람이 시키는대로 따라야 한다고 하였다. 천황이 전쟁하라고 해서 했을 뿐이고, 자기네로서는 전연 새삼스러울게 없는 전형적인 일본인다운 행동이라고 하면서 전쟁에서 졌으니 승자에게 복종하는게 당연하다고 하였다. 이처럼 강한 상대에게는, 바람이 불면 눕는 풀잎이 아니라 불기도 전에 미리 눕는 풀잎처럼 처세하는 게 일본인이다.

반면 자기보다 약한 사람이나 나라들에게는 가차없다. 미국이나 유럽 사람들이 보편적으로 가지고 있는 관용의 정신과 배려 문화가 거의 없는데 이것은 인륜적, 문화적 가치나 종교적 가치 기반에 근거하여 자연스럽게 형성된 그들 나라 만의 정신 세계라고 볼 수 있는데, 일본은 그런거 없이 일그러진 "와 사상"과 이를 관철하는 사무라이 문화만 있을 뿐이다. 국내적으로는 집단 속에서 발생하는 이지메(いじめる)나 무로하치부(村八分)가 있다.

이지메는 많이 들어서 알고 있을 걸로 생각하고, 무로하치부에 대해 간단히 말하자면, 일본의 에도 시대에 촌락공동체 내의 규칙 및 질서를 어긴 자에 대해 집단이 가하는 제재 행위를 말한다. 장례 처리와 화재 진압 활동을 제외한 촌락내의 모든 행사[3] 에 참여 시키지 않는다. 섬나라인 일본에서 그것도 산지가 많은 일본에서는 마을과 마을사이의 거리

---

3) 성인식, 결혼식, 출산, 병의 수발, 가옥 신축 및 재건축의 지원, 수해시의 복구 지원 여행 등

가 멀어 거의 고립된 독립 자치제나 마찬가지 형태인데 그곳에서 마을 사람들로부터 거의 배제된 채 산다는 것은 거의 죽은 목숨이나 다름없이, 살아 있으나 마을에서는 유령 취급을 받는 존재가 되는 셈이다.

이런 끔찍한 일을 당하지 않기 위해서는 어떻게 해야 되겠는가? 딴 수 없다. 무조건 공동체의 결정에 따라야 한다. 옳고 그름을 따지는 것은 한가한 일이다. 왜냐하면 무로하치부를 결정하는 것은 나름 합리적인 과정을 통해 결정될 수도 있지만, 마을의 실세가 사심을 가지고 하는 경우도 많기 때문이다. 어쨌든 찍혔다 하면 반쯤 죽는 셈이니 억울하지만 그냥 무조건 따라야 한다. 그래야 본인도 살고 가족도 계속해서 그곳에 살 수 있기 때문이다. 이런 일이 한 곳에서만 벌어진게 아니라 일본 전역에서 몇백년간에 걸쳐서 벌어졌고 지금도 어느 정도는 암암리에 존재하는 상황이다 보니 일본인의 정신세계에 깊이 뿌리내린 상태이다. 다시 말해 이 이지메와 무로 하치부 모두 그 바탕은 '와 사상'에 있다. 즉, 집단 안에서 조화롭게 순응하지 않는 개인은 그 개인의 개인적 고충이나 어려움을 고려하거나 이해하는 것이 아니라, 집단 안에서 튀기 때문에 응징하는 쪽을 택하는 것이 일본이다. 이렇기 때문에 일본인은 나라에서 결정하든, 마을 공동체가 결정하든 무조건 따르는게 거의 본능이다. 이런 풍조가 만연하다 보니 약자에 대한 관용이나 배려하는 마음이 별로 없다. 피해를 당해도 피해자 탓으로 여기고 여성 또한 방송 등에서 우리로서는 이해 불가할 정도로 성적인 놀림감이 되도, 시청자도 그것을 재미로 여길뿐 불편해하는 기색이 없다. 여기서 장면 하나 - 일본에서도 박람회 등지에서 자동차 전시회 등을 많이 하는데 예외없이 수영복을 입은 레이싱 모델들이 늘씬한 몸매를 자랑하며 제품을 홍보한다. 그럴때마다 숱한 남성들이 사진을 찍는데 정말 민망하기 짝이 없게도 여성 바로 앞에서 국부 부위만을 대놓고 찍는다. 한 둘이 아닌 떼거리로 모여 적나라하게 그 부분만을 집요하게 클로즈업 해서 찍어 댄다. 정말 같은 남성으로서 부끄럽기도 하고 화도 난다. 한국에서는 적어도 전시장에서는 단 한번도, 그런 변태같은 민망한 일을 하는 사람을 본적이 없다.

결론적으로 자기보다 강한 존재에게는 맹목적인 복종과 굽신거림, 반면 약한 존재에게는 끝없는 학대와 무시만 있고 결코 동정이나 관용의 정신은 없다.

끔찍하고 잔혹한 민족

국외적으로는 일본인은, 유럽인이 오해하는 것과 달리 천성이 너무나 잔혹하고 살인을 즐기는 민족이라 할 수 밖에 없다. 서양을 대표하는 미국과 유럽이 있다면, 유럽이라고 꼭 집어서 그들이 오해한다고 한 것은 미국은 2차 대전을 통해 식인까지 하는 일본군의 그 무자비한 잔혹성과 비인륜적인 야만성을 겪어 보았기 때문이다. 당시 태평양 전쟁을 통해 일본군을 겪어 본 미국인들은 그들의 끔찍하기 짝이 없는 비인간적인 잔혹성과 도저히 인간으로서는 상상조차 할 수 없는 일들을 서슴없이 하는 것을 보고 기겁하였다. 적대국 전투원에게만 잔혹한 것이 아니라, 자국 군인과 민간인에게도 가리지 않고 망설임 없이 툭하면 자살을 강요하였다. 순전히 자살공격을 위한 부대를 공군만이 아니라 해군(인간 어뢰), 육군 등 전군에 두고 주로 16세~17세 정도의 어린 청소년들을 겨우 자살공격을 할 수 있을 정도의 기계 작동 기량만 익힌 다음에 그야말로 인간을 그냥 불쏘시개 쓰듯 2계급 특진 등의 당근을 주고는 전장에서 무수히 죽게 강요하였다. 미친 윗대가리 군인들은 이것을 당당히 하나의 작전이라고 생각하고 실제 행하였다. 민간인도 군인이나 마찬가지로 취급하여서 군수물자 징발은 당연하고 작전상 필요하다 싶으면 거리낌 없이 마을 전체에 집단 자살을 강요할 정도로 너무나 인명을 경시하였다.

중국은 우리 못지 않게 남경대학살 등을 통해 일본군의 그 무자비함과 잔혹성-마치 김장철 상한 배춧잎 날리듯, 게임하듯 6주 만에 30여 만 명의 사람이 죽임을 당했다. 우리는 대륙의 끝에 있는 반도인지라 선진 문화를 일방적으로 전수해 주는 입장이었지만, 거꾸로 일방적으로 침략을 당해 임진왜란, 정유재란을 통해 7년 동안 수많은 백성이 다치고, 포로로 끌려가고, 귀와 코가 잘렸으며 당시 조선 인구의 2/3인 백만여 명이 목숨을 잃었다고 한다. 우리의 어머니와 누이들은 또 얼마나 많은 수모를 당했는가? 닥치는대로 능욕을 당한 후에 죽임을 당하고 또 그 시신을 마을 사람들이 먹는 우물에 던지고 마을을 불태우고 가버렸다. 서애 유성룡이 전쟁 후 한양에 돌아와 보니 길마다 시신이 너무 많아서 걸음을 제대로 옮길 수가 없을 정도였다고 한다. 얼마전 부산 동래에서 유골이 발견됐는데 추정하기로는 임진왜란 당시의 유골들로서 어린아이의 것으로 보이는 것도 있었는데 머리 뼈가 반으로 갈라져 있었다고 했다.

세계 전쟁사를 보더라도 침략자가 저렇게까지 잔혹한 경우는 흔하지 않다. 침략의 목적이 무엇인가? 사람 죽이러 왔는가? 그 땅을 침략하여 그 땅의 산물을 뺏어 가거나 사람들을 포로로 데려가서 노동력을 확보하는게 주목적이다. 그 땅이 만만하면 침략하러 왔다가 아예 눌러 앉아서 식민지를 경영하면서 두고두고 빨대를 꽂아 지속적으로 빨아 먹는게 목적이다. 그러면 왜 사람을 죽이는가? 처음에는 저항하는 군대나 저항 의지가 있는 사람은 당연히 죽여야 할 것이다. 평정되고 난 후에는 저항 의지가 없거나 능력이 안되는 여성이나, 어린아이 등은 선무 활동 차원에서도 필요 이상의 살인은 자제하는게 대부분으로 차후에 다 노동력으로 부려먹기 위함이다. 하지만, 일본은 닥치는대로 그야말로 눈에 보이는 살아 움직이는 것은 모조리 다 죽였다. 그것도 잔인하게 즐기면서. 그러다 결국 우리는, 우리의 못남 때문에 36년간 식민지가 되어서 말도 빼앗기고 살아야만 했다. 마지막까지 독립을 위해 풍찬노숙하고, 고문을 당하고 끝내 죽임까지 당하면서도 버티고 버티며 고귀한 희생을 감수한 훌륭한 어른들, 지사들이 있었기에 겨우 여기까지 올 수 있었다. 여기서 마지막까지라고 한 것은 처음에는 혼자 다 할 것같이 하다가 변절한 사람들도 많았기 때문이다. 이런 사람들이 나중에는 더 악독한 친일세력이 되는 경우가 많았는데 대표적인 경우가 이완용인데 그도 처음에는 독립협회 위원장이었다.

우리와 일본의 현재와 장래

어쨌든 이런 나라가 우리와 가장 가까운 곳에 자리하고 있다. 일본이 변한 것 같은가? 필자 생각에는 조금도 그 근본 사고방식은 변하지 않았다. 실제 일본의 유력 현역 정치인 한 명은 지금도 여전히 만일 한반도에서 어떤 변란이 발생해서 한국인이 일본으로 상륙한다면 다 죽여야 한다고 공공연히 이야기 하였다. I.M.F. 때도 그들은 우리를 돕기는 커녕 더 큰 위기로 빠뜨렸다. 최근에도 우리가 G8에 가입하거나 UN산하의 국제기구의 수장이 되는 것을 가장 극렬히 반대하고 있다. 한마디로 일생에 도움이 안되고 우리에게 해만 끼치는 해충과 같은 존재이다. 만일 국제정세가 급변하고 자기들이 필요하다고 여기면, 그들은 망설임 없이 이때까지 역사적으로 해왔던 것처럼 우리를 침략할 것이다.

하지만, 그들이 착각하는 것이 있다. 한때 중국이나 우리가 그랬던 것처럼 지금 저들도 1990년대 거품 경제가 꺼진 후 계속해서 후진 기어만 넣고 급가속을 하고 있다. 세상에 영원한 우방도 적도 없는 것처럼 저들 또한 그들이 그렇게 자랑했던 '와 사상'으로 잇쇼켄메이 하는 정신으로 지금도 일관하고 있지만 아날로그 시대의 최강자 일본은 디지털 세상을 맞아 세상의 흐름을 따라잡지 못하고 시쳇말로 "갈라파고스 화"하고 있다. 이는 특히 IT 산업에 있어서 세계적으로는 보편적인 기술의 일반진화가 일어나는 반면, 일본은 갇힌 섬나라처럼 일본에서만 발전하는 국내용 특수진화만 일어나고 있다. 이는 전자에 해당되는 우리나라 제품이 수출로 세계에 먹히는 반면, 일본은 오직 자국용 기술 발전만 거듭하고 있다. 최근 들어서 우리와 일본의 가장 큰 차이점은 일본은 변화에 매우 더딘 문명과 기술의 지체 현상을 보이는 반면 우리는 세계 최고의 속도를 DNA 속에 장착한 민족답게 엄청난 속도로 변화를 받아 들여서 한국화 하고 있고 그것을 기술로 구체화 하는데 성공하고 있다. 한국과 일본을 동시에 잘 아는 전문가가 말하기를, 두 나라의 가장 큰 차이는 한국은 이전 것은 갈아 엎고 완전히 새로운 판을 만드는 혁신에 매우 능한 반면 일본은 지금까지 해왔던 것을 점진적으로 개선하는 수준의 차이라고 이야기 하였다. 이미 몇 년 전부터 P.P.P.(Purchasing Power Parity : 구매력 평가) 에서는 우리가 일본을 넘어섰고 우리가 아닌 깨어있는 일본의 몇몇 학자는 10년 안에 한국의 국민소득이 일본을 넘어설거라고 예견하고 있다.

한국이 최근 이렇게 경제적으로 많이 성장한 반면 일본은 거의 뒷걸음 치고 있는 이유를 분석하면, 그 유력한 이유 중 하나는 다음과 같다.

특별히 IT 산업은 속도가 대단히 중요한데, 가장 중요한 덕목은 첫째 미래 먹거리를 찾아 내야하고 둘째 과감한 선제적 투자가 필수적이다. 누구나 알고 있는 이 과정을 실제 수행해 내는 능력에서 한일 간의 명백한 실력 차이가 나고 있다. 실력 차이라고 하기에는 다소 어폐가 있지만, 결과적으로 그렇게 되고 있는데 거기에는 민족적 특성과 사회적 특성의 차이 때문이라고 해야 되겠다. 일본도 재벌 기업이 있지만, 혈통으로 계승되는 것이 아닌 주로 전문 경영인 중에서 이사회를 통해 선출된 회장이 주도하다 보니 보스가 단독 결정하는 시스템이 아니라 전체가 합의하는 형식으로 결정을 한다. 속성상 일본인은 무슨 일이든 본인이 책임지지 않으려는 성향이 강하다 보니 어렵고 중요한 결정일수록 다른 사람에게 돌리려 하니 결국은 전원합의체 형식을 선호한다. 그래야 결과가 잘못 되어도 본인의 책임이 희석되서 본인에게 책임이 집중되는 위험을 피할 수 있기 때문이다. 엄청난 재원이 투자되어야 하는 매우 중요한 결정 사항이라서 회의 참석한 이사들도 신중하게 접근하다 보니 쉽사리 결론을 못내고 조금만 다른 의견이 있으면 더 검토해 다음 번 회의에서 결정하자고 차후 약속을 잡고 헤어진다. 왜냐하면 그 반론 제기 차체도 충분히 일리있는 이야기이기 때문에 쉽사리 묵살하기는 어렵다. 그래서 그 반론을 잠재울 수 있는 합리적인 대안이나 해결책이 나오지 않는 한 회의는 계속되고 결정은 연기된다.

원체 회의를 좋아하는 사람들이기도 하니 그냥 하염없이 시간만 흘려 보내고 결과적으로 투자의 타이밍을 놓치는 경우가 많다. 반면, 한국은 재벌 시스템이 비판 받는 요소도 많지만, 이때 만큼은 신속한 의사 결정과 엄청난 추진력이 큰 장점이 되어서 IT 산업 분야에서 한국은 세계적으로 막강한 위치에 이르렀다. 알다시피, 한국 재벌의 오너들은 회사 내에서 거의 황제와 같은 권위와 실제 장악력이 있다. 그래서 그 결정이 옳던 그르던, 총수가 결정하면 월급쟁이들은 실패했을 때의 부담감에서 상대적으로 자유롭기에 자기에게 주어진 일만 열심히 하면 된다. 그러다 보니 아무래도 결과를 내는 쪽은 한국이다. 이처럼 일본은 화(和)를 중시하기 때문에 튀는 것을 두려워하고 변화에 대한 대응이 늦기 때문에 디지털 시대를 맞아서 점점 퇴보하는 느낌이 드는 것이 사실이다.

여기서 실제 사례 하나-모 재벌 기업이라고 하기에는 너무 뻔해서 그냥 삼성이라고 하겠다. 그룹의 임원에게 직접 들은 이야기인데, 처음 핸드폰 사업을 시작할 때 A 모델로 할건지, B 모델로 할건지 매우 중대한 결정을 앞두고 있었다. 실무 차원에서는 사실상 A 모델이 우수하다고 결론을 내린 상태이지만, 그래도 총수에게 결재를 받아야 하니, A/B 복수로 결재를 올렸다고 한다. 그런데 예상을 뒤집고 총수는 B 모델을 택하였다. 그러자 모든 관계된 월급쟁이들은 조금의 망설임도 없이 그때부터 A 모델은 완전히 잊고, B 모델을 성공시키기 위해 총력을 다하였다고 한다. 그 결과, 모두가 아시다시피, 삼성은 스마트폰 시장에서 세계적인 성공을 거두고 있다. 일본이라면 어땠을까? 독자 여러분들의 상상에 맡기겠다.

국방력 또한 어떤 자료에서는 일본이 세계 4위 이고 우리가 6위 라고 하기도 하고 또 어떤 자료에서는 우리가 세계 5위 이고 일본이 6위 라고 하는 자료도 있지만, 실질적으로는 우리가 앞선다는 것이 국방 관계자들의 말이다. 그 이유는 아무래도 우리는 분단국이고 끊임없이 북한과의 전쟁 위협 속에 살다 보니 준전시 상태의 군비 체계 및 상시 전력을 유지하고 있는 상태이지만, 일본은 낮에 출근하고 저녁 6시면 퇴근하는 회사원들로 이루어진 자위대 병력이기 때문이다. 거기다가 최근 K-국방 이라고 해서 국산 무기의 수출이 동유럽을 비롯한 세계 여러곳으로 활발하게 이루어지고 있다. 미국과 러시아가 양분하고 있던 군사 무기 시장에서 우-러 전쟁사태의 여파로 러시아의 무기 실체와 능력이 여러가지로 의심 받고 있는 상황에다 고가인 미제에 비해 가성비가 뛰어난 우리나라의 무기가 각광을 받기 시작했다. 물론 그런 일이 없어야 하겠지만, 실제 전쟁이 발발하면 일본이 옛날 생각하고 건방을 떨다가는 큰코를 다치는 것이 아니라 개박살을 내주어야 한다. 아예 지구상에 그 흔적을 없애 주어야 한다. 이 일과 관련하여 필자 개인 의견이지만, 현직이 아닌 국방 관련 전직 고위관계자나 장성 출신이 일본이 까불면 몰살 시키겠다는 식의 강한 발언을 수시로 할 필요가 있다. 물론 개인적으로는 용기가 필요하겠지만, 아직도 옛날 생각하면서 수시로 우리를 위협하고 자극하는 질낮은 자들에게는 고상하게 말하면 못 알아들으니 그들 수준에 맞는 자극적인 말로 해주어야 자꾸 듣다보면 철이 들고, 실체를 알게 되면서 자중자애하고 함부로 독도 문제를 꺼내지도 못하고 조심하게 된다. 위에 언급했지만, 일본 민족은 강약약강의 민족이다.

즉, 약자에게는 어떤 관용도 배려도 없이 가혹하게 대하지만, 강자에게는 동네 강아지마냥 꼬리를 말고 그냥 순종하는 자들이기 때문이다.

이책의 화두이기도 한 "역사를 잊은 자에게는 미래가 없다" 이 말은 이 땅을 사는 한 영원한 명제이다. 역사를 알지 못하거나, 잊고 살면 또 등신같이 당할 수밖에 없다. 또한 'E.H.Carr은 역사란 무엇인가' 를 통해 "역사란 과거와 현재의 끊임없는 대화"라고 말했다. 즉, 이 땅에 살고 있는 우리 한민족은 끊임없이 아프고, 고통스럽지만 아픔의 역사, 실패의 역사에 대해 알고 배워야 한다. 그래야 이를 타산지석으로 삼아 계속 미래로 향해 나아갈 수 있다. "역사가 나와 무슨 상관이 있어" 라고 생각하는가? 그럼 물어보자. 앞으로 전쟁이 없을 것 같은가? 많은 사회과학자와 전문가들은 갈수록 지구 온난화와 인구 증가로 인한 자원 부족, 식량 부족, 환경 문제로 인한 더 많은 갈등 - 즉, 전쟁은 더 빈발할거라고 예측한다. 전쟁이 나면 당신은 그 고통으로 부터 예외가 될 것 같은가?

일본은 여전히 세계 제3위의 경제대국이고 현재 우리보다 여러모로 국가 저력 면에서 강력한 국가이기 때문에 배워야 할 것도 많은 나라이다. 계속해서 일본에 대해서 배우기를 게을리하지 말고 곁에 있기 때문에 더욱 날카로운 경계를 늦추지 말아야 한다. 왜냐? 우리보다는 일본이 훨씬 더 우리에 대해 연구와 경계를 더 많이 하고 있다는 사실을 아는가?

Chapter 05

이순신과 임진왜란

- 장군의 큰 업적과 생의 변곡점
- 우리가 이긴 전쟁이라고?
- 정말 장군은 결정적 역할을 하였는가?
- 장군은 어떤 사람이었나
- 장군의 능력은 어느 정도였을까?
- 죽기 아니면 살기?
- 판옥선과 세키부네
- 조선 수군의 주력 전술
- 칭찬 받아야 할 위인과 쳐죽여야 될 놈들
- 조총과 활, 그리고 칼

Chapter 05

이순신과 임진왜란

이순신 장군은, 장군으로서 동서고금을 막론하고 이처럼 위대한 업적을
이룬 장군이 또 있을까 싶을 정도로 대단하고 인간적으로도
보통 사람들이 범접하기 힘든 거의 완벽한, 교과서적인 삶을 사셨다.

한반도에서 태어난 한국인 중 안티가 없는 유이한 두 사람이 있는데 바로 세종대왕과 이순신 장군이다. 이 두 분외에도 수많은 훌륭한 위인들이 많이 계시는데 정치적 이유로 혹은 다른 이유로 반대 세력들이 트집을 잡는 경우가 있지만, 위 두 분은 그 어떤 세력 혹은 어떤 사람들로부터도 조금도 반론이 없는 거의 무결점의 최고의 위인 중의 끝판왕 들이다. 한 분은 통치자로서, 세계 그 누구와 비교해도 올림픽 점수로 따지자면 거의 만점에 가까운 득점을 하였는데 자세한 업적은 세종대왕 편에서 살펴보도록 하겠다. 또한 한 분 이순신 장군은, 장군으로서 동서고금을 막론하고 이처럼 위대한 업적을 이룬 장군이 또 있을까 싶을 정도로 대단하고 인간적으로도 보통 사람들이 범접하기 힘든 거의 완벽한, 교과서적인 삶을 사셨다. 이제 장군의 고난의 삶과 아프디 아픈 역사인 임진왜란에 대해서 알아보도록 하자. 참고로 이 책은 정통 역사서가 아닌만큼 전체 줄거리를 나열하기보다 각 사안별로 살펴보도록 하겠다.

이순신 장군은 요즘말로 하면 거의 사기 캐릭터에 가깝다. 여러 실체 사료들이 뒷받침하지 않으면 이런 인물을 소재로 드라마로 만들어도 과장이 너무 심하다고 비판받을 정도로 믿기 힘들 정도의 전적과 생애를 사셨다. 대표적인 큰 업적과 생의 큰 변곡점만 적어보도록 하겠다.

장군의 큰 업적과 생의 변곡점

1. 출신
1545년 충남 아산 출신이 아닌, 서울(한성) 그것도 인현동(당시는 건천동) 출신이다. 많은 이가 충청도 출신인 줄 알고 있다. 당시는 서울의 범위가 지금보다는 무척 좁았다. 정말 사대문 안에 살아야 한다.

2. 신의 한 수
임진왜란 불과 1년 전에 3살 많은 동네 형인 류성룡의 추천으로 전라좌수사에 임명 되었다. 그전까지 함경도 녹둔도에서 종9품으로 있다가 누명을 쓰고 백의종군 하는 등 14년간 변방을 떠도는 하급장교 생활을 하던 중, 형 친구인 당시 우의정으로 있던 서애 류성룡이 선조에게 추천하여 무려 7계급을 뛰어넘어 전라 좌도 수군절도사로 전격 임명 되었다. 당시도 신하들이 너무 파격적인 승진이라고 극심하게 반대하자 선조는 편법을 써서 먼저 정읍 현감으로 임명했다가, 부임도 하기 전에 종3품 가리포 절제사로 임명을 하더니 다시 그곳에 부임도 하기 전에 정 3품 전라좌수사에 최종적으로 임명을 하는 식으로 추진하였다. 결과적으로 나라를 살리는 신의 한 수가 되었는데 사실 정실인사 (빽)가 없었다면, 이순신도 없고 조선도 완전히 없어질뻔 하였다. 당시는 이런 인사 추천이 가끔 있었던 듯하다.

3. 거북선 3척 진수식
1592년 4월 12일-왜군 침략 바로 그 다음 날. 이 또한 소름 돋을 정도로 신기하다. 거북선은 주로 해적들이 즐겨 쓰는 등선 육박 전술[1]을 방지하기 위한 특수 용도의 배이다. 배에 뚜껑을 덮었으니 갈고리를 걸어 기어오르기도 힘들지만, 만일 아군 배에 왜놈들이 기어 올랐다 하더라도 뾰족한 침 때문에 쥐새끼 마냥 싸돌아 다니지 못하게 하는 용도이다. 장군은 부임 하자마자 전쟁을 예상하고 수군 훈련을 강화하는 한편 각종 군비 강화에

---
1) 배에 갈고리를 걸고 올라가서 갑판에서 싸우는 전술

매진하여서 불과 1년여 만에 수군을 최고의 강군으로 만들었다. 이는 지금의 육군에 해당되는 관군의 처참하기 짝이 없는 전투력과 비교해 보면 금새 이해할 수 있다.

4. 놀라운 전과
① 전적 : 23전 23승. 단, 한번도 패하지 않음. 장군은 원래 바닷가 출신도 수군 출신도 아님.

구분	조선	왜군
사망자 숫자	200~210여 명	75,900~92,900명
부상자 숫자	480~500여 명	4,400여 명
격침 대수	없음	773척
포획 대수	없음	127척

※ 자료마다 조금씩 차이가 나는 점은 양해 바람. 조선 수군 전체의 전적이 아니라, 이순신 장군이 벌인 전과의 누계임. 주목할 점은 왜군은 부상자 숫자에 비해 전사자가 압도적(거의 20배)인 반면, 아군은 사망자에 비해 부상자 숫자가 2배 정도임. 전술에 따른 결과로 다음 장에서 그 이유를 다루겠음.

5. 두 번의 백의종군과 투옥
이순신 장군은 성품이 강직하고 청렴결백한 반면 아부하는 것을 극도로 싫어했다. 그런데다 출중하다 보니 능력이 부족한 소인배인 윗사람들과의 관계는 별로 좋지가 않아서 모함을 당하기 일쑤였다. 첫 번째도 그랬지만, 두 번째 백의종군은 정말 기막히기 짝이 없다. 왜놈들은 이 장군을 도저히 자기들 정상적 실력으로는 이길 수가 없으니 반간계를 쓰는데, 곧 조선 조정을 속여 스스로가 이순신을 제거하도록, 왜놈 첩자가 비변사에게 잘못된 정보를 주었고 이에 속은 비변사는 출격 명령을 내렸으나 장군은 거절하였다. 이 보고를 받고 열 받은 선조는 평소에도 이 장군에게 큰 열등감을 느끼고 제거할 빌미만 찾고 있던 차에 또한 조정 대다수의 대신들도 동조하여 장군 압송을 명령한다. 나라가 전란으로 초토화 된 상황에서 유일한 횃불이자 희망인 장군을 전란의 한복판에서 백의종군 시킨것도 모자라 투옥하고 고문까지 해서 한낱 범죄자로 만들었다.

6. 12척의 전함과 명량해전
진작에 죽임을 당하거나 삭탈관직 당해야 마땅한 원균은 능력이 부족하고 시기, 질투심이 많은자들이 대체로 그렇듯이 이순신 장군에 대해 끊임없는 모함과 참소를 멈추지 않았다. 또 이런자 들이 처세술 하나는 기가 막혀서 조정의 많은 간신배들을 뇌물로 구워 삶아 이 장군을 내치고 자기가 마침내 수군통제사가 되었다. 그리고는 칠천량 전투에서 이전에 장군이 거둔 그 혁혁한 전과가 무색할 정도의 대참패를 당하고 수많은 인명 손실과 함께 대부분의 판옥선을 잃었다. 이제 할래야 할 자원도 없고 다른 대안도 없던 조정 신하들과, 찌질이 선조는 할 수 없이 이 장군을 다시 재기용하여 전투에 나서게 한다. 이 때 장군은 그 유명한 장계인 "신에게는 아직 12척의 전함이 남아 있습니다"를 올리고는 불과 12척의 전함으로 명량에서 탁월한 전략으로 거의 10배 전력인, 전함 133척에 3만여 명의 왜놈을 상대로 놀라운 승리를 거두었다.

7. 노량해전과 장군의 전사

여러 전투를 치르던 장군은 1598년 결과적으로 마지막 전투가 된 노량해전에서 적의 유탄을 맞아 전사하였는데, 죽기 전 유언으로 "싸움이 지금 한창 급하니 조심하여 내가 죽었다는 말을 하지 말라"는 말을 마지막으로, 숨을 거두었다고 한다. 애석하기 짝이 없지만, 참으로 영웅다운 죽음이 아닐 수 없다. 우리는 살아 생전에 한때는 영웅으로 추앙받던 인물이 노년에 엉뚱한 소리나 해대고, 오히려 손가락질 당하는 것들을 많이 보아왔다. 그런 면에서 이순신 장군은 장렬한 전사를 거둠으로 마지막까지 참으로 민족의 등불이자 횃불이 되었다. 이 전사로 장군은 전장에서는 안타깝게 숨을 거두었지만 대신 우리 민족의 가슴에는 영원히 자랑스럽게 살아 있게 되었다. 한편으로는 이순신 장군만큼 명예롭게 극적으로 잘 죽기도 힘들다는 생각도 든다. 무인답게 전투중에 전사함으로써 두고두고 우리 민족에게 귀감이 되면서도 늘 아쉽고 안타까운 여운이 있는 삶이다.

우리가 이긴 전쟁이라고?

혹자는 일본이 아닌 우리가 승리한 전쟁이라고 이야기한다. 과연 그럴까? 그렇게 주장하는 이도 나름 타당한 이유가 있겠지만, 결과적으로 보면 우리는 세가지 점에서 너무 많은 손해를 입었다. 첫째 엄청난 인명 손실, 그것도 군인뿐만이 아닌 일반 양민도 무수히 죽고, 겁탈당하고, 고아가 되었다. 두번째로 난리가 난 전쟁터가 일본이 아닌 우리 국토였기 때문에 수많은 물자의 손실을 비롯하여 국토 자체가 훼손되었다. 세번째로 귀중한 문화재나 보물을 엄청나게 강도질 당하였다. 이에 비해 일본은 전쟁에 참여한 군인들의 죽음과 당시 집권 중이던 토요토미 정권이 무너졌을 뿐이다. 그럼 물어보자. 이 침략전쟁의 결과로 일본에 살고 있던 일본 양민이 단, 한 명이라도 죽기를 했는가? 일본 땅이 훼손되고 일방적으로 물자를 빼앗긴 것이 있는가? 마지막으로 일본에 있던 자국의 문화재가 무수히 불타고 보물이 없어지기라도 했는가? 아닌걸 맞다고 우기면 손가락질 받는다. 이런걸 정신 승리라고 한다.

그래서 아픈 역사이지만 배워야 한다. "역사를 잊은 자에게 미래는 없다"

정말 장군은 결정적 역할을 하였는가?

한때 필자를 포함한 일부 국민이 정말 장군이 전쟁의 판도를 되돌리고 결국엔 왜놈들이 물러갈만한 결정적인 역할을 하였을까 하고 의심 내지는 궁금해하는 부문이다. 왜냐하면 하도 처참히 당하다 보니 그나마 이 장군만이 유일하게 군인으로서 제 역할을 하다 보니 이를 통해 위안으로 삼기 위해 필요 이상으로 이 장군의 업적을 부풀려서 칭송하는 것이 아닌가 하는 것이었다. 하지만, 제대로 연구를 해보니 그 칭송도 부족할 정도로 전쟁의 물꼬를 결정적으로 바꾸는 역할을 하였다.

조총이라는 신무기를 장착한 왜군은 제대로 된 저항을 받아 보지도 않고 파죽지세로 20여 일 만에 한양까지 당도하였다. 전쟁은 크게 전투와 이를 뒷받침하는 보급이 전쟁 승리의 핵심 요소이다. 아무리 전투 능력이 뛰어나더라도 보급에서 실패하면 결국은 나폴레옹이나, 히틀러처럼 러시아를 침략했다가 실패하고 처참히 깨져서 돌아와야 한다. 그냥 돌아오는 것이 아니라 거의 죽거나 포로 신세가 되고 만다. 마찬가지로 왜놈들 또한 예상보다 빠른 공격 속도로 보급 문제를 시급히 해결해야만 했는데 당시 유일한 보급 통로는 서해안을 통해 인천 또는 한성까지 보급을 받는 것이 속도 면에서나 물량 면에서나 유일하다시피 했다. 왜냐하면, 당시는 육로를 통한 보급은 길이 좁아 겨우 소달구지를 이용하거나 사람이 직접 지게나 등짐을 지고 나르는 수밖에 없었기에 속도가 무척 느려서 의병들로부터 습격을 당하기 딱 알맞았다. 그럼 동해안을 통한 보급은 어떤가? 바닷길이야 울산, 경주 감포나 포항, 속초, 강릉 등지를 통해 올 수는 있었지만, 한성까지는 멀기도 하지만 문경새재, 한계령 등의 험산준령이 가로막고 있는데다가 오는 중 도처에서 의

병들에 의한 습격의 위험에 노출되었다. 그러니 죽으나 사나 서해안을 통한 바닷길로 보급 문제를 해결해야만 했다. 거기다가 경로인 호남은 곡창지대가 즐비하니 더더욱 이쪽을 고집할 수밖에 없었다. 왜놈들의 계획은 서해안 곳곳의 곡창지대에서 곡식을 약탈해서 군량미 문제를 해결하겠다는 계획이 이미 서 있었다.

여기에서 왜놈들의 주 보급경로가 그곳뿐임을 알고 있는 장군은 서해안과 남해안을 철저히 틀어막음으로서 보급선을 끊는 역할을 하였기에 왜놈들에게 심대한 타격을 주었다. 크게 봐서 세 가지 점에서 장군의 공적은 확실하다.

첫째는 보급을 차단한 것, 둘째는 왜놈 수군에게 수많은 전투선의 격침과 전투원을 죽임으로써 전력에 직접적인 큰 타격을 준것이고, 셋째는 붙었다 하면 깨지는 연전연패 중인 아군과 백성들에게 유일한 버팀목이자 희망을 주었다는 사실이다. 이런 점에서 의심의 여지없이 장군은 실제로 정말 결정적인 역할을 하였다.

장군은 어떤 사람이었나

장군은 군인으로서 뿐만이 아니라 인간적인 면에서도 보통 사람이 범접하기 힘들 정도의 거의 완벽한 인간으로서의 삶을 다음과 같이 사셨다. 그러나 덧붙이자면, 인간적으로는 매우 불행한 삶을 사셨다. 아무리 장군이 훌륭한 위인이었지만, 장군에게도 가족은 너무나 소중한 존재였음에 틀림없다. 효심 깊은 장군은 어머님의 임종도 못 지켜드리고 사랑하는 두 아들 면, 신도 전투 중에 잃고 본인도 억울하게 끊임없는 견제 끝에 고문, 투옥까지 되었고 끝내 전투 중에 사망하였다. 그래도 조정과 나라에 대한 비판은 끝까지 하지 않으셨다.

첫째, 그는 위대한 인품을 가진 사람이었다. 평소 성품이 강직해서 아부를 싫어하는 정도가 아니라 그것 자체를 큰 수치로 여길 정도였다. 이렇게 살려면 평소 자신에게 굉장히 엄격해야 하고 주위나 윗사람에게 공격당할 수도 있는 빌미를 제공하지 않기 위해서 더욱 철저한 자기 관리가 필요한 피곤한 삶이다. 요즘말로 적당한 처세술로 좋은 게 좋다는 식으로 관행상 어쩔 수 없다며 위에 아부하며 바친만큼 대신 아래에도 요구하는 그런, 거의 대부분의 사람들이 하는 식으로 살지 않으셨다. 그렇게 대충 사는 삶이 아니라 거의 성인에 가깝게 사셨는데 그가 기록한 난중일기를 보면 매 전투마다, 부상자와 사망자 이름을 직접 기록하셨다. 이는 사실 두가지 점에서 참으로 놀랍다.

그 난리 속에서 차분히 먹을 갈아 거의 매일 일기를 적는 그 성실하고도 침착한 자기 관리와 또한 사상자 이름을 일일이 적을 수 있을 정도로 부상자나 사망자 숫자가 극히 적었다는 사실이다. 만일 왜군처럼 매 전투마다 수십, 수백명이 죽어나가면 난중일기가 아니라 이름 적다 끝나는 사망자 명단이 되고 말것이다. 사상자 이름을 직접 적었다는 사실은 병사를 단순한 하나의 소모품인 졸로 보지않고 한명 한명의 인격체로, 요즘 말로 하면 누구집 귀한 아들, 누구의 지아비 하는 식으로 인간에 대한 존중과 사랑을 가지고 있었다는 사실이다. 그러니 장군은 항상 최소한의 병력 손실을 염두에 둔 작전을 펼쳤는데 중국의 인해전술처럼, 일본의 카미카제 자살공격 처럼 사람을 갈아넣는 무모한 전략은 아예 펼치지 않으셨다.

둘째, 그는 위대한 전략가였다. 사실 실제 전투에서의 능력은 평소에 훈련되고 준비되지 않으면 절대 발휘될 수 없다. 모든 장군들은 훈련소에서의 땀 한 방울이 전투에서의 피 한 방울이라고 얘기하고 있다. 즉, 전투에서도 요행수는 없다는 뜻이다. 가장 탁월한 전략은, 전장에서 제갈량이 구사했다는 신묘막측한 그런 병법이 아니라 평소 훈련시에, 훈련을 진짜 전투처럼 진정성 있게, 혹독하게 한 군대만이 실전에서 막강한 능력을 발휘하게 된다. 실제 조선 수군의 장점이었던 각종 함포 사격[2]은 평소 훈련시에 피나는, 끊임없는 반복훈련이 뒷받침 되었기에 실제 전투에서도 명중률, 발사 속도 등에서 적을 압도하고 거의 완승을 거둘 수 있었다. 장군은 때로는 학익진 처럼 놀라운 병법을 구사하기도 했지만 사실 대부분의 전투에서는 평소 갈고 닦은 전력을 바탕으로 실시간으로 변하는 전투 상황에 맞추어서 유기적으로 창의적으로 대처하면서 모든 전투를 승리로 이끌었다.

쉽게 비유를 하자면, 우리 축구사에 가장 빛나는 역사인 2002년 월드컵의 4강 신화는 히딩크라는 위대한 전략가가 이전에 경험하지 못한 혹독하지만 체계적, 과학적인 훈련을 통해 선수들을 새로 만들어 내었기 때문에 가능했다. 그가 감독을 맡고 한국에 와서 한 첫마디에 축구 협회의 관계된 전문가들은 물론이고 국민 모두도 충격을 받았다. 그가 말하기를 "한국 선수들은 기술은 좋은데 체력이 약하다고" 하였다. 이전까지는 반대로 "우리는 체력은 좋은데 기술이 부족하다"고 생각하였는데 우리의 잘못된 고정관념을 단번에 무너뜨렸다. 그러고 보니 그가 정말로 정확하게 우리 한국 축구의 문제점을 알고 지적하였고 또 문제의 원인을 단박에 정확하게 파악했으니 해결책은 쉬운 편이다. 사실 아

---

2) 천지현황자 총통. 천자 총통. 지자 총통. 현자 총통. 황자 총통 등

무리 좋은 작전을 세운들, 체력이 뒤따르지 않으면 그것을 실제 운동장에서 수행할 수 없기에 헛일이 되고 만다. 전,후반 90분은 물론이고, 연장전까지도 지치지 않는 정도가 아니라 오히려 유럽 강팀 보다 더 체력에서 앞섰기에 그처럼 놀라운 성과를 이룩할 수 있었다. 실제 지금 생각해 보니 당시 월드컵 때도 히딩크 감독이 경기 중 무슨 특별한 전략을 쓴 기억은 별로 없다. 단지, 있다면 우리가 지고 있을 때 수비수를 기용 가능한 공격수로 추가 교체하면서 공격수의 숫자를 늘리는 대신 미들 필더를 수비로 내리는 특단의 수를 쓴 정도였다. 그렇게 하려면 평소 멀티 플레이(다중 역할) 연습이 되어 있지 않으면 시도 불가능한 작전이다.

전투력 또한 마찬가지로, 장군은 부임하자마자 군기를 엄격히 세우고 가혹할 정도의 끊임없는 반복 훈련을 통해 조총 한방의 총소리에 관군의 80%가 도망갔다는 왜장의 증언이 있었던 처참하기 짝이 없던 육군과 달리 수군을 강군으로 만들었다. 장군의 성품상, 임진왜란 1년을 앞두고 부임한 장군이 부하장수들 한테 말로만 지시하고 구두로 보고만 받고 "열심히 해라" 라고만 하고 말았을까? 난중일기를 통해서 본 장군은 몸소 훈련 현장을 수시로 방문하고 질책하면서 요즘말로 수병들을 거의 갈아 넣다시피 훈련을 철저하게 시켰다. 그야말로 위에서 말한 "훈련소에서의 땀 한 방울이 전쟁터의 피 한 방울이다"는 말을 실천하였다. 다시 한번 말하지만 위대한 전략은 지피지기와 유비무환, 즉 적의 전력 등 적에 대해 미리 아는 것 또 그에 따른 철저한 준비이지, 전장에서의 반짝하는 전술이 아님을 알아야만 한다.

장군의 능력은 어느 정도였을까?

세계 4대 해전이 있는데 살라미스, 칼레, 트라팔가 그리고 한산 대첩이 그것이다. 프랑스-스페인 연합 함대를 트라팔가 해전에서 격파해서 대영제국을 이루는데 큰 역할을 한 영국인의 자존심인 넬슨 해군 제독이 있다. 지금도 영국인이 매우 존경하는 인물인데, 2002년 영국의 BBC가 조사한 '100명의 위대한 영국인' 설문에서 9위에 오를 정도로 인기가 있다. 전쟁 사가들은 흔히 서양에 넬슨이 있다면 동양에는 이순신이 있다라고 이야기 하는데 사실 넬슨도 장군에 비하면 한참 급이 떨어진다고 할 수 밖에 없다. 왜냐하면 넬슨 제독은 이전 전투에서 여러 번 패하기도 하였고 또 나라로부터 전폭적인 지원을 받은 상태에서 승리를 거두었기 때문이다.

장군이 넬슨보다 우수한 확실한 세 가지 차이점이 있다. 첫째, 나라로 부터의 전폭적인 지원은 고사하고 시기심에 찌든 임금과, 백성의 고통과 나라의 안위는 뒷전이고 패거리 정치에 골몰하던 조정의 관료들은 이순신의 계급장을 떼고 고문하고 투옥까지 하였다. 둘째, 넬슨은 패하기도 하였지만, 장군은 단 한 번도 패한 적이 없이 23연승이다. 거기다가 아군과 대비한 적군 전사자 숫자를 비교해 보면 그냥 51 대 49 정도로 간신히 이긴 것이 아니라 거의 99 대 1 정도로 매 전투 완벽한 승리를 거두었다. 셋째, 인간의 인격면에서 넬슨은 비판 받을 점이 있는데, 그는 남의 정식 부인(나폴리 주재 영국 대사 윌리엄 해밀턴의 부인)인 에마와 불륜에 빠지고 그 사이에 딸까지 낳는다. 이에 비하면 장군은 어찌 인간이 저렇게 살 수 있을까 할 정도로 완벽한 삶을 사셨다. 반면, 칭찬 일색인 백성들의 평가와는 달리 당시 선조와 조정 대신들은 패거리에 따라 왔다갔다 하고 있었다. 그러니 차라리 외부인을 통한 객관적 평가가 더 정확하기에 다음과 같이 소개한다.

임진왜란에 참전한 왜장 와키자카 야스하루[3]가 다음과 같이 글을 남겼다. "나는 이순신이라는 조선의 장수를 몰랐다. 단지 해전에서 몇 번 이긴 그저 그런 다른 조선 장수 정도였을 것이라 생각하였다. 하지만, 내가 겪은 그 한 번의 이순신, 그는 여느 조선의 장수와는 달랐다. 나는 그 두려움에 떨려 음식을 며칠 몇 날을 먹을 수가 없었으며 앞으로의 전쟁에 임해야 하는 장수로서 나의 직무를 다할 수 있을지 의문이 갔다." 또한 원군으로 참전한 명나라 진린 제독은 장군과 같이 전투를 해본 후 선조에게 다음과 같은 글을 올렸다. "천지를 주무르는 경천위지(經天緯地, 천하를 짜임새 있게 잘 계획하여 다스림)의 재주와 나라를 바로 잡는 보천욕일(補天浴日, 하늘을 깁고 해를 목욕시킨다는 뜻으로 큰 공훈을 세움을 이르는 말)의 공로가 있는 사람" 이라고 칭송하였다. 당시 진린은 지리멸렬한 조선 관군의 상태를 보고 크게 실망하던 중에 유일하게 장군만은 칭송하였다. 그 외에도 당시를 같이 살았던 제대로 눈이 박힌 학자나 관리들은 어떤 이와도 비교불가의 탁월한 군인으로서의 능력과 사심이 없는 애국심, 부모에 대한 효심 또한 백성을 사랑하는 애민정신을 높이 칭송하였다. 사실 지금도 이와 비슷한 사람을 찾기는 거의 불가능하다.

---

3) 와키자카 야스하루(脇坂 安治)-아즈치모모야마 시대부터 에도 시대 초기까지의 무장, 다이묘이다.

죽기 아니면 살기?

　해상 전투는 죽기 아니면 살기이다. 지금도 어느정도는 그렇지만, 당시 해전은 지상 전투와는 분명한 차이점이 있었다. 위의 표를 보면 왜놈 수군의 사망자 숫자가 부상자의 거의 20배 가까이 된다. 이것은 무슨 말인가? 당시의 해전은 함포 사격 등이 없이 피차가 서로 가까이 붙어서 싸워야 하니 배라는 한정된 공간에서 싸울 수밖에 없고 배가 파선하면 실제 전투 중에 사망하는 숫자보다 물에 빠져서 익사하는 숫자가 훨씬 많게 된다. 그러니 육지 전투에서처럼 불리하거나 겁에 찌든 병사들이 몰래 내빼는 일 자체가 불가능해서 사망률이 육지 전투에 비해 훨씬 높기에 왜군 수병들의 전투에 대한 공포심 또한 더욱 커지게 된다. 반면 연전연승 하는 조선 수군의 사기는 하늘을 찌를듯 하면서 용감무쌍해지고, 왜놈들은 우리 수군의 기만 보고 북소리만 들으면 오금이 저리면서 "아이고 오늘 우리는 죽었구나" 했을 것이다. 그러니 왜놈 수군들은 몇차례의 거듭된 패배 후에는 더욱 공포감이 극심하여서 싸우기도 전에 패배의식에 쩔어서 도망갈 궁리나 하는 처지가 되었다.

　세계 전쟁사를 연구한 많은 전문가들이 전쟁 승리의 70%는 사기 문제라고 한다. 장군의 탁월한 지도력으로 실제 전투에서 압도적인 승리를 몇번 경험해 본 병사들은 장군에 대한 무한 신뢰와 존경심을 갖게 되었다. 그러니 사실 그 다음부터는 어떻게 보면 손쉬운 승리라고 할 수도 있다. 왜냐하면, 곧 치러질 전투에 대한 승리에 대한 자신감으로 사기가 한껏 오른 아군은 장군의 명령에 일개 병졸들까지 모두가 혼연일체 최선을 다해 전투에 참여해서 우리가 가진 능력의 최대치 100% 이상을 발휘하는 반면, 왜놈들은 거듭된 패배로 지휘하는 장군 부터 말단 병졸들까지 패배의식에 젖고 겁에 쫄아서 능력 발휘를 못하고 제대로 싸워보지도 못한 것이 틀림없다. 모르긴 몰라도 이 순신 장군에 대한 온갖 종류의 무서운 소문이 왜놈들 사이에 돌고 돌아서 싸우기도 전에 얼어버린 것으로 보인다. 그렇지 않고서는 원래 섬나라인 일본은 육군보다는 수군이 더 강한데도, 그 반대로 육군보다 수군이 약한 그런 조선 수군을 상대로 한 번도 못 이기고 내리 깨질 수는 없기 때문이다.

판옥선과 세키부네

모든 전투는 각 군이 가진 전력에 기초한 전술을 짤 수밖에 없다. 2차 대전을 생각해 보면, 초기에 독일군은 전차의 성능이 굉장히 우수했고 숫자 또한 연합군을 압도할 정도로 많았기에, 기계화 부대에 의한 신속한 진공작전인 이른바 전격 작전을 펼칠 수 있었고 또 이 작전은 굉장히 성공적이었다. 그러면 무엇이, 장군이 이끄는 조선 수군을 이처럼 왜군에게 압도적인 23연승을 거두게 할 수 있었을까? 거기는 장군의 지도력과 휘하 수군들의 용감무쌍한 전투력과 장비의 우수함에 있지 않았나 싶다. 장비라고 하니까 얼른 거북선을 떠올리겠지만, 사실 당시 거북선 의 숫자는 통계에 따라 조금씩 다르기도 하지만, 3척일 정도로 그렇게 많지가 않았다. 우리의 주력선은 판옥선으로 왜군의 주력선 세키부네와는 어떤 차이가 있으며, 그 차이가 어떤 결과를 맺었는지 살펴보도록 하자.

구분	판옥선	세키부네
원래 용도	양곡 운반선	해적질, 전투, 세금 징수 등.
크기 및 특징	2층 높이로 높고, 크다.	상대적으로 낮고, 작다.
재질	소나무 (강도가 매우 단단)	삼나무, 전나무 (약하다)
제조상 특징	나무못 사용	쇠못 사용
장점	사용 할수록 단단. 바닥이 평평 – 360° 급회전이 가능 각종 포의 고정식 설치가 가능	가볍고 매우 빠르다
단점	무거워서 속도가 느리다	쇠못 사용으로 바닷물에 부식이 잘 된다. 내구성이 약해 고정식 포 설치가 불가. 부식으로 인해 충돌에 약하다. 밑이 뾰족하여 급 회전이 불가능.

이렇게 표를 보면 왜 우리 수군의 전술이 다를 수밖에 없고 또 우리는 우리대로, 왜놈은 왜놈대로 각자의 전술대로 싸울 수밖에 없는지가 자명해 보인다. 먼저, 침략자인 왜놈은 원래가 해적 출신인지라 이른바 '등선 육박 전술(登船 肉薄 戰術)'이 주 전법이다. 등선 육박전술이라 함은 잽싸게 상대 편 배에 여러대가 동시에 사방에서 접근해서 노략질 대상 뱃전에 갈고리를 걸어 기어 올라가서 칼싸움으로 적군을 제압해서 배를 탈취하는 전술이다. 이 전술을 펼치려면 두 가지가 앞서야 하는데 첫째는 배의 속도가 적보다 빨라야 하며, 둘째는 배 위에 올라가서 적군을 제압할 수 있을 정도의 개인 육박 전술, 검술이 뛰어나야 한다. 기록에 따르면, 배의 속도도 그렇지만 배 위에 오른 왜놈 한 명을 상대하는

데 조선 수군 무려 다섯 명이 붙어야 겨우 제압할 수 있었다고 한다. 왜놈의 칼 솜씨나 용감무쌍한 개인 전투력도 대단했지만, 우리 수군의 칼 솜씨는 형편 없었다고 한다. 조선에 귀화한 왜장 한 명이 우리 군의 훈련 교관으로 검술을 지도했는데, 그의 기록에 의하면 조선 군의 검술 훈련 장면은 마치 어린애들 칼 장난 같이 유치하기 짝이 없었다고 한다.

 이러니 조선 수군의 전략은 한 마디로 왜놈과 멀리 떨어져서 싸우기이다. 우리가 가진 각종 화포[4]는 사거리가 거의 1km정도로 길어서, 멀찍이 떨어져서 싸울수록 유리하지 만 왜놈 배는 부실해서 저런 화포의 고정식 설치 자체가 불가능했기에 주로 화포 공격이 아닌 조총으로 맞서야 했는데, 조총의 사거리는 불과 100m가 채 되지 않았다고 한다. 이마 저도 판옥선은 높아서 조선 수군은 활로 왜놈들을 공격하기가 쉬운 반면, 왜놈들은 밑에서 위로 쳐다보고 쏘아야 하니 상대가 되지 않았다. 그러니 죽으나 사나 화포 공격을 당해 앞장 선 배 몇 대가 맞아 수장 되더라도 물귀신 처럼 자기들이 잘하는, 우리 배에 기어 올라서 끝장을 봐야했다. 반면, 우리는 왜놈이 배에 기어오르는 순간 그야말로 난장판이 벌어지기에 왜놈들을 기어 오르지 못하게 막는 전술을 펼치는데 주력했다. 이것을 방지하기 위한 대책으로 거북선이 만들어졌다고 보면 된다.

조선 수군의 주력 전술

 이렇게 양 군의 전술이 극명하게 다를 수밖에 없었기에 결국 전투는 크게 두가지 양상으로 전개된 것에 틀림이 없다. 우리 조선 수군의 첫 번째 주력 전술은 화포 공격인데, 단지 그것만으로 이길 수 있었을까? 그렇게 하고 싶지만, 모든 전투에는 상대가 있다. 상대편은 멀찍이 떨어져서 싸우면 일방적으로 당하기에 자기들의 장기인 등선육박전술을 구사할 수밖에 없는데, 그 전술에 우리 조선 수군은 어떻게 대처했을까? 여기에 두 번째 우리의 주요 전술이 있었음을 조심스럽게 그러나 강력하게 주장한다. 이 부분은 영화 등에서 크게 부각을 시키지 않았으나 전투 기록에는 꽤 남아 있다. 그것은 바로 다름아닌 우리 판옥선의 구조적 장점인 단단한 내구성과 바닥이 평평한 점을 이용한 격파(들이 받기) 전술이다. 이 전술은 어쩌면, 화포 공격보다 더 파괴력이 크고 자주 사용된 효과적인 공격 방법이었을 거로 생각한다.

---

4) 천지현황자총 통, 천차 총통, 지자 총통, 현자 총통 등

왜냐하면, 왜군은 어차피 멀찍이 떨어져서 싸우면 자기들만 죽어 나가기에 전투의 개시 초는 죽기살기로 판옥선 1대에 4~5대의 왜놈 배가 한 방향이 아닌 사방에서 달려오다가, 선두의 배 몇대는 우리 화포 공격에 박살나지만 살아남은 나머지 배의 왜병들은 우리 배에 바짝 붙어서 갈고리를 걸어 기어 오르려고 했을 것이다. 이때 바닥이 평평해서 360° 급회전이 가능한 잇점과 배의 튼튼한 내구성과 구조적 단단함을 이용하여 왜선을 들이 받아서 침몰시키는 것이었다. 위의 표에서 보았듯이 왜선은 원래가 일본에서 흔한 삼나무와 전나무를 재료로 배를 만들어서 재질이 약한데다 쇠못을 사용하는 바람에 바닷물에 쉽게 부식이 되어 내구성이 많이 약하였다. 그래서 판옥선과 부딪히기만 해도 쉽게 부서지는 결정적인 약점이 있었다. 그러니 방법은 간단하다. 어쩌면 배에 바짝 붙기를 기다렸다가, 이리저리 급회전하여 세키부네를 받아 버리면 그야말로 두부처럼 배가 부서지니 그 배에 탄 대부분은 물에 빠져 익사하는 것이다. 그러니 이 장의 맨 처음 언급한 왜놈 수병들의 사망자 숫자가 부상자의 20배나 되는 이유가 여기에 있는 것이다.

칭찬 받아야 할 위인과 쳐죽여야 될 놈들

임진왜란 하면 떠오르는 긍정적인 인물은 단연코 이순신 장군과 여러 의병 장군 - 곽재우, 조헌, 영규, 고경명, 김천일, 정인홍, 권용수, 이정암, 홍계남, 우성천, 서산 대사, 사명 대사 등이고 그외 이름도 빛도 없이 낫들고, 죽창들고 죽기를 각오하고 싸웠던 각지의 의병들(일반 백성들)이 있다. 그러나 또한 그 반대로 임진왜란이 일어나게끔 방조하거나 조선이 이렇게 처참히 당하도록 직, 간접으로 책임이 있는 부정적 인물들이 있는데 선조와 당시 정쟁으로 패거리 정치를 일삼던 관료들, 조선 사절단의 부사 김성일, 무능하고 질투심 많기로는 거의 선조와 쌍벽을 이룬 원균 등이 있는데 이들의 죄상과 역사와 당시 백성에게 끼친 죄악을 간단히 밝혀 보고자 한다. 제목에 쳐 죽여야 할 놈들이라고 하니 너무 심한 표현.이지 않나 하는 독자가 있겠지만, 당시 임진왜란때 억울하고도 잔인하게 죽임을 당하고, 왜군에게 무수히 강간을 당하고 또 그 강간한 시체를 마을 사람들이 먹던 우물에 던지고 가고, 전과를 보고하기 위해 죽은 사람들의 귀를 자르다가 숫자가 헤깔린다고 코를 베어 오라고 해서 죽은 사람의 코는 물론이고 심지어는 산 사람의 코를 베어 소금에 절여서 가져간 코무덤, 귀무덤에 묻힌 확인된 숫자만 7만이 넘는 그런 처참하고도 끔찍한 피해를 당한 당시의 조상들에게, 그런 피해를 당하게끔 원인 제공을 한 위의 인간들을 쳐 죽일놈들 이라고 하면 실례라고 생각하는지 물어 보았는가? 누군가 말했다. "전쟁은 이기거나 지는것이 아니라 이기거나 죽는 것"이라고. 전쟁에서 자기가 피해 당사자가 아니라고 섯부른 감상주의로 가서도 안되고 점잖은 선비질 해서는 더더욱 안된다. 그건 당시 끔찍한 참화를 겪은 모든 조상들에 대한 예의도 아닐뿐더러 같은 땅에 후손 으로 살고 있는 한 민족 사람으로서는 있을 수 없는 일이다.

1. 선조

조선 왕조의 3대 찌질이 왕인 선조, 인조, 고종 중 한명인 선조는 임진왜란 전과 후가 확연히 다른 사람처럼 보인다. 그는 흔히 말하는 출생의 콤플렉스가 있는데, 적자나 적손이 아닌 방계에서 왕위를 이은 첫 번째 왕으로서 평생 그것을 극복하지 못하고 열등감에 찌들어 자기의 개인감정을 국정에 그대로 반영시킨, 왕이 되어서는 안되는 그런 사람이었다. 선왕인 명종이 후사가 없었기에 어릴적 선조를 총명하다고 좋게 여겨 후임으로 내정할 만큼 그는 꽤 똑똑한 사람이었다. 그는 임란 전까지는 제법 정치를 잘해서 그가 발탁한 인물만 해도 이순신, 율곡 이이, 퇴계 이황, 유성룡, 이항복, 이덕형, 정탁, 권율, 김시민, 곽재우, 허준, 정철, 신립, 이일, 정인홍, 정기룡, 윤두수, 서산대사, 사명대사 등 조선 전체를 통틀어도 훌륭한 인물들을 많이 발탁하여 등용시켰다. 하지만, 임진왜란 발발 이후에는 다음과 같이 회복하기 힘든 엄청난 역사적 실책들을 많이 저질렀다. 최고 지도자인 왕의 실책은 일 개인의 비극으로 끝나지 않고 민족 전체에게 엄청난 고통과 함께 역사의 흐름에도 깊고도 회복하기 힘들 정도의 큰 상처를 남기기에 더더욱 그의 죄과는 무거울 수밖에 없다.

첫째, 그는 전쟁의 가능성을 가볍게 여겨 전쟁 준비를 전혀 하지 않았다. 임란 발생 2년전 일본의 요청으로 조선 사절단을 보냈으나, 단장인 정사 황윤길과 부사 김성일의 엇갈린 보고에 최종 결정권자로서 현명한 결정을 하지 못하고, 그는 본인이 믿고 싶은대로 설마 전쟁이 나겠어 하는 안일한 결정을 하고 만다. 심지어는 황윤길이 귀국길에 대마도에서 조총 두 자루를 얻어 조정에 보고했으나 이마저도 철저히 무시 당하는 천추의 한을 남긴다. 만일 이때 선조나 조정의 신하들 중 제대로 된 사람이 한 명이라도 있어서 조총을 연구했다면 그처럼 큰 낭패를 당하지는 않았을 것이다. 조총을 연구하고 개발해서 군에 보급을 했어야 했다는 이야기가 아니다. 무엇인지만 알았더라도, 즉, 조총의 장점과 단점에 대해서 파악하고 지휘관들에게 그 내용을 숙지만 시켰더라도 그처럼 허망하게 연전연패 당할 일은 결코 생기지 않았을 것이었기 때문이다.

둘째, 그는 임진왜란이 발생하여 왜놈들이 불과 20여 일 만에 한성 턱밑까지 이르자 전쟁을 지휘하고 백성들에게 힘을 주기는커녕 꽁지가 빠지게 비오는 밤 야반도주를 한다. 전쟁은 모름지기 사기가 군전력의 70% 라고 한다. 최근 러시아의 침공을 당한 우크라이나의 경우를 보더라도, 초기에는 모두가 전쟁이 발발하면 대통령은 미국 등으로 망명 가고 최소 2주면, 우크라이나는 항복할 것이라고 모두가 예상하였다.

하지만 군 통수권자인 대통령이 확고부동하게 전쟁의 구심점 역할을 훌륭히 해내고 있으니까 의외로 러시아는 계속 패전의 소식이, 반대로 우크라이나는 상당히 선전을 하고 있다. 어떻게 끝날지는 장담하기가 쉽지 않지만, 어쨌든 그는 대부분의 세계인들로부터 큰 격려와 응원과 지지를 받고 있다.

이처럼 지도자의 역할은 너무나 중요하다. 선조의 이런 비겁하기 짝이 없는 행동에 화가 난 백성들이 궁궐로 몰려가서 그곳을 불태워 버렸고, 전쟁에 나선 관군들은 결사항전 의지는 없이 조총 총소리 한방에 겁에 질려 80%가 내뺐다고 한다. 그러니 육상에서는 전투다운 전투도 그리 많지 않았다.

셋째, 그는 왕으로서 조정의 관료 패거리들이 붕당 정치의 패악질을 일삼아서 국론이 분열 되는데도 그 스스로가 전혀 중심을 잡지 못했고 전쟁이 끝난 후 논공행상을 할 때, 자기가 내뺄 때 같이 가서 자기를 지킨 내시 20여 명을 포함한 자들을 호성공신으로 최고의 대우를 하고 대신 전장에서 싸워 공로를 세운 장수들은 그 밑인 선무공신으로 공신책봉을 하였다. 심지어는 최초의 의병장 곽재우 장군을 포함하여 의병장들은 단 한 명도 공신책봉을 하지 않았다. 오히려 의병장 중에서 관직에 나갔다가 3년간 옥살이를 한 이도 있었다. 한 마디로 왕으로서 균형감각이 완전 꽝이었다. 오죽 했으면 영웅 중의 영웅 이순신 장군을 질투심에 찌들려 전쟁 중의 난리 통에 백의종군 시킨 것도 모자라 고문하고 옥살이까지 시켰겠는가?

뭐니뭐니 해도 그의 가장 크고 무거운 죄악은 그의 재임 중 두번의 전쟁 - 임진왜란과 정유재란시의 최고 통수권자로서, 국토가 철저히 훼손되고 너무나 많은 백성들 - 기록에 따르면 전 국민의 1/3이 전쟁 중 살해, 기근으로 인한 아사, 각종 질병으로 인한 사망 등을 당하게끔 만들었다. 최고 통치자의 가장 큰 의무인 백성을 살리고 나라를 지키는데 철저히 실패한 더 변명이 필요없는 무능한 자이다.

2. 원균

원균은 이순신 장군 보다는 5살 많고, 무과 급제는 9년이나 빨랐다. 개인적인 생각으로는 만일 원균이 이 장군 보다 후배였다면, 그도 꽤 괜찮은 장수 였을 수도 있을텐데, 문제는 그가 이 장군보다 나이로 보나 관직으로 보나 꽤 차이나는 선배였다는 사실이다. 후배임에도 불구하고, 그를 추월한 이 장군의 빠른 진급과 놀라운 전공 등으로 백성들로부터 해왕이라는 칭송을 듣는 것과는 반대로 그는 지휘관으로서 무능한데다 인격마저 비루하기 짝이 없는 인간이었다. 그래서 속좁고 무능한 인간이 꽤 높은 지위에 오르고 보니 그 보다 뛰어난 비범한 후배를 도저히 용납하지 못하고 끊임없이 시기하고 질투하고 모함하며 적전 분열을 꾀하는 인간이 되고 말았다. 문제는 썩어빠진 조정의 관료들이 니편, 내편으로 나뉘어 원균을 미는 쪽은 그가 무슨 짓을 하든 무조건 감싸고 돌며, 반면 이 장군이 조금의 빌미만 보이면 무조건 비난하고 책잡을 일만 찾으려 하고 있었다. 밀릴것 같은 이 패거리 들이 힘을 받은 것은 거의 비슷한 캐릭터인 선조가 왕으로서의 중심과 나라를 먼저 생각하는 공적 가치는 멀리하고 사적 감정인 질투심에 휩싸여 이 장군은 깎아 내리고 원균은 높이는 짓거리를 같이 해대었기 때문이었다. 하여튼 전쟁이라는 난리통에 선조와 원균은 죽이 너무 잘 맞는 찌질이들이었다.

사실 원균은 처음부터 용서받기 힘든 패장이었다. 1592년 4월 왜군 선단이 새까맣게 몰려오자, 경상우수사 원균은 다른 쳐 죽일 근처의 장군들과 마찬가지로 싸워 보지도 않고 판옥선 73척을 불태우거나 자침시켰다. 이때 조정에서 그를 참수하거나 백의종군을 시켰다면 이후의 더 큰 화를 막을 수 있었을텐데 조정과 왕의 판단은 안이하기 짝이 없었다. 이 일은 엄청난 전력의 손실은 물론이거니와 지휘관으로서는 되돌릴 수 없는 결정적 실책을 한 셈이 되어 부하 장수와 병졸들로부터 당연히 받아야 할 존경과 신뢰는 고사하고 오히려 능력을 의심받고 진정한 복종을 받기가 힘들게 되었다. 병졸들은 자기가 모시는 상관이 자침을 명했을 때부터 이 자는 용맹한 장군이 아닌 무능하기 짝이 없는 인간이라는 것을 진작 알았다. 그런데다 평소 술에 취해 망발을 일삼고 부하들을 잔혹하게 구타했으며 전선에 여자들까지 태우고 다니며 쾌락을 추구하였다. 심지어는 난중일기를 보면 전공을 세우려 무고한 조선 백성들인 여자와 아이들까지 죽이고 왜군의 목을 베었다고 거짓 보고까지 하는 정말 용서하기 힘든 패역무도한 인간이었다.

삼도수군 통제사가 된 그는 결정적으로 칠천량 전투에서 이전의 이순신 장군이 거둔 그 엄청난 전공을 말아먹는 어마어마한 패전을 기록하게 되는데, 무려 판옥선 122~158

척에 거북선 3척을 모두 잃고 해상 분해 되고 만다. 그가 제대로 된 장수였다면, 이순신 장군과 여러 번 같이 협동작전도 해본 경험을 살려서 따라만 했더라도 그처럼 대패를 기록하지 않았을텐데, 워낙 지혜가 없는 태생적으로 무인으로서 기본이 되지 않은 인간 인지라 그처럼 많은 인명의 손실과 물자의 손실을 가져오는 대패를 기록하게 된다. 그는 인간적으로도 도무지 동정할 수 없는 비열한 인품을 지닌 자로 거칠고 사나워서 백성들과 병사들에게 가혹하였고 군인으로서도 용맹성과 지혜라고는 전혀 없이 왜군 앞에서 싸워 보지도 않고 도망치기 바빴던 소인배였다. 그런 그를 지지하고 보호해 주는 이들은 니 편, 내편 가리는 죽일 놈들, 조정의 관료들과 끝없는 수호신 선조가 있었다. 선조는 이 장군에 대한 질투심 때문에 끝까지 원균을 두둔하고 높였는데, 종전 후 조정에서 선무공신 2등에 책록하였으나, 선조가 우겨서 끝내 1등으로 올려 주었다.

마지막으로 원균이 이순신 장군을 월등히 능가하는 것이 한 가지 있었는데 그것은 바로 수급 실적으로 다름아닌 전쟁에서 베어 얻은 적군의 머리 숫자를 말한다. 이 장군은 이미 죽어 있는 적군의 시신에서 머리나 떼어 실적을 올려 조정에 점수를 따는 일에는 별로 관심이 없고 살아있는 적을 한명이라도 더 죽이기 위해서 주력하였다. 그러나 탁상공론이나 하고 앉아있는 선조와 조정은 이 수급실적을 장군들의 능력을 판단하는 근거로 삼고 있었으니 참 한심하기 짝이 없는 정책이자 관료들 이었다.

3. 조정 관료

조선이 왜군의 침략 아래 초토화 되다시피 패한 큰 이유 중 하나는 조선의 사색당파 - 남인, 북인, 서인 동인 등의 붕당 정치 때문이었다. 누가 이쪽 저쪽 인지, 또 무엇을 주장하고, 어떤 차이가 있는지는 알 필요도 없고 중요하지도 않다. 한 마디로 국익이나 백성은 안중에 없이 니 편, 내 편만 있는 패거리 정치 세력들이다. 이들은 그 난리통에 누가 진정으로 나라를 구하고 도탄에 빠진 백성을 구원할 사람인지 따지지도 않았다. 원균이 아무리 무능하고 인품도 비루한 인물이라 하더라도 자기네 패거리의 이익에 부합하면 끝까지 비호하고 두둔하였다. 반면, 천하의 이순신이라 하더라도 저쪽 패거리 사람과 가깝다 싶으면 계급장 떼고, 투옥하고 고문하였다. 이런 상황에서 중심을 잡아야 할 선조는 질투심에 찌들어서 왕까지 이 두 세력의 경쟁에 합세하고는 원균의 손을 들어준다.

전쟁 발발 2년 전 파견 됐다가 돌아온 조선사절단 단장과 부단장은 보고 또한 두 세력의 입맛에 맞추어 각각 엇갈려서 올렸다. 거듭 말하지만, 이들에게는 도무지 나라의 안위와 백성의 생명 등은 눈에 들어오지 않았다. 이런 상황은 지금도 크게 다르지 않은 것 같다. 나라의 국익은 도외시 한채 반대를 위한 반대를 일삼고, 전직 대통령 또한 국익 보다 사익을 추구해서 2명이나 감옥을 갔다 왔다. 정말 정신 차려야한다. 그때와 다른 점이 있다면, 그 때는 그 중요한 결정의 순간 백성은 도무지 어떤식으로든 참여를 할 수가 없었지만, 이제는 상황이 다르다. 아니 달라져야 한다. 그때나 지금이나, 높은 나랏님들을 정신 차려 감시하고 감독하지 않으면, 알아서 국익을 위해서 잘 할거라고 기대해서는 안된다. 적극적으로 백성들의 관점에서 일하게 감시하되 그러나 또한 격려해야 된다. 그러지 않으면 "역사를 잊은 민족에게 미래는 없다"

4. 김성일

왜란 발발 2년전 일본의 요청으로 200여 명의 조선사절단이 파견되어 일본을 정탐할 기회가 있었다. 귀국 후 조정에 보고를 하는데, 정사 황윤길은 왜놈이 곧 침략할 것 같다고 보고를 하였고, 부사 김성일은 전쟁이 없을 것이라고 보고하였다. 이런 점에서 김성일은 대역죄인 중 한 명이다. 자기가 무언데 그런 헛된 보고를 하는 것인가? 자기가 결정권자인가? 자기는 본대로, 들은대로 조정과 왕에게 사실대로 보고만 하면 되는 사람이다. 후일담으로, 자기도 사실은 왜놈이 곧 쳐들어 올것이라고 생각하였지만 그대로 보고하면 백성이 너무 불안해 할까봐 그렇게 거짓말을 했다는 것이다. 참으로 가소롭기 짝이 없는 헛소리 이다.

그런데 이런 상황이 벌어진 것도 위에 말한 패거리 정치 때문이다. 각각 다른 패거리 집단에 속한 정사와 부사는, 정사가 이 말하면, 부사는 저 말하는 그야말로, 추악한 패거리 집단 소속원으로서의 정치질을 한데 불과하다. 어쨌든, 그는 역사에 길이 남는 거짓말 혹은 잘못된 보고를 한, 두고두고 만고의 역적이 되었다. 그럴 수도 있지 하는 결코 가벼운 죄가 아니다. 역사적인 망언을 한 작자로 두고두고 기억해서, 다시는 저런 헛소리 해서 나라를 도탄에 빠뜨리게 하는 죄인이 나오지 않게 해야 한다.

조총과 활, 그리고 칼

많은 사람들이 조선 관군(육군)이 그렇게 왜군에게 추풍낙엽식으로 밀린 이유가 조총 때문이었다고 말한다. 보다 더 정확하게 말하자면 알지 못하는 것에 대한 두려움 때문이지 않나 생각한다. 즉, 지피지기면 백전백승이라고 했는데 조선은 왜군에 대해서 아는 것이 전혀 없는데다 전쟁에 대한 준비가 또한 너무 부족한 상태였다. 첫째로 장비 면에서 시대 흐름에 맞게 개선이 된 것이 거의 없었고 둘째로 조정 정치의 타락으로 군에 대한 낮은 대우와 흐트러진 기강, 게다가 왕이란 자가 초기에 너무 빨리 내빼는 바람에 전쟁의 구심점이 사라진 상태로 사기가 극도로 저하되어 있었다. 대신 수군은 이순신 장군이 유비무환의 정신으로 가혹할 정도로 철저히 훈련하고 준비하였기에 그처럼 놀라운 성과를 낼 수 있었다.

자세히 살펴 보자면, 사실 조총은 전투 활용도 면에서는 활에 비해 많이 부족하다. 당시 조총은 지금 수준으로 보자면 거의 어린아이 장난감 수준이다. 첫째로 연속 발사는 아예 안되고 부싯돌을 붙여서 발사해야 하다 보니 장전 준비에 시간이 많이 걸려서 다음 발사까지 거의 2분이 걸렸다. 두번째는 비 오는 날에는 사용이 불가하여 왜놈들은 아예 전투를 벌이려 하지 않았다. 세번째는 대략 20미터 이내의 가까운 근거리에서는 거의 무용지물에 가깝다. 왜냐하면, 발사 준비하는 그 시간에 활이나 칼로 충분히 공격이 가능하기 때문이다. 그래서 이런 단점을 상쇄하기 위해 나름대로 전술은 잘 짰던 것 같다. 반면, 상대편인 조선 관군은 한 두 번의 전투를 경험한 이후 조총의 진짜 장점과 단점은 알지 못한채 위에서 말한대로 무지에서 오는 두려움 때문에 실제 이상으로 조총에 대한 극심한 공포를 가지게 되었다. 전투를 위해 대기 중이던 관군은 왜놈들 조총의 그 천둥치는 듯한 단체 발사 소리가 나고 옆의 동료가 외마디 비명과 함께 피를 토하며 쓰러지자 그냥 겁에 쫄아서 대부분 혼비백산 내뺐다고 한다. 그 이후부터는 조총 소리만 들어도 그냥 전의가 사라지고 내뺄 궁리만 하는 오합지졸이 되고 말았다. 그러니 무슨 제대로 된 전투를 하겠는가?

이제 관군의 주력 무기 활에 대해서 살펴 보자. 잘 아시겠지만, 우리는 전통적으로 활에 대한 진심인 활의 민족이었다. 잘 알려진 명궁들만 해도 고구려 시조인 고주몽, 해상왕 장보고, 고려 건국 일등공신 신숭겸, 태조 이성계, 그 아들 이방원, 이순신 장군, 신립 장군 등 이루 헤아릴 수조차 없을 정도이다. 활에 대해서 연구하고 품질을 높이기 위해서 조선 시대 때부터 아니 어쩌면 훨씬 그 이전부터 진작에 중국을 통해 동남아의 물소뿔을 재료로써 수입해서 만들고 있을 정도였다. 실전성에 있어서는 활은 당시 조총보다 훨씬 앞서고 있었음이 틀림없다. 위에서 언급했듯이 조총은 발사 속도가 2분 정도로 매우 느렸지만, 활은 그 시간이면 최소 4~5발은 쏠 수 있었다. 사거리도 조총 보다 길었고 크기가 작은 단궁이라서 갖고 다니기도 쉬운데다 날씨에 영향을 받지 않는 전천후 무기였다. 제대로 된 지휘관이라면, 실전성 측면에서는 조총과 활 중에서 택하라면 모두가 활을 택했을 것이다. 이처럼 우수한 병기를 갖고 있었음에도 지피지기(知彼知己, 적을 알고 나를 아는 것)에 실패해서 그처럼 큰 굴욕과 고통을 겪었다. 참고로, 우리는 이 전통을 고스란히 물려 받았기에 올림픽에서 양궁종목은 그야말로 절대반지를 낀 왕 중의 왕 같은 우리의 자랑이다.

활에 대해서 언급하였으니 칼에 대해서도 간단히 살펴보자. 칼이나 활이나 다 같이 사람을 죽이거나 다치게 하는 병기인 것은 같으나 좀 더 깊이 생각해 보면, 둘 사이에는 엄연한 차이가 있다. 활이 멀리 떨어진 적을 공격하는 수비용 무기인 반면, 칼은 철저히 공격용 무기이다. 전투 상황에서, 활은 사실 10미터 이내의 짧은 거리에서는 무용지물에 가깝지만, 반면에 칼은 상대방과 3미터 정도만 떨어져도 소용이 없다. 즉, 활은 떨어져 있을 때 위력이 있고 칼은 붙어야 써먹을 수가 있는 백병전에 적합한 병기이다. 주 사용 무기만 보아도 민족성과 전략이 드러난다. 우리는 주로 성을 수비할 때 긴요한 활을 주 병기로 써왔고 왜놈들은 주로 침략을 하다보니 활보다는 달려 들어서 적을 가까이서 찌르고, 베는 칼을 주 병기로 써왔다. 그러다 보니 조선에는 활을 잘 쏘는 명궁이 즐비하고, 활 만드는 장인들을 많이 대접하고 양성하여 그에 관한 기술이 발달하였다. 반면 일본은 명검과 칼 만드는 장인들과 사무라이들과 미야모토 무사시처럼 유명한 검객들이 많았다. 이것만 봐도 얼마나 일본 민족이 호전성이 강한 민족인 반면, 우리는 도무지 남을 침략한 역사가 거의 없이 쳐들어 오는 놈들만 막는, 좋게 말하자면 평화 애호주의자 들이고 나쁘게 말하자면 순진하다 못해 늘 얻어 터지며 살아온 그런 사람들이다. 거듭 말하지만, 역사에 대해 알아야 한다. 그러지 않으면 또 당하고 울 수밖에 없다.

이 편을 마치며, 결론을 맺자면 이순신 장군은 워낙 많이 알려지신 분이고 또 모두가 존경해 마지않는 훌륭한 위인이지만, 일반 사람들이 미처 몰랐을 법한 재미있는 이야기들이 있어 가벼운 마음으로 쓰기 시작했지만, 쓸수록 마음이 점점 더 무거워져갔다. 어쨌든 임진왜란은 우리 민족에게는 크나큰 아픔의 역사인데, 관료들의 패거리 정치 놀음과 공과 사를 구분하지 못한 출생의 열등감을 가지고 있던 무능한 왕 때문에 비롯된 일로서 두가지의 고사성어인 지피지기(知彼知己) 와 유비무환(有備無患) 이 없었기에 당할 수 밖에 없었던 비극의 역사였다. 하지만, 흙속의 장미 처럼 그 난리통에 피어난 너무나 탁월했던 민족의 영원한 수호신 이순신을 탄생시킨 역사이기도 하였다. 마지막으로 이순신 장군의 어록을 소개하며 이 글을 마친다.

"무릇 장수된 자의 의리는 충을 쫓아야 하고
그 충은 백성들을 향해야 한다.
백성이 있어야 나라가 있고,
나라가 있어야 임금도 있는 것이다"

Chapter 06

전쟁이야기

- 천고마비의 계절
- 전쟁의 역사는 말의 가축화로 부터
- 말(馬)로 흥하고, 말(言語:문화)로 망한 몽골의 역사
- 변하지 않는 전쟁의 원칙
- 지피지기와 유비무환
- 스페인의 남미 침략과 정복
- 임진왜란과 조총
- 러시아의 우크라이나 침공
- 못난 지도자들
- 세상은 연결되어 있다

Chapter 06

전쟁이야기

한 번의 침략이 성공하고 나면 거기서 그치는 것이 아니라,
그 다음 새로운 목표가 생겨서 계속해서 또 그 옆나라를 침략하게 된다.
마치 아편 중독 약쟁이가 약을 끊지 못하는 것과 같다.

역사가들은 인류의 역사는 전쟁의 역사라고 흔히 이야기한다. 그만큼 유사이래로 사람이 사는 세상에는 끊이지 않고 지구상 어딘가에서 지속적으로 전쟁 중이고 또 많은 나라들에서는 전쟁을 대비한 연습을 열심히 하고 있다. 왜 전쟁을 하는가? 한 마디로 자신 혹은 자기 나라의 이익을 얻기 위해 이웃 나라를 침략하여 영토를 뺏고 재산을 약탈하기 위함이다. 그런데 당하는 자들이 순순히 '옛소, 여기 있소' 하고 자기 집과 재산을 내놓을리 만무하다. 할 수 있는 최대한의 저항을 하게되고 그 과정을 통해 많은 이들이 목숨을 잃고, 여자들은 수도 없이 강간을 당하고 또한 수많은 어린아이들은 부모를 잃고 고아 신세가 되는 참극이 벌어지게 된다. 침략자들은 그럴듯한 이유를 갖다 붙이기도 하지만, 모두 헛소리에 불과하고 이 세상에 착한 전쟁, 명분있는 침략은 없다. 단지 롯또 복권으로 한 방에 인생 역전을 희망하는 불나방 같은 헛된 탐욕으로 남의 집 털고, 남의 땅 뺏어서 야욕을 채워 보려는 것에 불과하다. 만일, 한 번의 침략이 성공하고 나면 거기서 그치는 것이 아니라, 그 다음 새로운 목표가 생겨서 계속해서 또 그 옆나라를 침략하게 된다. 마치 아편 중독 약쟁이가 약을 끊지 못하는 것과 같다. 어떤 마약 중독자가 앞날을 찬찬히 깊게 생각해 보고 해도 될 것 같아서 마약하는 사람이 어디 있겠는가? 단지 그는 지금 이 순간 찰나의 쾌락만을 생각하는 짐승같은 욕구만 있을 뿐이다. 전쟁은 참으로 인간과 그

삶을 파괴하는 가장 더럽고 야만스런 모든 악의 결정판이다. J. 그라이트는 "모든 인류 최악의 총합은 전쟁이다" 고 했다. 어떤 이유, 어떤 명분으로도 정당활 될 수 없는, 결코 있어서는 안될 일이다.

천고마비의 계절

가을이 되면 우리는 "천고마비(天高馬肥)의 계절이 왔습니다" 라는 표현을 방송 등에서 종종 듣게 된다. 가을을 설명하는 중국의 고사성어로서 가을이 되면 하늘은 높고 말은 살찐다는 뜻으로 꽤 근사하고 운치있는 표현 같다. 중국 시인 두보(杜甫)의 종조부인 두심언(杜審言)이 처음 사용한 말이라고 하는데, 사실은 이 말의 속뜻은 굉장히 무서운 뜻을 함축하고 있다. 가을은 추수의 계절이라, 수확한 곡식을 창고에 저장하고 있으면 이것을 노리고 옆 나라에서 살찐 말(건장해진 말)을 타고 노략질을 올때니 이에 대비하라는 말이다. 왜 가을에 오는가? 두말할 필요도 없다. 봄에는 씨 뿌리는 때이고, 여름에는 피 뽑고 농사 짓는 곡식이 한창 자라고 있는 때이다. 즉, 그때는 침략해봤자, 노략질 할 것이 없을 때이니 오지 않고 가을이 되어 곡식이 여물어 농부들이 수확하여 창고에 저장을 끝낸 그 시점을 노려 말 타고 강도질을 오는 것이다.

전쟁의 역사는 말의 가축화로 부터

포유류는 약 4,000여 종 되는데 인간이 가축화에 성공한 동물은 불과 10여 종 정도이다. 대표적으로 소, 양, 닭, 돼지, 염소, 토끼 그리고 말이다. 그 중에 소와 더불어 말은 대형 가축에 속하는데 소는 전형적인 농사 짓는데 적합한 온순하면서도 힘이 센 가축이다. 인간에게는 한 없이 주기만 하는 착한 가축으로서 고기와 우유, 가죽을 주지만, 되새김질을 하는 반추 동물로서 반드시 휴식 시간이 필요한데다 느리기 때문에 전쟁용으로는 그

다지 별 소용이 없고 굳이 쓴다면, 짐 운반 정도일 뿐이다. 그러나 말은 되새김질을 하지 않기에 휴식 시간이 필요없어서 전쟁시의 승용(乘用)과 만용(輓用: 수레를 끄는 용도)에 적합하였다. 말은 동물 중 입의 구조상 앞니와 어금니 사이에 빈 공간이 있는 해부학적 특성 때문에 동물 중에서 유일하게 재갈을 물릴 수 있는 매우 특별한 동물이다. 태생부터 말은 인간에게 승용을 제공하기 위해서 태어나지 않았나 싶을 정도인데, 자동차가 발명되기 전까지는 전쟁에 있어서 인간과 물자의 이동을 담당하는 가장 강력한 군사 무기이자 핵심 자원이었다. 사실상 말의 가축화에 성공하면서부터 전쟁의 역사는 시작되었다고 보면 된다. 말이 없이 인간의 도보 혹은 달리기만으로 이웃 마을 혹은 이웃 나라를 침략하여 약탈에 성공했다 하더라도, 그 마을 사람들을 다 죽이기 전에는 추격하는 자들과 속도가 비슷하기 때문에 결국 따라잡히게 된다. 그런데 말을 이용하게 됨으로써 인간의 이동 거리는 대폭 늘어나게 되었는데 말을 탈 경우 시속 65km, 전차를 끌 경우에도 시속 33km로 매우 빨라지게 되었기 때문에 멀리까지 가서도 침략하는 정복 전쟁도 가능하게 되었다. 따라서 자동차가 나오기 전까지는 말이 가장 중요한 전투력이자 국방력, 즉 국력이었기에 대영제국은 수많은 식민지 경영과 개척 전쟁을 위해 호주에서 말을 대량으로 사육하여 공급하였다.

말(馬)로 흥하고, 말(言語-문화)로 망한 몽골의 역사

우리 민족이 활에 진심이었다면, 몽골은 그야말로 말에 진심이었고 말로 세계 역사상 가장 넓은 영토를 지배한 민족이었다. 유럽에 알렉산더 대왕이나 나폴레옹 등 꽤 많은 정복전쟁을 펼친 이들이 있었지만, 이들이 정복한 땅의 너비는 몽골의 징기스칸 대왕에 비하면 한참 부족하다. 그야말로 세계 인류사 그것도 전쟁의 역사만 놓고 볼때 몽골족은 역사상 가장 놀라운 성취를 이룩하였다. 지금의 쪼그라진 국력이나 영향력 등을 놓고 볼 때 과연 저 나라가 한때나마, 세계를 그런 두려움에 떨게 하던 역사가 있었을까 하고 의심스러울 정도이다. 어쨌든 몽골은 그때도 초원의 작은 유목 민족에 불과했지만, 당시로서는 탁월한 전략으로 거의 연전연승을 거두는 무서운 전율을 느끼게 하는 최강의 군대였다. 그리고 그 핵심 전력은 말에 있었다. 거의 전군이 기마병만으로 구성되어 있었는데, 한 명의 전사가 최소 3~5필의 말을 동시에 끌고 다녔다. 번갈아 타면서 진격을 하여 거의 지치지 않고 엄청난 거리를 이동하면서 공격을 하니, 당시 상대하던 적군의 입장에서는 자기들의 예상을 넘어서는 동에 번쩍, 서에 번쩍하는 속도로 침략을 하는 바람에 미처 대비가 안된 상태에서 당하는 경우가 많았다. 그때나 지금이나 말에 대해서 가장 잘 알고 말을 가장 잘 다루는 민족이 몽골족이다. 지금도 불과 5~6세 정도 나이의 어린아이들도 능수능란하게 말을 다루며, 이 연령대의 아이들만을 위한 시합이 따로 있을 정도이다. 몽골의 말은 서양에서 타던 말과 비교하면 몇가지 차별점이 있었는데, 그야말로 전투에 적합한, 전투를 위해 태어난 말 같다. 서양에서 타던 말에 비해 덩치는 작지만, 지구력이 강해 멀리까지 잘 달렸는데 3일에 280km이상을 달린 적도 있을 정도이고, 4족 보행을 하여 달리면서도 활쏘기가 가능하였다. 말을 잘 타는 것을 넘어서서 이들은 전투에 적합한 말을 잘 길러내었다. 예를 들면 다음과 같다.

- 재갈을 물리지 않았다 - 오래 달려도 지치지 않게 하기 위해서.
- 초원에서 고삐를 물리지 않아도 도망가지 않았다.
- 배가 고프거나 아파도 울지 않게 훈련을 시켰다.
- 따로 먹이를 주지 않았다 - 초원에서 쉬는 중에 스스로 풀을 뜯어 먹고 배를 채우게 했다.
- 성질이 온순하였다 - 종마를 제외하고는 대부분 거세하였다.

초원의 작은 유목 민족에 불과하던, 몽골족은 징키스칸이 주변의 작은 부족들을 점령하고 연합하면서 점차 강대한 세력으로 성장하였고, 이내 주변의 부족들 점령을 넘어서서 해외로 눈을 돌려 본격적인 해외 침략을 시작하게 된다. 그 급속한 성장 요인은 여럿 있겠지만, 핵심 요인은 다음의 3가지로 압축할 수 있다.

1. 말을 잘 타는 유목민족
위에서 충분히 설명하였음.

2. 조립궁
나무 재료에 물소의 뿔과 힘줄을 붙여 조립하여 탄력이 매우 뛰어나 당시 세계의 어떤 활 보다도 우수. 크기가 작은 단궁이라 말을 달리면서도 활 발사가 가능하였다.

3. 보르츠

그때나 지금이나 전투 못지않게 중요한 보급(식량) 문제를 이걸로 해결하였다. 휴대용 가죽 부대인데, 소 한 마리를 잡아서 말려 이 부대에 다 넣을 수 있다고 했다. 그러니 따로 큰 부피의 보급품이나 보급 부대가 필요없이, 각자가 말 안장 밑에 넣어 두었다가 야영지에서 조금씩 꺼내서 끓는 물만 부으면 요즘의 설렁탕 같이 되어 먹을 수 있었다고 한다.

몽골제국은 침략 전쟁의 끝판왕으로서 싸움은 매우 잘하여 엄청나게 큰 영토를 지배하였지만, 결정적으로 그들에게는 자기네만의 말(문자)도 없었고 문화적으로는 매우 미개한 수준이었다. 피식민지를 효율적으로 경영할 지적 훈련이 된 전문 관료들(테크노크라트[1])도 별로 없는데다, 거기다 인구도 적었다. 징기스칸은 자기 사후 제국이 분열 될 것을 염려하여 네개의 칸국으로 분할하여 네명의 아들로 하여금 각각 다스리게 하였는데 결과적으로 원조 쿠빌라이 칸의 원나라도 결국 점차 시간이 지나면서 당시 최고의 문화수준에 있던 송나라, 명나라의 정치제도를 비롯한 선진문화에 동화되다가 마침내 그들의 정체성을 잃고 멸망하고 말았다. 참고로, 몽골의 뜻은 '용감한' 이고, 중국이 이름 붙인 몽고(蒙古)는 어리석고 낡았다는 뜻으로, 몽골 사람이 매우 싫어한다고 하니 앞으로는 항상 몽골로 불러야 할것 같다.

변하지 않는 전쟁의 원칙

과학의 발전과 시대의 변화에 따라 전쟁의 양상도 끊임없이 변하고 있다. 각종 동력장치가 개발되기 전까지는 말 타고 침입하거나, 그 이전에는 도보로 쫓아가서 습격하는 게 다였다. 이때는 살상과 파괴가 지금의 전쟁처럼 그렇게 대규모적으로 일어나지는 않았다. 대체로 국지적이고 지금에 비하면 비교적 소수의 전쟁 피해자만 발생하였다. 하지만 지금은 과학의 발달로 엄청난 대량 살상 무기가 경쟁적으로 개발되어서 전쟁과 무관한 양민이 오히려 더 많이 죽어 나가는 그런 상황이 되었다. 사실 직접적 살상 군사 무기뿐만 아니라 이와 관련된 분야의 기술의 발전과 개발은 다른 어떤 분야보다도 훨씬 더 빠른데, 농업이나 어업, 산업 등에 쓰이는 과학 기술은 전쟁 목적으로 개발된 것들을 한참 뒤에 적용하는 경우가 지금도 많다. 하지만 시대가 변했음에도 변하지 않는 전쟁 원칙 중

---
[1] 테크노크라트(technocrat)-과학적 지식이나 전문적 기술을 소유함으로써 사회 또는 조직의 의사결정에 중요한 영향력을 행사하는 사람

크게 두 가지가 있다. 그것은 바로 기습과 변칙공격(창의성) 이다. 기습이라고 하면 단연코 게릴라 전술을 이야기하는데, 게릴라 전술은 소수의 병력이 훨씬 더 많은 정규군을 상대하기 위한 것으로 기습과 변칙 공격이 주 전술이다. 이 분야의 세계 3대 전략가가 있는데 중남미의 '체 게바라', 중국의 '마오쩌뚱' 그리고 베트남의 '보 응우엔잡'이 있다. 세 명 모두가 잘 알려져 있지만, 특히 세계적인 군사 잡지 '인디펜던트'지는 베트남의 보 응우엔잡 장군을 "20세기의 가장 뛰어난 장군 중 한 명"으로 평가 하였는데 그가 행한 아래의 3불 작전은 매우 유명한 게릴라 전술의 교과서이다.

보 응우엔잡 장군의 3대 게릴라 전술	▶	1. 적이 원하는 시간에 싸우지 않는다. 2. 적이 좋아하는 장소에서 싸우지 않는다. 3. 적이 예상할 수 있는 방법으로 싸우지 않는다.

하나씩 살펴 보자면,
- **시간**: 시간적으로 모두가 잠들기 원하는 밤 시간에 전투를 벌이면 상대를 육체적으로 피곤하게, 심리적으로 짜증나게 하기도 하지만, 밤 시간은 상대 정규군의 뛰어난 장비와 화력의 위력이 많이 감소된다.
- **장소**: 정규군은 시야가 확보된 넓은 개활지 등에서 싸우기 좋아한다. 그래야 월등한 장비 사용에 거침이 없이 유리하기 때문이다. 반대로 게릴라는 이 장비들의 사용이 힘든 뻘이나 늪, 밀림 등지에서 싸우기 원한다.
- **방법**: 상대방인 정규군은 화력, 병력, 보급 등 그 모든 면에서 월등하기 때문에 소수의 게릴라는 누구나 예상하는 뻔한 방법이 아닌, 허를 찌르는 기습 공격이나 기상천외의 변칙적인 방법으로 싸우는 것을 말한다.

전쟁만큼 변칙 공격, 창의성이 요구되는 분야도 없다. 수비하는 입장에서는 적이 어떤 방법으로, 언제 오는지를 알 수만 있으면 비록 공격하는 적군의 1/3 전력만 있어도 충분히 방어가 가능하다는게 군사 전문가들의 공통된 의견이다. 그만큼 모든 공격은 적이 예상 못하는 시간에, 예상 못하는 방법으로 기습하는게 기본 전략이다. 세계적으로 알려진 기습공격의 두가지 사례만 살펴 보도록 하겠다.

1. 일본의 진주만 공격
객관적으로 도무지 상대가 되지 않고, 당했던 미국 조차도 도대체 뭘 믿고 일본이 자기네를 공격했는지 의아해 했다고 할 정도로 일본은 무모한 태평양 전쟁을 벌였다. 항상 그랬던 것처럼, 일본은 선전포고 없이 일요일 아침의 휴식을 즐기고 있던 하와이의 진주만 해군 기지를 1941년 12월 7일 기습 공격하였다. 이 전투의 전과는 실로 대단하여서 진주만에 정박중이던 애리조나호, 캘리포니아호, 웨스트버지니아호 그리고 오클라호마호가 침몰되거나 전복되었다. 그리고 다른 3대도 괴멸적 타격을 입었다. 그밖의 함선 18척, 비행기 180대가 파괴되고 병력 손실은 사망자 2,300여 명을 포함하여 총 3,400명이 피해를 입었다. 결과적으로, 전쟁에서는 일본이 원자폭탄 두발을 각각 히로시마와 나가사키에 맞고 항복하고 졌지만, 이 전투에서는 대단한 승리를 거두었다. 기습공격의 성공한 전형을 보여준 대표적 사례이다.

2. 연합군의 노르망디 상륙작전

이른바 지상최대의 작전으로 불린 2차 대전에서의 '노르망디 상륙 작전'을 펼칠 때 연합군은 사실상 프랑스의 노르망디 해안으로 상륙 작전을 펼칠 예정이었지만, '파드칼레' 지역으로 갈것처럼 마지막까지 교란작전을 펼쳤고 결과적으로 독일군은 제법 당했다. 롬멜 장군이 이끄는 전차부대는 처음 노르망디 해안으로 향하다가 위 교란작전과 이중 스파이의 거짓 정보에 속아 파드칼레로 방향을 바꾸었다. 그러다 실제 연합군의 주력군이 노르망디 해안에 한창 상륙작전을 할 무렵 다시 그곳으로 향하는 바람에 독일군의 정예 기갑부대가 이처럼 우왕 좌왕 하다가 대규모 반격 기회를 놓치는 덕분에 연합군은 비교적 적은 피해를 입고 상륙작전을 성공시킬 수 있었다.

이처럼 전투는 정석이 없다. 즉, 정해진 패턴이 없이 그때 그때의 상황에 맞춘 유기적이고도 즉각적인 창의성과 실행 능력만이 요구될 뿐이다. 그래서 군사조직과 군인은 다른 어떤 조직보다 창의적이고, 유기적인 조직과 몸 가짐 그리고 또한 정신자세가 필요하다. 즉, 철저히 관행을 타파해야 된다. 관행이 무엇인가? 이미 침략하려는 적들은 마실 오듯 침략하지 않는다. 우리에 대해 철저히 연구하고, 첩자를 통해 정보를 입수해서 조사하고, 꿰뚫어 본 후 모든 것을 걸고 침략한다. 적이 이미 우리에 대해 알만큼 안 뒤 공격하는데, 우리가 적이 이미 예상 하던대로 뻔하게 대비했다가는 결과는 비참할 뿐이다. 누군가 말하길, 전쟁은 "이기거나 지는 것이 아니라, 이기거나 죽는 것"이라고. 관행은 적들이 좋아할 뿐이다.

지피지기와 유비무환

지피지기(知彼知己 : 적을 알고 나를 알아야 한다는 뜻) 라는 말은 중국 춘추시대 손무(孫武)가 말했다고 전해 지는데 그것을 풀어서 말하면 다음과 같다. 침략을 하는 입장에서는 당연히 정복하고자 하는 땅과 그 주민들에 대해서 나름대로 조사한 후에 자기들이 무력으로 승리할 수 있다는 자신이 있을 때 한다. 즉, 적의 전력에 대해 알고 또한 아군의 전력까지 알고 있으면, 침략을 해도 이길 수 있다는 뜻이다. 반면, 침략을 당하는 입장에서는 유비무환(有備無患: 미리 준비가 되어 있으면 걱정 할 것이 없음) 이 되어 있으면, 적이 침략을 해와도 걱정할 것이 없다는 뜻이다. 이 지피지기를 하지 못하고, 유비무환이 되어 있지 않아서 대륙 전체를 빼앗기고 엄청난 수의 양민이 결과적으로 거의 90%가 죽어나가는 비참한 상황을 맞은 곳인 남미대륙의 예와, 몇 백년 전 우리 땅에서 벌어진 임진왜란, 정유재란의 예를 살펴 보도록 하자.

스페인의 남미 침략과 정복

남미대륙은 한탕주의에 빠진 폭도에 가까운 두 명의 스페인 군인에 의해 정복이 된 이후 지금도 그 침략과 정복의 잔재와 그로 인한 영향력 아래 살고 있다해도 과언이 아닌 대륙이다. 엄청난 황금이 있다는 풍문이 이 두 무리를 남미 대륙으로 불러 들였고 이들에 의해 정복된 남미 대륙은 총 13개의 나라가 있지만, 그 13개 나라 모두가 자기의 언어를 잃어 버리고, 모두가 남의 나라의 언어, 침략자의 말과 글이 그들 나라와 민족의 모국어가 되는 서글픈 역사가 되고 말았다. 구체적으로는, 남미 거의 절반을 차지하고 있는 브라질은 자기 영토의 한 줌(약 1/90)도 채 되지 않는 포르투갈이 먹었기에 포르투갈어가 모국어가 되었고, 자잘한 나라들, 수리남은 네델란드어, 가이아나는 영어, 기아나는 프랑스어가 모국어가 되었다. 이들 국가를 제외한 나머지 모든 국가들 아르헨티나, 페루, 콜롬비아, 볼리비아, 베네수엘라, 칠레, 파라과이, 에콰도르 그리고 우루과이 등 모두가 스페인어가 국어가 되었다. 여기서 제국주의자의 지배 철학이 확실하게 드러나는데, 그것은 바로 피식민지의 말과 글을 빼앗아 영원한 식민지로 만드는 것이다. 어쨌든, 1400년대의 대항해시대를 통해 유럽 특히 스페인과 포르투갈은 타 대륙의 민족이나 나라들 보다 항해 술을 비롯한 당시의 과학과 문명, 군사 장비 등에서 앞서 있었다. 반면, 남미 대륙은 지형적으로 서로간의 교류가 더딜 수밖에 없는 울창한 밀림과 산맥 등이 가로 막고 있어서 문명과 기술의 진보가 많이 더딘 편이었다. 다른 대륙의 존재 자체도 몰랐고, 아직 철기 문화가 시작되지 않아서 전쟁 관련 기술은 겨우 청동기 시대 수준에 불과하였다.

1. 피사로

1533년, 프란치스코 피사로는 불과 보병 106명, 기병62 명 - 총 168명을 데리고 잉카 제국에 도착하였다. 지금의 페루 리마시에 도착한 그는, 당시 잉카 제국을 다스리고 있던 황제 아티우알파와 5만의 군대를 멸망 시켰는데, 불과 168명에게 5만의 잉카 제국의 군사들이 그처럼 맥없이 무너졌다는 역사가 허망하기 짝이 없다. 아무리 병기 수준이 차이가 났다고는 하지만, 그처럼 대군이 패했다는 사실은 신문물, 신병기, 나아가서는 새로운 것- 알지 못하는 것에 대한 무지에서 오는 두려움, 지피지기 하지 못했기 때문에 무너졌다는 사실이 더 정확할 것이다. 당시 극심한 권력투쟁의 혼란 속에 있던 황제는 너무 손쉽게 포로로 잡혔다가, 순진하게도 황금을 주기로 하고 석방을 요구했으나 결과적으로 금도 빼앗기고, 본인도 비참하게 죽고, 자기의 제국도 무너졌다

2. 코르테스

그보다 앞선 1521년 에르난도 코르테스는 600여 명의 스페인 군사를 이끌고 지금의 멕시코인 아즈텍 문명을 멸망시켰다. 물론 한번에 그리 된것은 아니지만, 여러 전투들을 통해 어떤 원주민 부족들과는 동맹을 맺어 연합군으로 합병하는 등 군세를 확장시켜서 결국 아즈텍의 테노치틀란 (지금의 멕시코시티)을 멸망시키고 아즈텍의 영토를 에스파니아 왕령으로 선포하고 테노치틀란을 멕시코시티로 개칭함으로써 아즈텍은 완전히 역사 속으로 사라졌다. 소수의 스페인 군대가 이들을 무너뜨리고 정복하였다고 해서 이들을 전쟁을 별로 하지 않는 순박한 부족이나 나라쯤으로 착각해서는 안된다. 오히려 그와 반대로 아즈텍에는 인신공양(살아 있는 사람을 제물로 바치는 제사 의식)과 식인이라는 끔찍한 풍습이 있는 잔혹함과 야만이 넘치던 사람들이었다. 이웃 부족을 수시로 침략하여 포로로 잡혀온 사람들을, 많은 자국 사람들을 모이게 한 후 높은 제단에서 산 사람의 심장을 꺼내는 제사를 지내고 또한 그 죽은 자의 말린 인육을 먹는 그런 야만성과 잔혹성을 가진 호전적인 사람들이었다. 이 악습을 코르테스는 없앴지만, 이 유럽인들이 가져온 전

염병 등 각종 세균은 당시 2,000만 명에 달하던 아즈텍 인구를 100여 년 후 불과 100만 으로 1/10으로 쪼그라 들게 만들었다.

이 두 스페인 침략자들은 서로 간에는 외가쪽으로 6촌 지간 이었는데, 둘 다 좋게 말하면 진취적이고 도전적인 정복자들이었지만, 반대 입장에서는 원주민을 수없이 죽인 잔혹하기 짝이 없는 황금과 권력에 눈이 먼 정복자 들이었다. 그런데 이 두 소수의 군대인 정복자들에게 왜 그렇게 압도적으로 많은 숫자의 잉카와 아즈텍 전사와 군대가 허망하게 패했는지는 여러 이유가 있겠지만, 모르는 것, 알지 못하는 새로운 것에 대한 지나친 두려움 때문이라고 생각된다. 구체적으로 살펴보면, 크게 다음의 세 가지 이유가 있는 것 같다. 첫째, 철기로 된 병기 - 당시 최고의 스페인 병기인 톨레도 검과 철로 된 갑옷 VS 석영이 박힌 목검과 맨몸. 둘째, 대포 - 발사 때 나는 대포 소리가 천둥소리 같다고 해서 신의 형벌이라고 놀라서 전의를 상실함. 셋째, 말 - 남미 대륙에는 큰 포유 동물이 없었다고 한다. 위 둘보다 말을 처음 보고 더욱 놀랐다고 한다.

임진왜란과 조총

임진왜란과 정유재란에 대해서는 이미 이순신 장군과 임진왜란 편에서 충분히 이야기 했으므로 아주 간략히 조총과 관련한 몇가지 이야기만 하려 한다. 임진왜란 발발 2년 전 일본의 요청으로 조선 사절단이 구성되어 정사인 단장 황윤길, 부사인 부단장 김성일이 200여 명을 이끌고 일본을 방문하였다. 선조와 조정도 당시 전운이 감도는 형국인지라, 과연 일본이 침략을 해 올 가능성이 있는지 조사해서 보고하도록 하였다. 당시 조정은 나라의 운명은 뒷전이고 패거리 정치에 골몰하던 때라서, 일부러 그렇게 구성을 했는지 모르겠지만, 정사는 서인, 부사는 동인이었다. 이러니 서인이 이 말 하면, 동인은 저 말 하고 반대로 동인이 이 말 하면, 서인은 저 말 하는 그야말로 나라 말아 먹으려고 패거리 정치 놀음에 푹 빠져 있었다. 거기다 중심을 잡아야 할 임금인 선조 또한 그것을 즐겼는지, 아니면 방치했는지, 아니면 본인의 능력 밖의 일이었는지도 모르겠다. 어쨌든, 귀국 후 정사는 왜놈이 쳐들어올 것 같다고 보고하지만, 쳐 죽일 놈 부사 김성일은 토요토미 히데요시가 그럴 위인이 못되니 안 올 것 같다고 보고하였다. 이 보고를 듣고 선조는 천성이 대의 보다는 소의를 쫓는 그답게, 조정의 대신들과 함께 '설마 무슨 일이 생기겠어' 하고 편하게 전쟁이 없으리라고 결정을 하고만다. 이때 생각나는 한 명-영국의 2차대전 직전의 네빌 체임벌린 수상인데, 그는 당시도 히틀러가 유럽 전체를 침공해 올 것인지를 놓고 영국과 프랑스는 가급적이면 전쟁 없이 평화적으로 해결되기를 희망하였다. 수상은 몇 차례 히틀러와 협상을 하고 최종적으로 뮌헨 회담에서 이른바 "체코슬로바키아까지만, 침략하고 더 이상은 하지 않겠다"는 협상문에 히틀러의 사인을 받아 왔다고 귀국한 후 행한 공항 연설에서 그 문서를 자랑스레 흔들어 대었다. 하지만 결과는 어땠는가? 6개월 후 나치 독일이 폴란드를 침공함으로써 그 협상문은 한낱 종이쪼가리가 되고 말았다. 순진하고 어리석게도 천하의 악당 히틀러에게 이용당한 그 일로 어쩔 수 없이 체임벌린 수상은 두고두고 영국 역사에서 조롱의 대상이 되고 말았다. 대부분의 사람은 할 수만 있으면 전쟁을 피하고 평화롭게 살기를 원한다. 대부분이 그렇다는 이야기지 모두가 다 그렇다는 말은 결코 아니다. 모두가 다 그렇지는 않기 때문에 반드시 유비무환이 필요한 것이다.

다시, 임진왜란 때로 거슬러 올라가서, 필자가 통탄해 마지않는 것은 이때 단장 황윤길이 귀국길에 대마도에서 조총 두 자루를 구해서 조정에 보고한 것이다. 이때 선조 혹은 조정 대신들 중 누군가가 관심을 가지고 조총의 성능에 대해서만이라도 조사, 연구하여 장, 단점을 파악한 후 이것을 군을 담당하는 관료 누군가를 통해 일선의 군 지휘관들에게 숙지를 시켰더라면, 왜란 발발시에 조총 총소리 한방에 전투 대기 중의 관군 80%가 혼비백산하여 사방팔방 도망가는 그런 황당한 일은 생기지 않았을 것이다. 일본이 그랬던 것처럼, 바로 개발하여 군에 보급을 했어야 했다는 말이 아니다. 적 무기의 성능과 관련한 장점과 단점에 대해서 파악만 했어도, 즉, 지피지기가 되어 있고 그에 따른 유비무환 즉, 준비가 되어 있으면, 근심할 일이 없어진다는 말이다. 반면, 일본은 포르투갈 상인으로부터 전해받은 조총을 철저히 연구하고 개량해서 40~50년 뒤에는 전해 준 것보다 더 좋은 품질의 총으로 개선하여 대량 보급하였고 또한 그 총으로 우리 강토를 유린하였다.

러시아의 우크라이나 침공

작년 초 (2022년) 설마 할까하고 우려하는 가운데 마침내 러시아가 우크라이나를 침공하였다. 대다수의 세계 사람들은 개전하고 불과 2~3주 후면 혹은 전면적인 개전 초에 우크라이나 대통령인 젤렌스키는 미국으로 망명을 할 것이고 서방 국가들은 그냥 늘 하던대로 주댕이로 점잖게 혹은 방구석 여포처럼 러시아를 꾸짖는 것으로 끝나리라고 예상하였다. 물론 결과는 러시아의 의도대로 우크라이나는 러시아에 합병이 되던지, 괴뢰 정부가 세워지던지 하는 식으로. 하지만, 모두의 예상을 깨고 러시아는 점점 고전 중인 반면 우크라이나는 저항을 멈추지 않고 기세를 올리고 있다. 대다수의 국가들과 세계인은 우크라이나를 응원하고 몇몇 국가는 구체적인 지원도 아끼지 않고 있는 상황이다. 왜 이런 일이 생겼을까? 그 중심에는 모두가 주목하고 인정하는 젤렌스키 대통령이 있다. 취임 초에 그는 코미디언이 대통령이 되었다고 세계로부터 조롱섞인 관심을 받았지만, 이제는 세계인들로부터 응원과 격려를 한 몸에 받는 훌륭한 지도자가 되었다. 모름지기 전쟁 등 국가적인 변고가 발생했을 때, 지도자가 어떻게 행동해야 하는지를 교과서적으로 보여주고 있다. 모든 전쟁의 70%는 사기 문제라고 한다. 위대한 장군 중 한명은 "전투란 군사들의 육체에서 나오는 힘으로가 아니라, 그들의 영혼에서 나오는 힘으로 판가름 된다" 라고 말하였다. 영혼의 힘, 즉 이처럼 군인은 사기를 먹고 산다고 하는데 이 사기는 크게 정당한 명분과 전쟁의 구심점 역할을 누가 하느냐 하는데 달려있다.

못난 지도자들

우리는 역사상 못난이들을 많이 알고 있다. 권좌에 있을 때는 제법 애국자인척 하다가, 막상 몸을 던져서 나라를 구해야 할때는 제일 먼저 내뺀 인간들 – 비교적 최근의 아프가니스탄 대통령은 IS세력이 밀고 들어오자 이전에 미리 해외로 빼돌려 놓은 금괴와는 별개로 그가 당시 보관하고 있던 금괴를 추가로 챙겨서 국외로 내뺐다. 또한 월남의 티우 대통령 또한 북베트남이 쳐들어오자 금괴를 가지고 내뺐다. 외국에만 있는게 아니다. 우리의 역사 또한 만만치 않다. 멀리 조선시대의 선조나 인조도 외적이 쳐들어 오자 백성은 뒷전이고 자기만 살겠다고 줄행랑을 쳤다. 표현이 점잖치 못한가? 하지만 어쩌겠는가? 백성을 내팽개치고 도망친 자에게 오히려 더 심한 말을 하고 싶지만 참겠다. 비 오는 밤중 꽁지가 빠지게 자기만 살겠다고 내뺀 선조에게 화가 난 백성들은 궁중으로 몰려가서 궁궐을 불태워버렸다. 알다시피 멀리 조선 시대에만 있었던 일도 아니다. 1950년 발발한 6.25 동란때 우리의 지도자는 그냥 내빼지 않고 북진 중에 있다고 사기까지 치면서 한강 다리 끊고 혼자 도망을 갔다. 한강 인도교 폭파 전날인 6월 27일, 이승만이 대전으로 피신한 상태에서 "의정부를 탈환했으니 서울 시민은 안심하라" 라는 내용을 방송하였다. 나중에 핑계 대기를, 서울 시민의 동요를 방지하기 위한 것이라고 둘러 댔지만, 진실은 명백히 본인은 진작에 안전한 곳으로 내뺀 상태에서 위의 방송을 하면서 국민에게 사기를 쳤다는 사실이다. 많은 역사적 증거가 무수히 있는 변하지 않는 사실이니, 더 이상 두둔하고 미화하지 말길 바란다. 아무런 예고없이 다리를 끊는 바람에 당시 다리를 건너던 서울 시민 500~800여 명의 서울 시민이 죽었고, 피난을 못간 인민군 치하의 서울 시민들은 많이도 죽었고 끌려가는 등 고통을 심하게 당했다. 그 점에 있어서 마치 2차 대전 때 나치의 런던 공습이 있고 난 직후, 담대하게 시가를 물고 여유있게 나타나서 영국 국민들의 저항의 구심점 역할을 했던 처칠 수상이 그러했던 것처럼, 젤렌스키 대통령은 참으로 용감하게도 격렬히 당당히 저항의 중심에서 국민들과 함께 싸우고 있다. 미국의 망명 제안에 '무기나 더 달라'고 하는 의연한 모습에 세계인은 늘 힘찬 박수를 보내고 있다.

세상은 연결되어 있다

이번 우-러 전쟁을 통해 세상은 연결되어 있다는 것이 여실히 드러났다. 더 이상 우리와 수천 km 떨어져 있다고 해서 강 건너 불구경이 아니다. 당장 죽고 사는 문제야 없겠지만, 시간이 불과 몇개월 지나자 그 불똥이 지금 대한민국을 살고 있는 국민 대다수에게 고통으로 다가왔다. 물론, 아주 소수에게는 이 일이 기회가 된 사람들도 있겠지만, 절대 다수의 국민은 연일 오르는 물가와 다락같이 오르는 금리로 빚쟁이들은 생사의 갈림길에 선 사람들도 많이 있다. 러시아, 우크라이나 국민들은 실질적인 죽고 사는 육체적인 고통에 직면하고 있지만 대다수의 세계인들은 연일 오르는 높은 물가와 금리 인상, 경기 침체 등 여러 나쁜 영향을 일상적으로 겪고 있다. 특히 세계적 곡창지대인 우크라이나가 밀 공급을 제대로 못하자, 아프리카, 남미, 서남 아시아 등 많은 가난한 밀 수입 국가들의 국민들은 가장 원초적 고통인 배고픔에 시달리고 있다. 앞으로도 이 세상은 자원의 고갈, 기후 문제, 식량 부족, 이념 문제, 영토 문제, 민족 분쟁 등 갖가지의 문제에 직면할 수밖에 없고, 힘을 가진 강대국은 계속해서 주변의 약소국을 통해서 자신들의 부족함을 채우려는 시도를 멈추지 않을 것이다. 인간의 이성과 합리성을 믿는가? 맹수가 초식동물과 사이좋게 지내기를 기대하는 것이 차라리 나을 것이다. 적에게, 이웃 나라에게 우습게 보이는 순간, 언젠가 또 역사상 당했던 그 끔찍한 수모를 당할 수도 있다는 사실을 우리는 반드시 역사를 통해서 배워야만 한다. "역사를 잊은 자에게 미래는 없다" 마지막으로 2차 대전을 승리로 이끈 영국 처칠 수상의 전쟁에 대한 경구를 소개하면서 이 장을 마치고자 한다.

"전쟁에서 패배한 국민들은 재기할 수 있어도 항복한 국민들은 재기할 수 없다"

Chapter 07

문화이야기

- 지원과 여유가 낳은 현상 : 문화
- 문화 선진국 : 대한민국
- 팔만대장경과 장경판전
- 절대 지존과 브랜드
- 왜 문화인가?
- 주변국에서 중심국가로
- 노래, 드라마 그리고 영화
- 놀줄 아는 민족
- 선구자 백범

Chapter 07

문화이야기

> 문화는 먹고 살기위해 행하는 일, 노동 등 생산이나 경제 활동과는
> 무관한 시간적인 여유가 있을 때, 소득의 여유가 있을 때
> 만물의 영장인 인간만이 할 수 있는 놀이의 총합이다.

문화란 무엇인가? 사전적 정의는 "자연 상태에서 벗어나 일정한 목적 또는 생활 이상을 실현하고자 사회 구성원에 의하여 습득, 공유, 전달되는 행동 양식이나 생활 양식의 과정 및 그 과정에서 이룩하여 낸 물질적, 정신적 소득을 통틀어 이르는 말. 의식주를 비롯하여 언어, 풍습, 종교, 학문, 예술, 제도 따위를 모두 포함한다.

너무 길어서, 짧게 쉽게 이야기 하자면, 한 집단이 자연과 더불어 함께 생활하면서 만들어지고 전해지는 생활 방식이라 할 수 있을 것이다. 정확한 사전적 정의를 말하라면, 모두에게 쉽지 않겠지만, 정작 문화라는 그 개념에 대해서 모르는 사람 또한 없다. 더 쉽게 말하자면, 문화는 먹고 살기위해 행하는 일, 노동 등 생산이나 경제 활동과는 무관한 시간적인 여유가 있을 때, 소득의 여유가 있을 때 만물의 영장인 인간만이 할 수 있는 놀이의 총합이다. 그 어원은 영어의 culture인데, 그 원래 뜻은 경작하다, 배양하다이다. 즉, 떠돌이 유목 생활을 하던 인류는 할 수가 없는, 한 군데 정착하여 일정한 생산과 소득이 유지되어서 먹고 사는 문제가 어느 정도 해결이 된 정착한 인류만이 할 수 있는 갖가지 놀이 문화이다. 따라서, 유목 생활을 하거나 먹고 살기에 급급한 집단에게는 이 문화적 활동이 대체로 빈약한 반면, 식량 생산이 증대하여 직접적 생산 활동을 하지 않고도 먹고 살 수 있게 정착한 집단들 중 여유가 있는 지배 계층이나 부류에서 풍성하게 꽃 피

우는 경우가 많다.

먹거리와 더불어 날씨나 기후 또한 인간의 문화 생활에 많은 영향을 끼쳤다. 일테면, 인간이 살기 좋은 중위도 지역은 물론이고 남태평양 근처의 따뜻한 온대나 아열대 지역에서는 옛날부터 다양한 민속활동이 많은 반면 인간의 생존 자체가 매우 힘든 척박하기 짝이 없는 동토 지역이나 사막 같은 곳은 옛날이나 지금이나 특별히 문화생활이라고 떠오르는 것이 없는 것만 봐도 알 수 있다.

문화가 무엇인지 말로서 그 개념을 아무리 설명해도 쉽게 와닿지가 않기에 구체적으로 그 예를 들자면 다음과 같다. 지금 우리가 고전 문화라고 높이 평가하는 서양 중세의 그림, 클래식 음악들의 탄생이나 만들어진 과정 등을 보면 거의가 당대의 부유층 - 매우 높은 지위의 권력자, 귀족 또는 지주 등에 의한 후원이나 직접적 관여가 없었다면 만들어지기 어려운게 대부분이다. 왜냐하면, 그때나 지금이나 예술은 돈이 안되는, 그것 만으로는 먹고 살기가 너무 어려운 그런 일이었기 때문이었다. 그러다 보니, 왕이나 권력자를 위한 작곡을 하던지, 높은 지체의 귀부인의 초상화를 그려 주면서 연명을 해야만 했다.

지원과 여유가 낳은 현상 : 문화

한 예를 들자면, 현재 세상에서 팔리고 있는 그림들 중 최고가 중 하나로 거래되고 있는 작품의 작가인 네델란드의 후기 인상파 화가인 빈센트 반 고흐이다. 그는 불우한 삶을 살다가 불과 37세에 안타깝게 권총으로 자살하였는데, 당시는 실패한 그림쟁이에 불과하였다. 살아 생전에 수많은 그림을 그렸지만, 단 한 점만이 팔렸을 정도로 사는 동안 철저히 세상으로부터 인정받지 못하고 외면당하면서 평생을 가난과 따돌림을 당하고 살았다. 그를 위해 지속적으로 생계를 돌봐주고 화구 등 그림 재료를 공급해 준 동생 테오만이 유일하게 그를 인정하였는데 만일 동생의 도움이 없었다면, 당장 먹고 사는 문제는 물론이고 오늘날 우리가 보는 그 대단한 명작 그림들은 탄생하지 않았을 것이다. 만일 고흐가 당시 아무도 거의 거들떠 보지 않았던, 자신의 그림이 지금 경매장에서 어마어마한 금액으로 거래가 되고 있는 것을 알았다면, 심정이 어땠을까? 참 세상 일은 알다가도 모를 일이다.

또한 우리나라에서도 마찬가지이다. 알다시피, 우리나라에서는 호남지방에 곡창지대가 많고 또 그에 따른 양반 대지주 계급이 많았기에 그 집안에 딸린 수많은 소작농이나, 양반집 일해 주는 머슴이나 하인은 많았다. 반면에 경상도 지방은 대체로 산악 지형이 많아서, 큰 평야 등이 별로 없다 보니 작은 논이나, 밭때기를 붙여 먹는 소규모의 자영 농사꾼이 많았을 뿐이고 큰 지주는 많지 않았다.

호남 지방의 대지주들은 시간도 많고 재물도 넉넉하니, 한가한 시간들을 나름 유익하게 보내는 방법으로 바둑을 두든지, 서예를 하는 식으로 시간을 보냈다. 술을 한잔 먹더라도, 그때의 유명 가수들을 불러서 당시의 유행가인 판소리나 창을 들으면서 풍류를 즐겼다. 그러다 보니, 먹는 것도 배불리 먹는 일차적인 욕구 충족을 넘어서서 그 지방에서 나는 갖가지 재료들을 사용한 고급지고 기름진 풍성한 식탁으로 차려서 맛과 멋의 깊이와 폭을 더욱 깊게, 더욱 넓게 만들었다. 이처럼 한국의 바둑, 서예, 판소리, 음식 등 여러 분야에서 호남을 특히 독보적이거나 대표성이 있게 만든 그 원인이 호남지방의 넓은 곡창지대에서 나온 부와 이를 소유한 대지주들이 향유하고 즐긴 풍류-여유있는 고급 놀이 문화에서 비롯 되었음을 알 수 있다.

실제, 바둑만 예를 들자면, 모두가 알고 있는 바둑의 유명 3인방인 조훈현, 이창호, 이세돌 이 세 명은 모두가 호남 출신이다. 물론, 경상도나 경기도 등 타 지방 기사들도 많이 있지만, 이 세 사람에 비하면 모두가 족탈불급으로, 결코 우연한 일은 아니다. 판소리, 창 등도 호남지방의 것을 빼면 타 지방의 것들은 대체로 미미하다. 음식은 어떤가? 일반인들도 모두가 인정할 수밖에 없을 정도로 전라도 음식은 다양함과 맛의 풍성함 또 그 넉넉한 인심과 짜지도, 달지도 않으면서 어떤 지방 사람을 막론하고, 모두의 입맛에 맞게 특별한 거부감 없이 즐겨 찾는 음식이 되었다.

반면, 경상도쪽 지방은 단연코 씨름 종목에서는 압도적이라 할만하다. 우리가 기억하는 대부분의 유명한 장사들인 이만기, 강호동, 이준희 등이 모두 경상도 출신이다. 우리 민족의 대표적인 전통 스포츠이자 남성성의 상징인 씨름은 단순하면서도 박진감이 있는 종목으로, 논일이나 밭일을 마치고 잠깐 짬이 날때 건장한 사내들끼리 웃통을 벗어 제끼고 한판 힘을 겨루는데서 출발한, 직접 땀 흘리며 농사일 하던 농투산이 들이 즐기던 종목이지 양반들이 실제 하거나 즐긴 유흥은 전혀 아니었다.

이처럼 문화는 그 지방의 특색에 기초한 자연발생적인 산물로서 세월이 흐르면서 점차 세련되고 풍성해 지기도 하지만, 시대의 변화에 따라 흔적도 없이 사라지는 것들 또한 많다. 그러므로 아름다운 전통과 문화는 돈과 정성을 들여서 일부러 적극적으로 지키고 육성해야 한다. 그 일에 종사하는 사람들이 존경받고, 생활에 곤란을 겪지 않게끔 지원도 아끼지 않아야 한다. 왜냐하면, 문화는 돈이 되기도 하지만, 민족의 정체성을 더욱 강화시켜서 그것 자체로 우리를 한민족 답게 만들어 주기 때문이다. 사실, 세상 모든 이치는 지극히 단순하다. 아무리 격조 높은 예술의 세계가 있다 하더라도, 그것을 찾아주고 적극적으로 소비해 주는 사람들이 없다면, 결국 그 예술과 작품은 사라질 수 밖에 없는 단지, 시간 문제일 뿐이다. 우리가 장인이라고 부르는 사람들 중 많은 이가 시대의 마지막 계승자인 경우가 꽤 있다. 더 이상 그 분야의 기술을 배우고자 하는 이가 없고, 무엇보다 근본적으로 그 기술을 배우고 익혀봤자 직업으로서 장래 희망이 크게 보이지 않아 보이기 때문이다.

문화 선진국 : 대한민국

2000년 초 세계적 권위의 미국의 Life지에서 지난 1,000년 동안 역사상 중요한 대사건 100가지를 선정하였는데 중요한 대 사건들은 거의 망라되어 있었다. 1492년 콜럼버스의 신대륙 발견은 2위, 1517년의 마틴 루터의 종교 개혁은 3위, 1769년 영국의 산업혁명을 4위로 밀어내고 당당히 1위를 차지한 것은 1455년의 쿠텐베르크의 성경 인쇄가 선정되었다. 한두 사람의 의견으로 선정된 것이 아니라, 각 분야의 전문가 수백명을 대상으로 평범한 원칙과 기준으로 선정하였다고 하는데 왜 성경 인쇄가 선정되었을까? 그것은 다른 발명이나 발견도 인류에게 유익한 것은 틀림이 없지만, 특별히 인쇄야말로 문명사적 관점에서 인간의 문명과 온갖 종류의 정보를 기록, 보존, 보급, 공유, 계승하는 고도의 문화적 행위이기 때문이다. 이 일을 깃점으로 인류에게는 획기적, 본격적으로 지식과 정보의 대량 전파와 보급이 이루어지게 된 계기가 되어서 성경 뿐만이 아니라 다방면에 걸친 엄청난 문명과 지식의 진보를 불러올 수 있었다. 여기서 중요한 것은, 이 쿠텐베르크의 42행 성경 인쇄보다 우리의 '직지 심체요절'이 78년 이나 빠른 1377년에 인쇄 되었다는 사실이다. Life지 또한 이 사실을 언급하였다.

이와 관련하여, 1972년 프랑스 제1TV의 '루이 듀세'기자는 6월 1일 오후 8시 뉴스에서 "이제 우리는 용기를 내어 금속활자 발명의 영광을 그 주인인 동양인 (한국인)에게 돌려 줘야 합니다"라고, 그해 열린 프랑스 국립도서관이 주관한 '책 전시회'에서 말하였는데, 세계의 각종 희귀 서적을 소개하는 전시회에서 현존하는 세계에서 가장 오래 된 금속활자본으로 '직지'를 소개하였다(반크 자료에서 인용). 이렇게 우리의 자랑스런 '직지'는 2001년 유네스코에 의해 세계기록유산으로 공식적으로 등재 되었다. 목판 인쇄술은 어떤가? 이 보다 훨씬 앞선 751년 간행된 것으로 보이는 '무구 정광 대다라니경'이 1966년 불국사의 석가탑을 보수하느라 해체하다가 탑 안에서 다른 유물들과 함께 발견되었는데 이 '다라니경' 또한 현존하는 가장 오래된 목판 인쇄물인데 이로써, 우리 민족은 목판 인쇄와 금속 활자 인쇄 두 부문에서 세계에서 가장 앞선 기록을 가지고 있는 문명선진국이자 문화대국임이 세계에 당당히 알려졌다.

참고로, 금속활자 인쇄를 하기 위해서는 다음의 여러 작업 과정이 필수적으로 수반되어야 할 뿐만 아니라 각 공정에 필요한 기술이나 물질의 개발도 동시에 이뤄져야만 가능했다.

1. 동철을 녹여 활자를 부어내는 주조술.
2. 부어낸 활자를 판에 고착시키는 점착성 물질의 개발.
3. 쇠붙이 활자에 잘 붙는 기름 먹물의 개발.
4. 금속활자로 찍어도 찢어지지 않는 고급 종이의 개발.

즉, 금속활자 인쇄를 최초로 이뤄 냈다는 것은 문화적으로 인쇄에 상당한 수요가 있었음을 반증하며, 당시 기술적, 과학적인 발전도 상당했음을 알게 해준다. 이렇게 뛰어난 인쇄술을 바탕으로 우리 민족은 풍부한 기록 문화 유산을 많이 가지게 되었다. 일찍부터 역사를 기록하는 일의 중요성을 깨달았고 또 그것들을 보존하는데도 큰 힘을 기울였다. 아래 기록물들은 세계적으로도 그 질과 양적인 두 측면에서 압도적이다. 조선 시대에는 다음과 같이 공식적으로 사초, 승정원 일기, 조선왕조실록이 있었다.

▪ **사초**: 사관이 공식적인 역사 편찬 즉 조선왕조실록을 편찬하기 위해 만든 역사적 자료이다. 사관이 왕을 일일이 따라 다니면서 기록한 것으로 임금이라도 사초를 볼 수 없

게 규정이 엄격하였다.
- **승정원 일기**: 주서 2명이 기록하였는데, 조선왕조가 시작된 시점부터 왕조가 멸망한 시점까지 왕에 대한 일상을 기록했으나 많은 부분이 전란으로 소실되거나 파기 되었기에 현재 남은 기록은 인조 1년 부터 순종 4년 까지의 287년 분량인데 기록량이 어마어마하다. 조선왕조실록의 글자 수가 4천 964만 6천 667 자 인데 반해 승정원 일기 중 현재 남아 있는 일기는 그것의 약 5배 가량인 대략 2억 4천 250만 자이다.
- **조선왕조실록**: 태조부터 철종까지의 기록을 역사서로 편찬한 것으로 국보 151호이자 유네스코 기록유산으로 지정되었다.

팔만대장경과 장경판전

이들 금속활자본 이전에는 고려시대 때 만들어진 목판 인쇄술의 절정인 팔만대장경이 있다. 현재 해인사 장경판전에 보존되어 있는 이 위대한 인쇄물 또한 유네스코 기록유산으로 2001년 등재되어 있고 우리나라에서는 국보 32호로 지정하였다. 우리는 워낙 어릴 때부터 식상할 정도로 많이 듣다 보니, 그 가치를 오히려 잘 모르는 경우가 많은데, 그 문화적, 역사적 가치는 실로 대단하다. 몽골의 침략을 간절한 불심으로 막겠다는 거국적인 사업으로 진행되었는데, 글자가 새겨진 목판만 무려 8만여 개이고 글자 수만 5,000만 자가 넘는다. 그런데 연 인원 약 125만 명이 한 자 한 자 판각을 하였는데, 그 엄청난 자수 임에도 불구하고 거의 동일한 필체에다 오, 탈자가 거의 없이 새겨졌다. 또한 이처럼 많은 목판으로 제작했지만, 단 한 개의 목재도 아직까지 뒤틀리거나 휘는 등 변형이 없이 잘 보존되어 있는 것 또한 실로 놀랍기 짝이 없다. 그래서 이 경판들을 보관하고 있는 장경판전 또한 1995년 유네스코 세계 문화유산으로 지정되었는데, 자연의 조건을 이용하여 설계하여 습도나 각종 해충으로 부터도 안전한 합리적이고도 과학적인 건축물로 높이 평가를 받고 있다. 이 장경판전의 우수성은 그 후에 제작 된 여러 목판 작품 대부분이 팔만대장경보다 훨씬 보존상태가 나쁜 점을 볼 때 더욱 분명하게 드러난다.

절대 지존과 브랜드

나라의 국력이 신장되면 국가 및 우리나라 제품에 대해서 높은 자긍심과 함께 국산 제품에 대한 구매가 늘어나는 것이 순리일것 같지만, 현실은 소득이 높아질수록 외국산 제품 특별히 소위 명품이라고 하는 고가 사치품에 대한 열망은 점점 더 심해지고 있다. 실제로 2022년 모건스탠리가 발표한 통계를 보면 한국의 고가사치품 구매 액이 무려 21조원으로 세계 최고라고 한다. 이들 제품들을 향한 강력한 구매욕구는 단순히 품질이나 디자인이 좋아서 그렇지는 않은 것 같다. 사실 눈에 보이는 외관 - 품질과 디자인보다는 오랫동안 축적된 그 제품들의 역사와 명성 - 즉, 브랜드 파워의 힘이 그제품의 소유 자체가 소유자를 돋보이게 만들고 또 개인적인 만족감을 주니 제품 그 자체의 본연적 기능, 품질, 디자인의 가치를 훨씬 뛰어넘는 높은 소비자 가격에도 고객들은 개의치 않고 흔쾌히 지갑을 연다.

스포츠나 문화 분야에서 여러 번 우승하거나 독주하면 절대지존이 되고 전설이 된다. 모든 분야가 대부분 그렇기는 하지만, 특별히 스포츠 분야는 사실상 1등과 기타 나머지이다. 올림픽 종목의 100미터 달리기 결승선에서의 그 격차는 사람 육안으로는 판별이 안될 정도의 미세한 차이로 우승자를 가리는 경우가 많다. 하지만, 그 미세한 차이로 인한 결과로 얻는 영광과 명예 그리고 금전적 보상은 어마어마한 차이가 있다. 대부분의 사람들은 1등만 기억하고, 그 미세한 차이로 2등을 기록한 선수는 안타깝지만 기록만 남기고 다음을 기약하는 수밖에 없다. 이처럼 어렵고 영광스러운 우승을 어쩌다가 아니라 거의 매번 혹은 자주 하다보면 당연히 절대지존의 권위와 명예가 주어진다.

대한민국 스포츠 분야에서 그런 종목이 있다면, 유이하게 동계 종목에서는 쇼트 트랙이 있고, 하계 종목에서는 양궁이 있다. 양대 올림픽 대회에서 두 종목은 어김없이 다른 종목과는 비교가 되지 않는 우수한 결과들로 매번 국민들에게 기쁨의 선물을 주었다. 하지만 안타깝게도, 최근 쇼트 트랙은 여러 불미스런 사건들로 점차 국민들의 무조건적인 지지가 실망으로 바뀌고 있는 듯하다. 역대 올림픽 대회에서 금메달을 획득한 두 선수가 대한민국 국적을 포기하고, 한 선수는 러시아 국적을, 한 선수는 중국 국적을 획득하는가 하면, 직전의 평창 대회에서 대표팀 감독을 맡은 이는 중국 국가 대표팀 감독을 맡았다. 심지어는 유명 금메달 리스트 한 명은 몇 년 전 발생 한 최순실 사태 때 그 일당 중 한명과 부끄럽게 연루되는 불명예를 겪었다. 그런가 하면, 현역 선수들과 지도자들 간의 파벌

싸움으로 인한 왕따와 따돌림, 폭행 등으로 인한 고소, 고발을 하는가 하면 누가 피해자인지 가해자인지 모를 정도로 뒤죽박죽의 상태이다. 인제 보니, 그들은 각종 대회마다 대한민국의 이름으로 뭉쳐서 나라를 대표하는 원팀 (One Team)이 아니라 각 파벌의 대표 선수였던 것 같다. 이러니 왠지 순수한 마음으로 그들을 응원하거나 격려하기가 싫어지는 것은 필자만의 느낌일까?

이와는 달리, 양궁종목은 하계, 동계 모든 종목을 통틀어서 가장 엄정하고 투명하고 공정한 걸로 유명하다. 학연 지연, 혈연 심지어는 전대회 우승으로 인한 가산점 제공 등 어떠한 부정이나 개입 없이 올림픽이나 국제 대회보다 훨씬 길고 지루할 정도의 빡세기 그지 없는 국내 선발전을 거쳐서 선수들을 선발하고 있다. 그러니 그 결과에 지도자, 선수 모두 승복하고 또 그렇게 선발된 선수들은 계속해서 금메달을 척척 따왔기에 결과로서 매번 그것이 옳다는 것을 증명하고 있다. 탁월한 선수가 있어서 어쩌다 한, 두번 정도 우승을 했다면 그 선수가 특출해서 그런가 보다 할 수 있지만, 무려 33년 동안 9연패 한 여자 단체전을 보면, 그야말로 그 영예와 칭찬은 지도자와 양궁 협회 전체에게 돌아가야 마땅하다. 이 정도 계속해서 성공사례를 쓰려면 양궁협회와 양궁인 전체의 훌륭한 철학과 함께 한번 세운 그 원칙을 흔들림 없이 엄정히 꾸준하게 실행하기에 가능하다. 아무튼 국민들로서는 늘 자랑스럽고 감사할 뿐이다.

위에서 쇼트 트랙계의 좋지 못한 사례를 들었던 것 과는 달리, 필자가 알기로는 양궁협회나 임원들은 지금까지 특별히 구설에 오를만한 큰 실수를 한 것은 없는 것 같기에 이 또한 다행이다. 여기에 한가지 더 덧붙이자면 후원하는 H사의 헌신적이고도 사심없는 노력 또한 간과해서는 안된다. 우리가 살고있는 자본주의 세상은 결국 모든 가치 기준은 물질이고 또 돈이 사람을 움직이게 만든다. 속된 말로 돈 안되는 양궁을 꽤 오랜 기간 지속적으로 물질적으로 지원하고 있는 H사 또한 칭찬받아 마땅하다.

지금은 협회 부회장으로 계시고, 역대 두 번이나 대표팀 감독님을 역임하신 분으로부터 직접 들은 이야기라 전해 드린다. 사실 이정도 지존의 권위가 생기면, 우리 대표 선수가 쓰는 경기용 제품은 당연히 세계 모든 다른 나라 선수들로부터 관심과 주목을 받을 수밖에 없게 된다. 흔히 쓰는 예로, 나이키라는 상호는 미국 NBA 농구선수 마이클 조던과 골프선수 타이거 우즈가 키웠다고 해도 과언이 아니다. 즉, 그 분야의 절대 지존이 쓰면 그 브랜드 또한 세계적인 것이 된다는 이야기이다. 넘어설 수 없는 절대적 차이를 실감한 상대팀에게는 공포를 넘어서 존경의 대상이 되면서 그 선수나 팀이 쓰는 용품은 자연스럽게 세계 최고의 브랜드로 자리매김하게 된다. 이 점에 착안하여, 협회에서는 그전까지 일본의 야마하 등의 일제 브랜드가 세계적으로 대세였는데, 고등학생까지는 모두 국산 활로만 경기를 하게 하였고 이에 적응한 선수들은 점차 국제 대회까지도 국산 브랜드 용품으로 경기에 참석하면서 성적을 내게 되었다. 다행스럽게 국산 브랜드 용품의 품질 또한 향상되면서 마침내 국산 브랜드는 국내를 넘어서서 이제는 외국 선수들까지 애용하는 세계적인 브랜드가 되었다고 한다. 지금은 너무나 자랑스럽고 또 자연스럽지만, 한번 생각해 보라. 금메달 딴 우리 대표선수가 기쁨에 겨워 활을 치켜 드는데 떡하니 'YAMAHA'라고 적혀 있다면, 얼마나 민망스럽겠는가? 참고로, 그 일제 브랜드는 이제 없어졌다고 한다. 찾고 소비해 주는 이가 없어지면 결국 사라지고 만다.

다시, 고가 가방 이야기로 돌아가서, 이처럼 한국은 거의 모든 면에서 이탈리아의 수준에 도달하고 있다. 많은 전문가들은 우리가 이탈리아와 캐나다는 짧게는 3년, 길게는 5년 이면 넘어설 것이라고 예측하고 있다. 즉 프랑스, 이탈리아 제품이라고 해서 그렇게 찬사를 보내고 열광할 것 까지는 없다는 이야기이다. 물론, 실제 제품의 품질과는 무관하게 그동안 쌓여온 전통과 이미지, 명성 등은 하루아침에 이루어질 수는 없지만, 우리 것 우리 문화에 대해 관심을 가지지 않으면 영원히 우리는 국제적으로 호구가 될 수 밖에 없다. 위에서 언급 하였듯이 세상 이치는 제품에 대한 소비가 없고 찾아주는 사람이 없으면 그 제품은 존재할 수가 없고 사라질 수밖에 없다. 관련 업계 또한 품질, 디자인 등에 대한 비상한 노력도 필요하지만, 근본적으로는 소비자들의 우리 것에 대한 인식의 전환이 필요하다. 세계적인 관점에서 우리의 위치를 깨닫고, 미국, 프랑스, 이탈리아 등 서구에 대한 막연한 동경이나 지나친 과대 평가는 우리 자신만 초라하게 만들 뿐임을 알았으면 좋겠다.

왜 문화인가?

국력(National Power)의 3요소는 경제력, 국방력, 인구라고 한다. 이 3요소를 많이 갖추고 있는 나라에게는 그 것 자체가 그야말로 파워가 되지만, 그러나 이 3요소를 별로 가지고 있지 않거나, 약한 나라에게는 언제든 어떤 형태로든 자기들에게 위해를 줄 수 있기 때문에 이 상대방 국가의 국력은 꽤 위협적인 요소이다. 반대로 연성권력(Soft

Power) 이 있는데, 이 소프트 파워를 통칭해서 문화의 힘이라고 하며 다른 말로 하면 그 국가만의 매력인데, 결코 두렵거나 위협적이지는 않지만 그렇다고 해서 그 중요도가 낮거나 무시해도 될 정도로 가치가 낮은 것은 전혀 아니다. 이 소프트 파워는 당장에는 국가 간의 관계나 경제 성장과는 무관한 것처럼 보이나 사실 장기적 관점에서는 선진국이라면 반드시 갖춰야 할 매우 중요한 요소임에 틀림이 없다. 이 파워는 주로 그 나라의 젊은 세대들에게 형성이 되기 때문에 성장기에 어떤 특정한 국가에 대한 호감 또는 매력의 감정을 갖게 되면 일평생 동안 그 나라를 좋아할 수 밖에 없게 되므로 진정한 선진국이 되려면 소득이 향상될수록 더욱 문화의 융성에 집중하여 육성을 시켜야 한다.

문화적으로 앞선 나라는 매력이 있는 국가이다. 개인도 매력이 있는 사람이 되기 위해서 무척 노력을 하고 또 그런 사람은 평판도 좋을뿐더러 여러 유, 무형의 혜택을 입게 된다. 나라 또한 매력이 있는 국가, 즉 그 나라에 대한 호감도가 높아지면 여러가지 측면에서 많은 잇점이 생긴다. 당장에는 관광객이 증가하고, 상품의 높은 가격에도 그것에 대한 저항이 많이 약해지게 된다. 한때는 코리아 디스카운트[1](Korea Discount)라는 말이 있었을 정도로 우리의 국산 제품은 세계 시장에서 싸구려 취급을 받았다. 그 제품의 실질적 가치와 무관하게 어느 나라 제품이냐에 따라 기왕에 형성된 소비자의 고정관념에 의해 저평가 되는 그런 억울한 일을 겪었다. 지금 우리를 비롯한 전세계가 'Made in China'라면, 묻지도 따지지도 않고 싸구려 취급하는 것과 비슷한 일이라고 보면 된다. 만일 어떤 남성이 사랑하는 여성에게 환심을 사기 위해 백을 선물했는데, 거기에 떡하니 'Made in China' 라는 로고가 박혀 있다면, 그 여성은 고마움이 아니라 불쾌감을 느낄지도 모르겠다. 이 정도면 차라리 선물을 안하는 편이 훨씬 낫지, 그야말로 선물하고도 욕 들어먹기 딱 알맞을 것이다. 이처럼 국가의 브랜드는 결코 가볍지가 않고 매우 중요하다.

제국주의 끝판왕 영국은 20세기 초까지 세계 곳곳에 식민지를 경영하고 특히 인도에는 상당히 오랫동안 이른바 빨대를 꽂아서 엄청나게 경제적으로 수탈을 하였다. 인도의 외무부 장관은 200여 년 식민지 기간 동안 영국이 뺏어간 돈이 무려 45조 달러(약 6경 원) 라고 비판하였다. 그런 영국은 16~17세기 활약한 대작가 셰익스피어가 아직까지도 전세계에 문화적인 영향력을 끼치고 있고, 필자를 비롯한 지금 50~60대 이상 세대에게는 영국의 대중문화, 팝송 그룹 비틀즈와 007 영화의 제임스 본드가 당시는 물론이고 지

---

[1] 코리아 디스카운트(Korea discount)-우리나라 기업의 주가가 비슷한 수준의 외국기업의 주가에 비해 낮게(discount) 형성되어 있는 현상. 남북관계로 인한 지정학적 불안요인, 지배구조 및 회계의 불투명성, 노동시장의 경직성 등이 코리아 디스카운트의 주 원인으로 꼽힌다.(한경 경제용어사전)

금까지도 전세계적인 문화의 아이콘들이다. 이 둘은 당시 엄청난 열광을 불러온 것들로서 지금이야 비틀즈는 그룹이 해체된지도 벌써 50여 년이 지났고, 또한 그 시리즈 영화의 대표적인 주인공으로 맹활약 했던 숀 코넬리도 몇해 전 91세로 세상을 떠났다. 하지만 이 둘은 전세계인에게 너무도 친숙한, 영국을 대표하는 문화의 아이콘들로서 설사 영국에 대해 좋지 않은 감정을 갖고 있는 국가나 개인들도 이 두가지의 문화 아이콘은 너무나도 매력적이라서 쉽게 거부하지 못할 뿐만 아니라 대다수의 세계인들에게 영국에 대해 호감을 갖게하는 촉매제 역할을 하고 있다. 이처럼 문화의 힘은 생겨나기도 무척 힘이 들지만, 일단 한번 형성되고 나면 오랫동안 그 나라에 매우 강력하고도 긍정적인 영향 을 끼치는 소프트 파워(문화 권력)이다.

'환영받는 한류' 미국 Stanford 대학교의 Dr.Dafna 교수에 의하면, 1990년대부터 소프트 파워라는 말을 쓰기 시작했는데, "한국은 최근 20년간 문화적인 면에서 놀랍게 급속하게 성장한 나라로서 가장 많이 국제적인 영향력을 증대시키고 대외적인 이미지를 향상시킨 나라 중 하나이다. 또한 Dr.Dafna 교수는 이 소프트 파워란 말을 적용시킬 수 있는 유일한 나라가 한국으로 가장 인기있는 나라가 되었다"고 하였다. 그 일례로 해외에서 불고 있는 우리 한글에 대한 인기를 보면 확연하게 실감할 수 있다. 세계적인 외국어 학습 플랫폼인 듀오링고의 조사에 의하면, 최근 20 년간 다른 언어들에 대한 관심도는 하락하고 있는 반면에, 한국어만 유일하게 올라가고 있는데, 일례로 TOPIK[2](한국어능력시험) 응시자 숫자가 1997년 시작된 이래 2019년 현재 약 40만 명으로 14,000퍼센트 증가하였다. 이는 원어민 숫자가 세계 2위의 스페인어 공식 시험인 DELE에 비해서도 4배나 많다고 할 정도로 한국어의 인기는 급상승 중이다.

너무나 당연하게도, 세계 모든 나라는 자기네의 국위를 선양하기 위해 할 수 있는 최선의 노력을 하고 있지만 그게 결코 정부 정책으로 노력한다고 되는 일이 아니다. 중국이나 일본이 우리를 힐뜯고 욕하면서, 한국은 국가예산으로 지원을 하고 있는 덕분에 최근 가요나 영화, 드라마 등 여러 분야에서 성과를 내고 있다고 폄훼하고 있다. 일정 부분 어느 정도는 맞는 말이기도 하지만, 그들이 착각하는 것이 있다. 정말 나라에서 돈 들여 지원한다고 될 수 있다면, 질투하지 말고 그들도 우리보다 더 많이 투자하고 지원해 주면 된다. 그래서 우리보다 더 좋은 작품으로 세계인들로부터 부러움과 질투를 받으면 된다. 그들 말대로 할 것 같으면, 너무 쉽고 간단한 일인데 왜 못하는지 모르겠다. 그들이 정말 모

---

[2] 한국어능력시험(Test of Proficiency in Korean)-외국인을 비롯한 한국어를 모어로 하지 않는 사람들을 대상으로 한 한국어능력시험. TOPIK I(1,2급)과 TOPIK II(3~6급)으로 나뉘며, 쓰기(=작문), 읽기, 듣기가 각각 100점 만점이다.

르는 차이점이 있는데, 그들 문화 작품들에 깔려있는 저변 정서가 세계인의 공감을 얻지 못하는 한, 그들의 바램은 요원할 수밖에 없다. 그런데 이 본질적인 정서나 감정, 사상 등은 의도적으로 가지려 한다고 해서 되는 것이 아니라, 그야말로 그 민족에게 태생적으로 형성되어 있어서 작품을 통해서 자연스럽게 배어나오는 것이다.

예를 들자면, 지금 한국의 K-POP에서 표현되는 가사를 비롯해서 드라마, 영화의 중심사상이 권선징악 또는 대체로 긍정적인 내용을 담고 있는 것들이 많다. K-POP의 대표주자격인 BTS는 "Love Yourself(너 자신을 사랑 하라)" 등 매우 건전하고, 드라마 또한 '대장금'에서 표현되는 효 사상 등은 세계인에게 큰 감명을 주었다. 특히 중동권이 '대장금'에 거의 환장을 하였는데 그 이유는 다음과 같다. 서구의 것들이 대체로 재미 위주인데다 노출이 지나친 선정적인 내용이 많아서 도저히 가족이 같이 볼 수가 없었는데 반해 '대장금'은 그런 면에서 지극히 안전하고, 복장 또한 조선시대의 것들은 최대한 몸을 감싸는 복장이니, 자기네들의 히잡 문화와도 잘 맞아 떨어져서 그렇게 열렬히 호응을 하였다고 한다. 반면, 서구의 것들, 비틀즈나 히피 문화, 지금의 미국 랩 등은 사실상 저질, 퇴폐 문화가 주류이기 때문에 가사 등이 대체로 마약, 낙태, 성폭력 등 결코 부모로서 권장할 만한 내용이 아니지만 BTS는 극히 긍정적이라서 부모들이 앞장서서 자녀들에게 공연 티켓을 예매해서 준다고 한다.

주변국에서 중심국가로

최근 대한민국은 본격적인 문화융성기를 맞지 않았나 할 정도로 세계적으로 대중 '한류'가 대단하여서 가요 영화, 드라마 등에서 괄목할 만한 성과를 내고 있다. 서구의 모든 문화는 그리스-로마에서 출발하는데, 문화는 기원이 중요한 것이 아니라 기존의 것을 새롭게 창조하는 능력이 중요하다. 예를 들자면 K-POP(케이-팝)은 서구의 다양한 음악 장르를 한국식으로 해석해서 한국적인 독특한 특징을 넣은 것으로, 한국에서 자생한 장르는 아니다. 최근 K-POP(케이-팝)의 대표 선수격인 BTS(비티에스)나 Black Pink(블랙핑크) 등의 그룹 들이 BillBoard Chart(빌보드 차트) 에서 몇 주 연속으로 1위를 차지했다는 소식은 듣고서도 믿기지 않을 정도의 놀라운 소식이다. 우리 같은 장년 세대가 한창 학교를 다니던 70~80년대는 친구들 중에서 빌보드차트 순위를 완전 다 꿰고 있는 친구도 있을 정도로 당시 세대에게는 하나의 성지나 마찬가지였다. 거기에 수록된 곡을 몇 곡이라도 알아야 친구들과도 소외되지 않고 대화를 할 수 있을 정도로 그 차트는 당시 선진 문화 인지의 척도 역할을 할 정도였고 소위 유식하고 앞선 문화인 행세를 하려면 그 정도 선진문물은 젊은이들에게는 필수사항이었다.

참고로 BTS가 얼마나 대단한지는 미국 CNBC의 보도를 그대로 인용하는 편이 더 나을 것이다. "최근 '21세기 비틀즈, 걸어다니는 대기업'이라는 별명으로 21세기 세계적인 팝 아이콘이라 일컬음을 받는 한국의 방탄소년단은 대중음악을 통한 국위선양의 차원을 넘어, 경제적으로도 2019년 10월 46억 5,000만 달러(약 5조 5,283억 원)의 국내 총생산(GDP)을 창출했는가 하면 BTS는 앞으로 10년간 한국 경제에 37조 원 이상의 수익을 가져다 줄 것으로 추정된다"고 보도하였다. 덧붙여서, 한국은행이 발표한 해외로 부터 거둬들인 2021년 문화예술 저 작권료 수입만 무려 9,157억 원으로 1조 원 가까운 흑자를 기록하였다.

노래, 드라마 그리고 영화

그런데 사실 우리 한국 사람은 세계적으로도 노래 잘하기로 유명하며 또 노래 하기를 즐겨한다. 요즘말로 노래에 진심인 민족이다. 세계의 음악인들은 말하기를 유럽에는 이탈리아, 아시아에는 한국이라면서 두 민족은 반도 국가라서 그런지 두 지역을 대표하는 뛰어난 가수들을 많이 배출하는 곳이라고 한다. 구강이나 인체 구조상 그렇기도 하고, 사회 문화적인 측면도 강하다고 한다. 어쨌든, 옛날이야 더 심했고 지금도 동네마다 그 많은 노래방이 실상을 여실히 보여준다. 당연히 장사가 되고 찾는 손님이 많으니까 많을 수밖에 없고 또 우리는 열심히 회식의 마지막엔 당연히 그곳을 찾아서 각자 자기만의 애창곡을 한, 두곡 제낀 후에 집으로 향한다. 생각해 보면 80~90년대까지만 해도 학교 친구건, 친척 간이건 우리는 모이면 노래하고 박수치며 놀았다. 지극히 자연 스럽게 같이 떼창하고 노는 것이 우리들 문화였고 우리의 일상이었다. 드라마는 어떤가? 2021년 전세계를 강타한 넷플릭스에서 방영된 '오징어 게임'은 여러 상을 수상하였지만, 최종적으로 22년 9월 미국 방송계 최고 권위인 '에미상'에서 감독상, 남우주연상 등 6관왕 타이틀을 거머쥐었는데 비영어권 드라마로는 사상 최초의 일이었다. 수상한 이유야 무엇보다도 재미가 있었고 서구권에서 접하기 힘든 꽤 독창적인 소재인데다가, 뛰어난 연출로 스토리 자체가 시종일관 흥미진진하고 대다수의 세계인들에게 맥락상 무리없이 잘 녹아들어서 호평을 받았다. 특별히 드라마 전개 과정에서 나오는 한국의 전통게임들은 세계인들에게 자연스럽게 한국을 각인시키는데 너무나 좋은, 탁월한 장치로서 참으로 한국적인 것을 재미있게 그러나 진지하게 잘 보여주었다.

영화 또한 대단한 업적을 내고 있다. 대표적으로 봉준호 감독이 연출한 '기생충(Parasite)' 인데, 2020년 우리와는 늘 상관없는 일로서, 연말이면 그냥 뉴스에서 듣기만 했던 '골든글로브 시상식' 과 미국 '아카데미 시상식'에서 작품상, 감독상, 각본상, 국제장편 영화상을 수상했다는 소식을 듣고 또한 놀라지 않을 수 없었다. 우리가 기억하는 이 상들은 거의, 항상 미국, 혹은 유럽인들이 독식하는 그들만의 잔치였는데 그 권위있는 영화제에서 우리의 감독, 배우들이 연이어 상을 받고 또 우리말로 수상 소감을 듣게 되니 기쁨과 감회가 참으로 대단하였다.

놀줄 아는 민족

왜 이런 일들이 생겨 났을까? 그냥 우연히? 될 수도 없고 가능하지도 않다. 필자가 나름대로 본 이유는 다음과 같다.

첫째는, 우리 민족은 원래 신명과 흥이 많은, 신끼가 있다고 할 정도로 놀 줄 아는 민족이다. 우리 기록뿐만 아니라, 중국의 여러 역사 기록에서도 우리 민족을 묘사하기를, 함께 모여서 밤새 술 마시고 떼창하며 노래하고 놀기를 즐겨 했다는 기록이 많이 있다. 그러다 보니 일본과 한국을 엮어서 같이 방문했다가 공연하고 돌아가는 해외 유명 가수들은 큰 차이를 경험한다고 한다. 일본은 관중의 반응이 거의 없이 마치 죽은 사람들을 앞혀놓고 노래하는 것처럼 맥빠진 공연을 하는 반면, 한국은 자기의 노래 소리가 거의 잘 들리지 않을 정도로 청중이 자기 노래를 떼창을 하면서 같이 불러주고 열렬히 호응을 해 주니 평생 잊지못할 큰 감동을 받고 돌아간다고 한다. 이러니 한번 한국 공연을 왔다 간 해외 가수들은 거의 어김없이 한국의 열렬 지지자가 된다.

둘째로, 우리 민족정서의 특징인 정(情)과 한(恨) 문화이지 않을까 한다. 국가적으로는 많은 외침과 정변으로 인한 고통을 당하고 또 개인적으로는 이런저런 어려움을 겪으면서 억울하고 분한 감정과 서러움이 켜켜이 쌓여 있지만 제대로 풀지못한 이 맺힌 恨과 또 이를 보듬고 싸매며 사랑으로 품고 치유하고자 하는 情 문화가 아닐까 한다. 사실, 한국 사람 만큼 약자에 대한 동정심이 강한 나라도 흔하지 않다. 흔히 듣는 이야기로 만일 화물차가 운전 중 잘못하여 적재했던 물건을 도로 바닥에 쏟기라도 하면, 거의 어김없이 어디서 나타났는지 수많은 젊은이, 늙은이, 멋쟁이 아가씨, 하교길의 학생들이 금새 나타나 도와주고 청소까지 하고는 사라진다. 만약 이런 일이 옆나라 중국, 일본에서 생기면 사람들이 어떻게 반응할까? 중국은 그 동네 전체가 횡재하는 잔칫날이 된다. 집집마다 큰 그릇을 들고 나와서 희희낙락하면서 열심히 쓸어 담아 간다. 일본은, 그냥 갈길 간다. 생면부지의 화물차 기사가 잘못한 일을 왜 무관한 내가 시간을 낭비하고 또 손에 흙을 묻혀가면서 생판 모르는 사람을 도와 줄 이유가 없다고 생각하기 때문이다.

　셋째는, 위에 언급한 情과 恨이 오랫동안 우리에게 스며들어서 형성된 특유의 민족정서이다. 이 우리만의 정서나 감정이 녹아들어서 만들어진 위의 영화, 드라마, 음악들이 세계인들에게 이질감이나 위화감 없이 보편성있게 잘 받아 들여졌기 때문이다. 이 보편성이라는 단어는 무척 중요한 의미가 있다고 생각한다. 보편성이 있다는 뜻은 세계적으로 널리 대다수의 사람들에게 동질감과 공감을 불러 일으킨다는 뜻이다. 그렇기 때문에 인종이나 피부색, 문화, 빈부 격차 등을 넘어서 인간으로서 느끼는 인간 본연의 정서를 말하며, 이 점에서 우리는 중국, 일본과는 큰 차이가 있다. 위의 화물차 사고를 예로 들었지만, 중국과 일본이 갖지못한 인간에 대한 관심과 애정 배려가 우리에게 있고 또 이를 바탕으로 만들어진 작품들에 세계인들이 크게 호응을 한 것이라 생각한다. 한국인의 보편적 정서는 우리보다 뛰어나고 위대한 잘생긴 영웅에 열광하기보다, 인간 그 자체에 대한 사랑과 관심, 동정심이 더 많은 편이다. 사실 대부분의 인간들은 약하고, 실수 투성이이고 잘난 사람보다 못나거나 평범한 사람들이 훨씬 더 많다. 이러니 영웅보다 훨씬 더 많은 못나거나 평범한 사람들은 이런 자기들, 우리들의 이야기에 큰 반응을 보이는 것이다. 반면에, 미국사람들은 특히 영웅에 열광한다. 그러다 보니 영화 또한 우리가 기억 하는 유명 영화들은 대개가 영웅들-슈퍼맨, 원더우먼, 배트맨, 람보, 인디애나 존스 등등 이루헤아릴 수 없는 수많은 영웅들에 대한 이야기가 압도적으로 많고 관객 또한 그것들에 크게 호응한다. 이 점이 우리와 그네들과의 차이점이다.

　다시, 위의 화물차 사고에 대해서 언급하자면, 우리의 반응은 다른 것 없다. 다른 이유나 조건없이 그저 안타까운 마음에, 곤경에 빠진 생면부지의 기사와 그 난처한 상황을 빨리 수습할 수 있게 도와야 한다는 마음 뿐이다. 사실, 화물차 전복사고를 예로 든 것은, 나름 세 나라 민족성에 대한 본질적이고도 객관적인 차이를 명징하게 보여주는 좋은 사례라고 생각하기 때문이다. 이런 준비되지 않고 갑자기, 예고없이 발생한 이 사고에 즉각적으로 반응하는 사람들의 자세야말로 그 나라 사람들의 평소 태도나 본질적 인식을 분명하게 너무 잘 보여주기 때문이다. 알다시피, 길 가던 행인들은 모두가 서로 다른 목적으로 각기 다른 길 가는 서로가 모르는 사이이다. 하지만, 갑자기 발생한 그 사고를 보고 반응하는 감정은 모두가 똑같이, "안타깝다, 빨리 도와 드려야겠다" 이다. 이 측은지심(惻隱之心), 동정심 즉 약자를 동정하는 마음이 유달리 우리에게 강하다. 이 점이 세계인들에게 강하고 깊게 그리고 동질감 있게 보편적으로 받아들여 졌던것 같다.

　넷째는, "지원은 하되 간섭은 하지 않는다"는 정부의 자세이다. 그 이전의 군사 정부 시절에는 문화에 대한 적극적이고도 시시콜콜한 간섭이 엄연히 있었다. 지금이야 진정한 초대 국민가수 대접을 받는 이미자씨는 한창 전성기때 '동백 아가씨'를 비롯한 여러곡을 왜색이니 기타 이유로 금지를 당하고 많은 고통을 겪어야 했다. 그 외에도 가요와 영화계에도 많은 간섭과 제재가 잇따랐다. 그 이후 김대중 대통령때 위의 "지원은 하되 간섭은 하지 않는다"는 원칙으로 풀리는듯 하다가 다시 보수 정권 시절에는 '블랙리스트' 라는게 실제로 존재하면서 또 대중 문화 예술계를 압박하였다. 정권의 졸개들 혹은 최고 지도자가 자신의 입맛에 맞추어서 문화예술계를 자기들이 가지고 있는 돈과 권한으로 회유하거나 압박하면서 간섭하기 시작하면, 다양하고도 무한한 창조의 세계가 위축되면서 자기 검열을 시작하게 된다. 그 결과는 작품이 유치해 지거나 질이 낮아지고 결국에는 관객이나 대중의 외면을 받게 된다. 따라서 지금도 그렇고 앞으로도 부디 정치계 특히 힘 가진 최고 지도자는 문화 예술계를 지원만 하고, 간섭은 하지 않기를 바란다. 그렇게만 해주면, 지금의 우리 대한민국의 대중 문화가 세계로 부터 '한류' 라는 이름으로 받는 주목과 매력은 더욱 융성하게 꽃을 피우리라 확신한다.

선구자 백범

　이제 이편의 이야기를 마무리하고자 한다. 독립 운동의 명실상부한 대부 백범 김구 선생의 어록을 인용하면서 끝마치고자 한다. 다른 나라 같으면, 당연히 국부로 추앙 받고 또 화폐의 모델로 의당 등장했어야 할 위인 중의 위인이지만, 반대 세력쪽에서 같잖지도 않은 갖가지 핑계와 또 이로 인해 초래되는 시시비비를 두려워하는 관련된 좀생이들의 "좋은게 좋다, 시비는 일단 피하고 본다"의 보신주의로 그 역사적, 민족적 상징성이 점차 약화되는 것 같아 안타깝다. 아래 백범의 어록은 정말 선구자적인 깊은 혜안이 있으면서도 왜 문화의 힘을 우리가 반드시 가져야 하는지를 누구보다도 쉽게 그러나 강력하게 설파한 명구 중의 명구이다.

▪ 백범 어록

"나는 우리나라가 세계에서 가장 아름다운 나라가 되기 원하지 강한 나라가 되기를 원하지 않는다. 내가 남의 침략에 가슴이 아팠으니 내 나라가 남을 침략하는 것은 원치 않는다. 우리는 부력(富力)이 우리의 생활을 풍족히 할 만하고 우리의 강력(强力)이 남의 침략을 막을 만하면 족하다. 오직 한없이 가지고 싶은것은 높은 문화의 힘이다. 문화의 힘은 우리 자신을 행복하게 하고 남에게 행복을 주기 때문이다."

Chapter 08

세종대왕과 한글

- 한글의 우수성
- 세종의 왕으로서의 탁월함
- 잘못된 언어 습관과 용어들
- 현대판 최만리들
- 정겹고 아름다운 한글
- 홀대 받는 한국어 VS 인기 짱 한국어
- 모국어란 무엇인가?

Chapter 08
세종대왕과 한글

세종대왕은 지금 현재까지도 아니 우리 민족이
이 지구상에 존재하는 한 계속해서 우리에게 실질적으로
영원히 우리 겨레의 스승이자 등불이 될 수밖에 없다.

    대한민국 사람들이라면 모두가 존경해 마지않고 어떤 종류의 안티세력도 없는 유이한 두 분이 있는데 바로 세종대왕과 이순신 장군이다. 한 분은 무인으로서, 모름지기 나라를 지키는 자는 어떠해야 하는지를 너무나 영웅적으로 보여 주셨고, 또 한 분은 세종대왕이다. 우리는 반갑고 귀한 존재를 보면, 가뭄에 단비같은 존재라고 한다. 단비는 타는 목마름과 가뭄을 해결해 주는 너무나 귀한 것이기는 하지만, 문제는 가뭄은 올해만 오는 것이 아니고 내년에도 오고 또 그 다음해도 올 수 있는 영원히 해결될 수 없는 자연재해 중의 하나이다. 그렇지만 세종대왕은 단비를 넘어서는, 마치 영원히 마르지 않는 어마어마한 수원지로부터 나와서 각 가정마다 연결되어있는 수도와 같아서 각 가정이나 농장, 공장 등 필요한 곳에서 틀기만 하면 언제든 맑고 깨끗하고 시원한 물이 맘껏 흘러나와 사람과 동, 식물의 목마름을 해소해 주고 각종 공업 생산을 가능케 해주는 너무나 고마운 존재와 같다.

    물론, 이순신 장군의 그 군인으로서의 사상과 나라 사랑하는 정신은 여전히 우리에게 너무나 큰 정신적, 민족적 자산이자 유산으로 남아 있지만, 이순신 장군은 조선시대에 발생한 임진왜란의 엄청난 국가적 재난에서 나라를 구한 과거의 구국의 영웅인 반면, 세종대왕은 지금 현재까지도 아니 우리 민족이 이 지구상에 존재하는 한 계속해서 우리에게 실질적으로 영원히 우리 겨레의 스승이자 등불이 될 수밖에 없다. 이 땅에 살고있는 우리 대한민국 사람은 단, 한 사람도 단, 하루도 세종대왕의 그 은혜를 입고 누리지 않고는 살 수 없다. 왜냐하면, 지금 우리가 읽고 쓰는 한글이 없었다면, 과연 지금의 대한민국이 존재하기나 할까 싶을 정도이기 때문이다. 세계가 주목하고 인정할 정도로 한국의 국력은 그야말로 세계 10위 권의 선진국으로 비약적인 경제성장을 이룩하게 됐는데 그 원동력은 단연코 우리 한글이 가장 중요한 밑바탕이 되고 거기에 우리 민족 특유의 빨리 빨리 문화+뛰어난 디지털 활용 능력에 있음을 필자는 강력히 주장한다.

정말 끔찍한 상상이기는 하지만, 만일 한글이 없었다면, 우리는 꼼짝없이 지금도 한문을 우리의 국어로 배우고 쓰는 것은 물론이고 그로 인해 당연히 중국의 영원한 정신적, 문화적 속국 신세를 면할 수 없을 것이다. 한마디로 중국이 우리의 김치도 자기 것, 한복도 자기 것이라고 해대는 갖가지 말도 안되는 동북공정에 대해 불평하는 것조차 사치스러울 정도로 분하고 원통하게도 우리의 자주성이 상실된 채 살 수밖에 없을 것이다.

한글의 우수성

한글의 우수성이야 너무도 많이 알고 있으리라 생각하지만, 몇가지만 대표적으로 거론하자면 다음과 같다.

1. 한글은 누가, 언제, 왜 (창제동기), 어떻게(창제원리) 만들었는지 알려진 세상 유일의 문자이다.

한글을 제외한 세상 모든 다른 문자는 누가, 언제, 어떻게, 왜 만들었는지 아무도 모르는 거의 자연발생적으로 만들어진 문자이다. 하지만, 최근의 연구 결과에 의하면, 집현전이라는 기관을 통한 학자 집단의 연구 결과로 만들어진 것이 아닌, 사실상 세종이 최소한의 수하 사람들과 함께 직접 창제했다는 설이 더 설득력이 있다는 이야기이다.

2. 가장 배우기 쉬운 문자

세종 스스로가 말하기를, "영민한 사람은 하루 만에, 둔한 자는 열흘 이면 충분"하다고 했을 정도였고, 별칭으로는 "아침 문자, 나절 문자" 라고도 불렸다. 실제 지금도 전혀 한글을 알지 못하는 외국인에게 가르쳐도 비슷한 결과가 나온다. 반면, 영어는 역사적인 여러 일들로 인해 다양한 외국어가 도입되거나 혹은 섞이면서 철자, 발음문법(단, 복수형, 과거, 과거분사형 등)에서 일관성이 없이 많은 예외가 생긴 잡탕 언어에 가깝다.

현재 세계에서 가장 널리, 많이 쓰이는 영어와의 비교

① 영어 알파벳은 26자 : 한글은 24자의 초성, 중성, 종성 조합으로 무려 1만자 이상 만들어 낼 수 있다.
② 영어는 대문자, 소문자, 인쇄체, 필기체의 4가지, 하지만 한글은 이따꺼 없이 오직 하나의 문자.
③ 아래 예를 든 것처럼, 영어는 예외가 많다(발음, 단·복수형, 과거, 과거분사형 등).
④ 명료성과 명확성에서 어떤 언어와도 비교불가이다 – 하나의 글자는 항상 하나의 음 가만 가진다.   예) "아"는 항상 "아" 음이다.

〈 영어의 예외 및 변칙 활용 – 일관성의 결여 〉

철자는 같으나, 발음은 완전히 다름.	"a" 가 애, 에이, 아 로 각각 다르게 발음.
예) enough, tough : 이너프, 타프 through : 쓰루 though : 도우	예) "a" 애 cat 〔캣〕 에이 cake 〔케이크〕 아 car 〔카〕
발음이 안되는 묵음이 많음.	예외가 매우 많다 (단·복수, 과거, 과거분사 형)
예) 묵음: knee (니 – 무릎) Comb (콤 – 빗) Wednesday (웬즈데이 – 수요일)	예) mouse(쥐)의 복수는 mice, fish(물고기)의 복수는 fishes want의 과거는 wanted 과거분사형도 wanted take의 과거는 took 과거분사형은 taken

3. 외래 문화 도입에 유리.

같은 한자 문화권인 동북아 세 나라 간 – 한국, 중국, 일본 – 간단히 비교를 해 보겠다. 의미상 구별을 하자면, 다른 두 언어는 뜻글자인 표의문자(表意文字)인 반면에 우리는 소리글자인 표음문자(表音文字) 이다. 발음상으로 다른 두 언어와 달리, 한글은 최소한 80~90% 는 어떤 나라의 언어든지 그 나라 현지 음과 비슷하게 발음을 할 수 있다. 다음의 예만 살펴보면 알 수 있다.

한국어	초성 + 중성 + 종성의 조합. 소리나는 대로 기록	1 만자 이상 기록 가능.
중국어	글자 하나가, 하나의 뜻을 가지는 뜻글자.	400 개 정도의 발음만 가능.
일본어	표기 하나가, 하나의 음절만을 표시하는 음절 문자	300 개 정도의 발음만 가능.

영어	한국어	일본어	중국어
McDonald	맥도날드	マクドナルド(마쿠도나루도)	麦当劳 (마이당라오)
		외래어는 카다카나로 표기	"힘든 노동 후에 얻는 수확"
Raquel Welch	라켈 웰치	ラクエル ウエルチ(라쿠에루 우에루치)	중국어 표기는 확인되지 않음
		미국의 1960 년대 최고의 육체파 여배우	
Coca-Cola	코카 콜라	コカ コーラ(코카 코-라)	可口可乐 (커코우커러)
		외래어는 카다카나로 표기	"입에 맞고, 입이 즐거운"

우리 한글과 달리, 일본어는 발음만 들으면 원음이 무엇인지 짐작조차 되지 않는 경우도 많다. 또한, 중국어는 어차피 표의문자(表意文字) 라서 외래 문화가 도입되었을 때, 원음과 비슷하게 발음하는 것 자체가 거의 불가능 하므로 한자의 음과 뜻 모두를 고려하는 음의겸역(音義兼役)을 통해 작명을 한다. 그러다 보니, 외래 문화 도입 후 자기 나라에 적용되는데 우리보다는 많은 어려움이 있다.

4. 해외 전문가가 인정한 최고의 문자
- 제러드 다이아몬드(총균쇠의 저자) : "세상의 언어 중 가장 독창적이고 과학적인 표기법을 갖춘 언어이다. 자음과 모음이 한눈에 구분되는 유일한 문자로서 또한 가장 배우기 쉬운 문자이다."
- 존 맨(영국의 작가) : "한글은 단순하면서도 효율적이며 우아하다. 모든 언어가 꿈꾸는 최고의 언어로서 인류의 위대한 지적성취 중의 하나이다". 그의 저서 중 한 챕터 전체를 한글에 할애하여 우수성에 대하여 썼다.
- 제임스 맥콜리 교수(미국 Chicago 대학교) : "이렇게 정교한 음소문자가 1443년에 발명된 것은 기적같은 일이다". 1970 년대 부터 한글날을 세계 언어학자들의 축제로 기념하는 행사를 계속 해왔다.
- 펄벅(대지의 저자) : "한글 이상의 문자는 지구상에는 없다". 박 진주 라는 이름을 스스로 지었다.

5. 현재의 디지털 문명과 가장 적합한 과학적 문자

① 정보 기록에 최고의 문자 : 몇해 전 대전 MBC 주최로 한, 중, 일 3국의 대학생들을 대상으로 '어린왕자' 한 챕터를 자국 언어로 치게하고 속도를 측정하였는데, 한글의 타자 속도는 무려 중국, 일본에 비해 7배가 빨랐다.

② LG 모바일 문자 전송 대회(엄지족 대회) : 전 세계인이 같이 겨루었는데 전 분야를 한국팀이 싹슬이 우승.

③ 인공지능의 음성정보 전달에 최적 : 하나의 글자는 항상 한 개의 발음만 있기 때문에 가장 적합.

④ 세계 문자 올림픽 대회 1, 2회 연속 우승: 가장 쓰기 쉽고, 가장 배우기 쉽고, 가장 풍부하고 다양한 소리를 표현할 수 있는 문자를 찾는 대회.

이외에도 한글의 우수성을 말한 학자나 단체는 헤아릴 수 없을 정도로 많다.

세종의 왕으로서의 탁월함

필자는 세종대왕을 세상에서 가장 탁월하고 유능하며 진정으로 자기 백성을 사랑한 역사상 세계 최고의 왕이라고 확신한다. 혹시 너무 지나친 국뽕 아니냐고 생각할지 모르지만 필자 나름대로의 그 이유는 다음과 같다.

① 세종의 기본 통치 이념 : 세상 모든 왕들의 기본 통치 이념은 부국강병 (富國强兵)이며 이를 달성하면 성공한 왕이라는 평가를 받는다. 하지만, 부국강병이 무엇인가? 기본적으로 타국을 침략해서 영토를 확장하고 남의 것을 뺏아서 부국을 이룩한다는 의미이다. 남의 피를 흘려서 부자가 된다는 것은 개인적으로 보면 강도질해서 부자되는 것과 다름없고, 침략 당한자와는 철천지 원수가 되는 길이다. 일테면, 지금의 G7 국가들 대다수인 일본, 영국, 프랑스, 독일, 이탈리아는 하나같이 식민지를 경영하면서 피식민지를 엄청나게 착취를 하고 괴롭혀서 뺏은 부로, 아니면 미국, 캐나다 처럼 아예 그 땅에 살고있던 원주민을 쫓아내고, 마치 굴러온 돌이 박힌 돌을 빼내고 주인 행세하는 그런 악랄한 짓을 버젓이 하고서는 지금도 서방 선진 7개국이라고 거들먹거리고 있다. 위의 5개 국에게 착취를 당한 모든 피식민지 국가들 중 단, 한 나라 대한민국을 제외한 모든 나라들은 꽤 시간이 지난 지금까지도 여전히 가난을

면치 못하고 있다. 또한 미국과 캐나다가 쫓아낸 아메리카 원주민은 민족 자체가 거의 존재가 유명무실한 상태로 쪼그라 들었다. 세종은 그런 약탈적, 비 도덕적, 비 인륜적 방법이 아닌 온전히 우리의 힘으로 일어서는 자력갱생의 방법으로 나라의 부를 늘리고 백성을 실질적으로 행복해지게 하기 위해 노력하였다.

② **실사구시의 정신과 애민사상으로 일관하였다** : 외국의 좀 유명하다는 왕이나 황제들은 개인의 사적 욕심이나 취향 때문에 이집트의 피라미드, 인도의 타지마할 궁, 중국 진시황의 병마총 등 백성을 갈아넣고 엄청난 국고를 탕진한 건축물들을 짓는 뻘짓들을 많이 하였다. 하지만, 세종은 아래처럼 다방면에 걸쳐서 정말 백성을 사랑했기에 나라 살림과 백성에게 꼭 필요한 것들을 연구하고 만들게 하였다. 중국이나 전제시대의 왕들은 동서양을 막론하고 백성 죽이는 것을 소, 닭 죽이는 것 보다 더 쉽고 대수롭지 않은 일로 여긴 놈들이 많았다.

- **농서 편찬** : 농사 직설 (조선 지리에 맞는 농법)
- **의학관련** : 향약 집성방.
- **과학 발명** : 해 시계 (양부일구), 물시계 (자격루).
- **정간보** : 새로운 악기와 음악.
- **공법** : 전세 (토지세) 제도의 완성.
- **국방** : 4강 6진 개척 (영토 확장) - 김종서, 최윤덕.
  　　　대마도 정벌 : 이종무
  　　　무기 개발 : 총통, 신기전, 화차 등.
- **역법 편찬** : 칠정산 (중국 역법이 아닌 조선 것)
- **훈민정음 창제**

세종이 훈민정음을 손수 창제한 가장 직접적인 원인은, 농민을 위해 힘들게 농사직설을 만들게 하였지만, 실제 그 책을 읽어야 할 농민은, 무식해서 한문으로 된 책을 읽을 수 없었기에 한글을 편찬하였다고 함.

③ **높고 깊은 국정 철학 + 구체적 실행력** : 세종은 요즘말로 하면 다방면의 천재인데, 특히 세종은 책벌레로 불릴 정도로 여러 분야에 걸친 높은 지적 호기심을 채우기 위해 당

신 스스로가 깊고 방대한 엄청난 독서를 하였다. 이를 바탕으로 설정한 국정철학과 또한 이를 뒷받침하는 탄탄한 논리로 신하들과도 "경연"이라는 토론을 적극적으로 즐겼을 정도로 지적 수준이 역대 어느 왕보다도 비교불가로 뛰어났다. 세종의 왕으로서의 탁월함은 그 뛰어난 언변과 논리로 위에서 지시만 한것이 아니라, 백성을 진정으로 불쌍히 여기고 사랑하는 마음으로 이들을 위한 구체적 업적을 당신 스스로 실행하였다는 점이다. 그 대표적인 것이 바로 한글 창제이고 그 기본 정신과 철학이 훈민정음에 잘 드러나 있다. 우리가 아는 대다수의 왕 들은 어느 시대, 어느 나라를 막론하고 모두가 주댕이로 지시만 하지, 본인이 직접 스스로 연구하거나 일을 하지는 않았다.

④ **우리의 영원한 보물-한글 창제** : 세상의 훌륭하다는 지도자나 왕들은 거의가 당대에 나라를 발전시키고 부강하게 만드는 업적을 이룩한다. 가끔은 침략전쟁이나 기타 방법으로 영토 확장을 하여서, 후대에도 두고 두고 그 나라에 먹거리와 부를 제공하는 경우도 있지만, 대개는 자신의 재임기간 동안만 유지되다가 끝나는 경우가 많다. 하지만, 세종은 한글을 창제함으로서 우리 민족 모두에게 닳지도 없어지지도 않고 쓰면 쓸수록 빛나는 영원한 보물, 그것도 세상에서 가장 좋은 보물을 후손에게 남겨 주었다. 왜 한글이 우리에게 보물인지는 이 책의 본문 편에서 자세히 밝히겠다.

반대와 사대주의, 그리고 홀대

세종이 한글을 창제하고 본격적으로 하급 관리들에게 한글 강습을 시키자, 집현전 최고직인 부제학으로 있던 최만리를 필두로 정창손, 하위지 등이 6가지 이유로 '한글 반대 상소'를 올린다. 표면적인 이유는 중국의 한자와 방식이 다른데, 새로운 문자를 만드는 것은 일본, 여진, 몽골 같은 오랑캐나 하는 짓거리이므로 해서는 안 된다. 또 훈민정음을 반포하면, 형사 문제에 있어서 무식한 백성이 글을 몰라서 억울한 일을 당하는 것을 없앤다고 하지만 이 또한 재판이 공정해야 해결이 되는 문제이지, 훈민정음과는 관계가 없다고 주장하였다. 본격적으로 한글창제의 불필요성, 한글의 무용론을 들어서 반대를 시작하였다. 그럴싸한 이유를 들기는 했지만, 그러나 이 학자들이 반대한 실질적인 이유는 크게 봐서 사대주의와 기득권 지키기이다. 다시 말하면, 그 당시에 양반들 지도층에게 만연한 뿌리깊게 박혀있는 친명 사대주의와 또한 문자는 선비, 양반 등 유식한 기득권만이 알아야 한다는 것인데, 만일 무식한 일반 백성이나 천한 것들이 글을 깨우치면 윗사람 또는 기득권 세력에게 기어오르기 때문에 안된다는 숨은 이유이다. 이 사대주의와 기득권 지키기는 지금도 사대 대상만 미국, 유럽 나라들로 바뀐채 더 심하게 계속되고 있고 또한 기득권 지키기도 모양만 조금 바꾼채 더욱 심화, 확대되고 있는 상황이다.

사대주의 폐해 1 : (촌스런) 한글 홀대

지구상 최강국 미국의 경제적, 문화적 영향력은 참으로 대단해서 극히 몇나라를 제외하고는 전세계적으로 아마 비슷한 현상이겠지만, 우리의 국력이 비약적으로 성장함과는 관계없이 미국과 서양을 향한 사대사상은 여전히 아니 더 심화되고 있는것 같아 걱정스럽다. 다른 것이야 어쩔 수 없다 치더라도 지구상에서 가장 과학적이고 아름다운 우리 한글마저 홀대를 점점 더 심하게 당하고 있으니 이러다 우리의 정체성이 훼손될까 우려스럽다. 일상생활 가운데서 거리의 간판을 보면, 정말 순수 우리말은 고사하고 중국어에서 유래된 외래어들보다, 영어 혹은 서양의 언어로 된 것들이 훨씬 많다. 대표적인 것이 아파트 이름인데, 참으로 희한하게도 최근에 지어진 아파트는 우리말로 된 것은 단, 하나도 없는 것 같다. 아파트 작명의 원칙은, 우선 영어로 짓고 다음에는 길~게 만들고 또한 발음하기 어렵게 만든다이다. 한때는 시어머니 못찾아 오게 하려고 그렇게 작명한다고 했지만 요즘은 무조건이다. 예를 든다면, 근처에 숲이 있다면 포레(포레스트), 강이나 호수가 있다면 레이크, 언덕바지에 있다면 힐, 도심에 있다면 시티 등이 들어간다. 실제 지인에게서 듣기를, 자기네 아파트가 촌스런 한글에서 세련된 영어로 이름을 바꿨더니 가격이 올랐다고 좋아 했다. 한글은 촌스럽고 영어는 세련됐다? 참으로 개탄스럽기 짝이 없다. 촌스러운 것은 우리의 자랑이자 보물인 한글이 아니라, 그렇게 생각을 하고 또 말하는 사람들이다.

사대주의 폐해 2 : 명품인가 사치품인가?

한국 여인네들의 해외 고가 사치품인 핸드백과 신변 장신구에 대한 열망은 참으로 대단하여서 마침내 구매액 기준 세계 최고로 작년 (2022년) 무려 약 21 조 원을 구매했다고 모건스탠리가 기사에서 밝혔다. 이는 세계 최고 부자 나라이자 강대국 No.1인 미국과 No.2인 중국도 발아래 두는 쾌거를 이룩하였다. 베블런 효과(Veblen Effect)라고 아는가? 물건 가격이 오르는데도 불구하고 소비자들의 소비심리에 의해 수요가 높아지는 현상을 말하는데, 세계의 고가 사치품 시장에서 유일하게 이 경제의 이상현상이 먹히는 동네가 바로 한국이다. 제품 세일이 시작되면 새벽부터 줄서서 기다리는 그 충성스럽고 헌신적인 고객들이 있는데, 뭣하러 싸게 팔겠는가? 가장 많이 팔면서도 가장 비싸게 팔 수 있는 시장이다 보니 외국 수출상들 입장에서는 한국 소비자가 이쁨을 넘어서 봉으로 밖에 보이지 않는가 보다. 소비자들 또한 같이 수준이 높다보니 제품이 비싸야 이 사람 저 사람 아무나 갖지 않아서 좋다고 하는 사람도 실제 보았다. 또한 모든 정신나간 언론에서 한결같이 명품이라고 불러주는 그 해외 업체들의 갑질은 참으로 위세등등하기 짝이 없다. 구매 전, 구매 대기자로 등록해야 하는데 이때 '완불 웨이팅'을 요구하는가 하면 자사 제품 구입 300만 원 이상 실적이 있는 사람에게만 판매를 하고, 결제를 완료하고 배송 대기중인 고객에게 그 사이 가격이 인상되면 그 인상분만큼 추가로 결제를 요구하기도 한다. 이건 뭐 상도의고 뭐고 없다. 그야말로 가락시장 배추 장사보다 더 심한 막가파식 횡포를 부리는데, 그럼에도 한국 소비자들은 착하고 예의바르게 쿨하게 수긍한다. 이들 업체들에게는 간혹 동네 분식집이나, 음식점에서 해대던 그런 갑질 따위는 수준 낮게 보일까봐 할 생각조차 않는다. 참고로, 우리는 명품이라고 부르지만 영어로는 그냥 사치품(Luxury Goods) 이다. 모두가 알겠지만, 명품은 그 분야에 오래 종사하여 상당한 경지에 오른 기술 장인이 시간 들이고, 정성들여 혼이 깃들게 만든 그런 제품을 말하는 것이지, 공장에서 숙련된 노동자들이 하루에 수백 혹은 수천개씩 대량으로 만들어내는 그런 제품은 결코 아니다. 단지 우리의 허영심과 과시욕을 채우고 우리 것은 천시하고 촌스럽게 여기면서 유럽 각국 이탈리아, 프랑스 등에 대한 사대주의와 우리 것은 하찮게 여기는 열등감이 그 바탕에 있는 것이다. 상업주의로 야합한 언론에서 그것들을 명품이라고 불러주니 파는 이나 사는 이나 모두가 가슴 뿌듯하고 자랑스럽게 사고 판다. 만약, '고가 사치품 가방 대박 세일' 아니면 '명품백 셀렉션 세일' 이런 현수막을 내건다면 어느 쪽이 소비자가 더 쉽게 다가갈수 있겠는가?

잘못된 언어 습관과 용어들

길어깨 길 운행 금지 :

이런 생경하고 이상한 표현을 본 기억이 없는가? 아마 1990년대 고속도로에서 운전하고 다닌 사람들은 이런 우리말 같지도 않은 우리말로 된 교통 안내 표지판을 본 기억이 있을 것이다. 이 이상한 표현이 사용된 이유는 다음과 같다. 영어로는 Road Shoulder 인데, 일본 사람들이 번역을 하면서 길로(路)자에 어깨 견(肩)을 넣어서 노견운행금지(路肩運行禁止) 라고 썼다. 쭉 쓰다가 어느날 문득 이게 일본식 용어라서, 도로공사 측에서 우리말로 바꾼다는게 한문만 풀어서 "길어깨 길 운행금지" 라고 바꾸는 바람에 '길' 자가 두번 들어가는 이 어색한 표지판을 꽤 한동안 봐야만 했다. 그러다 많은 사람들의 항의를 받고는 전문가의 조언을 받아 '갓길' 이라는 너무 쉽고 편한 순수 우리말로 바뀌었다. "갓길 운행 금지" 라고 하니 운행 중인 운전자에게는 직관적으로 그 표지판 의미가 쉽게 전달이 잘되니 참 잘한 일이다. 지적을 순순히 받아들이고 바로 시정하는 것은 공직자로서 마땅하고도 바람직한 태도라고 생각한다. 그러나 아직도 일부 도로에는 저 잘못된 표현이 여전히 사용되고 있는 곳도 있다. 그럴때는 귀찮지만, 누군가 전화 해주겠지 하고 다른 사람에게 미룰 생각하지 말고, 그 잘못된 표현을 발견한 국민들이 도로공사 측에 바로 시정을 요구해야 된다. 한 사람이 하는게 아니라, 발견하는 운전자마다 계속해서 집요하게 시정을 요구하면 장담하건대 며칠이 지나지 않아서 바로 고쳐질 것이다. 우리말은 우리가 지켜야지 다른 사람이 우리 대신 지켜 주는것이 아님을 알아야 한다

- 여담 하나 -

필자의 개인적 경험을 이야기하고자 한다. 몇 해 전까지, 필자가 사는 동네에는 봄,가을이면 마라톤 경기가 매우 자주 열렸다. 거의 매주 일요일마다 주관 단체를 달리하여 열리는 이 경기들로 인해, 교통 통제로 인한 불편이 이만저만이 아니었다. 참가자들이야 일생에 한번 혹은 어쩌다일지 모르지만, 그 지역에 사는 주민들로서는 매년 겪어야하니 여간 고역이 아니었다. 그래서 하루는 작심하고 전화기 앞에 앉아서 종일 전화기를 돌렸다. 처음에는 주관하는 단체부터 시작해서 → 서울시 → 대한체육회 → 생활체육회→ 구청… 하영든 최소한 7~8 군데를 전화하였다. 이곳에 하면, 저곳에 하라, 또 자기는 담당이 아니니 어디 하라, 자기 부서 소관이 아니니 어디로 전화해라 그래서 고분고분 시키는대로 했다. 단, 전화통화하는 사람의 부서와 이름을 반드시 복창 확인하고, 필자가 겪는 불편

사항에 대해서 누누이 설명하였다. 마침내 주관 부서의 책임자와 통화가 되었는데, 구민들이 겪는 고충을 이야기하였더니, 그런줄 몰랐다고 하면서 시정하겠다는 약속을 받았고 마침내 그 행사는 현재 대폭 줄어들었다. 물론, 시정이 안되면 그 사람에게 매일 전화하겠다고 엄포를 놓았고 실제 그렇게 할 생각이었다. 이처럼 설마 되겠어 하지말고 실제 해보면 상황을 바꿀 수 있다. 더군다나, 여러 사람이 동시다발적으로 요구하면 그곳은 견딜 수 없다.

블랙 아이스(Black Ice) :

몇해 전 언론에서 초겨울에 블랙 아이스 때문에 사고가 나서 차량 여러대가 추돌 사고가 나고 또 여러 명이 목숨을 잃었다는 뉴스가 많이 나왔다. 필자를 비롯한 차량 운전을 하는 국민 대다수가 생판 듣지도 못한 새로운 용어를 들으니, 불안감도 들고 궁금하기도 하였다. 알고보니 그것은 그냥 '살얼음' 이었다. 누가 먼저 블랙 아이스 라는 말을 쓰니까, 언론에서 아무 생각 없이 따라 쓴 거 같은데 그럴 거면 기자는 왜 하는지 모르겠다. 기자나 아나운서는 언론에서 대중을 대상으로 정보를 전달하는 역할을 맡고 있다. 당연히 적게 배운 사람이나 보통 사람도 얼른, 쉽게 이해할 수 있는 단어를 써야 하는 것은 상식이자 의무이다. 만일, 전혀 새로운 분야라서, 적당한 우리말이 없으면 어쩔 수 없지만, 살얼음이라는 초등학생도 알 수 있는 좋은 우리말이 있는데도 불구하고 한동안 겨우 내내 블랙 아이스 타령을 해대는 소위 전문직에 종사하는 기자나 방송인을 보고 있자니 참으로 답답하였다. 나만 그런가? 영어를 쓰면 유식해 보일것 같으니까 그러는 것일까? 그야말로 하나만 알고 둘은 모르는 무식함의 소치에서 나온 짓이다.

원과 어ㅓㄴ, 웰과 에ㅓㄴㄹ, 권과 거ㅓㄴ :

최근 길거리 현수막, 간판, 방송 등에서 틀린 맞춤법으로 쓰인 위의 글자들이 너무 많이 보인다. 심지어 KBS를 비롯한 각종 공영 방송의 자막에서도 너무 흔하게 보이고, 관공서에서 만든 홍보문에도 버젓이 쓰이는 것을 볼때 참 의아스런 생각이 들때가 너무 많다. 초등학교 1학년도 틀리지 않을 '원'자 하나 제대로 못쓰는 사람들이 관공서에 몸을 담고 있고 방송일을 하고있는 현실을 보고, 필자만 잘못 알고 있는가 하여 가까운 지인들에게 여러 차례 물어 보기도 하였다. 이 맞춤법이 맞는지 틀린지는 컴퓨터 자판을 한번 쳐보면 금방 알 수 있다. 쳐지지가 않는다. 그런데 왜 그렇게 많은 사람들이 아무 생각없이 쓸까? 멋있어 보여서? 필자는 한마디로 무식하거나 무신경하기 때문에 그렇다고 밖에 결론 내릴 수 밖에 없다. 물론, 우리 한글은 이렇게 써야 한다는 획순은 없는걸로 안다. 하지만, 타자로 쳐지지도 않는 글자를 아무 생각없이 반복적으로 쓴다는 것은 달리 무식하다는 것 외에 다른 이유가 있을리 없다.

KBS1 영상 캡쳐

강원도 홍보 안내문

요즘, 외국에서는 한글 열풍이 불어서, 한국어를 공부하는 사람들이 많은데, 그들이 우리에게 이에 관해 무엇이 옳은지 또 왜 그렇게 잘못된 표기가 많은지 물어보면 어떻게 설명해 주어야 할지 무척 난감할 것 같다. 덧붙여서 생각나는 것은 저렇게 잘못된 표기가 넘쳐나는데도 왜 국문학 또는 관련학계에서 종사하는 학자나 어른이 나서서 잘못을 시정해 주지 않는지도 궁금해진다. 귀찮아서 혹은 너무 사소한 일이라서 그렇게 막 쓰도 상관없으니, 각자 소견에 옳은대로, 맘대로 모양만 대충 비슷하면 별 상관없다고 생각하는 건지 묻고 싶다. 제대로 된 학자나, 어른이 잘못을 지적하고 반복적으로 시정을 요구하면, 짧은시간 안에 고쳐질 수 있는 쉬운 일 같은데, 이마저도 게으르거나 본업 외의 먹고 사는 일에 정신이 팔려 눈에 보이지가 않는 모양이다. 다시 말하지만, 한글은 우리 말고 다른 사람이 지켜주는게 아니다. 우리 말과 글은 국민 모두가 작은 것 하나에도 관심과 애정을 가지고 발전시켜야 하는 너무나도 소중한 우리의 보물이고 보배이다.

현대판 최만리들

현대판 최만리라 함은, 세종이 훈민정음을 창제했을 당시 집현전 부제학이었던 그는 기득권 지킴이의 역할을 자처하고 나섰는데, 지금 세상에도 그와 똑같은 논리로 나쁜 습관을 답습하는 무리들을 지칭한다. 세종이 우매한 백성들을 불쌍히 여기고 사랑해서, 무식한 백성들도 쉽게 깨우칠 수 있는 한글을 창제한 그 고귀한 정신과는 달리 무식한 것들이 글을 알고 깨우치면 기어오르기 때문에 양반들만 알아야 한다는 그 생각을 지금도 고스란히 가지고 있는 집단들이 여전히 존재한다.

법률가 집단 :

법률가 집단이라 함은, 법을 매개체로 하여 먹고 사는 판사, 검사, 변호사 등등을 말한다. 지금 현재 쓰이고 있는 많은 법률 용어들이 일제시대에 쓰이던 것들이 많은데, 현대 어법과 맞지 않거나 우리 한글과는 동떨어진 단어나 표현들이 많은데도 고치지 않고 그대로 쓰고 있다. 대표적인 것이 판결문인데, 법률 서비스 대상자들인 국민들 입장은 전혀 고려하지 않은채 만연체의 긴 문장과 낯설고 어려운 법률용어 등으로 들어도 쉽게 이해가 되지 않는다. 그렇게 해야 폼이 나서일까? 쉬운 말, 일상적인 표현으로 바꾸어야 국민의 법질서 준수의식과 법 이해수준도 높아질 수 있다. 아래는 일본식 표현과 한글로 대체 가능한 표현의 예이다. 사실 마음만 먹으면, 큰돈 들이지 않고 금방 고칠 수 있을것 같은데 전혀 그렇게 할 마음들이 없는것 같아 안타깝다.

이들이 만연체의 긴 판결문을 바꾸지 않고, 일본식 용어들을 고집하는 심리는 대체로 다음의 세 가지라고 한다. 모두가 짐작하듯이, 그 업계 있는 사람들로부터 들은 이야기이니 맞는 말일것 같다.

첫째는, 일반인이 세세히 관련내용을 알면 우리만 골치 아파진다 - 자기들만 아는 일종의 법조 카르텔이 형성되어야 자기들 끼리의 밥그릇 차지가 쉬워진다.

둘째는, 누구나 다 알 수 있는 쉬운 내용으로 바뀌면 어렵게 배운 우리랑 다를게 뭐가 있어 하는 차별의식과 특권의식이다.

셋째는, 나쁜 관행이다. 전문가인 자기들이야 늘상 쓰니까 익숙해져서 이상한 느낌도 들지 않고 뭐 어때서이다. 일반 국민들이 알든 말든, 우리만 불편없으면 그만이니 그냥 관행으로 일관하는 것이다. 사실, 이들 집단이 가지고 있는 더 큰 문제는 자기들끼리의 동업자 정신이고 패거리 문화이다. 이들은 공부 잘 해서 어려운 시험 통과한 자들만이 갖는 우월한 특권의식에다, 한국은 어떻게 보면, 결코 큰 나라가 아닌데다 한국 발전의 가장 큰 문제인 혈연, 학연, 지연의 세 축을 매개체로 국민의 이익이나 정의 등은 도외시한 채 보통 사람들의 법 감정과는 동떨어진 엉뚱한 기소를 하고 판결을 하는 듯한 인상을 최근 많이 보고있다. 한쪽 집단에게는 한 없이 너그럽고 부드럽고 온정적이고, 그 반대 집단에게는 찍었다 하면 끝을 보고야 마는 그 집요하고 악착같은 현상을 한,두번 보는 것이 아니다. 그야말로, 자기들의 이익을 해치거나 집단적으로 형성된 정치적 징벌 대상에게는 마치 맹견 주인이 '핏불'에게 물어라 하고 명령을 내리면 달려가서 끝까지 사람을 거의 죽도록 공격하는 것이 연상되는 것은 나만의 느낌인가? 알만한 사람은 다 안다. 백성을 그렇게 무식하다고 여기고 자기들만 옳고 똑똑하다고 여기지 말기 바란다. 사실 꽤 많은 수의 법조인들은 법에 관해서는 전문가일지 몰라도 일반적인 상식이나 역사 등은 한참 뒤떨어지는 사람들도 많은 것 같으니 너무 잘난체 하지 말기를 바란다.

일본식 표현	우리말 표현	일본식 표현	우리말 표현
경료된	~를 마친	불입	납입
기왕	이전	불하	매각
부의하다	회의에 부치다	저리	저금리
상당한	적당한, 적절한	당해	해당
소명	밝혀내다, 드러내다	지불	지급
수인	몇사람	하청	하도급
이송하다	옮기다	기타	그 밖에
익일	다음날	경질	바꿈
참작하다	헤아리다, 고려하다	수봉(收捧)	징수
잔여재산	남아있는	해태한	제때 하지 아니한
잔존물	나머지	고(告)하고	알리고

의사 및 의료계 종사 집단 :

의사 등이 휘갈겨 쓰는 그 처방전 또한 도무지 일반인은 알 길이 없다. 그렇게 쓰는 이유 또한 괜시리 환자가 알면 자기들의 권위가 훼손될 수도 있고, 만일의 사태 (의료분쟁 등) 발생시 보호 차원에서 그렇게 하는것 같다. 이것도 진정으로 환자를 배려한다면 고쳐야 하지 않을까 한다.

정겹고 아름다운 한글

외국인들이 말하기를 한글은 글자로서는 배우기가 쉽지만, 말하기는 정말 어렵다고 들 한다. 그 이유는 여러가지가 있겠지만, 우리말과 우리 민족만의 특유한 너무나 섬세하고도 다양한 표현방식과 말의 특징에 있다 하겠다. 몇가지만 간단하게만 말해 보고자 하는데, 우리말을 외국어로 전문 번역하는 사람들 입장에서는 너무 어렵다고한다. '아이고' '거시기' 거기다가, 시도 때도 없이 나오는, 말을 시작하면서 별 의미없이 붙이는 '아니' 등은 정말 번역자의 입장에서는 난제 중의 난제라고 한다. 글로 옮길 수는 없어서 다행이다는 생각도 드는데, 우리말은 '욕' 또한 방대하고 다양하고 찰지기가 비공식적으로 세계 최고라고 한다. 보통 사람들이 하는 말 중에서 가장 온 마음과 진심, 진정성과 가장 높은 목소리를 다해 싫어하고 혐오하는 상대방을 향해 솔직한 마음을 거침없이 표현하는 것이 '욕'이기 때문에 그러리라 생각한다. 다음은 영어로는 단순히 Blue, Red 이지만, 한국어로 표현되는 형용사 또는 부사의 종류는 이렇게 다양하다.

Blue
푸르다, 푸르게, 푸른, 퍼런, 퍼렇게, 퍼렇다, 시퍼런, 시퍼렇게, 시퍼렇다, 새파란, 새파랗게, 새파랗다, 푸르죽죽한, 푸르스름한, 푸르딩딩한, 푸르무레한, 파르스름한, 파르무레, 파르라니 – 이 밖에도 더 있는지 모르겠다.

Red
발갛다, 발갛게, 발그스름하다, 발그스레하다, 빨갛다, 빨갛게, 빨간, 붉다, 붉게, 붉은, 시뻘겋다, 시뻘겋게, 시뻘건, 새빨갛다, 새빨갛게, 새빨간 불그스레한, 불그죽죽한, 불그무레, 불콰하다, 붉디붉다 – 더 많은 표현이 있으리라 생각한다.

우리말의 가장 아름다운 부분은 첩어와 준첩어에 있다고 많은 학자들이 말하고 또 동의하고 있다. 첩어는 한가지 단어를 반복시키면서 결합하는 단어를 말하고, 준첩어는 말이 겹치는 첩어의 형식을 지니면서 약간의 변주를주어 어감을 확장하는 표현 방식이다. 둘다, 문법적으로는 의태어에 속하는데, 특별히 준첩어는 그 가지수가 100가지도 넘는데, 영어나 일본어 등 기타 외국어는 겨우 10여 가지 표현밖에 없다고 한다.

첩어

깡총깡총, 곱게곱게, 꼬깃꼬깃, 기우뚱기우뚱, 누구누구, 뉘엇뉘엇, 드문드문, 뚜벅뚜벅, 모락모락, 뭉게뭉게, 반들반들, 바득바득 , 번들번들, 비실비실, 배실배실, 배틀배틀, 소곤소곤, 소복소복, 송이송이, 슬금슬금, 씰룩씰룩, 아슬아슬, 엉금엉금, 움찔움찔, 웅성웅성, 조곤조곤, 조마조마, 콜록콜록, 터벅터벅, 하늘하늘, 흔들흔들, 흘러흘러, 등등.

준첩어

개발새발, 괴발개발, 곰비임비, 곱디곱다, 권커니 잣커니, 달콤새콤, 두근반세근반, 들락날락, 들쑥날쑥, 따따부따, 맵고맵다, 불그락푸르락,비실배실, 비틀배틀, 비쭉배쭉, 세월아네월아, 아기자기, 아둥바둥, 아득바득, 알록달록, 알쏭달쏭, 알콩달콩, 알뜰살뜰, 앞서거니 뒷서거니,야들보들, 어금버금, 어슷비슷, 얼기설기, 엎치락뒤치락, 얼레리꼴레리, 오밀조밀, 오손도손, 옥신각신, 올망졸망, 올록볼록, 옹기종기, 오물딱조물딱, 우물쭈물, 우왕좌웅, 우둘두둘, 울그락불그락, 애걸복걸, 헐레벌떡, 흔전만전, 흥청망청, 횡설수설, 엉망진창, 똥꾸방꾸 등등.

위 준첩어들을 소리내어 혹은 속으로 가만히 읽어보라. 리듬감이 있으면서도, 흥겨울 정도로 중독성이 있고 기분이 즐거워짐을 느낄 것이다. '옹기종기' '올망졸망' '오손도손' 이 단어들만 들어도 금새 모두가 정겹고 마음이 따스해진다. 이처럼 준첩어는 우리 말의 맛과 멋을 더하는 것으로서 앞말을 닮은 뒷말을 살짝 변화를 주어 따르게 하여 음악적인 감각 혹은 회화적인 감각을 주어 재미있게 말의 멋과 맛을 내게 한다. 그야말로, 준첩어는 말의 빛깔과 뉘앙스를 다채롭게 하는 보물같은 언어 형식으로서, 상황의 미묘함과 다양함을 생동감 있게 표현하여 우리말을 다채롭게 하는 언어의 마술이다. 이런 표현을 만들어 내는 사람들과 일상적으로 사용하는 사람들의 마음은 따스한 정감이 있고 사람에 대한 사랑과 배려가 기본적으로 심성 밑바닥에 있을 수밖에 없다.

홀대 받는 한국어 VS 인기 짱 한국어

많이들 들었겠지만, 해외에서의 한국과 한국어에 대한 인기는 실로 대단하다. 어떤 이는 경제적 기회를 찾기위해 한국어를 공부하기도 하고 또 어떤 젊은이들은 K-컬쳐와 BTS로 대표되는 한국 문화의 매력에 매료되어서 그냥 한국어를 공부하는 이들도 점점 많아지고 있다. 이들을 위한 교육기관으로 세종학당이 있는데, 2007년 몽골 울란바토르에 처음 개설할 당시 전 세계 3개국 13개소, 연간 740명에 불과했는데, 2022년 현재 84개국 244개소로 확대 되었다. 매년 8만여 명이 배우고 있지만, 넘쳐나는 수요를 감당하지 못해 많은 수강 희망자들이 등록을 대기하고 기다리고 있는 실정이다. 또한 한국어는 이 세상에서 세계인이 가장 많이 배우는 외국어 순위가 6위이다. 모두가 짐작하듯이 영어가 1위, 스페인어가 2위, 3위가 프랑스어, 4위 일본어, 5위 독일어, 그 뒤를 이어 한국어가 6위이다. 참고로 이탈리어어 7위, 중국어 8위, 러시아어 9위, 아랍어 10위이다. 자기들이 G2라고 거들먹거리는 중국어보다 한국어를 더 많이 배운다는 것은 참으로 놀랍기 짝이 없다.

하지만, 이처럼 세계인이 한국어에 열광하기 시작하는 것과는 달리 우리의 우리 말과 글을 향한 홀대는 점점 해가 갈수록 더 심해지는 것 같다. 새로 출시되는 제품의 상품명을 보든지, 아니면 바깥에 나가서 길거리의 간판이나 인터넷을 켜보면 영어 혹은 뜻모를 외국어의 남용이 도가 넘친다. 주변에 아주 사소한 안내문이나 생활 시설들의 안내 등도 꼭 영어로 쓸 필요가 없는 것까지 영어로 일관하는 것을 보면 거의 중독 수준이 아닌가 할 정도이다. 나이드신 어른들에 대한 배려가 전혀없이 전문 용어가 필요없는 생활 시설에도 그냥 영어로 도배하는 것을 보면 참 답답한 심정이다. 국수주의로 흐르자는 것이 아니라, 문화 사대주의, 외국어 사대주의가 지나침은 한국인 전체가 정신적으로 문제가 있지 않나 하는 생각이 들 정도이다. 나라의 국력이 신장함과는 정반대로 점점 더 우리의 주체성은 무뎌지고, 외국어로 간판을 달고 외국어를 입에 달고 살아야 열등감이 해소되는건지 정말 답답하기도 하고 한심하기도 하다. 우리것에 대한 자신감이 그렇게 없는 사람들이 방송과 언론을 누비고 다니니 대중 또한 잘못된 행태를 고스란히 따라하고 있다. 외국어=세련, 한국어=촌스럼. 정말 개탄스럽기 짝이없다. 동포여 부디 정신 차리자.

모국어란 무엇인가?

　모국어(母國語)를 영어로 옮기자면 Mother Tongue이라고 하는데, 이는 한문이나 영어나, 말 그대로 풀이하자면 태어나서 어머니로 부터 배우는 말이란 뜻이다. 즉, 태생적으로 배우는 언어란 뜻인데 별도로 공부하지 않고도 자연스럽게 학습이 되는 언어로서 우리 한국어처럼 나라가 있으면 모국어, 나라가 없이 민족안에서 통용되는 말은 모어(母語)라고 한다. 학습하여 익힌 언어와 달리, 모국어는 더 깊은 사유와 소통을 가능하게 하며 나의 감정과 정서를 온전히 담아낼 수 있는 생각의 그릇이다. 어느 나라, 어느 민족이든지 그 모어 혹은 모국어 안에는 그 민족만의 고유한 정체성이 깃들어 있는데 그들이 지금 그러한 말 또는 문자를 쓰는 것은 그 속에 그 민족의 얼, 사상, 역사, 문화, 종교 등이 오랜기간 응집되어서 형성되어 있기 때문이다. 다시 말해, 단순히 말만 배우는 것이 아니라 주변환경을 통해 전승되는 경험과 사회적인 맥락을 겪으며 형성된 문화적 가치까지 포함한다. 이처럼 말과 글에는 그 민족, 그 나라만의 고유한 특질과 정체성이 녹아 있다.

　이 지구상에는 약 7,000종의 언어가 있다고 하는데, 그 언어만의 고유 문자가 없으면 거의 자연스럽게 도태되면서 그 언어는 결국에는 사멸되는 운명을 맞게된다. 안타깝게도 지금 소수 민족들이 사용하고 있는 언어들은 대부분 문자가 없기 때문에 지속적으로 지구상에서 소멸되고 있다. 이처럼 문자는 언어가 유지, 보존되는데 결정적 역할을 하여 그 언어의 생명을 지속시키는 것은 물론, 그 언어를 사용하는 민족 혹은 나라를 계속해서 발전시킬 수 있기 때문에 식민지 경영을 하는 제국주의자들은 피식민지의 언어를 빼앗고 못쓰게 하는 것이 식민지 경영의 핵심적 정책 중 하나였다. 그런 예는 너무 많은데, 대표적으로 스페인에게 정복당해 300여 년 피식민지가 되었던 대부분의 남미 국가들이 자기들 고유의 말을 잃어버리고 대신 스페인어가 자기들의 국어가 되었고, 또한 포르투갈에게 정복당한 브라질은 포르투갈어가 자기들의 국어가 되었다. 우리 또한 일제가 36년 동안 우리의 말과 글을 빼앗으려고 그처럼 우리를 괴롭혔기에, 이에 우리말을 사랑하던 지각있는 선각자들은 우리 말과 글을 지키기 위해 온몸 바쳐 노력하였고, 우리 말에 대한 연구 그 자체가 목숨을 건 독립운동과 똑같았다고 하였다.

　이처럼 각 나라, 각 민족에게는 모국어 또는 모어는 그 민족을 유지하고 발전시키는데 너무나 중요한 핵심 요소이다. 따라서 자기 민족만의 언어를 사랑하고 발전시켜야 하는 것은 참으로 중요한 일로서, 다른 나라 다른 사람이 대신해 줄 수도 없는 오직 우리 민족만이, 우리 스스로가 쉼없이 해야 하는 일이다. 이 책의 제목이 '한국인은 일음절의 천재들'인데, 글은 세종대왕께서 만드셨지만, 말은 누가 만들었을까? 언제, 누가, 어떻게 만들어졌는지 아무도 알 수 없다. 다시 말하면, 말은 내가 만든 것도 아니고, 당신이 만든 것도 아닌, 너와 나, 우리가 오랜 세월동안 선조부터 무의식적인 집단 지성으로 만들어 낸 역사적, 문화적, 민족적 산물이다. 따라서 우리 말의 앞으로의 발전과 방향의 책임은 당신이나 너가 아닌, 나를 포함한 우리 모두에게 책임이 있다. 또한 말은 살아있는 생물과 같아서 끊임없이 새로 만들어지고 또 뜻이 변하기도 하지만 덧없이 사라지기도 한다. 우리는 모두 남탓 하기를 좋아하고 결과가 잘못되면 누구를 찍어서 모든 비난을 그에게 퍼붓고 욕하기도 잘하며 그렇게 하는 것이 또 참 쉬운 일이다. 하지만 어떤 잘못된 일의 결과의 책임이 나에게 혹은 우리에게 돌아오면 궁색해지면서, 어떻게 하든지 다른데로 돌리려고 애쓰는데, 그러지 말기 바란다. 결론적으로, 우리 말과 글이 흥하고 망하는 것은 다른 사람에게 달려 있는 것이 아닌, 우리-당신과 나에게 책임이 있다는 것을 명심하기 바란다. 나아가 우리 말과 글의 연구는 관련 학자들만의 전유물이 아닌 모든 한국인이 우리 말과 글의 사용에 있어서 관심을 가지고 아끼고 사랑해야 한다. 그렇게 하는 일이 많이 어려운 일일 것 같은가? 자신을 사랑하지 않는 사람이 없듯이 말과 글은 바로 우리 자신이다. 자신을 사랑하고 아끼듯이 똑같이 아끼고 사랑하면 된다.

　마지막으로 세계적으로 존경 받았던 남아프리카 공화국의 넬슨 만델라 대통령이 했던 모어, 모국어에 대한 어록을 소개하면서 이 편의 글을 마치고자 한다.

"당신이 어떤 사람에게 그가 이해할 수 있는 언어로 이야기 하면, 그 말은 그의 뇌로 들어가지만, 만일 그의 언어(모국어)로 이야기 해주면 그 말은 그의 가슴으로 들어간다"

Chapter 09

언론과 기자

- 놓칠 수 없는 절대적 가치 : 공정성과 투명성
- 언론 자유도와 언론 신뢰도
- 세가지 특징
- 방송통신위원회 : 언론감시
- 대담한 사기질, 도둑질 그리고 방관
- 언론의 사명
- 프랑스의 과거사 청산

Chapter 09

언론과 기자

견제와 감시 기능을 하는 대표적인 곳이 언론으로서,
언론의 본령은 권력을 감시하고 비판하고 약자의 권리를 옹호해서
공정한 사회를 만드는 것에 있다.

놓칠 수 없는 절대적 가치 : 공정성과 투명성

공정성과 투명성은 경제발전이나 국력 신장 등과는 하등 직접적인 관계가 없는 것처럼 보이고 사실 이 두 가지 요소는 국가 성장 동력과는 별 상관이 없다. 국가가 발전하기 위한 성장동력은 크게 봐서 첫째로, 훌륭하고 지혜로운 지도자에 의해 끊임없이 미래에도 도움되는 새로운 정책이 연속적으로 성공하든지 아니면 둘째로 석유 등의 엄청난 광물자원이 발견되든지 그것도 아니면 셋째로, 지도자와 관계없이 국민들 자체가 워낙 부지런하고 총명하며 일치단결하여 국력을 신장 시키는 것 외에는 달리 방법이 없는 것 같다. 하지만, 이 공정성과 투명성은 분명히 국가를 발전시키는 성장동력은 아니지만 세상의 모든 선진국에서 어김없이 공통적으로 발견되는 그 사회의 중요한 핵심 가치이자 그 사회를 밑바닥부터 온전히 지탱시키는 존속 요인이다. 이런 점에서 북유럽 국가들은 항상 위 두가지 가치인 공정성과 투명성에 있어서 최고인 국가들이다. 당연하게도 이들 국가들의 언론자유도와 신뢰도 또한 최상위권이다. 언론 스스로가 이런 긍정적인 요소를 갖게된 것이 아니라, 국민들 의식수준이 매우 높기에 이들 언론매체에 대한 비판의식을 가진 시민 단체등에 의한 감시 기능이 작동하기 때문에 이런 좋은 결과로 연결되었다. 이

공정성과 투명성이 높을수록 부정부패와 불공정이 적기 때문에 너무도 당연히 계층간의 갈등이나 위화감이 낮은 대신, 국민들의 행복도는 매우 높은 나라들이기에 우리가 반드시 끊임없이, 쉬지말고 추구해야 하는 너무나도 중요하고 소중한 절대적 가치이다.

이와는 정반대로, 희한하게도 세계의 저명한 사회과학자들의 연구에 의하면 우리가 흔히 후진국이라고 부르는 아프리카, 남미, 아시아 등의 저개발 국가들에서 공통적으로 발견되는 부정적 현상은 어김없이 부정부패라고 하는데, 알다시피 공정성과 투명성의 정확히 반대되는 개념이 부정부패이다. 즉, 다시 말해서 그 사회가 발전하고 선진국이 되기 위한 필수불가결의 요소가 바로 공정성과 투명성이고, 설사 선진국이 되었다고 하더라도 그 상태를 계속해서 유지시키기 위해서는 이 두가지 요소가 일시적이 아니라, 항상 그 나라 그 사회의 저변에 단단히 뿌리박혀 있지 않으면 안된다. 만약 어느 한 시덥잖은 국가가 요행히 엄청난 지하 광물자원을 발견했다 하더라도 그 축복은 일시적이고 제한적이 될 경우가 많다. 다시말해, 그 축복은 국민 대다수, 골고루에게 돌아가지 않고 그 사회의 부패한 권력층, 기득권층에게만 국한되어 누려지는 축복이고 또한 그 광물자원 (석유)이 마르면 그 축복도 끊겨진다. 그나마, 이를 견제하고 감시할 언론이나 시민기구 등이 없다시피 하니 부패한 권력자는 자기의 재임기간 중에 해먹으려, 급하게 서양의 메이져 개발 회사들과 밀실거래를 통해 자기와 개발회사에게는 엄청난 부가, 그러나 나라와 대다수의 국민들에게는 미미한 수입의 불평등, 불공정 계약을 쉽사리 한다. 대체로 권력기반이 취약하여 언제 쫓겨날지도 모르니 급하게 한탕 해먹고 튈 방도를 생각하는 것이다.

세상의 모든 권력은 스스로 자정작용을 갖고 있지 않다는 것은 인류의 긴 역사가 분명하게 보여주고 있다. 관심갖고 지켜보고, 견제하고 비판하지 않으면 모든 절대권력은 절대로, 반드시 부패한다. 이런 부패한 권력을 견제하고 감시하고 죄의 책임을 물을 수 있는 세곳은 첫째 경찰, 검찰 등 정부의 사법기관과 둘째 언론, 셋째 시민기구가 있다. 하지만 정부의 사법기관 또한 오염되어서 교묘하게 한 통속인 곳 또한 많은 것 같다. 그럼 그 다음 이런 견제와 감시 기능을 하는 대표적인 곳이 언론으로서, 언론의 본령은 권력을 감시하고 비판하고 약자의 권리를 옹호해서 공정한 사회를 만드는 것에 있다. 여기서 말하는 권력은 단순히 정치 권력만을 말하지 않고 엄청난 힘은 있으나 거의 어떤 견제도 받지 않는 어떤 사법기관 또한 끝없는 탐욕으로 회유하는 재벌 등도 이에 포함된다. 이처럼 언론은 민주주의가 올바르게 작동하기 위한 꼭 필요한 요소이자 중요한 역할을 한다고 믿기에 나라에서는 헌법 21조 제1항 "모든 국민은 언론 출판의 자유와 집회 결사의 자유를 가진다"라고 하면서 언론의 자유를 보장하고 있다. 또한 기자들을 "진실과 국민의 알 권리를 위해 또는 나라를 위하여 사명감을 갖고 때론 위험을 감수해 가면서 취재하는 사람들" 이라고 알고 있었다.

그러나 최근 한국의 언론은 이런 기본적 가치가 심하게 흔들리고 있다. 기레기라는 말을 많이 들어 보았을 것이다. 기자 + 쓰레기의 복합 신조어이고 세계적인 사전에도 등재되었다고 할 정도로 유명해졌다. 다시 말하면 기레기라고 표현하는 것을 대부분 사람들이 인정할 정도로 사회적으로 무리없이 받아들여지고 있다는 의미인데 대다수 한국 기자들의 타락성과 오염성을 나타내는데 더 이상 적당한 말은 없는듯 하다. 사실 위에서 말한 권력 기관 중 언급하지 않은 곳으로 가장 심각하게 타락한 권력은 언론사 그 자체이다. 꽤 많은 언론사는 역사적으로도 많은 해악을 국가와 민족에게 끼쳤지만 지금도 마치 자기들은 정의로운 곳인양 다른 곳은 신랄하게 꾸짖고 또는 제법 점잖게 훈계하고 있다. 만일, 개인 간에 이런 사람이 있다면, 그 사람은 거의 인간 취급을 받지 못한다. 만일 자기 허물이 그처럼 많은 사람이 남에게 이러쿵 저러쿵 훈계한다면 싸대기나 처맞고 철저하게 외면 당할 수밖에 없다. 그런데도 지금도 언론사라는 간판을 내걸고 뻔뻔스럽게 선비질 하면서 나대고 있다.

언론 자유도와 언론 신뢰도

언론 자유도라 함은 언론이 권위적인 정권 또는 억압적인 상황 아래에서 외부로부터 강요당하지 않고 자유롭게 취재하거나 발표할 수 있느냐 하는 것을 말하고, 신뢰도라 함은 언론기관이나 기자가 어떤 상황에서든지 어느 한쪽에 치우치지 않고 정말 진실을 말하느냐를 말한다. 쉽게 말해서, 자유도는 기자를 포함한 언론이 정권, 재벌, 권력기관 등에 대해 쫄거나 눈치 보지않고 공적 이익에 바탕하여 가감없이 보도하고 국민이 궁금해하는 것을 거침없이 대신 물을 수 있느냐 하는 것이다. 반면, 신뢰도가 훼손된 경우는 대개 그런 힘있거나 무서운 권력에 순응하여 하나마나한 질문을 하는 것을 넘어서서 아예 그들이 내미는 돈과 권력을 개인적 욕심을 채우기 위해 적극적으로 쫓는 그런 상태를 말한다. 즉, 불의한 자들과 거의 심정적 동지가 된 상태를 말한다.

　대한민국은 후진국에서 출발하여 경제발전과 민주주의를 동시에 이룩한 세계에서 유일한 나라로 국제적으로 평가받고 있는데 최근 한국의 언론 상황은 언론 자유도 면에서는 아시아에서는 가장 높은 세계적인 수준으로 도달했으나 언론 신뢰도 면에서는 세계에서 가장 낮은 참담한 형편이다. 언론 자유도가 타율성과 연관되어 있고 권위적인 정권이나 억압적인 상황이 끝나면 회복될 수 있는 한시적인 것이라면, 신뢰도는 전적으로 자율성과 깊게 관련되어 있다. 국민들 입장에서는 자유도의 침해는 충분한 이해와 동정의 여지가 있기에 격려하고 성원을 하기도 한다. 하지만, 신뢰도의 훼손은 자발적이기 때문에 구역질나는 부끄러운 행태에 지나지 않는다. 언론 신뢰도의 훼손은 언론의 발표나 기자를 믿을 수 있느냐 하는, 어떻게 보면 언론 자유도 보다 훨씬 더 심각한 언론 자체의 본질적 문제를 말하는 것이다. 문제는, 일시적인 현상이 아니고 오랫동안 언론 직업관 자체가 오염되어서 고착된 채로 스스로 자정 작용을 잃어버리는 상태가 되는 것이다.

　영국 옥스포드대 부설 연구소가 발간하는 Digital News Report에서 매년 발간하는 언론 신뢰도 조사에서 대한민국의 언론은 2016년 부터 2020년까지 4년 연속 부동의 꼴지를 기록하였다가, 최근 2021년에는 불행 중 다행히 조사대상국을 찌질이 친구들(그리스, 필리핀 등)이 새로 들어와서 밑을 받쳐주는 바람에 최하위는 가까스로 면했다. 나라의 전체적인 국력은 세계 10위권의 선진국 대열에 올라갔지만, 위에서 언급한 부정부패를 방지하고 진정한 선진국의 핵심 정체성인 공정성과 투명성을 제고하고 유지시키는 가장 확실한 방부제이자 파수꾼 역할을 해야하는 언론은 재벌과 정치권, 법조계 등 힘있는 자들과 야합하여 부끄러운 짓을 계속 행하고 있다. 기레기라는 부끄럽기 짝이 없는 조롱하는 단어도 자꾸 들으니까 익숙하고 편해진가 보다. 문제는 반성할줄 모르고 이런 행태가 고착화되고 있는 것 같아 심히 걱정스럽다. 마치 길에서 혼자 대낮에 오줌을 누면 부끄러운 줄을 알고 감추면서 볼일을 보지만, 예비군복을 입고 여러명이 한번에 바지 까고 오줌을 누면 부끄러운 줄 모르고 뻔뻔스러워 지는 것과 같다. 일제히 거의 모든 기자가 도저히 납득이 가지 않게 한방향으로 선착순 달음을 하는 것 같은 그런 이해불가의 행동들을 하고 있다. 이미 집단적으로 기자 본연의 양심이 마비 되어버렸는가?

　단, 하나의 예만 들자면, 세월호 사건때 일반인 시각에서 도무지 납득이 되지 않는 궁금한 일이 너무나 많고 의혹투성이인데 기자들 아무도 그런 일들에 대해 묻지 않거나 전혀 앞뒤가 맞지않는 석연찮은 변명에도 쉽사리 수긍하고 돌아서는 것을 보고 도저히 이

해가 되지 않았다. 반면, 정부에서 주장하거나 또는 정부측 입장에서 미운털이 박힌 사람을 공격하는 일에는 거의 단일대오로, 그 사람이 너덜너덜해질 때까지 요즘 말로 영혼까지 탈탈 털어 대었다. 흔히 하는 말로, 자기 여동생이 만일 그 배에 타고 있다가 그처럼 억울하게 죽어도 그렇게 할 수가 있을까 하는 생각이 든다. 그냥 재수가 없어서 그런가 보다 혹은 여동생 운명이 거기까지 인가보다 하고 말 건가. 그 말같지도 않은 변명을 착실히 반복해서 들려주는 그 배짱 또는 무식함을 보고 돈 때문일까? 회사의 높은 놈들 눈치 보느라고 그럴까? 아니면 우리가 모르는 심오한 비밀이 있는 것일까? 최근 몇 년간 필자가 본 한국 기자들 특징은 크게 다음의 3가지 장면이 떠오른다.

세가지 특징

첫째로 무식하고 실력이 없다
장면 1 : 2010년 G-20 대회 때 오바마 미 대통령의 서울 기자회견

회견 말미에 눈치없는 오바마 대통령이 갑자기 특별히 한국 기자들에게만 질문을 받겠다고 했다. '아니 이 무슨 망발인가? 미리 질문자 선정을 하지도 않고, 또 예상 질문지도 주지 않고 이렇게 무례하게 관례를 어겨도 되는가? 미국 대통령이면 제 마음대로 해도 되는가? 한국에 왔으면 한국의 관행을 따라야 하는 것 아닌가' 아마 대다수 한국 기자들은 순간 이렇게 생각했을 것이다. 두 번이나 기회를 주었지만, 기자회견장은 그냥 얼음바다가 되었고 한국 기자들은 튀어볼려고 촐삭거리지 않고 모두 조용히 품위를 지키고 앉아 있었다. 이후 시건방진 루이청강이라는 중국 기자 하나가 대신 그 좋은 기회를 가로챘다. 그 자리는 아마 각 언론사의 소위 영어 좀 할 줄 아는 에이스들만 참석 하였을터인데 세계 만천하에 한국 기자의 무능함과 무식함을 드러 내었다. 평소에 짜고 치는 고스톱처럼 예상 질문과 예상 답변으로 편하게 수족관 속의 고기만 잡아먹는 일만 하다가 진짜 질문하는 습관을 잃어버렸거나, 기자회견 대비 공부를 전혀 하지 않았거나, 또는 영어가 짧아서 그랬을 것이다.

비유를 하자면, 그 자리는 마치 2002년 월드컵 때 대 스페인전에서 마지막 승부차기 키커로 나선 홍명보 주장과 같은 자리 였을 것이다. 세계인이 보는 가운데 그 막중한 자리에 서는 그 엄청난 부담감과 또한 선수로서 평생에 한번 올까말까한 최고의 영광의자리 - 천만다행히도 홍 선수는 성공하였고, 킥 성공 후 그가 환하게 웃으며 자랑스럽게 팔을 휘드르면서 카메라를 향해 뛰어오는 모습을 전국민은 아마 수백번, 수천번은 기쁘게 보았을 것이다. 그 성공으로 홍 선수는 2002년 월드컵의 최고 수혜자 중의 한 명이 되었다. 다시 기자회견장으로 돌아가서, 만약 어떤 기자가 벌떡 일어나면서 영어로 오바마 대통령이 난처해 하는 질문을 하고, 그 답변이 시원찮아서 다시 재차 질문하는 모습을 보였다면, 아마 그 기자는 영원히 한국을 대표하는 기자로 각인 되었을 것이다. 홍명보 선수가 몇년 후 비교적 젊은 나이에 국가대표팀 감독이 된 것처럼, 아무리 못되어도 그도 몇년후 언론사 대표가 될 수 있었을 것이다. 어쨌든, 그 자리는 한국 언론인들 모두에게는 공개적으로 만천하에 무식함을 드러낸 자리였고 나아가서 그 기자회견을 보고있던 모든 한국인들 또한 부끄럽고 얼굴이 화끈거렸다. 그 자리에 있었던 기자들이여~ 관례를 지키지 않은 오바마 대통령에게 지금이라도 엄중하게 항의하기 바란다.

둘째로 강약약강이다
장면 2 : 국정농단 사태 때 청와대의 박근혜와 기자들

연일 바깥은 엄청나게 군집한 관중들이 촛불집회를 이어가고 시시각각 박씨의 목을 죄어가던 그때, 박씨는 뜬금없이 청와대 출입 기자들을 집합시켰다. 접견실인지 뭔지 그곳에 간단한 음식을 차려놓고 기자 회견을 하는데 노트북이나 카메라, 핸드폰 등은 두고 수첩 공주답게 수첩하고 펜만 가지고 입장하라고 했다. 센 놈한테 착하고 양순한 우리 기자들은 토 한마디 달지 않고 시키는대로 무장 해제하고 모두 집합하여 박씨의 일방적 주장을 경청하고 있는 모습을 우리는 이후 나온 사진을 보고 알았다. 아마 그 자리에서도 박씨의 주장을 반박하는 가열찬 질문 같은 건 몰상식하고 예의에 벗어나니까 하지않고 당부대로, 인정많은 옆집 사람들처럼 측은한 표정으로 듣고만 있었을 것이다.

이 장면은 어쩌다 나온 사진이 아니다, 지금 한국의 기자들이 기본적으로 가지고 있는 참으로 한심하기 짝이 없는 저열한 실제 한 모습이다. 정말 힘 있고 모진 놈에게는 여인네 속옷같이 한없이 부드럽고 고분고분하지만 힘이 없거나 유약해 보이는 약자는 인정사정없이 골라서 팬다. 패고 또 팬다. 죽을때까지 팬다. 그 사람이나 집단을 정죄하고자 하는 힘있고 잘못된 사법기관과 거의 똑같은 심정의 동지적 입장에서 느끼고, 글을 쓰고, 보도한다. 다수의 일반 국민이 갸우뚱하고 인터넷 기사는 그들을 조롱하고 비판하는 댓글로 표현되는 민심이 넘쳐나지만, 아는지 모르는지 아니면 차후의 각종 자기들끼리의 대한민국 상위 1 프로에 속하는 권력기관 혹은 높은 사람들 끼리 은밀히 통하는 밀어주고 당겨주는 자기들만의 리그에 이미 속했거나 또는 속하려고 그런 행동들을 하는 것이 아닌가 생각한다.

셋째로 양심같은 건 없다
장면 3 : 대장동 사건과 K기자(전 M신문사 간부)

지금 대한민국을 살고있는 한국 사람 중 이 대장동 사건을 모르는 사람은 아마도 거의 없을 것이다. 하지만, 사건이 원체 복잡하니까 자세히 아는 사람도 많지 않을 것이다. 이 사건과 관계된 사람들 중에는 유독 법조인들, 전 검사장, 변호사 등이 많이 연루되었고 정치인 또한 거기에 포함되었다. 당시 성남 시장이던 이재명씨는 대통령 선거까지 출마했다가 깻잎 한장 차이로 떨어졌고 아직도 고초를 겪고 있는 중이다. 그 중의 한 주역이었던 K씨가 가장 많은 배당금인 1987억 원을 가져 갔는데 특이하게 기자 출신이었다. 사업가도 아니고 법조인도 아닌 언론인이 어떻게 그런 어마어마한 개발 이익이 걸려있고 소송이 줄을 잇는 그런 위험천만한 개발사업의 주역 역할을 하고 또 실제 엄청난 돈을 버는 자리에 오를 수 있었을까?

그는 부동산 개발업에 기왕에 몸 담았던 사람도 아니고, 각종 이해관계로 충돌하고 고소, 고발이 난무하는 정글같은데서 살아날 수 있는 법 지식이 충만한 법조인도 아니고, 그 개발사업에 돈을 댈 수 있는 거부이거나 아니면 금융을 끌어올 수 있는 금융인도 아닌 기자 출신이 가장 많은 어마어마한 거금을 벌었다. 여기에서 필자는 이 대장동 사건 자체에 관해 이야기 하고 싶은 생각은 전혀 없다. 다만, 정치인에 대한 보도는 그렇게 엄청난 비판조의 기사가 넘쳐났지만, 기자 신분인 K씨가 어떻게 그렇게 중추적인 역할을 하게 됐는지에 대한 보도는 많지 않았다. 특히나, 언론인이 그런 냄새나는 엄청난 규모의 비리 사업의 핵심 역할을 할 수 있었는지에 대한 비판적 보도는 거의 없었다. 참, 이상하였다. 필자는 도무지 이해가 되지 않았는데, 기자들 끼리는 충분히 이해가 되고 수긍이 되었나 보다. 어쩌면 기자들 사회에서는 닮고 싶은 선배 즉, 롤 모델이 아니었나 하는 생각이 든다. 듣기로는 그는 특히 검찰과 가까워서 호형호제하는 사이였고 그 바닥의 마당발 역할을 하였다고 한다. 어찌 기자가 본업인 사건을 취재하고 보도하는 일에 헌신하지 않고 취재원과 그렇게 막역한 사이가 되어서 그 어마어마한 개발 사업의 주역이 될 수 있었는지에 대한 기자 집단의 매서운 비판 보도는 거의 없었다. 이러니 기자들은 양심이 없고 스스로를 정화할 수 있는 기능이 정지되었다고 밖에 할 수 없다. 내가 아닌 남을 향한 비판이나 보도는 가열차게 하지만, 나나 우리를 향한 비판이나 비난은 가당치도 않고 수긍할 수도 없다는 것이다.

방송통신위원회 : 언론감시

이런 언론의 잘못된 행태를 바로잡고 견제하고 감시하라고 방송통신위원회라는 것이 있다. 하지만 이 기관이 있는지 없는지 모를 정도로 이들 단체가 언론의 그런 문제점들을 시정하기 위한 어떤 날카로운 소리를 내는 것을 들어본 적이 없다. 있는듯 없는듯 평온하고 조용한 행보를 계속하고 있는것 같다. 어떤 언론사가 방송법을 어겨도 따뜻한 온정주의로 감싸고 다음부터 잘하라고 부드럽게 주의를 주고 만다. 그럴거면 왜 국민세금으로 그곳이 있어야 하는지 도저히 당췌 납득이 되지않는다. 위에 언급하였지만, 우리나라의 언론 신뢰도가 세계 최하위권인데도 그런 부끄러운 일에 대한 문제의식을 가지고 정부차원에서 해결하기 위한 어떤 노력도 보이지 않는것 같다. 오른손이 하는 일을 왼손이 모르게 하고 있는 것인가? 누군가 이에 관해 알고 있다면 필자에게 꼭 알려주기 바란다. 그곳의 높은 자리를 차지하고 있는 사람들은 올바른 언론을 세우기 위해 가열차게 날카로운 노력을 하기보다는 여러 후의와 대접과 배려에 몸과 마음이 푹 젖어있는듯 하다. 아마도 혼자 빽빽거리고 싸워봤자 바뀌는 것도 없고 이곳에서 몇해 있다가 나가보면 어차피 다 선후배 사이인데, 좋은게 좋지 하고 있다 나가야 재벌회사의 사외이사도 하고 무슨 위원회니 뭐니 해서 자리도 주고 감투도 주고 하는데, 나도 살아야 할거 아닌가 하고 몸보신만 하는듯 하다. 부디 언론감시 제대로 하기를 간청한다.

대담한 사기질, 도둑질 그리고 방관

몇해전 국내 신문사 거의 대다수가 실제 이상으로 신문 부수를 많이 부풀리고 있다는 의혹이 제기되었다. 이 신문 판매부수에 근거하여 정부에서 신문지상을 통해 발표하는 여러 홍보나 광고 등의 단가를 정하기 때문에 이 판매 부수는 매우 중요한 척도이다. 예를 들어 실제는 50만 부 정도인데, 100만 부라고 하면, 일년에 최하 몇십억 원, 10년 이면 몇백억 원 돈을 정부를 상대로 사기를 치는 것이다. 즉, 내가 낸 세금을 도둑질하고 있는 것이다. 많은 국민들이 의혹을 제기하였는데 몇해 전 필자 본인이 직접 우연한 기회에 인천의 중고차 수출하는 매매상에서 비닐도 뜯지않은 국내 최대 일간지라고 자랑하는 엄청난 신문지 묶음들을 발견하였다. 그 수출상에게 물어보니, 매일 그만한 양의 물건이 들어온다고 하였다. 참으로 간이 배 밖에 나와서 겁을 상실하고 백주 대낮에 국가와 국민을 상대로 사기질을 공공연히 하고 있었다.

ABC 협회라고 그런 것을 조사하는 기관이 있는데 그곳을 통해 조사해서 발표를 하라고 하니, 그냥 그 나물에 그 밥-사실상 한통속이었다. 그런데 그 다음이 더 문제다. 이것을 조사하고 단죄해야 하는 경찰, 검찰 등 어떤 곳에서도 이것을 제대로 조사하고 법적인 조치를 취했다는 이야기를 들어본 적이 없다. 만일, 정말로 경찰, 검찰이 수사할 의지만 있으면 너무 쉽게 범죄 혐의를 밝히고 처벌할 수 있을텐데 무서워서 못하는지, 그냥 한 패거리라 안하는지 도대체 이해할 수가 없다. 최소한 몇십년은 꽤 많은 국내의 신문사가 이짓을 계속해 왔을텐데 그러면 몇 천억 이상의 돈을 정부로 부터 계속해서 끊임없이 갈취하고 있는데도 아무도 문제삼지 않고 있다. 어떤 언론사도 자기들의 이 추악하고 거대한 죄를 반성하지도 인정도 하지 않고 있다. 이런 것을 시정하라고 있는 기관이 위의 방송 통신위원회가 아닌가? 자기들 소관이 아닌가? 더 큰 문제는 한때 시끄러워서 어떻게든 해결되겠지 했는데 그뒤 감감 무소식이다. 즉, 아직도 그런 도둑질, 사기질을 국가를 상대로, 국민을 상대로 계속 하고 있을 확률이 매우 높다. 일반 서민은 몇만 원만 횡령해도 몇 달씩 감옥을 가는데, 권세있는 많은 놈들이 너나 할것없이 단체로 저지르는 비교불가의 엄청난 금액의 White Crime (화이트 크라임)은 죄가 아니라서 경찰, 검찰은 그냥 합바지 방구 새듯이 국민들이 잊기만을 기다리고 있는건가?

만약, 어떤 소신있는 한 국회의원이 이 일을 사명감을 갖고 문제를 조사하고 파헤치면 그 일은 손쉽게 해결되리라고 생각한다. 지금도 그 일이 자행되고 있다면, 전국민에게 그 일을 신고하는 사람에게 상당한 보상을 해 주겠다고 하면 많은 제보가 틀림없이 올것이고 그럼 그 일을 사명감을 갖고 파헤치고 발표를 하면, 많은 국민이 적극적으로 성원하고 응원해 줄것이다. 국민들은 복잡하고 어려운 문제는 선뜻 다가서기가 힘들지만, 이 사안은 워낙 쉽고 또 방치하면 나에게 불이익이 계속되기 때문에 많은 국민들로부터 격려를 받고 또 엄청난 주목을 받으면서 단숨에 전국구 정치인이 될 절호의 기회가 될 것이다.

물론 기득권 세력으로부터 많은 저항과 회유 또 눈에 보이지 않는 정치생명의 위험도 있을 수 있을 것이다. 하지만, 진정 구국의 사명을 갖고 안중근 의사 이봉창 의사가 갔던 힘들고 어렵지만 의로운 길을 가겠다는 용기있는 정치인이라면 도전해볼만 하다.

언론의 사명

위 세가지 사례가 한국 언론과 기자들 상태를 대표할 수는 없을 것이다. 어쩌면 억울할 수도 실제는 더 심할 수도 있을 것이다. 사실, 기자 집단의 타락 그 자체는 어떻게 생각하면 작은 일로도 보인다. 하지만, 이 글의 서두에 언급한 절대놓칠 수 없는 절대적 가치인 공정성과 투명성을 제고하고 유지시키기 위해서는 언론이 반드시 제 기능을 할 수 있어야 한다. 부패하거나 정의롭지 못한 권력 집단과 야합한 언론은 사회의 소금 역할이 아닌 독버섯 역할을 하기 때문이다.

알다시피, 대한민국은 고도성장을 이룩하는 과정에서 극심한 경쟁으로 인한 부작용과 후유증이 대단히 심한 나라이다. 세계 최고 수준의 자살율과 최저 수준의 출산율, 낮은 혼인율, 가파르게 상승하는 이혼율 또한 지극히 낮은 국민의 행복도 등등. 이런 어둡고 쓰라린 부정적 사회현상의 원인으로는 여러가지가 있겠지만, 부패와 불공정과 불평등이 큰 이유라고 생각한다. 이를 반증하는 증거는 북유럽의 여러나라들이 너무나도 뚜렷이 보여주고 있다. 그 나라들은 많이 배운 이나, 적게 배운 이나, 수입에서 큰 차이가 없고 나이가 많아 늙어서 일할 수 없어도 생계문제는 특별히 걱정을 하지 않아도 되는 비교적 평탄한 삶으로 잘난 옆 사람 때문에 비교 당하며 기죽어 살지 않아도 된다. 기본적으로 모든 세상은 불공정과 불평등으로 넘쳐나지만, 투명하고 공정해 질수록 빈부간의 격차는 줄어들고 계층간의 위화감 또한 줄어들기에 국민의 행복도는 높아진다. 이런 공정성과 투명성을 높이고 유지하는 분명하고도 확실한 방법 중의 하나가 언론이 오염되지 않고 제 기능을 하는 것이다. 올바른 언론이 모든 병을 치유할 수는 없겠지만, 우리 사회의 부조리한 현실을 바로잡는 데는 이것만큼 중요한 것도 또한 없다.

프랑스의 과거사 청산

제2차 대전 당시, 프랑스는 독일에게 사실상 항복하고 나치 독일에 협조하는 '비시 정권'을 세웠다. 3년여의 강점기 동안 '페탱' 수반과 정권은 적극적으로 독일의 나치 정권에 협력하여서 수많은 동족들-레지스탕스, 공산주의자, 프리메이슨 단원, 유대인 등을 색출하여 독일군이 처벌하는데 큰 기여를 하였다. 특히, 당시 프랑스 경찰은 무려 7만이 넘는 많은 유대인을 검거하여 포로수용소로 보냈는데 이들 중 불과 3%정도 만이 살아 남을 수 있었다.

그러나 이들의 전성시대도 잠깐이었다. 1944년 8월 파리가 해방되고, 드골이 파리에 입성하면서 나치 협력자들을 정리하겠다고 하면서 이들의 비극과 몰락은 시작되었다. 나치에 협력한 민족반역자들을 향한 드골의 발표는 매우 단호하였다. "국가가 애국적 국민에게는 상을 주고, 민족 배반자나 범죄자에게는 벌을 주어야만 비로소 국민들을 단결시킬 수 있다. 나치 협력자들의 엄청난 범죄와 악행을 방치하는 것은 국가 전체에 전염하는 흉악한 종양들을 그대로 두는 것과 같다" 이들은 사법적 숙청 이전에 약식 처형과 여성부역자들에 가해진 삭발식과 대중들에 의한 조리돌림 등의 엄청난 수모를 당해야만 했다.

주목할 점은, 언론인과 지식인에 대해서는 가장 먼저, 가장 엄중하게 중형이 선고되었다는 사실이다. 드골이 밝힌 최우선 가중처벌의 이유는 "언론인은 도덕의 상징이기 때문에 첫 심판대에 올려 가차없이 처단해야 한다"면서 나치에 협력한 매춘 언론인을 더욱 가혹하게 처벌하였다. 이뿐만이 아니었다. 점령기간 동안 나치 찬양에 소극적이던, 적극적이던 협력하였던 수백 곳이 넘던 모든 언론사는 강제로 문을 닫아야 했고, 반면 이 기간 동안 자진 휴간한 '르 피가로'를 비롯하여 양심을 지킨 단, 세 곳만 살아남을 수 있었다. 당시는 끔찍했지만, 이처럼 좌고우면 하지않고 불의하게 민족에게 해악을 끼친 언론사와 언론인, 지식인들을 단죄함으로서 지금까지도 프랑스의 언론과 언론인은 공공성을 확보하였고 또 국민들에게 존경을 받는 언론기관과 언론인으로 남게 되었다.참으로 제대로 발본색원하는 본보기를 단호히 보였기에, 프랑스는 이후 우리나라에서 지금까지 보이고 있는 식민지 근대화론이니 하는 이름만 바꾼 사실상 친일파 후예들이 보이는 그런 류의 과거사 논쟁은 없다. 아예 뿌리를 완전히 도려내었기에 그들이 어떤 식으로든 미화되거나 정당화 되지 않게끔 역사적인 마침표를 찍었다.

이제 이 단락의 마무리를 하고자 한다. 알다시피, 우리는 일제 36년 동안 식민 지배를 당하면서 이 땅의 많은 지식인, 언론인들이 타락하고 민족을 배반하였다. 지금도 버젓이 한국 최고 신문이라고 일컫는 한 신문은 식민지 시절 나라를 팔아먹고 국민들 가슴을 갈 갈이 찢어놓은 일에 앞장서고는 제대로 된 반성 조차도 하지 않고 지금도 더욱 사세를 확장하면서 거들먹 거리고 있으니 기가 찰 일이다. 일일이 거명하기도 힘들 정도의 워낙 많은 곳들이 그러하다 보니 담력이 생겨서 자기들끼리 스크럼을 짜고 주류니 뭐니 하고 있다. 한번도 제대로 된 단죄를 받지 않다 보니 간이 배 밖에 나와서 겁을 상실한 상태이다. 그러나 지금에 와서 어쩌겠는가? 하지만 언론은 포기하고 그대로 내버려 두기에는 우리나라의 장래와 우리생활에 너무나 많은 영향을 미치고 있다. 지금이라도 역사를 알고 깨어있는 국민들은 언론이 제 기능을 할 수 있도록 격려하고 비판하고 감시해야 한다. 그러지 않으면 스스로 알아서 잘 할 것이라는 기대는 아예 하지 않는 것이 좋다.

Chapter 10

친일파는 살아있다

- 친일파 분류
- 제국주의자들과 식민지 경영
- 식민지 경영 방식
- 일제가 행했던 구체적 정책
- 우리속의 친일 매국노들
- 어린 독립투사 들
- 힘들지만 의로운 길

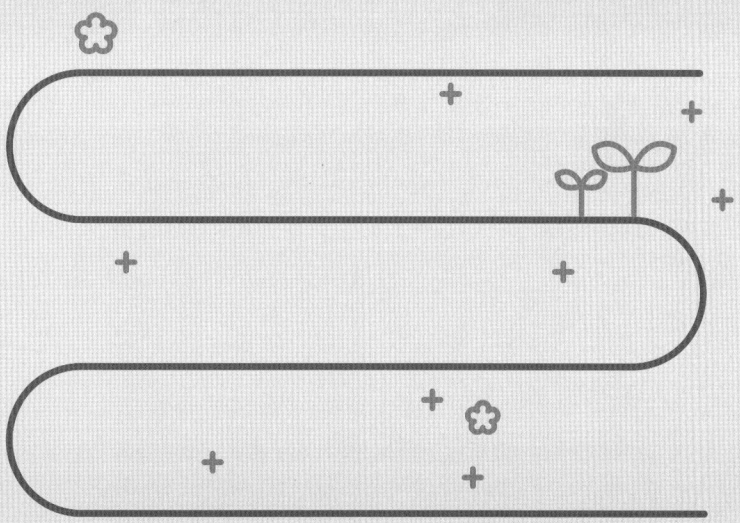

Chapter 10

 친일파는 살아있다

높은 사회적 위치에 있는 사람들이 일본과 관련된 일에 대해
과거사나 정치적 발언을 하는 것을 보면 유독 일본은 좋아하는
반면 우리의 기분과 속을 뒤집어 놓는 경향이 있다.

해방된 지가 언제인데 아직도 친일파 타령을 하고 있느냐 하는 사람들도 있을 것이다. 하지만 역사에 대해서 조금만 관심을 갖고 또 알고서 지금 우리가 살고있는 이 땅에서 일본과 관련하여 일어나고 있는 일들을 가만히 지켜보면 참 이해 못 할 일이 많다. 이상하게 정치인이든 덕망이 높은 교수든 높은 사회적 위치에 있는 사람들이 특별히 일본과 관련된 일들에 대한 정치적인 발언을 하거나, 과거사에 대해서 발언을 하는 것을 보면 유독 일본은 좋아하고, 반면 우리의 기분과 속을 뒤집어 놓는 그런 말들을 하는 사람들이 있다. 그런 행위나 말을 반복적으로 일으키거나 하고 있는 세력이나 사람들을 유심히 보면 그들의 뿌리가 보인다. 어쩌다 그런 것이 아니고 지속적으로 그런 말을 하고 일본이 좋아하고 기뻐하는 행동을 한다면 그 사람의 실체는 그러한 신념이나 사상에 근거한 것이므로 친일파 후예라고 밖에 볼 수 없다. 말은 그럴듯하게 미래로 나아가기 위해서 또는, 국익을 위해서 이런 말을 하면, 거의 틀림없이 그쪽 사람들이다. 왜냐하면, 이완용이도 나라를 팔아 넘길 때 그렇게 말했었다.

친일파 분류

　필자가 개인적으로 분류한 친일파는 크게 다음의 네 부류가 있는데 일제는 떠났지만, 아래 열거한 이들 모두는 이 땅에서 우리와 같이 살고있는 토착왜구들이다.

　첫째는, 친일파의 직계 후손으로서, 대체로 뛰어난 유전자를 물려 받았고 또 교육도 잘 받았고 결정적으로 물려받은 유산도 많기에 부유하고 윤택하며 또 사회적으로 높은 지위에 있는 사람들이 많다. 주로 학계, 법조계, 정치계, 언론계 쪽에 많다. 물론 재벌 중에서도 꽤 많다.

　둘째는, 높은 지위에 있는 그 직계 후손의 주변에서 음으로, 양으로 많은 혜택을 입고 살며 또 그 영향력을 무시할 수 없기에 알게 모르게 자기가 모시고 따르는 자의 주장에 무비판적으로 동조하는 세력이다. 이들 또한 비교적 높은 사회적 위치에 있으며 자기들끼리 통하는 강한 유대감을 갖고 친일 세력을 추종하고 따르는 사람들이 많다. 졸개들 자기들끼리는 학맥이니 주류니 하며 끌어주고 당겨주는 아름답고 끈끈한 관계로 당연히 이들 세력의 숫자나 크기는 직계 후손 보다 훨씬 더 많고 크다.

　셋째는, 자생적 친일 세력으로서 요즘 흔히 말하는 친일 장학생들이다. 이들은 주로 학계에 많은데, 그 이유는 일본 유학 중이거나 혹은 다른 이유로 일본과의 잦은 접촉 중 일본 측에서 이유없이 건네는 돈으로 회유가 된 사람들이다. 증언에 의하면, 일본이 볼때 꽤 똑똑하고 유능한 이가 일본에서 열리는 세미나 등에 참석만 해도 뜬금없이 봉투를 건넨다고 한다. 건네는 봉투의 두께가 쏠쏠하여 맛들여져서 점차 일본이 괜찮은 나라구나 하는 생각이 들고 여러번 받아서 중독 수준에 들어가면 마치 교회에서 말하는 성령 체험 같은 수준에 들어가서 어느 순간 일본에 대한 막연한 거부감이나 증오가 사라지고 미처 안 보였던 일본의 장점과 아름다움이 갑자기 확 눈에 들어오게 된다. 그야말로 새로운 눈으로 일본을 보게되고, 이때부터는 돈 때문에 일본을 좋아하게 된 것이 아니라 진심으로 일본을 좋아하고 찬양하는 수준으로 들어가게 된다. 이런 사람이 출세해서 언론 인터뷰 등을 하게 되어서 일본과 관련한 발언을 하게되면 다음과 같은 세 가지 현상을 나타낸다.

　① 꿀먹은 벙어리가 되어서 어떤 의견이나 입장 표시도 하지 않고 아주 소극적 자세를

띈다. 처먹은 게 있으니 그냥 입 처닫고 못 들은 체하고 있다. 그나마 아직 최소한의 양심은 있어서 있는 듯 없는 듯 산다.

② 관찰자 입장의 제 3자적 입장에서 어떤 감정의 개입도 없이 점잖게 선비질을 하면서 훈수를 하고 발언을 한다. 말하는 중에, 그래도 이런 점은 우리가 일본에게서 꼭 배워야 하는 좋은 점이라고 약을 판다. 가끔씩은 김구 선생을 테러범 수괴라고도 하며 어쨌든 인명 살상은 해서는 안되는 나쁜 일이라고 한다.

③ 신념과 확신에 차서 한국의 못난 점을 적극적으로 후벼 파서 공격을 하고, 반면에 은인의 나라가 근대화를 시켜주었다고 일본을 지극히 일본인의 관점에서 찬양하고 미화한다. 이들은 확신범이기에 이들을 향한 사람들의 어떤 공격도 이들을 개과천선 시키기는 거의 불가능하니 그냥 한국에 살고, 한국 음식을 먹고, 한국말을 하는 일본인으로 생각하면 된다. 이들은 기본적으로 조국이니 모국이니 하는 개념이 없기에, 사람으로 치면 부모도 몰라보는 호로새끼들이라 생각하면 틀림없다. 고약한 것은 자기들의 진정한 조국인 일본에 가지 않고 돈은 한국에서 벌고 온갖 좋은 혜택은 다 누리면서 계속해서 우리의 속을 긁어대면서 우리와 같이 산다는 것이다.

넷째는, 맛이 간 사람들이다. 맛이 갔다는 것은 속된 표현이긴 하지만, 달리 이들을 가리키는 적당한 다른 말은 없는 듯하다. 맛이 갔다는 사람들을 비유로 말하자면, 마치 자기 어머니가 길에서 낯선 사람으로 부터 몰매를 맞고 피칠갑을 하고 있는데, 그것을 발견하고도 멀뚱히 보면서 "아마 어머니가 저분에게 큰 실수를 한 것 같으니 이따 집에 가서 어떻게 된 일인지 한번 차분히 물어 봐야겠다"고 하는 사람들을 말한다. 정상적인 사람이라면 보는 즉시 옆에 벽돌이 있으면 그 벽돌로 괴한을 찍어버려야 하고, 몽둥이가 있으면 그 몽둥이로 매타작을 하여야 된다. 맛이 간 사람들이란 그런 상황 판단을 하지 못하고, 자기는 아무 얻어 먹은 것도 없으면서 분별력이 없으니 위의 친일 세력들의 주장에 그냥 동조하는 세력을 말한다. 위에 열거한 사회적 명성이 높은 친일 매국노들이 빙빙 둘러서 일본을 찬양하고 우리를 욕하는 말을 그럴듯하게 하면 '아하 저 유명한 사람이 저런 말을 하니 저 말이 옳겠지' 하고 거의 무뇌아 수준으로 납득이 되면서 그 주장을 인정하고 따르니, 맛이 갔거나 혹은 정상적 판단력이 많이 부족한 사람임에 틀림없다. 없을 것 같은가? 의외로 주변에도 그런 인간들이 꽤 많다. 역사나 진실은 쥐뚱만큼도 모르면서 어디서 주워들은 말같지도 않은 논리를 진지하게 또는 핏대를 올리면서 주변에도 열심히 전하는 인간들이다.

제국주의자들과 식민지 경영

오늘날 서방 선진 7개국, 이른바 G7이라고 불리는 미국, 일본, 영국, 프랑스, 독일, 이탈리아, 캐나다가 있는데 이들 일곱 나라의 공통점이 무엇인지 알고 있는가? 물론, 이들이 서방권을 대표하는 경제적으로 가장 부유하고 앞선 경제 강대국이라는 점을 빼고 묻는 것이다. 놀랍게도 이들 나라는 모두가 한때 식민지 경영을 하였던 제국주의 국가들이다. 혹자는 미국과 캐나다는 식민지를 가지고 있었던 국가가 아닌데 하고 생각할지 모르지만, 이들은 차원이 다른 경영-잠시 그 나라를 수탈하고 만것이 아니라, 아예 그 민족을 거의 말살시키고 굴러온 돌이 박힌 돌을 빼버리고 주인 행세를 하고 있는 나라들이다. 어떻게 보면, 제국주의자들보다 더 흉악한 짓거리 들을 엄청 행한 나라들이다. 마치 질 나쁜 깡패가 잘 나가는 기업을 강제로 빼앗고는 그럴듯하게 회사의 이름과 외관을 바꾸고는 마치 성공한 기업인인 양 행세하는 꼴과 같다.

이들이 식민지 경영을 한 경제적 이유는 대체로 다음과 같다. 영국이 산업혁명을 성공하고 이어서 프랑스, 이탈리아, 독일 등도 각종 기계화와 과학 문명의 급속한 발달로 상품의 대량생산이 가능하게 되었다. 당연하게도 대량 생산된 상품의 소비처가 필요하게 되었고 또 대량생산을 위한 원재료 공급처가 필요하였고 또 대량생산을 담당할 풍부한 노동력이 필요하게 되었다. 이 세가지 문제점-소비처, 공급처, 노동력을 해결할 가장 손쉽고도 빠른 방법은 아직 산업화, 기계화는 커녕 제대로 문명화되지 못한 당시의 후진국들을 앞선 경제력, 선진화 된 군사력으로 강제로 점령하여 식민지로 만드는 일이었다. 이 피식민지 국가들을 얼마나 심하게 수탈하고 빼먹었던지, 위 G7국가들이 아직도 서방 선진 7개국 이라고 거들먹거리고 있는 동안에도 단, 한 나라만 빼고 그 모든 피 식민지 국가들은 아직도 여전히 가난하고 어려운 상태에 놓여있다. 모두가 알겠지만, 그 단 한나라는 대한민국이다. 그런데 이 서방 제국주의자들이 식민지를 경영하는데는 당시의 그릇된 문화, 인종적 우월의식도 한몫을 하였다. 인종적으로 우수한 서양인이 미개한 비서양인을 문명화 시켜야 한다는 사명감을 영국 작가 키플링이 '백인의 짐 - The White Man's Burden' 이라는 시로 표현을 하였을 정도였다. 즉, 인종적으로 우수한 백인이 야만적이고 미개한 아시아, 아프리카의 주민들을 교화시키는 것이 자기들의 의무라며 식민 지배를 정당화하였다. 아시아에서는 유일하게 일본이 메이지 유신으로 교육과 과학 발전에 매진하여 짧은 시간에 나라를 환골탈태시켜서 위에 언급한 국가들 수준으로 발전하고는 제국주의자의 길로 들어섰다. 동북아시아에서는 용이 되어 러시아, 청나라 등을 무릎 꿇리고 조선을 식민지로 만들었다. 이때부터 일본은 몸은 아시아에 있지만, 정신적으로는 '명예백인' 이라고 스스로를 칭하기 시작했다.

식민지 경영 방식

우리나라는 지정학적 위치 때문에 주변 나라들로부터 역사적으로 많은 외침에 시달리다가 결국 일본에게 강제로 합병이 되어 36년 동안 피식민지 신세가 되었다. 우리를 다스린 일본의 나름 정교한 통치 방식을 보면, 위에 언급한 서방 나라들에 비해 늦게 제국주의의 길을 걷게 되었지만, 일본은 선배 서방 제국주의자들의 통치 방식을 배우고 연구도 꽤 많이하여 조직적, 체계적으로 우리를 영원히 수탈하고 빼먹으려고 시도하였다.

여기서 잠깐, 서방 제국주의자들의 통치 방식을 보면, 영국은 대리인들을 통한 간접 통치를, 프랑스는 직접 통치를 실시하였다. 영국의 간접 통치는 본인들로 봐서는 상당히 영리하고 약아서, 피식민지 국가가 하나가 되지 못하고 어떻게든 분열을 하게끔 만들었다. 가장 골치아픈 상황은 한 나라가 일치단결 하여 저항하는 일이었기 때문에, 만일 한 나라가 다민족 국가로 구성되어 있으면, 각기 다른 민족끼리 미워하고 분열하게끔 하고, 종교가 다르면 각기 다른 종교끼리 반목하여 미워하게 부추겨서 분열하게 만들었다. 이 대리 통치 방식은 정작 진짜 통치자 영국에는 큰 반감이 없어서 아직도 영국과 한때 피식민지 국가들간의 52개국으로 구성된 '영연방국가연합(Commonwealth of Nations, Commonwealth, BCN)' 이 있을 정도이다. 반면 대리인들을 주로 소수 민족들로 세우든지 또는 자기들 마음대로 민족 구성원 등의 지리적 분포등의 고려없이 국경선을 이리저리 제멋대로 긋는 바람에 세계 곳곳에 지금도 현재 진행 중인 분쟁의 씨앗을 엄청 뿌려놓고 식민 통치 시대를 마감하였다. 이와 달리 프랑스는 직접 통치 방식을 택하였는데, 보통사람이 볼 수 있는 그 남아있는 현상 중의 하나가 프랑스 축구 국가대표 팀의 피부색이다. 때로는 백인 보다 검은 피부색의 선수가 더 많을 정도로 결과적으로 다인종 국가가 되었다.

여기서 서방 제국주의자들의 통치 방식을 언급한 이유는, 일본이 그들을 반면교사로, 혹은 롤 모델로 삼아서 연구하면서 나름 치밀하고 정교하게 우리를 통치하였다는 점이다. 한마디로, 영원히 통치하면서 완전히 거덜내어 우리민족을 절단내려고 한 불구대천의 원수이다. 이들의 간악한 점은 2차 대전을 패배하고 내뺄 때에, 그냥 가지않고 곳곳에 친일파란 독버섯을 많이도 뿌려 놓았기에 계속해서 우리끼리 증오하고 미워하게끔 만들었다는 점이다. 통탄할 일은 친일파 후예들이 이 땅에서 아직도 득세하는 것은 원래 그놈들이야 애비나, 할애비를 닮은 유전자 때문에 그렇다 하더라도, 맛이 간 자생하는 친일파가 계속 생겨나는 점이다. 역사 교육을 제대로 하지 않고 한 번도 단죄받지 않고 지내다 보니, 간이 배밖에 나와서 친일 행위나 발언도 힘있고 확신 있게 하니 기가 찬다.

일제가 행했던 구체적 정책

이제부터 왜놈들이 우리를 어떻게 이간질하고 분열시키려 했는지 또 우리속에 꽤 남아있는 친일파들의 행적에 대해서 살펴보도록 하겠다. 왜놈들의 궁극적 목표는 '식민지'가 아닌 '일본화'였다.

1. 우리말 빼앗기 :

모든 제국주의자들이 한결같이 피식민지 국가에서 행했던 가장 중요한 정책 중의 하나가 바로 그 민족 혹은 국가의 말을 빼앗아서 더 이상 못쓰게 하고 대신 정복자의 언어를 배우고 쓰도록 강요하는 것이었다. 대표적인 예가 남미인데, 20 여개 국가 중 브라질은 포르투갈어가 오늘날 국어가 되었고 일부 자잘한 국가를 제외한 그 나머지 대부분의 국가는 300 여년 스페인의 식민 지배를 당하다 보니, 스페인어가 그들의 국어가 되어서 지금도 사용되고 있다. 왜 모국어를 못쓰게 했을까? 왜냐하면, 언어는 그 민족을 구성하는 핵심 정체성이기 때문에 그 나라의 모국어를 못쓰게 하면 서서히 한 민족이라는 정체성과 고유한 민족 정신이 사라지면서 압제자에 저항하는 정신도 같이 사라지기 때문이다. 다시 말해서, 언어는 단순히 의사소통의 도구 뿐만이 아니라 그 민족만의 문화와 역사도 함께 들어 있으며 나아가서는 혼과 얼이 깃들어있는 민족 그 자체라고 볼 수 있기 때문이다.

아래는 일제가 우리말을 못쓰게 하기 위해서 행한 여러 일들의 아주 작은 일부이다.

① **창씨 개명 강요** : 일제의 창씨 개명 요구에 발맞추어, 대표적으로 문인 이광수는 자발적으로 가족 전체가 개명을 하면서 본인은 가야마 미쓰로(香山光郎)로 바꾸었다. 이

일을 1940년 8월 27일자 매일신문에 버젓이 자랑이라고 실었는데, 이로서 그는 확실한 왜놈 앞잡이가 되었다. 이처럼 당시 언론인, 지식인은 집요한 회유 대상이기에 많이 변절되기도 했다.

② **일본어 강제 사용** : 초중등 교육에서 조선어가 아예 정규과목에서 빠지고, 학생들은 학교에서 강제로 반드시 일본어만 사용하여야 하였다.

③ **학교 이름 바꾸기** : '보통학교'에서 황국신민을 뜻하는 '국민학교'로 바꾸었다.

④ **조선어학회 사건** : 한글 사전 편찬 작업을 하던 33명 회원을 검거하여 심문 중 이 단체가 사실상 독립운동의 일환인 민족주의 단체임이 드러나 모진 고문 중 이윤재, 한징 지사가 옥사하고 최종 내란죄로 확정되어 나머지 31명을 3년 넘게 옥살이 시킨 사건. 이 분들은 8.15 해방으로 겨우 감옥에서 풀려났다. 당시 어학회 단체에서 작업하였던 33명의 지사들은 모두가 우리말 연구가 곧 독립운동이라는 인식을 가지고 위험을 감수하면서 헌신하였다

2. 역사 빼앗기 :

민족 사학자들인 박은식, 신채호, 정인보 선생 등은 "영토 등 다른 것은 빼앗겨도 역사만큼은 빼앗겨서는 안된다. 영토를 잃은 민족은 다시 일어설 수 있지만, 역사를 잊어버리면 다시 일어설 수 없다." 고 하면서 역사의 중요성과 함께 왜 우리가 역사를 알아야 하고 또 지켜야 하는지를 설파하였다. 다음은 왜놈이 우리 역사를 훼손하고 우리를 지지리 못나고 열등한 민족이라고 자기비하 의식을 주입시키기 위해 행한 악한 조치 중 일부이다.

① **식민사관 주입** : 식민사관은 한마디로 조선이라는 나라는 부패하고 무능하기 짝이 없어서 망했고 조선인은 게으르고 나태하고 거짓말을 잘하는 열등한 민족이기 때문에, 자기들이 식민 지배하는 것이 당연하다는 주장을 내세우기 위한 역사관이다. 그렇게 주장함으로서, 그들의 침략을 역사적으로 합리화하고 정당화 하려는 시도로서, 단순히 주장만 한것이 아니라 실제 조선사 편수회 라는 기관을 만들어 조직적이고도 체계적으로 식민사관을 만들고 주입시켰다.

일반 민중이 기억하는 식민사관의 폐해는 다음과 같다. 필자도 1960년~70년대 교육을 받을 때 다음과 같은 이야기를 어린 나이에 무척 많이 들었기에 실제로 우리 민족은 일본에 비해 많이 열등하구나 하는 생각을 할 수밖에 없었다. 필자의 지극히 개인적 경험에 의한 몇가지 사례만 열거하겠다.

ⓐ 교실에 버젓이 우리나라 지도가 토끼 모양으로 걸려 있었고, 담임 선생은 우리나라는 토끼를 닮았기에 토끼처럼 힘이 없고 약하다고 해서, 아 그렇구나 했다. 지금은 호랑이 그림으로 바뀌었다.

ⓑ 한국인은 모래, 일본인은 진흙이라고 했다. 한국 사람은 개인은 강하지만 단결심이 약하고, 뭉치지 못하는 반면에, 일본인은 진흙처럼 단결심과 애국심이 강하다.

ⓒ 혹시, 상품이 품질이 낮거나 불량품이면 어김없이 '국산품이 그렇지' 하는 말들을 하곤 했다.

ⓓ 일본인은 정직하고 거짓말을 하지 않지만, 한국 사람은 거짓말을 잘하고 사기꾼이 많다.

ⓔ 일본인은 장인정신을 가지고 일을 꼼꼼하게 하지만, 한국인은 대충대충 얼렁뚱땅 눈가림만 한다.

이외에도 많이 있겠지만, 필자가 개인적으로 기억하는, 민간에서 흔히 들었던 이야기들이다.

② **조선사편수회** : 다음 내용은 일본 국립 공문서관에 있는 기밀문서를 KBS 방송국에서 끈질기게 요청하여 확인한 것이다. 조편은 일왕 히로히토의 칙령으로 일제가 만든 기관으로 조선총독부 최대의 프로젝트였다. 연구 구성원은 일본 내각에서 직접 임명한 학자와 고위 관료로 구성되었는데 주로 동경대 동양사학과 출신의 엘리트들로서 그 중심인물은 이마니시 류 이다. 연구 목적은 당연히 식민지 백성에게 스스로 못나고 부족한 민족이라는 식민사관을 주입시켜서 자기들에게 저항하지 못하게 해서 영구적으로 통치하는 것이었다. 이를 위해 왜곡된 역사관을 학문적으로 가르치고 주입시키기 위해서 총 35권의 조선사를 무려 16년 동안, 100만엔의 자금을 들여서 일본인들이 집필하였다. 이런 엄청난 돈과 노력을 들여서 우리에게 올바른 역사를 기록해서 주려고 그랬겠는가? 한마디로 왜곡되고 잘못된 역사관을 그럴듯하게 학문의 이름을 빌려 만들어 우리나라를 영원히 지배하기 위한 역사적, 이론적 근거를 만들기 위한 것으로 이것이 바로 식민사관의 출발지점이었다.

조선사를 집필한 이마니시 류는 경성제국대에서 한국사를 가르쳤는데, 그의 제자들은 모두 초기 한국사의 유명한 학자들이 되었다. 그 수제자로는 이병도가 있는데, 그를 두고 식민사관의 태두라고 일컫는다. 당시 한국 최고의 교육 기관이던 경성대 사학과 출신들은 곧 스스로 거대한 학맥을 이루게 되고 자기들을 주류(Main Stream) 라고 시건방을 떨기 시작한다. 왜놈들이 집필한 조선사로 공부한 자기들만이 옳고 정통이고 나머지 다른 주장을 하면 모두가 이론적, 역사적 근거나 토대가 없는 야사나 신화에 불과하다고 무시한다. 위의 이병도가 누구인지 아는가? 그의 집안 내력을 보면 그가 그런 주장을하는 것은 어찌보면 지극히 당연하다. 왜냐하면, 그는 이완용의 조카이기 때문이다. 그는 무려 문교부 장관, 서울대 대학원장, 학술원 회장을 지내고 호의호식하고 지냈으며 그의 손자들 두 명은 각각 서울대 총장과 문화재 청장까지 지낸 명문 가문이 되었고 그들을 중심으로 한 학맥 또한 대단하다고 한다.

③ **임나일본부설 주장** : 일본이 메이지유신 이후 조선침략구실의 이론적 근거를 마련하기 위해 '일본서기'의 기사를 과대하게 확장하여 역사를 그럴듯하게 날조한 학설이다. 그들의 주장은 고대 야마토 국가가 조선의 가야 지방과 한강 이남 지역을 식민지로 삼아 지배하였다는 것이다. 우리가 내세우는 여러 반론 중 두 가지만 제시하자면, 하나는 당시 한반도는 초강대국 고구려, 백제, 신라, 가야가 강력한 중앙집권제의 확실한 왕조 국가였던 반면에 일본은 당시 100여 개의 작은 부족 혹은 집단으로 나누어져 허약하고 분산되어 있어서 나라로 부르기도 한참 미흡한 상태였는데, 그 중의 한 나라가 훨씬 더 강력한 국가 중 하나인 한반도 남부를 지배했다는 것은 한마디로 어불성설 이다.

두번째는 미국인 역사학자 존 카터 코벨(Jon Cater Covel, 1910~1996) 여사가 3권의 한국사에 관한 저서에서 밝혔는데, 이에 의하면 백제 근초고왕의 일족 '신공'으로 하여금 일본을 정벌하게 하면서 그 증표로 칠지도를 하사하였다. 이 신공이 일본을 정복한 후 일본 발음으로 진구황후(神功皇后)가 되었다. 즉 일본이 우리를 침공하고 다스린 것이 아니라, 오히려 백제가 일본을 정벌하고 다스렸다는 내용이다. 자세하게 밝히기에는 이 야기가 너무 길어져서 못하지만, 중요한 것은 제 3자의 객관적인 입장에서 연구한 논문으로 충분한 학술적 근거와 가치가 있는 책이다. 이 분은 원래 동양 미술 사학자 였는데 일본 문화와 역사를 연구하다가 일본의 뿌리가 한국임을 밝혀내고는 '한국은 일본의 부모이며 일본은 불효를 저지른 자식이다' 라고 말하였다. 그러면서, 자신은 한국인이 아님에도 불구하고 한국인 보다 더 적극적으로 한국문화를 연구했는데 한국인들은 왜 자신들의 역사와 문화를 밝히는데 적극적이지 않은가!' 하고 한국 학자들을 나무랐다. 왜 그랬겠는가? 그 이유는 지금의 많은 한국 사학자들 대부분은 일제강점기 시절 일본인한테 역사를 배운 사람들의 후예가 많기 때문이다.

④ **광개토대왕비 훼손** : 고구려 멸망 후 19세기 까지 비석의 존재는 알고 있었으나 누가 세웠는지, 또 어떤 내용인지는 모르고 있다가 청나라 말기 때야 고구려의 비문이라는 것이 알려졌는데, 쥐새끼 같은 일본 육군 참모본부의 밀정 사코 가게아키(酒匂景信)가 탁본을 떠가서 연구를 시작하면서 광개토대왕비라는 것이 알려졌다. 연구의 계기는 위의 임나일본부 설의 근거를 주장하기 위함으로 몇글자를 의도적으로 훼손하여 마치 왜가 백제(신라, 가야)를 쳐부수고 일본의 신민으로 삼았다고 주장하기 위함인데, 상식적으로 생각을 해보면, 고구려 광개토대왕의 치적을 자랑하고자 거대한 비석을 세웠는데 거기에 왜가 이랬는지 저랬는지를 언급하는 것 자체가 문맥상, 의미상 있을 수 없는 일이고, 다른 부분은 멀쩡한데 유독 그 부분만 훼손되어 조악하게 다른 글자로 대체되어 있으니 명백한 의도적 훼손일 수밖에 없다.

⑤ **역사적 자료와 문화재 강제 반출** : 일본이 조선의 문화재를 강탈해간 일은 역사적으로 크게 두 번으로 나눌 수 있다. 한 번은 임진왜란, 정유재란 때 약탈해간 문화재들이고, 두 번째는 일제 36년 기간 동안이다. 두 전란의 와중에는 목숨 부지하기도 힘든데, 문화재나 중요한 서적 등을 약탈해 가도, 무엇을 또 얼마나 가져갔는지 어떻게 알겠는가? 우리의 소중한 것들과 자료들을 많이도 빼앗기기도 하고 또한 일부는 불태워져서 영원히 없어지기도 하였다. 한편 식민지 시절, 우리에게는 너무나 소중한 것이지만 그들에게는 한갓 의미없는 약탈품에 불과하니 마구 무덤을 파헤치고, 문화재에 쓰였던 귀중한 목재들을 철도 침목 까는데도 함부로 쓰기도 했다. 구체적으로 '고적 조사위원회'라는 것을 만들어 조선의 유물과 유적을 보호하고 조사한다는 명분을 내세워서 발굴하고는 숱한 유물과 문화재를 강탈해서 가져 갔는데 그 많은 것 중의 하나인 양산 부부총, 금관총은 무덤에서 유물을 발굴이 아닌 도굴을 하고는 전부 일본으로 가져갔다. 이 약탈해간 물건들을 해방 후에 반환하라고 했더니, 아주 일부만 해주는데 조건이 '반환'이 아니라 '기증' 혹은 '증여'의 형식으로만 하겠다고 했다. 분하고 원통한 일이지만, 이 모든 일은 우리가 힘이 약해 피식민지가 되었기 때문에 일어난 일이다. 마지막으로, 문화재는 그것을 만든 선조들의 정체성과 역사에 대한 후손들의 기억으로 깊이 연결되어 있기에 가격을 따질 수 없는 그 민족만의 정신적 문화유산의 결정체 이다.

우리속의 친일 매국노들

많은 사람들이 친일 매국노들의 후예가 지금 어떻게 살고 있는지 궁금할 것이다. 일부 사람들은 그들의 선조들이 저지른 악행 때문에 조용히 자숙하면서 그에 상응한 죗값을 치르고 어렵고 힘들게 살고 있을거라고 생각한다면 그것은 참으로 역사라고는 모르는 순진하기 짝이 없는 사람이다. 전술하였듯이 그들 대다수는 그들의 애비나 할애비가 애당초 매국노 짓을 할때 나라 혹은 그 지방에서 한자리를 차지하고 있을 정도로 꽤 배운 유능한 관리 혹은 지식인이었다. 그러니, 일단 그들로부터 우수한 유전자를 물려받았고, 교육도 유복한 환경에서 잘 받았고 또 나라를 팔아먹고 삥땅친 덕분에 넉넉한 재산도 많이 물려 받았기에 그들의 후손들은 지금 대한민국 상층부를 대부분 차지하고 있다고 해도 과언이 아닐 정도이다.

그렇기에 지금 그 후손들이 가장 많이 자리잡고 있는 곳은 법조계, 정치계, 언론계, 학계 그리고 재벌 집단이다. 이들이 친일매국노인지 판별하는 방법은 이들 가운데, 이상하게 일본과 관련된 일은 유독 우리의 속을 뒤집어 놓고, 일본을 흐뭇하게 미소짓는 발언을 하거나 행동을 한다면 토착왜구일 가능성이 높고 요즘 인터넷으로 그들의 애비나 할애비를 금방 검색해 봐서 만일 뿌리가 그쪽 집안이라면 거의 틀림없이 거죽만 한국 사람이고 정신과 혼은 일본 사람이라고 생각하면 된다. 그러면서 이들은 자칭 스스로를 보수라 하고 자나깨나 반공을 외치지만 주댕이로만 애국을 부르짖으면서 대체적으로 군대 기피율은 일반인에 비해 훨씬 높다. 여전히 군대 가서 죽거나 뺑이 치는 일은 아랫것들이나 하는 짓이라 생각하고 갖은 방법을 다해서 군대는 가지 않는다. 정치인, 법조인, 언론계, 재벌들 자녀 군대 기피율을 일반인과 비교해 보면 부정할 수 없는 엄연한 현실이다.

그런데 조상이 한 일을 지금 그 후손에게 책임을 묻고 계속해서 나쁘게 비난하는 것은 현재 연좌제가 있는 것도 아닌데 잘못되지 않았냐고 하는 사람도 있을 것이다. 참으로 타당한 이야기이지만, 단 하나의 전제가 필요하다. 만일, 그렇게 억울해하는 그 후손이 조상으로 부터 물려받은 재산이나 유산을 계속해서 누리고 있으면서 그러면 요즘말로 형용모순이고 성립이 되지 않는 말이다. 우리 주변에 둘러보면, 언제부터인지 그 땅 혹은 섬 등을 가지고 있는 큰 사업가나 부호들이 꽤 있는데, 그들 중 상당수가 왜정시대 때 왜놈 앞잡이짓 해서 일제에게 하사받은것들이 많다. 이들이 소극적 친일 자산가라면, 후손들 중 일부는 적극적인 친일 매국노(자산가)로 지금도 당당히 조상들 땅과 재산을 되찾기 위해 나라를 상대로 법적인 소송을 열심히 하고 있으며, 법원의 판사들 또한 넙죽넙죽 그들의 손을 들어주고 있다. 거의 100여 년 전 애비나 할애비가 매국노 짓거리해서 일제로부터 나라의 재산과 땅을 하사받은 것을 지금 그 후손들이 눈에 불을 켜고 찾으려 하는데 이들이 어찌 살아있는 친일매국노가 아니고 무엇인가? 이 모든 일이 가능한것은 1948년 반민특위에서 제정한 '친일파 재산 몰수법'을 정체성이 지극히 의심스러운 이승만 정권이 반대하여 1951년 폐지됨으로서 가능하게 되었다. 지금의 이들 세력은 대단히 강고해서 같은 이익공동체끼리 마치 스크럼을 짠 모습으로 그들 집단을 향한 어떤 공격이나 비난에도 일치단결하여 대응하는 태세이다. 이들은 외형상으로는 숫자가 적은 소수인 것 같지만, 이들에게는 돈이 있고 인맥이 있고 또 일반인에게는 없는 무서운 힘을 가지고 있는데 그것은 바로 법적 소송으로 기를 꺾어 버리는 방법이다. 보통사람들은 일단 경찰, 법원 또는 소송이라고 하면 그 말 자체로 기가 질려서, 섣불리 나설 엄두가 나지 않기에 이들은 같은 패거리들끼리 일치단결해서 이 사회의 주류니 보수니 하면서 여전히 거들먹거리고 있다.

어린 독립투사들

신기철/18세, 성혜자/15세, 박양순/17세, 김마리아/17세, 오승훈/18세, 안옥자/17세, 소은명/14세, 석낙응/14세, 박홍식/17세, 이병희/19세, 최광윤/18세, 이범재/16세, 김세환/17세, 유관순/16세. 이들은 누구일까? 여러분들도 누구이지 하다가 마지막 이름 유관순을 발견하고는 아! 할것이다. 그렇다 이들은 1919년 3월 1일, 조선이 일본의 식민통치에 항거하고, 독립선언서를 발표하여 한국의 독립의사를 세계 만방에 알린 날인 3.1절에 만세운동을 일으킨 어린 학생들이자 독립운동가들이었다. 요즘 인터넷에 있는 짧은 동영상을 보고 또 보다가 혼자서 많이 눈물을 훔쳤다. 사진 속의 그 어린 소년, 소녀들의 비장한 결의로 가득찬 그 불굴의 매서운 눈매와 굳게 앙다문 입술 고문의 흔적으로 보이는 퉁퉁부은 얼굴과 남루한 의복, 100여 년 전 사진속 조상들의 모습이지만 그들의 형형한 눈매는 여전히 살아서 우리 후손들에게 그들의 그 고귀하고도 숭고한 나라 사랑하는 마음과 또한 분명히 육체적 고통과 여러 어려움을 알면서도 주저나 망설임 없이 참여한 그 행동하는 애국이 무엇인지 이야기하고 있다. 이 분들은 왜 이렇게 계란으로 바위치기

식의 무모하면서도 위험한 만세운동에 참여했을까?

힘들지만 의로운 길

위에 열거한 어린 소년, 소녀들을 포함한 많은 독립투사들은 왜 쉬운 길, 편한 길, 부자가 되는 길을 버리고 힘든 길을 자초해서 본인은 물론이고 가족까지 힘들게 하고 급기야는 죽기도 하는 그 위험한 일을 했을까? 누군가는 그랬다. 거창한 이유도 많이 있지만, 사람이라면 마땅히 가야 하는 의로운 길이기 때문에 간 것뿐이라고. 그런데 여기서 여러분에게 진지하게 묻고 싶다. 그런 일은 결코 없어야 하겠지만, 만일 우리나라가 또 다시 외세의 침략으로 피식민지 국가 신세가 된다면 지금의 친일파 같은 세력은 다시는 생기지 않을까? 필자는 분명히 강력히 단언한다. 앞으로 만일 그러한 일이 또 생긴다면, 지금보다 더 많고 심한 매국노와 나라 팔아먹는 앞잡이들이 더 많이 생길 것이라고. 왜냐하면, 역사가 여실히 현재 우리에게 보여주고 있기 때문이다.

과거사를 제대로 청산하고 단죄하지 못하니까, 친일을 한 그 후예들이 오히려 더 떵떵거리고, 더 부자로 살고, 더 높은 벼슬을 하면서 우리를 호령하고 있기 때문이다. 프랑스는 나치 독일에게 5년여 점령당하여 국권을 침탈 당한채 괴뢰 정부를 세워서 독일에게 협조하였던 부역자들에 대한 책임과 단죄는 우리와는 비교할 수 없을 정도로 과거사 청산을 분명하고도 확실하게 하였다. 그런 과거사 청산은, 당시는 물론이고 최근까지도 1983년 바르비 재판, 1994년 투비에 재판, 1997년 파퐁 재판 등으로 이어지면서 역사적으로 일관성과 정당성을 분명하게 보여주고 있다. 이렇게 함으로서, 프랑스는 지금 우리가 해방된지가 80여 년이 다 되어가지만, 여전히 그때 청산하지 못한 과거사 때문에 지금도 이념 논쟁, 과거사 논쟁이 종식되지 않고 우리를 하나되지 못하게 하는 그런 소모적, 비생산적인 갈등에서 자유롭지 못한 우리에게 타산지석으로 삼을만한 국가이다. 이제 세 사람의 어록과 그 의미를 곱씹으면서 이 편의 이야기를 마무리하고자 한다.

알베르 까뮈 : "진정한 반성과 사과가 없는, 오늘의 범죄에 대한 용서는 내일의 범죄에 용기를 준다." 당시도 부역자들에 대해 관용을 베풀어야 한다, 아니다로 찬반 양론이 꽤 있었지만, 까뮈의 주장대로 현재의 범죄를 단죄해야만 과거가 청산이 될 수 있고, 또한

미래 생길 수 있는 범죄 발생을 방지할 수있다.

 드골 대통령 : "프랑스가 또 다시 침략 당할 수는 있어도 매국노는 나오지 않을 것이다." 민족을 배신한 현재의 부역자들에게 강력하고도 가혹한 처벌을 했기 때문에, 권선징악에 근거한 정의가 실현될 수 있었고, 또한 분명하고도 확실한 본보기를 보임으로써 미래에 민족을 배신하는 범죄 발생을 방지할 수 있다.

 백범 김구 : "나에게 한 발의 총알이 남아 있다면, 왜놈보다 나라와 민주주의를 배신한 매국노 변절자를 백번 천번 먼저 처단할 것이다. 왜 ? 왜놈보다 무서운 적이니까." 백범의 말 그대로, 내부 변절자 혹은 첩자가 훨씬 더 무서운 적이다. 왜냐하면, 그것 자체로 우리를 큰 위험에 빠뜨리기도 하지만, 계속해서 우리끼리 의심하고 뭉치지 못하게 하는 암적인 역할을 하기 때문이다. 그렇기 때문에, 지금 우리 속의 단죄 받지 못한 친일 매국노들의 후손이 구역질나게 싫고 혐오스럽다. 덧붙여 그들을 옹호하는 얼치기 언론인, 지식인들도 너무 훨씬 더 가증스럽다.

 역사는 되풀이 되기 때문에 결코 역사를 잊어서는 안된다.

 "과거를 잊은 민족에게 미래는 없다."

      이 글의 결론 : 친일매국노들은 여전히 시퍼렇게 살아있다!

단어장

- 종합
- 건축관련
- 쌍자음 단어
- 도량형 단위
- 인체 관련
- 동, 생물
- 자연
- 먹거리
- 화학, 금속, 기타

보너 단어장

혼자 궁리 끝에 일단, 일상 생활에서 대화체에 쓰이는 단어 중
일음절로 발음되는 모든 단어는 품사와 무관하게
순수한 우리말, 외래어 및 일부 외국어까지도 모두 포함하기로 하였습니다.

단어장 서문

　우리말 일음절로 된 단어는 같은 한자문화권인 중국어, 일본어로는 실제 몇음절로 발음이 되는지 무척 궁금하기에 단순한 호기심 차원에서 조사를 시작해 보았습니다. 만일, 실제 조사 결과 중국어, 일본어의 발음도 우리와 같은 일음절이라면 필자가 이 책에서 주장하는 언어의 경제성이나 효율성 면에서 큰 차이가 없으니 이 책의 저술 의미가 별로 없어지는 셈이었습니다. 그런 호기심 때문에 조사를 시작하였지만 중국어 상당 부분을을 제외한 마무리 부분과 영어, 일본어는 필자가 직접 번역을 하다보니 나름대로는 최선을 다하였지만 부끄러울정도로 부족한 점이 많음을 밝힙니다.

　책을 쓰면서 가장 고민한 문제는 과연 일음절의 정의는 무엇이고 또한 범위를 어디까지로 해야 할지였습니다. 혼자 궁리 끝에 일단, 일상 생활에서 대화체에 쓰이는 단어 중 일음절로 발음되는 모든 단어는 품사와 무관하게 순수한 우리말, 외래어 및 일부 외국어까지도 모두 포함하기로 하였습니다. 국어를 전공하지도 않았고 보통 사람의 평균적인 문법 지식밖에 없는 한계로 문법에 따른 품사의 구별도 못했고 또한 단어를 쓰임새 별로 각 항목별로 제대로 된 분류도 잘하지 못한 여러모로 부실한 상태임을 밝힙니다. 하지만,

필자 나름대로는 꽤 의미가 있다고 생각하는 것이, 우리말의 생생한 날것의 구어체인 이 일음절 단어를 영어, 중국어, 일본어와 같이 비교해 보는 첫번째 시도가 아닌가 하는 것입니다. 조사 결과, 사투리와 비속어를 포함한 우리말 속의 일음절 단어는 무려 1,200자가 넘을 정도로 생각 이상으로 그 숫자가 꽤 많았습니다.

비전문가의 연구와 조사이긴 하지만, 필자가 주장하는 우리 DNA 속의 빨리빨리 문화와 이로 비롯된 우리말에 있는 수많은 일음절 단어는 같은 뜻을 지닌 중국어, 일본어와의 비교가 있어야 어느정도는 연구의 객관성과 함께 또 주장의 근거가 있기에 제 나름대로는 꽤 많은 시간과 노력을 기울여 이 단어장을 작성해 보았습니다. 똑같은 한자말을 두고도 3국이 각기 읽는 방식과 음절 수가 틀리기도 했고 또 그 뜻 자체가 전혀 다른 경우도 제법 있었기에, 그것 자체가 흥미롭기는 했지만 그 차이에 대한 연구는 전문 학자의 영역에 속한 것이라 생각합니다.

아울러 영어 중독 증세를 보이는 우리나라이기에 큰 의미는 없지만, 영어로도 그 뜻을 같이 찾아 보았습니다.

혹시, 이 사소한 조사 혹은 연구가 우리말의 지평을 넓히고 또 최근 세계적으로 각광받기 시작한 우리 한글을 배우려는 향학열에 불타는 외국인용 한글 학습교재를 누군가 만들 때 아주 작은 참고라도 되었으면 하는 바램을 담아서 집필해 보았습니다. 개인적으로는 이번 조사와 연구, 집필을 통해 한글의 위대함과 함께 우리말 속에 담겨있는 우리 민족 특유의 정신을 많이, 깊게 생각해 보는 좋은 계기가 되었습니다. 모쪼록 이 책을 읽으시는 독자가 있으시다면, 저와 같이 한글과 우리말을 사랑하는 기회가 되기를 기대해 봅니다.

종합

번호	우리말	영어	중국어	일본어	참고
1	가1	an approval 어프루블	可(ke) 크어	可(か) 카	회의 표결에서 안건에 대한 찬성의 표시 예) 가 하면 예 하시오.
2	가2	an edge 엣지	边[biān] 비엔	辺[へん] 헨	바깥쪽 경계가 되는 가장자리 부근. 예) 물 가로 가지 마시오.
3	가3	E 이	可[kě] 커어		'수,우,미,양,가'의 다섯 단계 중 가장 낮은 단계 예) 성적이 가에서 양으로 올랐다.
4	가4	good 굿	好[hǎo] 하오	可[か] 가	긍정이나 허락, 승인의 뜻 예) 관람 가, 즉시 입주 가.
5	가5	go 가	去[qù] 취	行[い]け 이께	오다, 가다의 명령어. 예) 그냥 가, 지금 가.
6	각1	each 이치	个[gè] 꺼	別々[べつべつの] 베쯔베쯔다	낱낱의 예) 세금 고지서를 각 가정으로 발송했다.
7	각2	angle 앵글	角[jiǎo] 지아오	角[つの] 쯔노	면과 면이 만나 이루어지는 모서리 예) 여기서는 각이 안나오네.
8	각3	lump 럼프	块[kuài] 콰이	脚[きゃく] 캬쿠	고기를 나눌 때, 몇 등분 중의 한 부분 예) 잔치 때 돼지의 각을 떠서 집마다 나누었다.
9	각4		角[かく] 가꾸	角[かく] 가꾸	동양 음악에서, 오음계 중의 하나. 예) 궁, 상, 각, 치, 우.
10	간1	seasoning 시즈닝	调味[tiáowèi] 티아오웨이	塩[しお] 시오	음식에 넣어 짠맛을 내는 간장,소금,된장 등. 예) 음식의 간을 맞추다.
11	간2	sense 센스	眼力见儿[yǎn·lijiànr] 얀리잰얼	勘[かん] 칸	사람 사이에서 눈치를 살피는 것. 예) 그는 간을 보고있다.
12	간3	between 비트윈	间[jiān] 지앤	間[あいだ] 아이다	한 대상에서 다른 대상까지의 사이. 예) 서울과 부산 간 야간열차.
13	간4	publish 퍼블리시	出版[chūbǎn] 추반~	刊[かん] 캉	책 따위를 인쇄하여 펴냄 예) 민중서관 1997년 간.
14	감1	sense 센스	感[gǎn] 간	感[かん] 칸	어떤 대상에 대한 반응으로 기분, 직관. 예) 감 잡았어!
15	감2	reception 리셉션	靈敏度[língmǐndù] 링민두	感度[かんど] 칸도	수신되는 신호에 대한 통신 기기의 예민한 정도 예) 무전기가 감이 나쁘니까 소리 좀 키워 봐.
16	감3	reception 리셉션	触感[chùgǎn] 추간	触感[しょっかん] 숏칸	옷을 만드는 재료의 뜻 예) 이 옷은 감이 부드럽다.
17	갑1	A 에이	甲[[jiǎ] 지아	甲[こう] 고오	두 개 이상의 사물이 있을 때 그중 하나의 이름 예) 갑이라는 사람과 을이라는 사람이 있다.
18	갑2	A, B, C, D 에이	甲[[jiǎ] 지아	甲[きのえ] 키노에	차례나 등급에서 첫째를 이르는 말. 예) 갑, 을, 병, 정. 동대문 갑, 수성 갑.
19	갑3	owner 오우너	甲[[jiǎ] 지아	甲[こう] 고오	쌍방의 관계에서 권력,권리상 우위에 있는 자. 예) 집주인은 언제나 갑이지, 내가 갑이야.

번호	우리말	영어	중국어	일본어	참고
20	갑4	double	倍[bèi]	倍[ばい]	어떤 수량이나 분량을 두 번 합한 것.
		더블	뻬이	바이	예) 갑절.
21	갑5	cape	岬[jiǎ]	岬[みさき]	바다쪽으로 좁고 길게 내민 땅
		케이프	지아	미사키	예) 갑. 곶
22	갑6	same age	同年[tóngnián]	同[おな]い年[どし]	나이가 동갑일 때.
		세임 에이지	통니앤	오나이도시	예) 그 친구하고는 갑이여.
23	갑7	case	匣子[xiá·zi]	小箱[こばこ]	물건을 담는 작은 상자.
		케이스	샤즈	코바코	예) 이 시계를 빈 갑에다 넣어라.
24	갓1	Korean Hat	冕[miǎn]	冠[かん]	말총으로 만든 속이 빈 모자.
		코리안 햍	미엔	칸	예) 갓, 망건, 도포 등 옛날 의복.
25	갓2	freshly	刚[gāng]	ばかり	이제 막.
		프레쉬리	깡	바까리	예) 갓 태어난 강아지들이 귀엽다.
26	갓3	lampshade	罩[zhào]	シェード	전등의 갓
		램쉐이드	쟈오	세-도	예) 갓을 씌운 외등의 불빛이 더욱 밝다.
27	걍	just, simply	不为什么	ただ	그냥의 줄임 말 – 속어
		심플리	부웨이션머	타다	아무 뜻이나 조건없이. 예) 걍 왔어.
28	건1	a matter	件[jiàn]	件[けん]	어떤 일이나 문제를 일으킬 만한 일이나 사건
		매터	지엔	켄	예) 본 건은 적확한 판단을 요한다.
29	건2	a kind of hat	巾[jīn]	巾[ぬの]	헝겁따위로 된 머리에 쓰는 물건.
		어카인드어브햍	진	누노	예) 저기 상복을 입고 건을 쓴 사람이 상제이다.
30	건3				태극기에 쓰인 네 괘 중 하나.
					예) 건곤감리.
31	걸				윷놀이에서 윷판의 셋째 자리
					예) 걸 보다는 개가 더 잘 나온다.
32	검	a sword	剑[jiàn]	剣[つるぎ]	칼의 총칭
		소드	지엔	쯔루기	예) 펜은 검보다 강하다는 격언이 있다
33	겁1	fear	怯[qiè]	恐[おそ]ろしさ	무서워하거나 두려워하는 마음
		피어	치에	오소로시사	예) 너는 무슨 겁이 그리 많으냐?
34	겁2	a kalpa	永劫[yǒngjié]	劫(劫)[こう]	매우 길고 오랜 시간을 이르는 말
		칼파	용지	코우	예) 몇 겁이 지나도 변치 않을 굳은 맹세.
35	겉	the exterior	表[biǎo]	表[おもて]	겉으로 드러난 모습이나 현상
		익스티어리어	비아오	오모테	예) 사람은 겉만 보고 판단해서는 안 된다.
36	겨	chaff	糠[kāng]	糠[ぬか]	곡식의 껍질
		채프	캉	누카	예) 탈곡을 하면 겨가 없어진다.
37	격1	standing, status	格[gé]	格[かく]	신분이나 지위, 환경에 맞는 방식.
		스탠딩	그어	카쿠	예) 이 옷은 격에 어울리지 않는다.
38	격2	a gap, a space	隔[gé]	隔[くだ]	사이를 가로막는 간격
		갭, 스페이스	그어	쿠다	예) 그는 친구에게도 항상 격을 두고 대한다.
39	격3	declaration	檄[xí]	檄[げき]	어떤 일을 급히 여러 사람에게 알리는 글
		데클러레이션	시	게끼	예) 포고문, 격문

번호	우리말	영어	중국어	일본어	참고
40	견	mousseline 모슬린	绢[juàn] 주안	絹[きぬ] 키누	누에고치에서 얻은 명주실로 짠 천 예) 충주에는 큰 견사 공장이 있다.
41	결1	dispostion 디스퍼지션	纹理[wénlǐ] 원리	氣性[きしょう] 키쇼우	성품의 바탕이나 상태 예) 그는 우리와는 결이 달라.
42	결2	grain 그레인	纹[wén] 원	木自[きめ] 키메	나무, 비단 등의 바탕의 상태나 무늬 예) 결이 촘촘한 피륙
43	결3	the moment 더 모먼트	刹[chà] 차	間[かん] 칸	사이, 때, 짬의 뜻을 나타내는 말 예) 어느 결에 어두워졌다.
44	결4	absent 앱선트	缺[quē] 취에	欠[けつ] 케쯔	빠져서 부족함 예) 열에 하나가 결이 났다.
45	겸	and, in addition 앤, 인 어디션	兼[jiān] 지앤	兼[けん] 켄	둘 이상의 명사가 각각의 의미를 동시에 갖고. 있음. 예) 이 방은 서재 겸 응접실이다.
46	경1	Sir 서	卿[qīng] 칭	卿[きょう] 쿄우	귀족의 작위. 이품 이상의 신하 예) 경들은 주저말고 의견들을 말하시오.
47	경2	holy book 홀리 북	经[jīng] 징	经[けい] 케이	불교 또는 유교의 경전 예) 쇠귀에 경 읽기.
48	경3	chide 차이드	黥[qíng] 칭	叱[しっす] 싯스	호된 꾸지람이나 심한 고통 예) 손자가 지갑에 손을 대서 경을 쳤다
49	경4	around 어라운드	更[gēng] 겅	頃[ころ] 코로	일정 시간의 경계가 서로 맞닿은 때 예) 장마는 6월 중순 경에 시작된다.
50	고1	the late 더 레이트	故[gù] 꾸	故[ゆう] 유에	돌아가신 이의 이름 앞에 붙이는 말 예) 고 홍길동 선생
51	고2	height 하이트	高[gāo] 까오	高[たかさ] 타까사	건축에서 주로 높이를 나타낸다 예) 고 홍길동 선생
52	고3	high 하이	高[gāo] 까오	高[こう] 코우	사물의 정도나 수준이 높음. 예) 고성능, 고효율
53	곡1	a moan 모운	哭[kū] 쿠	哭[こく] 코쿠	사람이 죽었을 때 소리를 내며 우는 것 예) 슬플수록 곡소리도 크게 난다.
54	곡2	music 뮤직	曲[qǔ] 취	曲[きょく] 쿄쿠	창작된 음악 작품 예) 김 선생은 새로운 곡을 준비중이다.
55	곤				팔괘의 여덟번째 괘 예) 건곤감리는 태극기 도안에 있다.
56	곧1	instantly 인스턴틀리	就[jiù] 지우	すぐ 스구	이내, 바로 뜻의 보조사 예) 그가 곧 올거야.
57	곧2	in other words 인아더워즈		すなわち 스나와찌	바꾸어 말하면 예) 사랑이 있는 곳이 곧 천국이다.
58	골1	valley 밸리	谷[gǔ] 구	谷[たに] 타니	산과 산 사이에 깊숙이 패어 들어간 곳 예) 좌우 골 사이로 봄빛이 물었다.
59	골2	anger 앵거	怒[nù] 누	怒[いかり] 이까리	벌컥 성이 나서 내는 기운 예) 동하는 심심하면 골을 부린다.

번호	우리말	영어	중국어	일본어	참고
60	골3	brain 브레인	脑[nǎo] 나오	脳[のう] 노우	뇌, 머리통 예) 퇴근길에 아주 골 때리는 일이 있었다.
61	골4	goal 골	球门[qiúmén] 취우멘	ゴール 고루	운동경기의 골 예) 축구의 생명은 골 이다.
62	곰	slowpoke 슬로우포크	笨蛋[bèndàn] 뻔딴	愚鈍[ぐどん]な人[ひと] 구돈나히또	미련하거나 행동이 느린 사람을 놀리는 말 예) 그리 아픈데도 말 않다니, 정말 곰이구나.
63	곳	a place 플레이스	处[chù] 추	所[ところ] 도코로	일정한 자리나 지역 예) 그는 피가 나는 곳을 헝겊으로 싹 닦았다.
64	곶	a cape 케이프	角[[jiǎo] 지아오	串[みさき] 미사키	바다쪽으로 좁고 길게 내민 땅 섭지코지의 코지는 곶의 제주 방언.
65	공1	exertion 이그저션	功[gōng] 꽁	功[こう] 코우	어떤 목적을 이루는 데에 힘쓴 수고 예) 그는 그 일을 이루려 공을 많이 들였다.
66	공3	zero 지어로	零[líng] 링	零[れい] 레이	아라비아 숫자 '0'의 구어상 발음 예) 010- 1234-5678(공일공-일이삼사)
67	공4	ball 볼	球[qiú] 치우	球[ボル] 보루	구기종목에 쓰이는 볼 예) 구기 종목은 공이 필수 도구이다.
68	교	religion 릴리젼	教[jiào] 지아오	教[きょう] 쿄우	종교 예) 세상에는 다양한 교가 있다.
69	구1	nine 나인	九[jiǔ] 지우	九[きゅう] 큐우	숫자 9 예) 숫자 팔 다음에는 구 다.
70	구2	phrase 프레이즈	句[jù] 쥐	句[く] 쿠	둘 이상의 단어가 모인 문장의 한 성분 예) 후렴구
71	구3	district 디스트릭트	区[qū] 취	区[く] 쿠	행정구획의 한 단위 예) 송파구, 구청
72	구4	globe 글로우브	球[qiú] 취오	球[きゅう] 큐우	공처럼 둥글게 생긴 물체 예) 지구본은 구 형이다.
73	구5	old 올드	旧[jiù] 지우	旧[きゅう] 큐우	새것과 대비되는 옛것. 예) 신구 세대, 구 시가지, 구식.
74	굴1	cave 케이브	窟[kū] 쿠	窟[くつ],ほら 쿠쯔,호라	산이나 땅속을 뚫어서 낸 길 예) 굴이 뻥 뚫려 있다.
75	국	soup 숲	汤[tāng] 탕	スープ 스-부	각종 재료에 물을 붓고 끓인 음식. 예) 미역국, 된장국
76	군1	an army 아미	军[jūn] 쥔	軍[ぐん] 군	한 국가의 무력의 총합체의 조직 예) 총소리가 나자 군 지휘관이 달려왔다.
77	군2	county 카운티	郡[jùn] 쥔	郡[ぐん] 군	지방 행정 구역의 하나 예) 창녕군, 양평군 등.
78	군3	Mr. 미스터	君[jūn] 준	君[くん] 군	젊은 남자를 부르는 호칭 예) 김군, 박군 등
79	굿1	exorcism 엑소시즘	巫術[wūshù] 우슈	クッ 쿳	원시적인 종교의식 예) 오늘은 굿이나 보고 떡이나 먹으라.

번호	우리말	영어	중국어	일본어	참고
80	굿2	a show 쇼	乱子[luàn·zi] 루안즈	騒動[そうどう] 소오도오	여러 사람이 모여 노는 신명나는 구경거리 예) 동네에서 불이나서, 불 끄려고 난리굿이 났다.
81	그	he, the man 더 맨	他[tā] 타	彼[かれ] 가레	남자 대명사 예) 그는 좋은 사람이 되려고 노력했다.
82	그	the, that 더, 댓	那[nà] 나	その 소노	지시 대명사 예) 그 유통업체는 꽤 큰 회사이다.
83	극1	a drama 드라머	劇[jù] 쥐	劇[げき] 게끼	배우가 무대에서 보이는 종합예술 예) 극중 배우들의 연기는 환상적이었다
84	극2	polar 포울러	极[jí] 지	極[きょく] 쿄쿠	지축의 양쪽 끝부분. 예) 극 지방의 날씨는 상상 이상이다.
85	극3	zenith 지니쓰	极[jí] 지	極[きわ] 키와	정상, 절정, 극치 예) 그 아픔이 극에 달했다
86	근1	around 어라운드	近[jìn] 진	近[ちか] 치카	그 수량에 가까움을 나타낸다. 예) 그 수량이 근 100 개 다.
87	근2	a muscle 머쓸	肌[jī] 지	筋[きん] 킨	내장 따위의 운동을 담당하는 기관 예) 선수들은 근 파워 테스트를 실시했다.
88	근3	square root 스퀘어 루트	根[gēn] 꺼언	根[こん] 콘	방정식을 만족시키는 미지수의 값 예) 근의 공식을 구하시오.
89	금1	flaw 플로	裂[liè] 리에	われめ 와레메	갈라져 금이 생기다. 벌어지거나 무너지다. 예) 금이 가다, 생기다. 결점
90	금2	Friday 프라이데이	星期五[xīngqīwǔ] 씽치우	金曜日[きんようび] 킨요우비	월요일을 기준으로 다섯 번째 날. 예) 금요일은 밤이 좋아.
91	금3	price 프라이스	價格[jiàgé] 지아거	價值[かち] 가찌	시세나 흥정에 따라 결정되는 물건의 값 예) 솟값이 어떤지 금을 보러 우시장에 갔다.
92	글	writing 라이팅	文[wén] 원	文[ぶん] 분	말을 일정한 체계로 적는 기호 예) 우리 글은 세종 때 만들어졌다.
93	급1	level 레블	級[jí] 지	級[きゅう] 큐우	체중 등 등급의 단위를 나타내는 말 예) 미들급, 헤비급 등.
94	급2	sharp 샤프	急[jí] 지	急[きゅう] 큐우	갑작스러운 돌발행위 예) 급추락, 급회전
95	급3	grade 그레이드	級[jí] 지	クラス 쿠라스	운동 등에서 차원이 다른 수준이나 상태 예) 그는 급이 달라 –탁월한 기량이다
96	기1	spirit 스피릿	气[qì] 치	氣[き] 키	사람에게서 나오는 어떤 기운 예) 네가 하는 짓을 보니 기가 찬다.
97	기2	a period 피리어드	期[qī] 치	期[き] 키	어떤 정해진 기간 예) 대통령의 2기 행정부 구성.
98	기3	a flag 플랙	旗[qí] 치	旗[はた] 하타	깃발 예) 기를 높이 들어라.
99	김1	steam 스팀	汽[qì] 치	氣[き] 키	액체 상태의 물질이 기체 상태로 된 것. 예) 김빠진 맥주

번호	우리말	영어	중국어	일본어	참고
100	김2	feeling 필링	走气[zhūqí] 주치	意欲[いよく] 이요크	기분이나 느낌의 속된 표현. 예) 그 소리를 듣고는 김이 팍 샜다.
101	길1	road 로드	路[lù] 루	道[みち] 미찌	다른 곳으로 이동하기 위한 공간 예) 큰길, 시골길
102	길2	a manhigh tall 맨하이 톨	仞[rèn] 런	尋[ひろ] 히로	길이의 단위로서 사람의 키 정도 길이 예) 한 길 정도의 깊이.
103	길3	tame 테임	好使[hǎoshǐ] 하오시	飼い慣らす 이라스	짐승을 잘 가르쳐 부리기 좋게 된 상태 예) 그 말은 이제 길이 들었다.
104	길4	means 민즈	方法[fāngfǎ] 팡파	途[と] 토모	수단, 방법 예) 이미 치료할 시기를 놓쳐 손쓸 길이 없다.
105	깃	collar 칼러	领[lǐng] 링	襟[えり] 에리	옷깃 예) 날씨가 추워 외투 깃을 올렸다.
106	개1	son of bitch 썬어브비치	狗[gǒu] 고우	犬[けん] 켄	성질과 행실이 좋지 않은 자를 욕하는 말. 예) 개 보다 못한 놈이다.
107	개2	agent 에이젠트	走狗[zǒugǒu] 쪼우고우	手先[てさき] 데사끼	권력자나 부정한 사람의 앞잡이를 비유. 예) 그는 변절하여 일제의 개가 되었다.
108	개3	a piece 피스	个[gè] 끄어	個[こ] 코	숫자의 단위 예) 하늘에는 다섯 개의 별들이 반짝였다.
109	개4	very 베리	很[hěn] 허언	たいへん 따이헨	매우, 대단히의 속된 표현 예) 개 좋아. 개 맛있어
110	갬	clear up 클리어 업	晴[qíng] 칭	晴[はれ] 하레	일기 예보에서 날씨가 맑음을 이르는 말 예) 하늘은 연일 맑음과 갬, 흐림을 반복했다
111	갱1	pit 피트	坑[kēng] 컹	坑[こう] 코우	광산, 탄광 등으로 땅속에 뚫어 놓은 길. 예) 폭음과 함께 인부들이 갱 속에 갇혔다.
112	갱2	gangster 갱스터	流氓[liúmáng] 리우망	ギャング 걍구	범죄를 일삼는 조직적인 무리 예) 대부는 대표적인 갱 영화이다.
113	겜	game 게임	游戏[yóuxì] 요우시	ゲーム 게무	인터넷 등을 이용한 오락의 구어적 표현 예) 종일 pc방에서 겜만 했다.
114	곁	beside 비사이드	旁边[pángbiān] 팡비앤	横[よこ] 요코	어떤 대상의 옆. 예) 아이는 엄마 곁으로 바짝 다가앉았다.
115	관1	game 게임	游戏[yóuxì] 요우시	ゲーム 게무	정부나 관청 따위를 이르는 말. 예) 민,관,군 협동으로 수해를 극복하였다.
116	관2	coffin 카핀	游戏[yóuxì] 요우시	ゲーム 게무	시체를 담는 궤 예) 관 속에 놓인 시체를 보니 무서웠다.
117	관3	hat 햍	冠[guàn] 꾸안	冠[かんむり] 간무리	검은 머리카락이나 말총으로 엮어만든 쓰개 예) 노인들은 아직도 두건에 관을 쓴다.
118	관4	pipe, tube 파이프, 튜브	管[guǎn] 꾸아안	管[くだ] 쿠다	둥글고 속이 비어 있는 물건의 통칭 예) 고무관. 주름관.
119	궤1	wooden box 우든 박스	柜[jǔ] 쥐이	櫃[ひつ] 히쯔	물건을 넣기 위한 네모진 나무 그릇 예) 돈을 넣은 궤가 꽤 묵직해 보였다.

단어장 **213**

번호	우리말	영어	중국어	일본어	참고
120	궤2	in line with 인 라인 위드	傾[qīng] 칭	傾向[けいこう] 케이코우	입장이나 경향을 비유적으로 이르는 말 예) 이 책은 기존의 소설과는 궤를 달리한다.
121	나	I 아이	我[wǒ] 워	私[わたし] 와타시	본인, 주어 예) 나는 학생입니다.
122	낙	pleasure 플레져	乐[lè] 러	樂[しみ] 시미	살아가는데 있어서의 재미나 즐거움 예) 그녀는 음식 나누어 먹는게 큰 낙이다.
123	난1	I 아이	我[wǒ] 워	私[わたし] 와타시	인칭대명사 "나"에 "ㄴ"이 붙은 말 예) 난 짜장 먹을거야. 너는 뭐 먹을거야?
124	난2	column 칼럼	栏[lán] 란	欄[らん] 란	신문,잡지 등의 지면에 글 따위를 넣을 자리 예) 이 자리는 가십난 이다.
125	난3	orchid 오키드	兰[lán] 란	蘭[ラン] 란	난초과에 속한 식물. 예) 사람들은 싱싱한 난을 보고 모두 좋아했다.
126	난4	a revolt 리볼트	乱[luàn] 루안	騷動[そうどう] 소우도우	전쟁이나 폭동, 재해 등의 상태 예) 이 난은 동학 전쟁의 선행 농민 봉기이다.
127	난5	prominent 프라미넌트	名[míng] 밍	名[な]うて 나우떼	유명하거나 뛰어난 예) 그는 이 바닥에서는 난 놈이다.
128	남1	south 사우쓰	南[nán] 난	南[みなみ] 미나미	네 방위의 하나. 북의 반대 예) 남으로 난 창을 하나 내고 싶다.
129	남2	other 아더	别人[bié·ren] 비에런	他人[たにん] 타닌	자기 이외의 다른 사람. 예) 이혼했으니 그는 이제 남이다.
130	남3	male 메일	男[nán] 난	男[おとこ] 오토코	남성의 성을 지닌 사람 예) 남과 녀.
131	날1	day 데이	日[rì] 르	日[ひ] 히	하루 밤낮의 동안 예) 날은 저물고 갈 길은 아직 한참 멀다.
132	날2	an edge 엣지	刃[rèn] 런	刃[は] 하	대패, 도끼의 날 예) 그는 날을 파랗게 세운 칼을 준비했다.
133	날3	cheat 치트	空手[kōngshǒu] 콩쇼우	ただで 타다데	일을 대충 하거나 무엇을 차지 하는 것을 낮잡 아 이르는 말. 예) 어디서 날로 먹으려고 해?
134	날4	raw 로	生[shēng] 성	生物[なまもの] 나마모노	익히거나 조리하지 않은 날것. 예) 찌개용이 아닌 날로 먹는 두부가 나왔다
135	납1	lead 레드	铅[qiān] 치앤	鉛[なまり] 나마리	납 제품. 납을 함유한 것. 예) 구활자본은 납 활자로 인쇄한 책이다.
136	납2	wax 왁스	蜡[là] 라	蠟[ろう] 로우	벌집을 만들려고 꿀벌이 분비하는 물질 예) 밀랍, 황랍
137	낫	a sickle 시클	镰[lián] 리엔	鎌[かま] 카마	농사 도구 예) 낫 놓고 기역자도 모른다.
138	낮	day 데이	白天[bái·tian] 바이티엔	昼[ひる] 히루	하루 중 해가 떠 있는 시간. 예) 낮 시간을 잘 활용해서 공부해라.
139	낯	face 페이스	脸[liǎn] 리엔	顔[つき] 쯔끼	얼굴의 앞쪽 면. 예) 아비로서 자식을 볼 낯이 없었다.

번호	우리말	영어	중국어	일본어	참고
140	너	you 유	你[nǐ] 니	お前[まえ] 오마에	손아랫사람 등을 가리킬 때 하는 말. 예) 네 인생에 대한 선택권은 너에게 있다.
141	넉	four 포	四[sì] 쓰	四[よつ] 요쯔	단위의 앞에 쓰이며 수량이 넷임을 나타냄. 예) 그는 독한 술을 연거푸 넉 잔을 마셨다.
142	넋	a soul 소울	魂[hún] 후언	魂[たましい] 타마시이	주로 옛사람들의 정신이나 마음을 이르는 말 예) 궁도는 민족의 혼과 얼이 깃들어 있다.
143	널1	a coffin 코핀	棺[guān] 꾸안	棺[かん] 깐	관이나 곽을 통틀어 이르는 말. 예) 널 뚜껑을 열땐 한기가 엄습하였다.
144	널2	a seesaw board 시소 보드	板[bǎn] 반	板[いた] 이타	널뛰기할 때 쓰는 널빤지 예) 쇠구름다리와 널구름다리.
145	널3	you 유	你[nǐ] 니	お前[まえ] 오마에	인칭대명사 '너'에 목적격 조사 'ㄹ'이 붙은 말 예) 철수야 힘내! 항상 난 널 응원할거야.
146	년1	a year 이어	年[nián] 니엔	年[ねん] 넹	해, 년 예) 일 년의 결산은 이미 끝났습니다.
147	년2	wretched slut 레치트 슬럿트	賤人[jiànrén] 지앤런	尼っ子[あまっこ] 아맛꼬	여자를 낮추어서 욕하는 말 예) 이년, 저년
148	노	an oar 오어	棹[zhào] 쟈오	梶[かじ] 카지	배를 젓는 긴 나무로 만든 도구. 예) 어영차 노를 저어라.
149	놈	a fellow 펠로우	小子[xiǎozī] 샤오지	やつ 야쯔	남자를 낮추거나 욕하는 말 예) 이놈, 저놈
150	녹1	rust 러스트	锈[xiù] 시우	綠[ろく] 로쿠	산화작용으로 쇠붙이 겉에 생기는 물질 예) 집 대문이 녹이 슬고 칠이 벗겨져 있다.
151	녹2	stipend 샐러리	禄[lù] 루	綠[ろく] 로쿠	관리가 나라로 부터 받는 보수 예) 녹을 먹는 관리는 청렴해야 한다.
152	놀1	a glow in the sky 글로우	霞[xiá] 시아	燒[やけ] 야케	석양에 하늘이 발갛게 보이는 현상 예) 황혼 무렵 놀은 붉게 서쪽에 뻗쳤다.
153	놀2	a big wave 빅 웨이브	浪[làng] 랑	激浪[げきろう] 게끼로우	큰 파도 예) 태풍이 오기 전에 큰 놀이 일렁였다.
154	놀3	play 플레이	玩[wán] 완	遊[あそ]ぶ 아소부	놀다의 활용형 예) 우리 동네에는 같이 놀 친구가 없다.
155	놉	a day laborer 데이 레이버러	工[gōng] 꽁	日雇[ひやとい] 히야토이	품팔이꾼, 머슴 예) 밭일이 바쁘면 놉을 사서 수확 해야한다.
156	놋	brass 브래스	铜[tóng] 통	眞鍮[しんちゅう] 신쭈	구리 + 아연의 합금 예) 샛노란 놋 주발에 사골 육수를 담았다.
157	농1	as a joke 애즈 어 조크	弄[nòng] 농	弄[いたずら] 이타즈라	실없이 말로 하는 장난. 예) 그가 주막에서 술아비한테 농을 걸었다.
158	농2	a wardrobe 워드로브	柜子[guì·zi] 꾸이즈	欌籠[たんす] 탄스	옷 따위를 넣어 두는 가구. 예) 좋은 물건은 농 안에 감추는 것이 좋다.
159	늘	always 올웨이즈	常[cháng] 창	いつも 이쯔모	한결같이, 언제나. 예) 어머니는 늘 큰아들만 감쌌다.

번호	우리말	영어	중국어	일본어	참고
160	능	a royal tomb 로얄툼	陵[líng] 링	陵[みささぎ] 미사사기	왕릉, 임금이나 왕후의 무덤. 예) 임금은 자주 선왕의 능을 참배하였다.
161	늪1	a swamp 스웜프	沼泽[zhǎozé] 쟈오져	沼[ぬま] 누마	물이 고여있는 질퍽한 지대 예) 그는 숲을 헤매다 발을 헛디뎌 늪에 빠졌다.
162	늪2	sink into a slough 싱크인투어슬로우	泥潭[nítán] 니탄~	泥沼[どろぬま] 도로누마	빠져나오기 힘든 상태나 상황의 비유적 표현 예) 우리 경제는 불황의 늪에 빠져 있다.
163	니	you 유	你[nǐ] 니엔	お前まえ 오마에	너의 사투리 예) 니가 싸워야 할 상대는 챔피언이다.
164	님	Mr/Mrs 미스터/미시즈	情人[qíngrén] 칭런	様[さま] 사마	임의 비표준어. 임 (사모하는 사람)
165	내1	my 아이	我的[wǒ·de] 워더	私[わたし]の 와타시노	인칭대명사 '나'에 관형격조사 '의'의 준말. 예) 내 사전에 포기는 없다.
166	내2	smell 스멜	臭[xiù] 시우	におい 니오이	코로 맡을 수 있는 온갖 기운 예) 밥 타는 내가 온 집 안에 가득하였다.
167	내3	inide 인사이드	内[nèi] 네이	内[ない] 나이	일정한 둘레 속에 있는 공간이나 부분. 예) 광주시는 공원 내 시설 보수를 마쳤다.
168	내4	within 위딘	以内[yǐnèi] 이네이	内[うち] 우찌	정해진 시간의 범위 안. 예) 정해진 기간 내에 보고서를 제출해야 한다.
169	낼	tomorrow 터마로우	明天[míngtiān] 밍티엔	明日[みょうにち] 묘우니찌	오늘의 다음날. 내일의 준말. 예) 낼 비가 온다고 한다..
170	네1	tomorrow 터마로우	明天[míngtiān] 밍티엔	明日[みょうにち] 묘우니찌	윗사람 말에 동의하여 대답할 때 쓰는 말 예) 네, 알겠습니다.
171	네2	tomorrow 터마로우	明天[míngtiān] 밍티엔	明日[みょうにち] 묘우니찌	너'에 관형격 조사 '의'가 결합하여 줄어든 말 예) 네 잘못을 네가 알렷다.
172	네3	tomorrow 터마로우	明天[míngtiān] 밍티엔	明日[みょうにち] 묘우니찌	그 수량이 넷임을 나타내는 말. 예) 어머니가 홀로 네 남매를 키우셨다.
173	넹	yes 예스	是[shì] 스	はい 하이	네를 귀엽게 이르는 말. 예) "내일 영화 보러 가요". "넹"
174	다1	all 올	全[quán] 취엔	皆[みんな] 민나	하나도 빠짐없이 전부. 예) 모두 다 왔어 ?
175	다2	completely 컴플리틀리	完[wán] 완	完[かん] 칸	끝마치다. 완성 예) 그는 혼자 한 되나 되는 술을 다 비웠다.
176	단1	only 온리	唯[wéi] 웨이	單[たった] 탓타	오직 그것뿐임을 나타냄. 예) 내게 지금 있는 것은 단 하나.
177	단2	but, except 익셉트	但[dàn] 딴	但[ただし] 타다시	문장 앞에서 조건이나 예외를 나타내는 말 예) 단, 날자는 꼭 지키는 조건이다.
178	단3	a podium 포디엄	台[tái] 타이	壇[だん] 단	교단이나 연단 등의 높게 만든 자리 예) 우승자는 메달을 받으려 단에 올랐다.
179	단4	grade 그레이드	段[duàn] 뚜안	段[だん] 단	태권도 등의 승급 중의 하나 예) 그는 태권도 2 단이 되었다.

번호	우리말	영어	중국어	일본어	참고
180	달	month 만쓰	月[yuè] 위에	月[げつ] 게쯔	1 개월 – 30 일. 예) 한 달 동안.
181	담1	courage 카리지	胆[dǎn] 단	渡胸[どきょう] 도꾜우	겁이 없고 용감한 기운 예) 그는 보기 드물게 담이 크다.
182	담2	next 넥스트	下[xià] 시아	次[つぎ] 쯔기	시간, 공간상에서 어떤 기준점의 바로 뒤. 예) 기회가 되면 담에 만날 수 있을것이다.
183	당1	a party 파티	党[dǎng] 당	党[とう] 또우	여럿이 모여 한 동아리를 이룸 예) 김의원은 갑자기 당을 탈퇴하였다.
184	당2	per, this 퍼, 디스	本[běn] 베엔	この 코노	지금', '바로', '이것', '그'의 뜻 예) 당 열차는 30초 후 출발하겠습니다.
185	당3	per capita 퍼캐피타	党[dǎng] 당	頭[あたま] 아따마	마다'의 뜻을 더하는 접미사 예) 일 인 당 한 개 씩 가져 가세요.
186	당4	shrine 슈라인	堂[dǎng] 당	堂[どう] 도오	신을 모셔두는 집 예) 마을 사람들은 힘을 합쳐 당을 세웠다.
187	닻	anchor 앵커	锚[máo] 마오	锚[いかり] 이카리	배를 멈추게 하기 위해 바닥에 내리는 쇠로 만든 갈고리. 예) 닻을 내려라.
188	더	more 모어	更[gèng] 껑	もう 모우	어떤 분량이나 정도 이상으로. 예) 식후에는 커피가 더 당긴다.
189	덕1	virtue 버츄	德[dé] 드어	德[とく] 토쿠	착한 일로 쌓은 어진 성품 예) 그의 선대는 많은 덕을 쌓았다.
190	덕2	thanks to 댄스 투	德[dé] 드어	恩惠[おんけい] 온케이	베풀어 준 은혜나 도움 예) 누나 덕에 내가 호강한다.
191	덜	less 레스	不足[bùzú] 뿌조우	まだ 마다	분량이나 정도가 아직 부족한 상태 예) 장씨는 아직 잠이 덜 깼다.
192	덤	extra 엑스트라	塔头[dā-tou] 다또우	おまけ 오마케	in addition, throw-in 예) 이것을 사면 덤으로 컵을 드립니다.
193	덫	a trap 트랩	套[tào] 따오	罠[わな] 와나	a snare, a hook 예) 토끼를 덫으로 잡았다
194	도1	degree 디그리	度[dù] 뚜	度[ど] 도	각도의 단위 예) 방위각이 몇 도입니까?
195	도2	moral doctrine 모럴 독트린	道[dào] 따오	道[どう] 도우	종교상의 근본이 되는 이치 예) 도를 믿으십니까?
196	도3	limit 리미트	度[dù] 뚜	程度[ていど] 테이도	어떤 정도나 한도. 예) 그가 한 말은 도를 넘었다.
197	도4	province 프라빈스	道[dào] 따오	道[どう] 도우	행정구역상의 도. 예) 도 의원이 병원 설립을 제안하였다.
198	독1	poison 포이즌	毒[dú] 두	毒[どく] 도쿠	건강이나 생명을 해치는 성분 예) 늦은 밤 과식은 건강의 독이다.
199	독2	a jar 자	缸[gāng] 깡	瓶[かめ] 카메	항아리 예) 마당에 김치가 든 독을 묻었다.

번호	우리말	영어	중국어	일본어	참고
200	돈	money 머니	钱[qián] 치엔	おかね 오카네	경제적인 가치가 있는 유무형의 것 예) 모두가 돈을 좋아한다.
201	돌1	stone 스톤	石[shí] 스	石[いし] 이시	광물질의 덩어리 예) 밭에는 아직 돌 천지다.
202	돌2	an anniversary 어니버서리	周岁[zhōusuì] 쪼우쑤이	만1세탄생일	아기가 태어나서 처음 맞는 생일. 예) 돌잔치
203	돌3	wild 와일드	次[cì] 츠	石[せき] 세키	품질이 낮은 또는 '야생의' 뜻 예) 돌미역, 돌김
204	동1	east 이스트	东[dōng] 똥	東[ひがし] 히가시	해가 뜨는 쪽 예) 동에서 해가 뜬다.
205	동2	a village 빌리지	洞[tóng] 통	洞[とう] 또우	소규모의 행정단위 예) 오금동, 덕풍동 등
206	동3	apartment block 어파트먼트 블록	栋[dòng] 똥	棟[むね] 무네	집채의 수를 세는 말. 예) 아파트 한 동, 두 동.
207	동4	the same 세임	同[tóng] 통	同等[どうとう] 도우또우	equal, the said 예) 전과 동. 동시대.
208	두1	two 투	两[liǎng] 리앙	二[ふだつ] 후다쯔	수량이 둘임. 예) 순금 두 냥.
209	두2	troublesome 트러블섬	头[tóu] 토우	頭[あたま] 아타마	'골치'를 속되게 이르는 말 예) 아이고 두야.
210	듯	as though 애즈쏘우	似[sī] 스	そう 소오도우	의존명사 '듯이'의 준말 예) 잠을 잔 듯 만 듯 정신이 하나도 없다.
211	둑	bank 뱅크	堤[dī] 디	堤[つつみ] 쯔쯔미	홍수를 예방하기 위해 만든 언덕 예) 장마에 대비한 둑 보수 공사가 시급하다.
212	둘	two 투	俩[liǎ] 리아	二人[ふたり] 후타리	하나에 하나를 더한 수, 두 사람 예) 식당 문이 열리고 사내 둘이 들어섰다
213	둥1	bang 뱅	咚[dōng] 동	でんでん 덴덴	북을 칠때 조금 크고 깊게 나는 소리. 예) 북을 둥 하고 치다.
214	둥2	as if 애즈 이프	啦[la] 라	よう 요우	무슨 일을 하는 듯도 하고 하지 않는 듯도 함. 예) 남의 말을 듣는 둥 마는 둥 하다.
215	등1	light, lamp 라이트, 램프	燈[dēng] 등	燈[とう] 토오	불을 켜서 어두운 곳을 밝히는 기구 예) 어두운 골목길에 등을 달았다.
216	등2	ranking 랭킹	等[děng] 등	等[とう] 도오	높고 낮음, 좋고 나쁨 등의 차이를 구분한 단계 예) 100미터 경주에서 오 등을 했다.
217	등3	and so on 앤소온	等[děng] 등	等[など] 나도	그 밖에도 같은 종류의 것이 더 있음. 예) 쌀 등의 곡식, 삼림욕 등을 즐기다.
218	뒤1	later 레이터	后[hòu] 호우	後[あと] 아또	시간적으로 다음이나 나중 예) 신학을 전공한 뒤 미국에 갔다.
219	뒤2	back 백	背[bèi] 베이	後[うしろ] 우시로	향하고 있는 방향과 반대되는 쪽이나 곳 예) 뒤를 조심해.

번호	우리말	영어	중국어	일본어	참고
220	류	a kind 어 카인드	类[lèi] 레이	類[るい] 루이	질이나 속성이 비슷한 것들의 부류 예) 스웨터류는 말아서 서랍에 넣어야 한다.
221	마1	don't do it 돈두잇	别[bié] 비에	な 나	남에게 무엇을 제어하는 명령어. 예) 서툰 수작 하지 마.
222	마2	a demon 디먼	魔[mó] 모	魔[ま] 마	요사한 귀신들을 통틀어 이르는 말 예) 마가 끼여 재수가 없다.
223	마3	a demon 디먼	魔[mó] 모	魔[ま] 마	말 시작할 때 쓰이는 뒷말을 강조하는 말 예) 마, 이제 그만 합시다.
224	막1	a curtain 커튼	幕[mù] 무	幕[まく] 마꾸	무대에서 무대와 객석 사이를 가리는 천 예) 연극의 막이 올랐다.
225	막2	just now 저스트 나우	刚[gāng] 깡	正[まさ]に 마사니	이제 금방. 예) 영화는 이제 막 시작했다.
226	막3	membrance 멤브레인	膜[mó] 모	膜[まく] 마꾸	얇은 막, 양피지, 박막 예) 세포막.
227	막4	reckless 렉크리스	乱[luàn] 루안	やたらに 야타라니	무모하게, 분별없이, 마구 예) 그는 취해서 칼을 막 휘둘렀다.
228	막5	booth 부쓰	棚[péng] 퍼엉	幕[まく] 마꾸	겨우 비바람을 막을 정도로 임시로 지은 집 예) 움막, 원두막.
229	만1	only 온리	只有[zhǐyǒu] 즈요우	だけ 다께	어느 특정한 것으로 한정함의 뜻 예) 어제는 김서방만 왔다.
230	만3	fully 풀리	足岁[zúsuì] 주쑤이	満[まん] 만	일정한 기간의 날수나 햇수가 꽉참. 예) 만 18 세.
231	만4	after 애프터	后[hòu] 호우	ぶりに 부리니	햇수나 정도를 강조하는 말 예) 팀은 5년 만에 1부 리그로 다시 승격했다.
232	말1	saying 세잉	话[huà] 후아	言葉[ことば] 코토바	말하기 예) 말은 생각을 담은 그릇이다.
233	말2	bottom 바텀	末[mò] 모어	末[まつ] 마쯔	야구 등에서 다음 차수의 공격. 예) 야구는 9회 말부터 시작이다.
234	맘1	mother 마더	妈妈[mā-ma] 마마	ママ 마마	영어 Mother의 약자 예) 상인에게는 맘까페가 가장 두렵다.
235	맘2	heart 하트	心[xīn] 신	心[こころ] 코코로	마음의 줄인 말 예) 내맘에 한 노래 있어.
236	망1	network 넷워크	网[wǎng] 왕	網[もう] 모우	전송매체들의 조직체계 예) 통신망, 전산망.
237	망2	watch 워치	望[wàng] 왕	番[ばん] 반	일정한 곳에서 어떤 대상의 동정을 살핌. 예) 그의 역할은 망을 보는 것이었다.
238	먹	an ink stick 잉크 스틱	墨[mò] 모	墨[すみ] 스미	글씨나 그림 등에 쓰는 검은 물감. 예) 먹으로 그린 그림
239	멋1	taste, relish 잉크 스틱	风致[fēngzhì] 펑즈	伊達[だて] 다떼	세련되고 아름다운 맵시 예) 그녀는 새 스카프로 멋을 부렸다.

번호	우리말	영어	중국어	일본어	참고
240	멋2	reckless 레크리스	什么[shénme] 썬머	何[なに] 나니	모르는 사실이나 대상을 말할 때 예) 그는 엉겁결에 멋도 모르고 알겠다고 했다.
241	멱	swimming 스위밍	游泳[yóu//yǒng] 요우요우	水泳[すいえい] 스이에이	강에서 헤엄치고 노는 행위 예) 친구와 종일 멱을 감고 놀았다.
242	명1	an order 언 오더	令[lìng] 링	令[れい] 레이	윗사람이 아랫사람에게 지시하는 것 예) 업무를 명 받았습니다.
243	명2	life span 라이프 스팬	命[mìng] 밍	命[いのち] 이노찌	사람이 숨을 쉬며 살아 있는 힘. 예) 그는 명이 길다.
244	명3	number of persons 넘버오브퍼슨즈	个[gè] 꺼어	名[めい] 메이	사람의 인원수 예) 오늘 출석은 10명 이다.
245	몇	a few, some 어 퓨	几[jǐ] 지	何[なん] 난	막연한 약간의 수 예) 오늘 몇 명 왔지요?
246	모1	an angle 앵글	棱[léng] 렁	角[かど] 카도	사물의 선과 선, 면과 면이 만나는 곳 예) 그는 모가 나지않은 성품이다.
247	모2	a certain person 서튼 퍼어슨	某[mǒu] 모우	某[ある] 아루	누구인지 어디로부터 인지 모를때 사용 예) 경찰은 김모씨를 피의자로 입건했다.
248	모3	infant rice 인펀트 라이스	秧[yāng] 양	苗[なえ] 나에	옮겨 심기 위해 기르는 어린 벼. 예) 오늘은 모심기 하는 날이다.
249	모4	all 올	秧[yāng] 양	全部[ぜんぶ] 젠부	윷놀이의 가장 높은 숫자 예) 모 아니면 도
250	못1	pond 폰드	池[chí] 츠	池[いけ] 이께	연못 예) 위험하니까 못가에는 가지 말아라.
251	못2	poor 푸어	不[bù] 뿌	やめる 야메루	행동,작용의 동사 앞에서 부정의 뜻을 나타낸다 예) 못 견디겠다. 못 산다, 못 볼 지경이다.
252	몫	share, quota 쉐어, 쿼터	份儿[fènr] 퍼언	分[ぶん] 분	물건을 나누어 가질 때 가지는 분량 예) 이것은 누구 몫이냐 ?
253	묘1	tomb 툼스톤	丘[qiū] 치우	墓[はか] 하까	죽은 이의 몸이나 뼈를 묻는 곳 예) 그녀는 부모의 묘 앞에서 슬피 울었다.
254	묘2	strange 스트레인지	奇妙[qímiào] 치먀오	妙[みょう] 묘우	어떤 일,현상,솜씨가 이상하거나 뛰어남. 예) 참으로 묘한 일이 아닐 수 없다.
255	묵	ink 잉크	墨[mò] 모	墨[すみ] 스미	붓글씨 쓸때 쓰는 검은 물감. 예) 서예를 하려면 지필묵이 필요하다.
256	뭇1	many 매니	诸[zhū] 쭈	多[おお]くの 오오쿠노	많은 사람들 예) 그녀의 매력에 뭇사내들이 따랐다.
257	뭇2	a bundle of straw 번들오브스트로	捆[kǔn] 쿤	把[わ] 와	생선,미역,채소,나무 등의 한 묶음. 예) 짚 한 뭇.
258	미1	mi 미	米[mǐ] 미	ミ 미	계이름의 하나. 예) 도레미파솔라시도.
259	미2			美[び] 비	수우미양가 다섯 단계 중 세번째 예) 그의 성적은 미로 좋은 편이 아니다.

번호	우리말	영어	중국어	일본어	참고
260	미3	beauty 뷰티	美[měi] 메이	美[うつくしさ] 우쯔꾸시사	아름다움을 통칭하는 말 예) 미는 여성에게는 가장 큰 관심사항이다.
261	민1	people 피플	民[mín] 민	民[みん] 민	백성, 일반사람 예) 민수품은 군용에 비해 품질이 좋다.
262	민2	less 리스		はげ 하게	무엇이 없는의 뜻. 예) 민대가리, 민소매, 민자 등.
263	밑	under 언더	底下[dǐ·xia] 디시아	下[した] 시타	사물의 아랫 부분 예) 책상 밑에 가방이 있다.
264	및	and, as well as 앤드	以及[yǐjí] 이지	および 오요비	앞뒤 내용을 나란히 연결할 때 쓰이는 말 예) 수학 및 영어는 중요 과목이다.
265	매1	a rod 로드	棍[gùn] 꾼	笞[むち] 무찌	사람이나 짐승을 때리는 막대기 예) 사랑의 매는 없다. 그냥 폭력이다.
266	매2	every 에브리	每[měi] 메이	每[まい] 마이	하나하나의 모든 예) 대금 납부는 매 6 개월 단위로 정산한다.
267	매3	piece 피스	枚[méi] 메이	枚[まい] 마이	얇고 가는 물체의 세는 단위 예) 이재민에게 모포 100 매를 지급했다.
268	매4	weed 위-드	拔草[bácǎo] 바차오	とる,する 토루,스루	잡풀을 잘 골라서 뽑아 없애다. 예) 허씨는 친구 박씨의 이랑을 매 주었다.
269	맥1	an offset 오프셋트	脈[mài] 마이	脈[みゃく] 먀쿠	풍수지리설에서 땅속의 기. 예) 일제가 우리나라 산의 맥을 끊으려 하였다.
270	맥2	tradition 트래디션	傳統[chuántǒng] 추안토옹	流[ながれ] 나가레	오랫동안 지속되는 전통이나 흐름 예) 그는 오랜 전통의 맥을 잇고 있다.
271	맹1	foolish 풀리시	傻乎乎[shǎhūhū] 샤후후	ぼうっと 보웃트	약간 멍청하고 흐리멍덩한 상태 예) 그는 간밤 숙취로 맹한 상태이다.
272	맹2	same 세임	一样[yīyàng] 이양	同[おな]じ 오나지	역시의 사투리 예) 그 사람도 맹 똑같아.
273	뭐1	really 리얼리	什么[shén·me] 션머	何[なに] 나니	어떤 말, 행동 따위에 놀랐을 때 하는 말 예) 뭐! 그말이 사실이야 ?
274	뭐2	what 왓	什么[shén·me] 션머	何[なに] 나니	왜 그러냐는 뜻으로 되물을 때 하는 말 예) 뭐 ? 바쁜데 왜 자꾸 불러 ?
275	바	rope 로프	线[xiàn] 시엔	縄[なわ] 나와	볏짚이나 삼,칙 등으로 꼬아서 만든 줄 예) 태풍이 온다는 소식에 배를 바로 묶었다.
276	박1	gourd 고드	瓜[guā] 꾸아	瓠[ふくべ] 후꾸베	박과에 속한 한해살이 덩굴풀 예) 흥부는 박을 타기 시작했다.
277	박2	competition 컴피티션	腦筋[nǎojīn] 나오진	頭[あたま] 아따마	머리를 속되게 이르는 말 예) 둘은 박 터지게 싸웠다.
278	반1	half 해프	半[bàn] 빤	半[はん] 한	둘로 똑 같이 나눈 것의 한 부분. 예) 매일 약을 반 컵씩 드세요.
279	반2	class 클래스	班[bān] 빤	班[はん] 한	학 학년을 몇 개의 반으로 나눈 것. 예) 1 학년은 5 개의 반이 있다.

번호	우리말	영어	중국어	일본어	참고
280	반3	anti- 앤티	反[fǎn] 판	反[はん] 한	사상이나 생각의 반대하는 의 뜻 예) 반독재, 반공산
281	반4	group 그룹	班[bān] 빠안	班[はん] 한	행정구역상 가장 작은 단위. 예) 옛 주소는 번지수 다음에 통과 반이 있었다.
282	발1	covering 카버링	帘[lián] 리엔	簾[すだれ] 스다레	대오리,갈대,실 따위로 엮어서 만든 가리개 예) 여름에는 주로 발을 내리고 있다.
283	발2	depart 디파트	发[fā] 파	發[はつ] 하쯔	시간, 지명 뒤에서 그 시간,그 지역에서 떠남. 예) 부산 발, 서울 행 열차.
284	발3	shot 샷	發[fā] 파	發[はつ] 하쯔	총포,폭탄 발사의 횟수를 나타내는 말 예) 그 행사때 예포 30 발을 발사하였다.
285	밤	night 나이트	夜[yè] 예	夜[よる] 요루	낮의 반대. 예) 밤에는 불빛에 벌레가 더 달려든다.
286	밥	a weak prey 위크프레이	吃素的[chīsù·de] 치수더	かも 카모	상대를 낮추어서 부르는 말. 예) 그는 내 밥이야 (나의 상대가 안돼)
287	방1	a store 스토어	房[fáng] 팡	室[しつ] 시쯔	사람이 주로 거주하는 집의 작은 공간 예) 노래방, 찜질방
288	방2	a bulletin board 불리틴 보드	榜[bǎng] 방	榜[ばん] 방	여러 사람에게 알리기 위해 써붙이는 글 예) 임꺽정을 잡으려고 방을 붙였다.
289	방3	a shot 샷	發[fā] 파	発[はつ] 하쯔	총포,폭탄 발사의 횟수를 나타내는 말 예) 한 방에 보냈다.
290	번	a time 타임	次[cì] 츠	番[ばん] 반	거듭되는 일의 횟수를 세는 단위. 예) 요새 그는 내게 한 번도 전화하지 않는다.
291	벌1	punishment 퍼니쉬먼트	罚[fá] 파	罰[ばつ] 바쯔	죄를 지은 사람에게 주는 제재나 고통. 예) 남을 무시하면 언젠가는 벌 받는다.
292	벌2	a set 셋트	組[zǔ] 주어	組[くみ] 쿠미	무기, 마구, 식기 등을 세는 단위. 예) 식기 셋트 한 벌, 면도 기구 한 벌.
293	법1	a law 로	法[fǎ] 파	法[ほう] 호우	국가의 강제력을 수반하는 온갖 규범 예) 선거법, 교통법 등
294	법2	a method 메써드	做法[zuò·fǎ] 주오파	法[ほう] 호우	사물을 다루는 수단이나 방법 예) 녀석은 아직도 젖가락 사용법을 모른다.
295	벗1	friend 프렌드	友[yǒu] 요우	友[ともだち] 토모다찌	마음이 통하여 가깝게 사귀는 사람. 예) 아내는 나의 평생의 동반자이자 벗이다.
296	벗2	a salt kiln 솔트 킬른	鐵鍋[tiěguō] 티에구아	釜[かま] 가마	염전에서 쓰는 소금굽는 가마 예) 벗에 가서 소금을 샀다.
297	변1	dung 덩	糞[fèn] 펀	便[べん] 벤	똥과 오줌 예) 아이는 벌써 변을 가릴줄 안다.
298	변2	side, an edge 사이드, 앤 엣지	边[biān] 비엔	辺[へん] 헨	주로 강이나 길의 옆 부분. 예) 청계천 변을 따라 판자촌이 있었다.
299	변3	a sudden accident 서든 액시던트	政变[zhèngbiàn] 쩡비엔	變[へん] 헨	갑자기 발생한 사고나 재난 예) 그 변으로 많은 사람들이 다쳤다.

번호	우리말	영어	중국어	일본어	참고
300	변4	sides 사이즈	边[biān] 비엔	邊[へん] 헨	다각형을 이루는 각 선분 예) 양쪽에 있는 변의 합을 구하시오.
301	별1	somewhat 섬홧	奇怪[qíguài] 치과이	別[べつ] 베쯔	보통과 다르게 별나거나 특별한 예) 별 희안한 사람 다 보겠네.
302	별2	a general 제너럴	將軍[jiāng//jūn] 지앙쥔	將軍[しょうぐん] 쇼군	장군을 지칭하는 속어 예) 오늘 특별한 행사로 부대에 별이 많이 떴다.
303	병1	bottle 바틀	瓶[píng] 핑	瓶[びん] 빙	액체나 가루 등을 담는 아가리가 좁은 그릇 예) 유리병, 플라스틱병.
304	병2	soldier 솔져	兵[bīng] 삥	兵[へい] 헤이	부사관 아래의 군인 예) 병들에게는 먹을 것과 휴가가 최고다.
305	보1	reservoir 레저부아	水坝[shuǐbà] 쑤이빠	堰[せき] 세키	저수지, 댐 예) 보를 막아 논에 물을 들이대다.
306	보2	a wrapping cloth 래핑 클로쓰	袱[fú] 푸	楪[ふろしき] 후로시키	물건을 싸거나 씌우는데 쓰는 네모난 천 예) 밥상보, 침대보
307	보3		布[bù] 뿌	紙[かみ] 가미	세가지의 다른 손모양으로 하는 게임 예) 가위바위보
308	보4	assistant 어시스턴트	补[bǔ] 뿌	補[ほ] 호	일의 담당이 아닌 보조 사원. 예) 서기보
309	복1	good luck 굿럭	福[fú] 푸	福[ふく] 후쿠	생활에서 누리게 되는 큰 행운과 행복 예) 새해 복 많이 받으세요.
310	복2	swellfish 스웰피쉬	河豚[hétún] 허툰	フグ 후구	복어의 줄임말 예) 오늘 복이나 먹을까 ?
311	복3	double 더블	复[fù] 푸	復[ふく] 후쿠	이중의, 두번 거듭되는 예) 복층
312	복4	the hottest day 하티스트	伏天[tútiān] 푸티안	伏日[ふくじつ] 후꾸지쯔	가장 더운 날씨 예) 복날은 주로 보신탕을 먹는다
313	본1	main 메인	本[běn] 번	本[ほん] 혼	그 명사가 언급하는 대상 그 자체임을 말함. 예) 본국, 본인, 본 지방
314	본2	model 마들	模範[mófàn] 모어판	模範[もはん] 모한	모범으로 삼을 만한 대상 예) 선배로서 본이 되는 행동을 해라.
315	본3	family originate 패밀리 오리지니트	本[běn] 번	本貫[ほんがん] 혼간	본관, 시조가 난 곳. 예) 그 사람의 본은 김해이다.
316	본4	formal 포멀	正式[zhèngshì] 쩡스	手本[てほん] 테혼	정식 혹은 근본적인 뜻 예) 마침내 본계약을 맺었다.
317	봄	spring 스프링	春[chūn] 춘	春[はる] 하루	사계절 중의 가장 첫번 째 예) 봄은 흔히 계절의 여왕이라고 한다.
318	봉1	a prey 프레이	大头[dàtóu] 따토우	かも 카모	어수룩하여 이용해 먹기 좋은 사람. 예) 김씨는 그를 늘상 봉으로 여겼다.
319	봉2	pole 포올	棒[bàng] 빵	棒[ぼう] 보우	가늘고 긴 나무, 대나무, 금속의 총칭 예) 봉체조

번호	우리말	영어	중국어	일본어	참고
320	봉3	a paper bag 페이퍼 백	袋[dài] 따이	袋[ふくろ] 후꾸로	봉지를 세는 단위 예) 사과 한 봉
321	봉4	seal 시일	封[fēng] 펑	封[ふう] 후우	봉투 등을 함부로 열지 못하게 막은 것 예) 봉한 것을 뜯다
322	봉5	peak 피크	峰[fēng] 펑	峰[ほう] 호우	산꼭대기의 뾰족하게 솟은 머리 예) 처녀봉, 가파른 봉
323	부1	wealth 웰쓰	富[fù] 푸	富[とみ] 토미	많고 넉넉한 재산 예) 부의 분배가 불균등하다.
324	부2	part 파트	部[bù] 뿌	部[ぶ] 부	회사나 사무 조직에서 업무 부서의 단위 예) 환경부, 교통부 등
325	북1	the north 노쓰	北[běi] 베이	北[きた] 키타	북쪽, 네 방위의 하나 예) 남쪽과 북쪽
326	북2	a loom 어 룸	杼[zhù] 주	杼[ひ] 히	베틀에 딸린 부속품의 한 가지. 예) 순이는 베틀에 앉아 북을 넣고 있다.
327	북3	a drum 드럼	鼓[gǔ] 구	太鼓[たいこ] 타이코	타악기의 하나 예) 북은 칠수록 소리가 나는 법이야.
328	분1	a minute 미니트	分[fēn] 펀	分[ふん] 훈	시간의 단위로서, 1 시간은 60 분이다 예) 바쁠 때는 1 분 1 초도 아껴야 한다.
329	분2	a powder 파우더	粉[fěn] 펀	粉[こな] 코나	얼굴이나 피부에 바르는 화장품의 하나 예) 아기들은 샤워후 분을 발라야한다.
330	분3	anger 앵거	憤[fèn] 펀	怒[いか]リ 이카리	억울하고 화가 나 원통한 마음 예) 그는 한동안 분을 삭일 수가 없었다.
331	분4	one's place 원즈 플레이스	身分[shēn·fen] 션펀	身[み] 미	자기의 신분이나 처지에 알맞은 한도 예) 그는 분에 넘치는 대접에 당황하였다.
332	분5	the high one 하이원	您[nín] 니인	方[かた] 카따	사람을 아주 높여 이르는 말 말로만 듣던 분을 뵙게 되어 영광입니다.
333	붓	brush 브러쉬	笔[bǐ] 비이~	筆[ふで] 후데	글씨, 그림, 페인트 칠을 할 때 쓰는 도구 예) 붓을 들어 몇 자 적어 봅니다.
334	비1	ratio 레이시오	比[bǐ] 비	比[ひ] 히	두 개의 수 또는 양을 비교한 관계 예) 퍼센티지, 비율, 성비
335	비2	a tombstone 툼스톤	碑[bēi] 뻬이	碑[ひ] 히	무덤 앞에 죽은 사람을 기리려 세운 비석 예) 참전비, 전공비
336	비3	a broom 브룸	帚[zhǒu] 조우	ほうき 호우끼	먼지나 쓰레기 따위를 쓸어 내는 기구 예) 비로 마당을 쓸어라
337	비4	an expense 익스펜스	費[fèi] 페이	費用[ひよう] 히요오	어떤 일을 하는데 드는 비용 예) 톨게이트 비, 가이드 비
338	비5	a tombstone 툼스톤	碑[bēi] 뻬이	非[ひ] 히	무덤 앞에 죽은 사람을 기리려 세운 비석 예) 비 이슬람, 비 생명체, 비기독교
339	비6				화투의 12 번 째로 개구리가 나오는 그림 예) 비 밖에 칠게 없네

번호	우리말	영어	중국어	일본어	참고
340	빈1	empty	空[kōng]	空[から]	무엇이 비어있는 상태
		엠티	콩	카라	예) 사무실에는 빈 병들이 가득했다.
341	빈2	Vienna	維也纳[Wéiyěnà]	ウィーン	오스트리아의 수도
		비인	웨이이에나	위인	예) 빈은 클래식 음악의 수도라고 불린다.
342	빙1	in a circle	圈[quān]	ぐるりと	일정한 둘레를 둥글게 한 바퀴 도는 모양.
		인어써클	추앤	구루리또	예) 솔개 한 마리가 공중을 빙 돌고 있었다.
343	빙2	get dizzy	圈[quān]	くらっと	정신이 어질어질해지는 모양.
		겟디지	추앤	구랏또	예) 그 선수는 턱을 맞고 정신이 빙 돌았다.
344	빙3	bottle	瓶[píng]	瓶[びん]	병의 경상도 방언
		바틀	핑	빙	예) '빙' 속에 담배꽁초가 가득하다.
345	빙4	sickness	病[bìng]	病[やまい]	병의 경상도 방언 (신체적 고통)
		식크니스	비잉	야마이	예) '빙'이 들어서 아픈 사람이 많다.
346	빚	debt	债[zhài]	借金[さっきん]	채무
		데트	쟈이	샷킨	예) 높아진 이자로 빚진자는 더 힘들다.
347	빛1	light	光[guāng]	光[ひかり]	천체나 불, 조명 등 스스로를 밝히는 현상
		라이트	꽝	히까리	예) 이 방은 빛이 잘 든다.
348	빛2	a look, an air	色[shǎi]	色[いろ]	안색, 태도
		어 룩, 앤 에어	샤이	이로	예) 그 소식을 듣고 얼굴 빛이 달라졌다.
349	배	a look, an air	色[shǎi]	色[いろ]	짐승이 새끼를 낳거나 알을 까는 번수
		어 룩, 앤 에어	샤이	이로	예) 1년에 두 배씩 낳은 짐승.
350	밸	guts	肠子[cháng·zi]	腸[はらわた]	속마음을 속되게 이르는 말. 배알의 준말
		거츠	창즈	하라와타	예) 그는 밸 없는 자라 시키는 대로 다 한다.
351	사1	four	四[sì]	四[し.よん]	숫자 4.
		포우	쓰	시.욘	예) 아라비아 숫자 4.
352	사2	private	私[sī]	私的[してき]	공적인 일이 아닌 개인적인 것
		프라이비트	쓰	시떼키	예) 그는 회삿 돈을 사적으로 유용하였다.
353	삭1	first day of months	朔[shuò]	月[げつ]	매월 음력 초하룻날.
		퍼스트 데이 오브 먼스	슈오	게쯔	예) 상현달은 달과 삭의 중간 과정이다.
354	삭2	appear suddenly	突然[tūrán]	すばっと	갑자기 나타나거나 사라지는 모양.
		어피어 서드리	투란	스밧또	예) 갑자기 그가 삭 나타났다.
355	산1	live	活[huó]	生[い]きる	살아 있는 상태, 생생한 체험.
		라이브	훠	이키루	예) 산 교육.
356	살1	age	岁[suì]	歳[さい]	나이를 세는 단위
		에이지	쑤이	사이	예) 그는 올해 61살, 즉 환갑이다.
357	살2	rib	車條[chētiáo]	骨[ほね]	뼈대가 되는 나무오리나 가는 쇠
		리브	처티아오	호네	예) 바퀴살
358	살3	an evil spirit	邪[xié]	祟[たた]リ	무서운 기운
		이블 스피리트	시에	다따리	예) 어머니는 전생에 살이 끼었다고 했다.
359	살4	an arrow	箭[jiàn]	矢[や]	화살의 살
		앤 애로우	지앤	야	예) 장군은 활에 살을 메겨 힘껏 시위를 당겼다.

번호	우리말	영어	중국어	일본어	참고
360	삼1	three	三[sān]	3[さん],[み]	숫자 3, 세개
		쓰리	싼	산,미	예) 뱃속에는 삼 개월째 아기가 자라고 있다.
361	삼2	ginseng	参[shēn]	人蔘[にんじん]	인삼과 산삼을 통틀어 이르는 말.
		진셍	션	닌진	예) 삼을 공상하려고 백성들을 몰아 붙였다.
362	삼3	flax	麻[má]	麻[ま]	대마
		플랙스	마	마	예) 아마, 아마포,
363	삶	life	生[shēng]	生[せい]	목숨을 부지하고 살아가는 일.
		라이프	성	세이	예) 나이 들수록 삶에 지치는 경우가 많다.
364	삯	wages	工资[gōngzī]	賃金[ちんぎん]	보수, 임금
		웨이지즈	꽁즈	친긴	예) 높은 삯을 싫어하는 사람은 없다
365	서1	west	西[xī]	西[にし]	네 방위의 하나. 서쪽
		웨스트	시	니시	예) 높은 삯을 싫어하는 사람은 없다
366	서2	book	书[shū]	書[しょ]	책
		북	슈	쇼	예) 요한일서
367	서3	standing	站立[zhànlì]	立[たって]	몸을 바닥에서 위를 향하여 곧게하다.
		스탠딩	짠리	닷떼	예) 쇼윈도에 원피스를 입고 서 있는 마네킹
368	석	three	三[sān]	三[みっつ]	수량이 셋임을 나타내는 말.
		쓰리	싼	밋쯔	예) 석 되, 석 달, 석 장.
369	선1	line	线[xiàn]	線[せん]	운동 경기장에 그은 선.
		라인	시앤	센	예) 선을 지켜라
370	선2	virtue	善[shàn]	善[ぜん]	착한 행위의 통칭.
		버츄	샨	젠	예) 선을 행하는 것은 인간의 본성이다.
371	선3	interview	相亲[xiāngqīn]	見合[みあい]	결혼 등을 위해 상대를 처음 보는 것
		인터뷰	시앙친	미아이	예) 맞선
372	설1	new year's day	新年[xīnnián]	元旦[がんたん]	새해 첫날 – 음력
		뉴이어즈데이	신니엔	간딴	예) 설 연휴에는 영화관람이 최고다.
373	설2	new theory	说[shuō]	設[せつ]	견해나 주의, 학설 등을 이르는 말
		뉴씨어리	슈오	세쯔	예) 창조설, 진화설.
374	설2	new theory	说[shuō]	設[せつ]	충분하지 못한 상태
		뉴씨어리	슈오	세쯔	예) 밥이 설익었다.
375	성1	sex	性[xìng]	性[せい]	남녀의 육체적 행위와 관련된 일체의 것
		섹스	씽	세이	예) 성행위
376	성2	gender	性[xìng]	性[せい]	육체적,심리적,사회적 측면에서 남성과 여성
		젠더	씽	세이	예) 성 호르몬 결핍에 따른 신체적 변화
377	성3	anger	生气[shēngqì]	憤怒[ふんど]	노여움, 분노
		앵거	성치	훈도	예) 그는 잔뜩 성이 나서 고함을 질렀다.
378	성4	last name	姓[xìng]	性[せい]	예) 이름 앞에 붙어 어떤 혈통에 속하는지를
		라스트네임	씽	세이	나타내는 칭호. 예) 당신 성이 김씨 입니까?
379	성5	castle	城[chéng]	城[しろ]	적의 공격을 막기위한 담 형태의 구조물
		캐슬	청	시로	예) 외침 방어에는 성이 효과적이다.

번호	우리말	영어	중국어	일본어	참고
380	소1	little 리틀	小[xiǎo] 시아오	小[しょう] 쇼우	어떤 대상을 크기로 나눌 때 가장 작은 것. 예) 대,중,소
381	소2	stuff 스터프	馅[xiàn] 시앤	中身[なかみ] 나까미	송편, 만두를 만들 때 넣는 재료 예) 소를 많이 넣어 만두가 두툼하고 맛있다.
382	소3	fall 폴	沼[zhǎo] 쟈오	沼[ぬま] 누마	계곡의 깊게 패인 물, 웅덩이 예) 용소, 가마소
383	속1	insides 인사이즈	中[zhōng] 쭝	中[なか] 나까	물체의 안쪽 중심 부분 예) 그 사람 속에 뭐가 있는지 몰라.
384	속3	a genus 지너스	属[shǔ] 슈	屬[ぞく] 조꾸	생물 분류 단계의 하나 예) 생명,역,계,문,강,목,과,속,종
385	솜	cotton 코튼	棉[mián] 미엔	綿[わた] 와타	목화 솜 예) 솜에 채어도 발가락이 깨진다.
386	솔1	brush 브러쉬	刷[shuā] 슈아	はけ 하케	칠하는 솔 예) 섬세한 그림은 가는 솔을 사용한다
387	솔2	sol 솔	索[suǒ] 쑤오	ソ 소	계명 중의 하나 예) 도레미파솔라시도
388	솥	pot 팟	锅[guō] 꾸오	釜[かま] 카마	밥하는 솥 예) 밥솥이 좋아야 밥이 맛있다.
389	수1	number 넘버	数[shǔ] 슈	数[すう] 수우	자연수, 정수, 분수 등 예) 자연수 1,2,3 등
390	수2	embroidery 임브로이더리	绣[xiù] 시우	縫い取り[ぬいとり] 누이토리	헝겊에 수, 그림 등을 바늘로 떠서 놓음 예) 그녀는 정성을 다해 수를 놓았다.
391	수3	means 민즈	着[zhāo] 짜오	しか 시까	방법이나 수단 예) 이 병은 수술을 하는 수 밖에 없다
392	수4	ways 웨이즈	筹[chóu] 초우	技[わざ] 와자	바둑, 장기 따위를 두는 기술 예) 바둑의 고수는 치밀한 수읽기에 능하다.
393	순1	arrantly 애런틀리	纯[chún] 춘	全[まったく] 맛따꾸	욕설이나 비난 등 강조하기 위해 "아주" 예) 당신 말은 순 엉터리예요.
394	순2	pure 퓨어	纯[chún] 춘	純[じゅん] 쥰	다른 것이 섞이지 아니하고 순수한 예) 우리 마을은 이름을 순 우리말로 바꾸었다.
395	순3	order 오더	顺[shùn] 슌	順[じゅん] 쥰	차례, 순서 예) 식사는 국,김치,야채, 밥 순으로 나왔다.
396	순4	a decade 데케이드	旬[xún] 쉰	旬[じゅん] 쥰	10을 단위로 하는 수 예) 진해군항제는 4월 첫 두 순에 걸쳐 벌어진다.
397	술1	tassel 태슬	穗[suì] 쑤이	房[ふさ] 후사	옷에 장식으로 다는 여러가닥의 실 예) 방울술, 끈술
398	술2	spoon 스푼	索[suǒ] 쑤오	ソソソ 소	밥 등 음식물을 숟가락으로 떠 분량을 세는 단위 예) 먼길 가기전 밥 한 술 드시고 가시게.
399	숯	charcoal 차코얼	木炭[mùtàn] 무탄	炭[すみ] 스미	나무를 불에 구워 낸 검은 덩어리 예) 화재로 건물은 숯 덩어리가 되었다.

번호	우리말	영어	중국어	일본어	참고
400	식	ceremony 세러머니	典礼[diǎnlǐ] 디엔리	式[しき] 시키	어떤 행사를 치르는 격식 예) 결혼식은 혼주 인사로 모든 식을 마쳤다.
401	신1	God 갓	神[shén] 션	神[かみ] 카미	절대적 존재, 하나님 예) 니체는 신이 죽었다고 외쳤다.
402	신2	shoes 슈즈	鞋[xié] 시에	靴[くつ] 쿠쯔	발에 신는 물건의 통칭 예) 신이 없으면 걸을 수가 없다.
403	신3	joy 조이	光奋[xīngfèn] 싱펀	興[きょう] 쿄우	어떤 일이 열성,재미가 있어 퍽 좋아진 기분 예) 사내는 신이 나서 큰소리로 떠들었다.
404	신4	secretary 세크리트리	臣[chén] 천	臣[しん] 신	옛날 신하가 임금에게 자기를 가리키던 말 예) 전하, 신의 상소를 통촉하옵소서.
405	신5	scene 신	场[chǎng] 창	シーン 시인	영화의 한 장면 예) 베드 신은 주로 침실에서 찍는다.
406	실1	thread 쓰레드	线[xiàn] 시엔	糸[いと] 이토	고치,털,솜 등을 가늘고 길게 꼰 물건 예) 고치에서 실 가닥을 찾아 걸었다.
407	실2	sturdy 스터디	茁壯[zhuózhuàng] 주어주앙	頑丈[がんじょう] 간죠	다부지고 튼튼하며 알차다 예) 길동이네 배추는 통이 실하다.
408	심1	heart 하트	心[xīn] 신	心[しん] 신	마음, 심장의 한자 말 예) 그 일은 심적으로 부담이 꽤 된다
409	심2	pencil lead 펜슬리드	芯[xìn] 신	芯[しん] 신	다른 물질로 둘러싸인 사물의 중심되는 부분. 예) 연필 심, 볼펜 심
410	십	ten 텐	十[shí] 스	十[じゅう,とお] 쥬우,토오	숫자 또는 수량 예) 마침내 십년 노력이 보상을 받았다.
411	새1	new 뉴	新[xīn] 신	新[あたら]しい 아타라시이	지금까지 없던 것이 처음 나타나거나 이미 있던 것이 다시 시작된 예) 새 세상이 왔다
412	새2	while 파일	中間[zhōngjiān] 쫑지앤	間[あいだ] 아이다	어떤 때에서 다른 어떤 때까지의 동안 예) 그 새를 못참고 그 소년은 다시 왔다
413	색1	colour 컬러	色[sè] 써	色[いろ] 이로	물체의 표면에 나타나는 고유의 빛 예) 가을에는 단풍의 색이 곱다.
414	색2	lust 러스트	色[sè] 써	色[いろ] 이로	남녀간의 정사 또는 성적 욕망 예) 그는 적지않은 나이에도 색을 밝힌다.
415	샘	jealousy 제러시	羨妒[xiàndù] 시앤두	ねたむ 네타무	자기보다 나은 사람을 미워하는 마음. 예) 그는 새로 태어난 동생을 샘하였다.
416	생1	life 라이프	生[shēng] 셩	生[せい] 세이	태어나서 죽기에 이르는 동안 사는 일 예) 그는 마침내 스스로 생을 마감했다.
417	생2	brother 브라더	兄[xiōng] 시옹	兄[あに] 아니	'형'의 방언. '세이' 예) 생과 나는 고아 신세나 다름 없었다.
418	쉬1	pee 피	小便[xiǎobiàn] 시아오비앤	しっこ 싯코	어린애에게 오줌을 누일 때 내는 말. 예) 5 살이면 쉬를 가릴때다.
419	쉬2	shh 쉬	嘘[shī] 시	しっ 싯	떠들지 말라고 시킬 때 하는 말 예) 쉬! 떠들지 마라.

번호	우리말	영어	중국어	일본어	참고
420	쉬3	easily 이질리	容易[róngyì] 롱이	すぐ 스구	어떤 일을 하는데 수고,노력이 필요치 않게 예) 피곤한데도 쉬 잠이 오지 않았다.
421	아	ah 아	唉[āi] 아이	あ,あつ 아,아쯔	탄성, 놀라움이나 당황한 느낌 예) 아 그렇구나. 아 인제 알았네.
422	악1	badness 배드니스	恶[è] 으어	惡[あく] 아쿠	못되고 나빠서 인간의 도덕적 기준에 어긋남 예) 그는 악인 중의 악인이다.
423	악2	desperate effort 데스퍼리트에퍼트	生气[shēng//qì] 셩치	怒鳴[どな]る 도나루	있는 힘을 다해 성을 마구 쓰는 기운 예) 그는 분함에 악을 쓰고 덤볐다
424	악3	Boh! 보우!	啊[·a] 아	悲鳴[ひめい] 히메이	큰 고통으로 무의식적으로 지르는 비명. 예) 그녀는 악소리를 내며 갑자기 쓰러졌다.
425	안1	proposal 프러포절	案[àn] 안	案[あん] 안	머리로 짜낸 생각이나 계획 예) 좋은 안이 있습니까?
426	안2	interior 인티어리어	内[nèi] 네이	中[なか] 나까	일정한 공간의 둘레 속에 있는 공간이나 부분 예) 차는 겉 보다는 안이 좋아야 한다.
427	알	naked 네이키드	裸[luō] 루오	裸[はだか] 하다까	겉을 싼 것이 다 벗겨진의 뜻 예) 그는 알몸으로 발견되었다
428	암1	Boh! 보우!	当然[dāngrán] 땅란	もちろん 모찌론	감탄사. 상대편의 말에 강한 긍정을 할 때 예) 암, 그렇지. 물을 필요도 없지.
429	암2	temple 템플	庵[ān] 안	庵[いお] 이오	도를 닦기 위하여 만든 작은 절이나 집. 예) 그는 근처의 칠성암이라는 암자에 은거했다.
430	암3	female 피메일	雌[cí] 쓰어	雌[めす] 누스	생물에서 새끼를 배거나 열매를 맺는 쪽의 성. 예) 동물의 암과 수를 구별하여 사육하다.
431	암4	obstacle 압스타클	障碍[zhàng'ài] 장아이	障害[しょうがい] 쇼가이	큰 장애나 고치기 어려운 폐단의 비유적 표현 예) 밀수는 경제발전의 암이다.
432	앎	knowledge 나리지	知[zhī] 즈	知[しること] 시루코토	배우거나 경험하여 모르던 것을 깨달음 예) 앎이란 지식, 지혜이다.
433	앞	the front 프런트	前[qián] 치엔	前方[ぜんぼう] 젠보우	향하거나 보고 있는 쪽 예) 앞에 있는 사람을 따라 가세요.
434	약1	about 어바웃	略绰 약작	約[やく] 야쿠	대강, 대략의 뜻으로 그 수량에 가까운 정도 예) 그 땅은 약 300 평 가량 된다.
435	약2	angry 앵그리	火气[huǒqì] 훠치	怒[おこ] 오코	비위가 몹시 상할 때 일어나는 감정 예) 그는 속이 상해서 약이 바짝 올랐다.
436	약3	omit 오미트	省略 생략	省略[しょうりゃく] 쇼라쿠	전체에서 일부를 줄이거난 뺌 예) 그 밖의 자세한 내용은 이하 약.
437	약4				화투 놀이에서 풍약, 비약, 초약 따위의 통칭 예) 김 초시는 화투를 치면 약을 잘했다.
438	약5	weak person 위크 퍼어슨	弱者[ruòzhě] 류오즈	弱者[じゃくしゃ] 쟈꾸샤	강함의 반대 예) '갑을' 관계에서 '을"은 늘 약자이다.
439	어	why 와이	哎[ái] 아이	あれ,へえ 아레,헤에	놀라거나 당황했을 때 내는 말 예) 어, 웬일이야

번호	우리말	영어	중국어	일본어	참고
440	억1	hundred million 헌드렛밀리언	亿[yì] 이	億[おく] 오쿠	십진급수의 한 단위. 예) 외채가 칠백 억 달러를 넘어섰다.
441	억2	gosh 가쉬	哎哟[āiyō] 아이요	悲鳴[ひめい] 히메이	충격을 받아 몹시 놀랐을 때 내는 말 예) 그는 "억" 소리를 내며 고꾸라졌다.
442	언	frozen 프로즌	冻[dòng] 똥	凍[こごえた] 코고에따	얼어 있는 상태 예) 언 손, 언 빨래
443	얼	spirit 스피릿	魂[hún] 훈	魂[たましい] 타마시이	정신에서 중심이 되는 부분 예) 가수의 공연에 팬들은 얼이 나갔다.
444	업1	industry 인더스트리	业[yè] 예	業[ぎょう] 교우	먹고 살기위해 하는 일 예) 나는 인쇄업에 종사한다.
445	업2	karma 카르마	业[yè] 예	カルマ 카루마	전생 지은 소행 때문에 현세서 받는 응보 예) 지금 좋은 업을 쌓으면 내세서 복을 받는다.
446	여1	woman 우먼	女[nǚ] 뉘	女[おんな] 온나	여성으로 태어난 사람 예) 여탕, 여배우
447	여2	ruling party 룰링파티	与[yǔ] 위	與[よ] 요	집권당 예) 여와 야, 여당 정치인.
448	역1	a depot 디포	站[zhàn] 쟌	駅[えき] 에끼	열차가 출발하거나 정차하는 역 예) 서울역, 기차역
449	역2	reverse 리버스	易[yì] 이	逆[ぎゃく] 갸꾸	거꾸로, 반대로 예) 역으로 생각해 봐, 역발상.
450	역3	a role 로울	角[jué] 주에	役[やく] 야꾸	연극, 영화, 드라마에서 배우가 맡은 구실 예) 그 배우는 햄릿 역에는 최적이다
451	연1	kite 카이트	风筝[fēngzheng] 펑정	鳶[たこ] 타코	하늘에 날리는 연 예) 모처럼 하늘에 가오리연을 띄웠다.
452	연2	year 이어	年[nián] 니엔	年[ねん] 넨	매해, 매년 또는 한 해의 뜻을 나타낸다. 예) 그 회사는 연 300 만불 수출 중이다.
453	연3	consecutive 컨세큐티브	连[lián] 리엔	連[れん] 렌	연달아서, 잇달아 예) 그 팀은 3 연승 중이다.
454	연4	total 토탈	总共[zǒnggòng] 쭝공	延[の]べ 노베	어떤 일에 관련된 인원,시간,금액 모두 합친 전체 예) 연 10만 명이 동원되었다.
455	연5	relation 릴레이션	缘[yuán] 유앤	縁[えん] 엔	서로 관계를 맺게 되는 인연 예) 철수는 모친하고 연을 끊었다.
456	연6	stanza 스탠자	聯[lián] 리엔	聯[れん] 렌	한시에서, 짝을 이루는 두 구를 하나로 묶는 말 예) 김소월의 시는 총 4 연으로 이루어져 있다.
457	열1	ten 텐	十[shí] 시이허	十[じゅう,とお] 쥬,토오	아홉에 하나를 더한 수 예) 오늘 참석자가 많아야 열이 안된다.
458	열2	row 로우	队[duì] 뚜이	列[れつ] 레쯔	사람이나 물건이 죽 벌여 늘어선 줄 예) 이 열 종대로 집합!
459	염1	salt 쏠트	盐[yán] 옌	塩[しお] 시오	짠맛이 나는 흰 빛깔의 결정체 예) 의사는 약학적으로 허용된 염을 환자에 썼다.

번호	우리말	영어	중국어	일본어	참고
460	염2	wash and shroud 와시앤쉬라우드	殓[liàn] 리엔	殮[ヨム] 요무	죽은 사람의 시체를 씻고 염포로 싸는 일 예) 염이 끝나고 입관 후 빈소를 차렸다.
461	영1	barely 베어리	根本[gēnběn] 끈버언	全然[ぜんぜん] 젠젠	아무리 애를 써 봐도 도무지. 예) 그 자리는 영 불편하다. 영 자신이 없다
462	영2	zero 지어로	零[líng] 리잉	零[れい] 레이	값이 없는 수, 무엇이 전혀 없는 상태 예) 음수는 영보다 작은 수이다.
463	영3	spirit 스피릿	神灵[shénlíng] 션링	靈[れい] 레이	신으로 받들어지는 영혼 또는 자연물 예) 천당은 내세에 영이 사는 처소라고 한다.
464	영4	command 커맨드	令[líng] 리잉	슈[れい] 레이	윗사람이 아랫사람에게 지시하는 것 예) 그는 아버지의 영을 결코 거역할 수 없다.
465	옆	side 사이드	靈[bian] 비엔	橫[よこ] 요코	어떤 것을 중심으로 왼쪽이나 오른쪽. 예) 그의 옆에는 항상 반려견이 있다.
466	오1	five 파이브	五[wǔ] 우	五[ご]いつつ 고,이쯔쯔	숫자 5 예) 오 백원 동전은 100 원 보다 크다.
467	오2	Oh! 오우	哦[ó] 오	おお 오오	감탄이나 놀람의 표현 예) 오! 죽이는데
468	옥	jail 제일	狱[yù] 위	獄[ごく] 고꾸	죄인을 가두어 두는 곳 예) 그는 억울하게 옥에 3년이나 있었다.
469	온	whole 호울	完[wán] 완	전신[ぜんしん] 젠신	all, entire, 전체, 전부. 예) 그는 고열로 온 몸이 불덩이 같았다.
470	옷	clothes 클로우드즈	衣[yī] 이	服[ふく] 후꾸	몸에 걸치는 의복 예) 옷이 날개.
471	올1	a strand 어 스트랜드	丝[sī] 쓰	糸[いと] 이토	실이나 줄 따위의 가닥. 예) 실 한 올.
472	올2	this year 디스 이어	今[jīn] 찐	今年[ことし] 코토시	올 해, 금년. 예) 올 3분기의 영업현황은 좋다.
473	올3	precocious 프리코우셔스	早熟[zǎoshú] 자오슈	早熟[そうじゅく] 소우쥬꾸	보통보다 일찍 익은 상태 예) 날씨 탓에 올해 작물은 올 됐다.
474	올4	coming 커밍	来[lái] 라이	來[くる] 쿠루마	오다의 미래형 예) 가뭄이 극심한데 비가 올 기미는 없다.
475	욕	curse 커스	辱[rǔ] 루	惡口[わるくち] 와루쿠찌	남의 인격을 무시하는 모욕적인 말 예) 그는 걸핏하면 욕을 한다.
476	욱	flare up 플레럽	暴躁(bàozào) 빠오자오	怒[いか]リ 이카리	격한 마음이 불끈 생기는 것. 예) 그는 욱 치미는 분노를 삭혀야 했다.
477	움	pit 피트	窟窖[kūjiào] 쿠지아오	穴藏[あなぐら] 아나구라	땅을 판 구덩이로 비바람을 막게 한 곳 예) 움 안에 저장한 채소는 겨울에도 싱싱하다
478	우	right 라이트	右[yòu] 요우	右[みぎ] 미기	오른 쪽 방향 예) 우향 우
479	유2	gentle 젠틀	柔[róu] 로우	柔[やわ]らかい 야와라까이	성품이나 기질이 부드러움 예) 그는 사람이 유하다.

번호	우리말	영어	중국어	일본어	참고
480	윤	a gloss 어 글로스	润[rùn] 룬	潤[つや] 쯔야	물체의 표면에 나타나는 광택 예) 칠을 했더니 반짝반짝 윤이 난다.
481	율1	a law 로	律[lǜ] 뤼	律[りつ] 리쯔	공법의 하나. 예) 각 집단은 제마다의 율이 있고 풍속이 있다.
482	율2	percentage 퍼센티지	率[lǜ] 뤼	率[りつ] 리쯔	수나 양 따위의 차이를 수치로 나타낸 것 예) 폭력 노출과 비행 청소년 율은 관계가 있다.
483	윷	stick game 스틱 게임	翻板子[fānbǎn·zi] 판반-즈	ユンノリ 윤노리	전통 민속 놀이의 하나 예) 명절에는 주로 윷을 놀며 보냈다.
484	이1	this 디스	这[zhè] 져	この 고노	사물이 자기 가까이 있는 것을 가리킬 때 예) 저것보다 이 상자가 크다.
485	이2	two 둘	二[èr] 얼	2[に],二[ふたつ] 니,후다쯔	아라비아 숫자 2의 발음 예) 이층
486	이3	two 둘	二[èr] 얼	彼[かれ] 카레	멀리 있는 사람을 지칭하는 말 예) 저이, 듣는 이
487	일1	work 워크	工[gōng] 꽁	仕事[しごと] 시고또	생산적인 목적으로 몸,정신을 쓰는 모든 활동 예) 일하기 싫으면 먹지마라.
488	일2	a day 어 데이	日[rì] 르	日[にち] 니치	한 낮과 한 밤이 지나는 동안 예) 일 8시간 근무가 원칙입니다.
489	일3	one, the first 더 퍼스트	一[yī] 이	一[いち] 이치	자연수의 첫 수 예) 일 학년 학생, 일년생.
490	일4	an accident 앤 액시던트	事[shì] 스	事件[じけん] 지껭	어떤 현상이 특정 당사자에게 생긴 사정 예) 불안했는데 끝내 일이 터졌다.
491	인1	a stamp 스탬프	印[yìn] 인	印[いん] 인	이름,글자를 나무,뿔,고무에 새겨 문서에 찍는 것 예) 인주, 인을 치다.
492	인2	people 피플	人[rén] 런	人[ひと] 히토	한문투에서 사람을 이르는 말. 예) 그리스 인, 수메르 인. 백만 인 서명운동
493	인3	addicted 어딕티드	癖[pǐ] 피이	慣[な]れ 나레	약물 따위에 중독이 되는 것. 예) 그녀는 이미 담배에 인이 박혀 있다.
494	인4	in 인	內[nèi] 네이	イン 인	공, 혹은 사람이 선 안에 있는 것. 예) 인 서울은 모든 수험생의 목표이다.
495	임	a lover 러버	情人[qíngrén] 칭런	戀人[こいびと] 코이비또	사랑하는 사람. 예) 그리운 임을 떠나보내니 더욱 아쉽다.
496	애1	a child 차일드	孩[hái] 하이	子供[こども] 코도모	성년이 되기 전의 나이가 어린 사람. 예) 동네어귀에서 애들이 축구를 하고 있다.
497	애2	anxiety 앵자어어티	吃力[chīli] 칠리	胸[むね] 무네	근심에 싸여 초조한 마음속의 비유적 표현 예) 애를 태우다.
498	애3	trouble 트러블	勞苦[láokǔ] 라오쿠우	苦勞[くろう] 쿠로우	마음과 몸의 수고로움을 비유적으로 표현 예) 애 많이 썼다.
499	양1	openly 오픈리	陽[yáng] 야앙	陽[よう] 요우	음에 대립되는 것을 이르는 기의 한 가지 예) 그는 음으로 양으로 그녀를 많이 도와주었다.

번호	우리말	영어	중국어	일본어	참고
500	양2	two side 투 사이드	兩[liǎng] 랴앙	양(兩)[りょう] 료오	'둘' 또는 '두 쪽'의 뜻을 나타내는 말. 예) 그여자의 양 볼에 심술이 잔뜩 붙었다.
501	양3	Miss 미스	小姐[xiǎo·jie] 샤오지에	嬢[じょう] 죠오	결혼하지 않은 여성의 성 다음에 붙이는 말 예) 김 양, 오늘 수고 많았다.
502	양4	as if 애즈 이프	樣[yàng] 양	そうに 소니	사물의 비유로 말할 때, '듯'과 같은 의미 예) 강태는 초가집을 자기집인 양 쑥쑥 들어섰다.
503	예1	an example 앤 익잼플	例[lì] 리	例[れい] 레이	무엇을 증명하는, 본보기가 될 만한 사물 예) 스트레스는 현대병의 대표적인 예이다
504	예2	etiquette 에티킷	礼[lǐ] 리	礼[れい] 레이	예절이나 예의에 관한 모든 절차나 질서 예) 임금을 보자 모든 신하가 예를 갖추었다.
505	예3	yes 이에스	是[shì] 스	はい 하이	윗사람의 물음,부탁에 긍정하여 대답하는 말 예) 예 잘 알겠습니다.
506	예4	ancient times 에이션타임즈	古[gǔ] 구우	昔[むかし] 무카시	아주 오래전 예) 예로부터 중국인들은 붉은색을 선호한다
507	왜1	why 와이	为什么[wèi shén·me] 웨이썬머	なぜ 나제	무슨 이유 때문에 예) 왜 불러.
508	왜2	jap 잽	倭[Wō] 워	倭[わ] 와	일본을 낮추어 부르는 말. 예) 왜놈.
509	웬	a certain 써튼	怎麽[zěn·me] 쩐머	どんな 돈나	어찌 된, 정체를 알 수 없는 예) 정 씨 아내는 웬 보자기를 들고 있다
510	외	except 익셉트	外[wài] 와이	以外[いがい] 이가이	어떤 대상을 벗어난 밖의 부분의 뜻 예) 그 외 일체의 비용을 그가 담당했다.
511	위	above 어바브	上[shàng] 샹	上[うえ] 우에	일정한 기준보다 높은 곳 예) 아래를 보지말고 위를 봐라.
512	와1	with 위드	和[hé] 허	と 토	두 대상을 대등하게 이어주는 접속조사 예) 너와 나는 닮은 점이 많다.
513	와2	gee! 지	哇[wà] 와	わあ 와아	뜻밖에 기쁜 일이 생겼을 때 내는 말. 예) 와 드디어 성공했네!
514	와3	come 컴	来[lái] 라이	來[き]て 키데	말하는 사람이 있는 쪽으로 위치를 옮기다 예) 지금 곧 와 주게
515	와4	together 투게더	哇[wà] 와	わあ 와아	여러 사람이 기세를 올리려고 할 때 내는 말 예) 관중들이 와 하고 소리쳤다.
516	왕	king 킹	王[wáng] 왕	王[おう] 오우	국가에서 국가를 대표하는 최고의 통치자 예) 이성계는 조선의 초대 왕이다.
517	자1	a character 캐릭터	字[zì] 쯔	字[じ] 지	말을 일정한 체계로 적는 기호 예) 글자 한 자 한 자.
518	자2	a son 선	子[zǐ] 쯔	息子[むすこ] 무스코	자녀 중 아들 예) 자녀
519	자3	look 룩	來[[lái]] 라이	さあ 사아	듣는 이의 주의를 환기시킬때 하는 말 예) 자 지금 부터 잘 들으세요.

번호	우리말	영어	중국어	일본어	참고
520	자4	guy 가이	者[zhě] 져	者[もの] 모노	남자를 낮추어서 부르는 말. 예) 도대체 이 자들은 누구요 ?
521	자5		字[zì] 쯔	字[じ] 지	예전에 본 이름 외에 부르는 이름. 예) 공자 이름은 구(丘)이고 자는 중니(仲尼)이다.
522	작1	work 워크	作[zuò] 쭈오	作[さく] 사꾸	기계나 작품 따위를 만듦 예) 춘원 이광수 작.
523	작2	fast 패스트	噌[cēng] 처언	さっと 삿또	짧은 줄이나 획을 가볍게 한번 긋는 소리 예) 펜으로 선을 작 그었다.
524	작3	tear 테어	嗤[chī] 츠어	びりっと 비릿또	얇은 종이나 천을 가볍게 한번 찢는 소리 예) 철 모르는 아이가 돈을 작 찢었다.
525	잔	cup 컵	杯[bēi] 뻬이	杯[はい] 하이	마실 것을 따라 마시는 작은 그릇 예) 유리로 만든 잔.
526	잘	well 웰	好[hǎo] 하오	よく 요쿠	favorably, easily. 상태가 좋은 예) 잘 되었다.
527	잠1	sleep 슬립	睡[shuì] 수이	眠[ねむ]り 네무리	수면 예) 나는 머리만 붙이면 잠이 쉽게 든다.
528	잠2				누에가 허물을 벗기 전에 쉬는 횟수 예) 넉잠 자고 나서 섶에 올라 집을 짓는다.
529	장1	a market 마켓	赶集[gǎnjí] 간지	市場[いちば] 이치바	물건을 사고 파는 곳 예) 갑수는 툭하면 친구 따라 장에 간다.
530	장2	chaper 챕터	章[zhāng] 짱	章[しょう] 쇼우	책의 한 구획, 부분 예) 제 1 장. 마지막 장.
531	장3	a leader 리더	长[cháng] 창	長[ちょう] 쬬우	한 단체의 우두머리 예) 이번 선거는 지자체 장을 선출한다.
532	저1	self 셀프	我[wǒ] 워	私[わたし] 와타시	자신을 낮추어 부르는 말. 예) 저 자신 직접 하겠습니다.
533	저2	writing 라이팅	著[zhù] 쭈	著[ちょ] 쬬	책의 저자. 예) 이광수 저 '무정'
534	저3	let me see 렛미시	这个[zhè·ge] 쩌어거	ええと 에에또	어떤 말을 바로 꺼내기 어색하거나 망설일 때. 예) 저 이것 보세요.
535	저4	that 댓	那[nà] 나	あの 아노	예) 저 집 개는 밤낮 짓는다. 예) 저 투수는 전력투구를 하고있지 않다.
536	적1	enemy 에너미	敌[dí] 디	敵[てき] 테끼	원수, 싸움의 상대자 예) 적을 죽이지 않으면 내가 죽는다.
537	적2	experience 익스피어리언스	過[guò] 꾸어	ころ 고로	과거의 경험을 나타내는 말 예) 해 본 적이 있다.
538	적3	membership 멤버십	籍[jí] 지	籍[せき] 세키	한 단체의 소속 여부. 예) 그는 현재 탁구회에 적이 없다.
539	적4	red 레드	赤色[chìsè] 치스	赤[あか] 아까	붉은 빛깔 예) 단풍철에는 적과 백이 극치를 이룬다.

번호	우리말	영어	중국어	일본어	참고
540	정1	feeling 필링	情[qíng] 칭	情[じょう] 죠우	사람 사이의 사랑하는 마음이나 친근한 마음 예) 그녀는 정이 많은 편이다.
541	정2	obstinately 옵스티니틀리	真個[zhēngè] 쩡거어	本当[ほんと]に 혼또니	정말로 굳이 예) 정히 하려면 내일 해라
542	정3	truly 츠룰리	分明[fēnmíng] 펀미잉	確[たし]かに 타시까니	틀림없이 예) 위 금액을 정히 영수합니다.
543	절1	a temple 템플	寺[sì] 쓰	寺[てら] 테라	스님이 있는 곳. 예) 절은 대개 산에 있다.
544	절2	a bow 바우	拜[bài] 빠이	じぎ 지기	윗사람을 공경하는 행위 예) 명절에는 어른들에게 절을 한다.
545	절3	a paragraph 패러그래프	节[jié] 지에	節[せつ] 세쯔	문장의 한 구절 예) 성경 말씀 한 절 한 절이 다 은혜롭다.
546	절4	a holiday 할러데이	节[jié] 지에	節[せち] 세찌	개천절. 삼일절. 예) 절은 놀고 날은 출근이다.
547	점1	a point 포인트	点[diǎn] 디엔	点[てん] 뗑	작고 동그란 점 예) 지도에 빨간 점을 찍었다.
548	점2	fortune telling 포쳔텔링	卜[bǔ] 뿌	占[うらな]い 우라나이	앞날의 길흉을 미리 판단하는 일 예) 그녀는 점 보는 것을 좋아했다.
549	점3	point 포인트	点[diǎn] 디엔	廉[かど] 카도	특히 지적한 어느 부분 예) 취할 점과 버릴 점.
550	점4	score 스코어	分[fēn] 뻔	点[てん] 뗑	성적을 나타내는 끝수 예) 100 점 만점에 90점.
551	점5	drop 드랍	点[diǎn] 디엔	滴[てき] 데키	떨어지는 액체의 방울 예) 빗방울이 한 점 두 점 떨어진다.
552	점6	a dot 닷트	子[zǐ] 즈	目[もく] 모쿠	바둑판의 눈이나 바둑돌의 수 예) 두 점 놓고 두는 바둑.
553	점7	piece 피스	幅[fú] 푸우	個[こ] 코	물건의 가지 수 예) 의류 칠 점.
554	조1	a party 파티	组[zǔ] 주에	組[くみ] 쿠미	소규모의 집단 예) 조별 활동, 조별 모임
555	조2	a trillion 트릴리언	兆[zhào] 쟈오	兆[ちょう] 쵸우	십진급수의 한 단위. 예) 나라 예산은 연간 수백조원 이다.
556	조3	tune 튠	调[diào] 띠아오	調[ちょう] 쵸우	음악에서 쓰이는 원리 예) 음악 – 다 장조
557	족	tribe 트라이브	族[zú] 주	族[ぞく] 조꾸	a race, a group 같은 혈통이나 겨레
558	졸1	pawn 폰	卒[zú] 주	卒[そつ] 소쯔	장기의 졸 예) 나를 니 졸로 보나?
559	졸2	graduation 그래쥬에이션	卒[zú] 주	卒業[そつょう] 소쯔교우	학교를 마침. 졸업 예) 1990년 강남고 졸.

번호	우리말	영어	중국어	일본어	참고
560	졸3	death 데쓰	卒[zú] 주우	卒[そつ] 소쯔	사람의 이력 따위에서 죽음을 이르는 말 예) 1890년 생, 1955년 졸
561	좀1	a little 어 리틀	稍[shāo] 샤오	少[すこし] 스꼬시	정도나 분량이 적게 예) 생각보다 수량이 좀 적다.
562	좀2	ask a favour 애스크 어 페이버	千切[qiānqiè] 치앤치에	ちょっと 좃또	남에게 부탁하거나 동의를 구할 때 예) 좀 도와주시면 감사하겠습니다.
563	종1	species 스피시즈	种[zhǒng] 종	種[しゅ] 슈	같은 형질이나 특성을 가진 부류 예) 종의 기원.
564	종2	a bell 어 벨	钟[zhōng] 쫑	鐘[かね] 카네	쳐서 소리를 내는 쇠붙이로 만든 기구 예) 에밀레종.
565	종3	cousin 카즌	从[cóng] 총	いとこ 이토코	사촌 예) 그와 나는 종형제 사이다.
566	종4	servant 서반트	仆[pú] 푸	奴婢[ぬひ] 누히	노비, 하인 예) 그는 겨우 종살이 신세를 면하였다.
567	주1	week 위크	周[zhōu] 쪼우	週[しゅう] 슈우	일주일, 한 주 예) 지난 주 금요일 그는 처음 그녀를 만났다.
568	주2	main 메인	主[zhǔ] 주	主[しゅ] 슈	주요하거나 기본이 되는 것 예) 그의 주 수입원은 임대료 수입이다.
569	주3	a province 프라빈스	州[zhōu] 쪼우	州[しゅう] 슈우	큰 행정구역 (미국) 예) 캘리포니아 주
570	주4	master 매스터	主[zhǔ] 주	主[しゅ] 슈	고용한 주인이나 우두머리 예) 나의 주님, 주인님.
571	주5	a stock 스탁	株[zhū] 쭈	株[かぶ] 카부	주식 거래 예) 지난 주 가진 주가 올랐다.
572	주6	comments 코멘스	注[zhù] 쭈	註[ちゅう] 쮸우	이해를 돕기 위한 보충설명을 더한 글 예) 주해서
573	죽1	chemistry 케미스트리	意思[yì·si] 이스	意志[いし] 이시	사람간의 화합, 친밀도를 나타내는 속된 말. 예) 두사람은 죽이 잘 맞는다.
574	죽2	all the time 올더타임	一直[yìzhí] 이즈어	ずらりと 즈라리또	동작이나 상태가 지속되는 모양을 나타내는 말 예) 그는 두루마리를 펼친 후 죽 읽어 내려갔다.
575	준	semi 세미	准[zhǔn] 준	準[じゅん] 쥰	그에 비길만한 예) 준우승.
576	줄1	a string 스트링	绳[shéng] 성	ひも 히모	묶거나 하는데 쓰는 가늘고 긴 물건. 예) 이 줄로 말뚝을 묶어라.
577	줄2	the way 더웨이	方法[fāngfǎ] 팡파아	すべ 스베	어떤 일을 하는 방법이나 요령 예) 어떻게 하는 줄 모르겠다.
578	줄3	about 아바웃	左右[zuǒyòu] 주오요	坂[さか] 사까	겉으로 보이는 가량 나이 예) 오십 줄에 든 남자.
579	줌	a handful 핸펄	握[wò] 워	こぶし 코부시	주먹으로 쥘 만큼의 분량 또는 수량 예) 그는 큰 손으로 과자를 한 줌 집었다.

번호	우리말	영어	중국어	일본어	참고
580	중1	a monk 망크	和尚[héshang] 허샹	僧侶[そうりょ] 소우료	스님을 낮추어 부르는 말 예) 절에는 중들로 넘쳤다.
581	중2	during 듀링	中[zhōng] 중	中[ちゅう] 쮸우	while, ~하는 동안에 예) 밥 먹는 중에 전화가 자주 온다
582	중3	the middle 더미들	中[zhōng] 중	中[ちゅう] 쮸우	수준이나 상태가 중간 정도. 예) 중학교, 중급 실력
583	중4	among 어몽	中[zhōng] 중	中[ちゅう] 쮸우	여럿사람중 하나 예) 참가 선수 중에서 10번이 가장 작았다.
584	즉	namely 네임리	即[jí] 지	すなわち 스나와찌	다른 것이 아니라 바로. 예) 즉, 그 사람은 바로 김씨 였다.
585	증1	a certificate 서티피키트	证[zhèng] 쩡	證[しょう] 쇼우	어떤 사실을 증명하는 서류 예) 야간 통행을 하려면 증이 필요하다.
586	증2	symptoms 씸틈즈	症[zhèng] 쩡	症[しょう] 쇼우	병을 앓을때 나타나는 증상이나 느낌 예) 그의 병은 중증이다.
587	증3	presentation 프리젠테이션	赠[zèng] 쩡	贈[ぞう] 죠우	드린다는 뜻, 선물을 보낼 때 쓰는 말 예) 표지에는 홍길동 증 이라는 도장이 있다.
588	직	employment 임플로이먼트	职[zhí] 즈	職[しょく] 쇼쿠	공무원이나 관리가 위임받은 범위나 직무. 예) 직을 걸고 임하겠습니다.
589	진1	battle array 배틀어레이	阵[zhèn] 쩐	陣[じん] 진	진을 치고 있는 일정한 구역. 예) 전투를 앞둔 진에는 긴장감이 흘렀다.
590	진2	truth 트루쓰	真[zhēn] 쩐	真[しん] 신	사실이나 진리에 어긋남이 없는 것. 예) 참 진.
591	질1	quality 퀄리티	质[zhì] 즈	質[しつ] 시쯔	사물의 가치나 속성,등급 따위의 총체 예) 우리 제품은 질이 좋습니다.
592	질2	a set of books 어 셋트오브북스	帙[zhì] 즈	帙[ちつ] 찌쯔	여러권으로 된 책의 한벌을 세는 단위 예) 세익스피어 전집 한 질.
593	짐1	Me 미	朕[zhèn] 쩐	朕[ちん] 찡	옛날 임금이 자신을 낮추어 부르던 말 예) 짐의 생각은 이렇소.
594	짐2	cargo 카고	行李[xíng·li] 씽리	荷物[にもつ] 니모쯔	옮기기 위해 챙기거나 꾸려 놓은 물건 예) 수출용 짐은 카고 트럭을 이용한다
595	짐3	burden 버든	担[dàn] 딴	負担[ふたん] 후땅	부담스럽거나 힘든 일 예) 그 일은 내게 큰 짐이다.
596	집1	a home 홈	家[jiā] 지아	家[いえ] 이에	사람이 들어가서 살거나 활동할 수 있는 곳 예) 우리 집은 상계동에 있다.
597	집2	a collection 컬렉션	集[jí] 지	集[しゅう] 슈우	책,간행물,앨범 등의 차례를 세는 단위. 예) 문학전집, 조용필 3 집 앨범 등
598	징1	stud 스터드	鐵掌[tiězhǎng] 티에자앙	錠[じょう] 죠우	구두의 밑바닥에 박은 쇠못 예) 그는 말 발굽에 징을 박았다.
599	징2	a gong 공	锣[luó] 루오	銅鑼[どら] 도라	전통 타악기의 하나. 예) 징이 뎅 울리자 막이 올라갔다.

번호	우리말	영어	중국어	일본어	참고
600	쟁	a small gong 스몰공	古爭[gǔzhēng] 구정	銅鑼[どら] 도라	채로 쳐서 소리를 내는 전통 악기 예) 쟁을 급히 쳐 아군 에게 신호를 보냈다.
601	제1	number 넘버	第[dì] 디	第[だい] 다이	책, 작품, 대회의 개최 순서를 나타낼 때 예) 제 30 회 아랑제를 시작하겠습니다.
602	제2	religious service 릴리저스 서비스	祭[jì] 지	祭[さい] 사이	신령이나 죽은 사람을 위한 의식 예) 제를 지낼 때는 몸과 마음을 깨끗이 해야한다.
603	제3	there 데어	那里[nàlǐ] 나리	あそこ 아소꼬	'저기에'의 줄임말. 예) 봄 처녀 제 오시네.
604	제4	his/her 히즈/허	自己[zìjǐ] 쯔지~	自分[じぶん] 지분	대명사 '저' + '의'의 줄임말. 예) 제 논에 물 대기, 제 흉 제가 모른다.
605	제5	all 올	全部[quánbù] 취안부	全部[ぜんぶ] 젠부	모든, 전부의 뜻 예) 김씨가 제 비용을 다 대었다.
606	제6	when 웬	时候[shí·hou] 시호우	時(時)[とき] 도끼	'적에'가 줄어든 말. 때, 시절의 뜻 예) 철수는 어릴 제 같이 놀던 친구이다.
607	제7	a small gong 스몰공	아(我)[wǒ] 워어	私[わたし] 와타시	나의 겸손한 표현. '저' + '의' 예) 유리창을 깬 사람은 제가 아닙니다.
608	차1	car 카	车[chē] 쳐	車[くるま] 쿠루마	땅위를 다니는 교통수단의 총칭 예) 조금만 늦었으면 차를 놓칠뻔 했다.
609	차2	difference 디퍼런스	差[chà] 차	差[さ] 사	두 사물을 비교할 때 구별되는 정도 예) 그와 나는 나이 차가 별로 안나.
610	차3	full 풀	满[mǎn] 만	滿[み]ちる 미찌루	가득하게 되다 예) 전봉준은 확고한 결의에 차 있었다.
611	차4	cold-headed 콜드헤디드	凉[liáng] 리앙	冷[つめたい] 쯔메타이	마음이 인정이 없고 쌀쌀한 상태 예) 그는 사람이 차다.
612	차5	wear 웨어	带[dài] 따이	はめて 하메떼	물건을 몸에 걸거나 차는 것. 예) 그녀는 팔찌 차는 것을 좋아한다.
613	착1	arrival 어라이벌	着[·zhe] 져	着[ちゃく] 챠꾸	도착 예) 택배비는 착불이다.
614	착2	closely 클로슬리	着[·zhe] 져	べったり 벳따리	차지고 끈끈한 물체가 달라붙는 모양. 예) 착 달라붙는 셔츠
615	착3	agreeable 어그리어블	津津[jīnjīn] 진진	ぴったり 삣따리	음식 등이 입맛에 맞는 상태. 예) 이 집 음식이 입에 착 감긴다.
616	착4	come down 컴다운	啪[pā] 파아	錆[さ]びた 사비따	분위기나 감정이 우울한 모양. 예) 동생의 사고로 분위기가 착 가라앉았다
617	찬1	cold 콜드	凉[liáng] 리앙	冷[つめたい] 쯔메타이	찬 기운. 예) 찬 바람이 실내를 휘몰아쳤다.
618	찬2	full 풀	充[chōng] 총	満[み]ちに 미찌니	무엇이 가득 찬 모습. 예) 그는 의문에 찬 시선으로 형을 보았다.
619	찰1	glutinous 글루티너스	粘[zhān] 잔	粘[ねばり] 네바리	찰기가 있는 성질을 표현 예) 강원도 찰 옥수수

번호	우리말	영어	중국어	일본어	참고
620	찰2	wear 웨어	带[dài] 다이	さげ 사게	반지, 목걸이 등을 몸에 걸치다 예) 알거지가 되어 쪽박을 찰 수 밖에 없다.
621	참1	True 츠루	真[zhēn] 전	眞[しん] 신	거짓이 아닌 진실되고 올바른 것 예) 참교육.
622	참2	just about 저스트어바웃	時候[shí·hou] 시이허	ちょうど 쵸우도	시간적으로 막 하려고 하는 순간. 예) 마침 편지를 쓰려는 참이다.
623	참3	oh 오	好家夥[hǎojiā·huo] 하오찌아훠	やれさて 야레사떼	잊고 있다가 갑자기 떠올랐을 때 내는 말 예) 참 내 정신 좀봐.
624	참4	very 베리	真[zhēn] 전	本当[ほんとう]に 혼또우니	무엇의 정도가 심한 경우. 예) 오늘은 참 덥다.
625	창1	a spear 스피어	戈[gē] 그어	槍[やり] 야리	무기의 하나로 긴 막대를 이용한다. 예) 거사를 위해 군사들은 칼과 창을 숨겼다.
626	창2	Korean epic song 코리언에픽송	唱[chàng] 창	唄[うた] 우따	판소리 등의 남도창 예) 창은 대체로 공연 시간이 길다.
627	창3	a sole 쏘울	打掌[dǎ//zhǎng] 따지앙	靴底[くつぞこ] 쿠쯔조코	구두의 밑창 예) 오래된 구두는 창갈이가 필요하다.
628	처	wife 와이프	妻[qī] 치	妻[つま] 쯔마	부인 예) 제 처는 지금 직장에 다니고 있습니다.
629	척1	a vessel 베슬	艘[sōu] 쏘우	隻[せき] 세키	배를 세는 단위. 예) 경계 신호에 군함 한 척을 출동 시켰다.
630	척2	without hesitation 위다웃헤지테이션	裝[zhuāng] 쥬앙	さっと 삿또	망설임 없이 하는 행동 예) 술에 취하면 그는 돈을 척 냈다.
631	척3	pretend 프리텐드	裝[zhuāng] 쥬앙	ぶり 부리	거짓으로 꾸민 태도 예) 그녀는 모르는 척 하면서 문을 나갔다.
632	척4	tightly 타이틀리	着[·zhe] 져	べたっと 베땃또	차지고 끈끈한 물체가 들러붙는 모양 예) 척 들어붙어 도무지 떨어지지 않았다.
633	천1	thousand 다우전드	千[qiān] 치엔	千[せん] 센	숫자 1000. 예) 요즘 천원으로 살만한게 없다.
634	천2	texture 텍스쳐	布[bù] 뿌	布[ぬの] 누노	천, 옷감 따위의 피륙 예) 재질이 천으로 되어 있는 기저귀.
635	철1	season 시즌	季节[jìjié] 지지에	季節[きせつ] 키세쯔	일년 절기상 알맞은 시기 예) 철에 맞지 않는 옷은 어색하다.
636	철2	discretion 디스크레션	懂事[dǒngshì] 똥스	分別[ふんべつ] 훈베쯔	사물의 이치를 분별할 줄 아는 힘이나 능력 예) 그는 이제 철들 나이가 되었다.
637	철3	file 파일	裝訂[zhuāngdìng] 쭈앙딩	綴[とじ] 토지	책,서류,신문 따위를 여러 권을 한데 꿰맴 예) 보관을 하려면 철을 잘 해야된다.
638	청1	blue color 블루칼라	青[qīng] 칭	青[あお] 아오	파란색. 예) 이번 게임은 청 팀이 이겼다.
639	청2	a request 리퀘스트	请[qǐng] 칭	請[こい] 코이	청을 들어주기를 부탁함 예) 그녀는 그의 간곡한 청을 냉정히 거절했다.

번호	우리말	영어	중국어	일본어	참고
640	초1	candle 캔들	蜡[là] 라	蠟燭[ろうそく] 로우소꾸	초, 밀랍 예) 어두울땐 초를 켜야 한다.
641	초2	a second 세컨드	秒[miǎo] 미아오	秒[びょう] 뵤우	마라톤 기록은 초단위로 재야한다. 예) 초시계.
642	초3	early 어얼리	初[chū] 추	初[はつ] 하쯔	시간의 일정 시점에서 빠를 때 예) 5월 초, 7회 초 (야구)
643	초4	elementary 엘리먼트리 스쿨	初[chū] 추	小學校[しょうがっこうろうそく] 쇼우각꼬우	의무교육으로 규정된 6년의 학습기간 예) 코로나로 초 1,2는 온라인 수업을 한다.
644	촉1	the point 포인트	尖[jiān] 지엔	矢先[やさき] 야사키	사물의 뽀죡한 부분. 예) 화살촉, 펜촉
645	촉2	sense 센스	感覺[gǎnjué] 간주에	觸[ぞく] 소쿠	감각 예) 그는 촉이 좋다.
646	촉3	sense 센스	烛[zhú] 쥬	燭[しょく] 쇼쿠	전구 밝기의 단위, 광도 예) 100 촉 짜리 전구는 확실히 밝다.
647	촌1	country 컨츄리	村[cūn] 춘	村[むら] 무라	시골 예) 촌에는 아직 공기가 좋다.
648	촌2	a degree 디그리	寸[cùn] 춘	等親[とうしん] 또우신	삼촌, 5촌 당숙 등. 예) 촌수는 멀지만 그는 아주 남은 아니다.
649	총1	rifle 라이플	枪[qiāng] 치앙	銃[じゅう] 쥬우	전쟁, 사냥을 할때 쓰는 병기 예) 사냥철 아닐때는 총은 따로 보관한다.
650	총2	total 토탈	总[zǒng] 쫑	8[そう] 소우	전체, 모두의 뜻 예) 총 생산고
651	추1	pendulum 펜쥬럼	锤[chuí] 추이	振[ふ]リ 후리	벽시계의 아래로 늘어진 물건 예) 벽시계의 추 움직이는 소리만 들린다.
652	추2	autumn 오텀	秋[qiū] 치우	秋[しゅう] 슈우	4계절 중 가을. 예) 와인은 추, 동 이 성수기이다.
653	추3	ugly 어글리	丑[chǒu] 초우	醜[しゅう] 슈우	외모가 더럽거나 흉함 예) 누구나 추한 모습에는 거부감이 있다.
654	추4	sinker 싱커	锤[chuí] 추이	重[おも]リ 오모리	끈에 달아 아래로 늘어진 무거운 물건 예) 납덩이로 만든 추
655	축1	axis 액시스	轴[zhóu] 죠우	軸[じく] 지꾸	활동이나 회전의 중심이 되는 곳 예) 가로 축, 세로 축
656	축2	congratulation 컨그래츄레이션	祝[zhù] 쥬	祝詞[のりと] 노리또	경사스런 일로 축하는 일 예) 축 결혼.
657	축3	droop 드루프	垂[chuí] 추이	だらんと 다란또	물체가 아래로 크게 처지는 모양 예) 그는 만취하여 몸이 축 늘어졌다
658	축4	short 쇼트	缩[suō] 쑤오	不足[ふそく] 후소꾸	물건이 부족한 상태 예) 며칠 지나서 보니 수량이 꽤 축이 났다.
659	축5	group 그룹	배(輩)[bèi] 베이	部類[ぶるい] 부루	일정한 특성에 따라 나누어지는 부류 예) 그는 노인 축에 속한다.

번호	우리말	영어	중국어	일본어	참고
660	춤1	dance 댄스	舞[wǔ] 우	踊[おどり] 오도리	흥겨워서 춤추는 행위 예) 그녀는 춤을 잘 춘다.
661	춤2	spit 스피트	唾[tuò] 투어	唾[つば] 쯔바	침의 방언 예) 길에 춤을 뱉지 마라.
662	출	departure 디파쳐	出[chū] 추	出[しゅつ] 슈쯔	배, 기차 등이 떠나는 것. 예) 출항, 출 20시 정각 등.
663	측	side 사이드	側[cè] 처어	側[がわ] 가와	어떤 무리의 한쪽을 상대적으로 이르는 말 예) 찬성 측과 반대 측이 서로 대립했다.
664	칠1	seven 세븐	七[qī] 치	七[しち] 시찌	숫자 7. 예) 숫자 7은 행운의 숫자이다.
665	칠2	paint 페인트	擦[cā] 차	漆[うるし] 우루시	사물의 표면에 칠감을 바름. 예) 페인트 칠.
666	칠3	play 플레이	打[dǎ] 다	できる 데끼루	헤엄, 테니스를 치다. 예) 아이들은 헤엄을 칠 수 있다.
667	침2	a needle 니들	针[zhēn] 쩐	針[はり] 하리	(바느질용의) 바늘, 주사 바늘 예) 간호사가 주사기의 침을 약병에 꽂았다.
668	침3	a stinger 스팅어	刺[cì] 츠	針[はり] 하리	곤충-벌, 개미의 침. 예) 말벌 침은 때로는 치명적이다.
669	침4	hands of a clock 핸즈오브클로크	针[zhēn] 쩐	針[はり] 하리	시계침 예) 너무 조용해서 시계침 소리만 들린다.
670	칩1	chip 칩	芯片[xīnpiàn] 신피엔	チップ 칩뿌	집적회로의 전기 회로부분을 넣는 상자 예) 메모리 칩.
671	칩2	potato chip 포테이토칩	片[piàn] 피엔	チップ 칩뿌	감자 칩 예) 아이가 감자칩을 맛있게 먹고 있다.
672	채1	even before 이븐 비포	还[hái] 하이	まだ 마다	어떤 상태나 동작이 아직 이루지 못한 상태 예) 말이 채 끝나기도 전에 그가 소리를 질렀다.
673	채2	stick 스틱	拍[pāi] 파이	鞭[むち] 무찌	팽이, 공 따위의 대상을 치는 데에 쓰는 기구 예) 팽이 채, 골프 채
674	채3	as it is 애즈 잍이즈	着[zhe] 쩌	まま 마마	이미 있는 상태 그대로 있다는 뜻 예) 너무 피곤해서 옷 입은 채 잠이 들었다.
675	채4	shred 쉬레드	片[piàn] 피엔	千切[せんぎ]リ 센기리	야채,과일 등을 가늘고 길쭉하게 잘게 써는 일 예) 김씨는 각종 채소를 미리 채로 썰어 놓았다.
676	책1	book 북	书[shū] 슈	本[ほん] 홍	생각이나 사실을 종이로 한데 꿰맨 물건 예) 서가에 책이 빼곡이 꽂혀 있다.
677	책2	be blamed 비 블레임드	责备[zébèi] 쯔베이	責任[せきにん] 세키닌	잘못을 나무라거나 꾸짖는 것 예) 책 잡힐 일 하지마라.
678	체1	writing shape 라이팅 쉐입	字体[zìtǐ] 지티	字体[じたい] 지타이	글, 글씨, 그림에 나타나는 일정한 방식이나 격식. 예) 그의 글씨는 체가 반듯하고 단정하다.
679	체2	act like 액트 라이크	理睬[lǐcǎi] 리차이	風[ふり] 후리	그럴듯하게 꾸미는 거짓 태도나 모양. 예) 그는 모르는 체를 하며 시치미를 뗐다.

번호	우리말	영어	중국어	일본어	참고
680	체3	phooey / 푸이	呸[pēi] / 페이	ちぇっ / 쳇	못마땅하거나 아니꼽거나 할 때 내는 소리 예) 체, 아니꼬와서 못 보겠네.
681	체4	sifter / 시프터	筛子[shāi·zi] / 샤이즈	篩[ふるい] / 후루이	가루를 곱게 치거나 액체를 거르는데 쓰는 기구 예) 그는 모래에 섞인 돌을 체로 걸러냈다.
682	카1	phew / 퓨	呼[hū] / 후	はあっ / 하앗	맛이 맵거나, 냄새가 독할때 내는 소리 예) 독한 소주를 마시니 절로 '카'소리가 났다.
683	카2	car / 카	车[chē] / 쳐	カー / 카	자동차 예) 카 튜닝샵
684	칸	a chamber / 체임버	间[jiān] / 지앤	間[かん] / 칸	사방을 둘러막은 테두리의 안 예) 여섯 식구가 방 두 칸에 기거한다.
685	칼1	knife / 나이프	刀[dāo] / 따오	刃物[はめの] / 하모노	대상을 베거나 깎거나 하는데 쓰는 연장. 예) 칼이 잘 들어야 김밥을 잘 썰 수 있다.
686	칼2	pillory / 필러리	枷锁[jiāsuǒ] / 지아수오	首枷[くびかせ] / 쿠비카세	중죄인의목에 씌우던 형구 예) 춘향은 옥에서 칼을 쓰고 앉아 있었다.
687	커	phew / 퓨	呼[hū] / 후	はあっ / 하앗	맛이 맵거나,냄새가 독할 때 내는 소리 예) 도수높은술을 마시면 커 소리가절로난다
688	컥	choky / 초키	咯[kǎ] / 카	げぇっ / 게엑	목이 컥 막혀서 나는 소리 예) 그는 컥 소리를 내고 숨을 거두었다.
689	코1	a knot / 낫트	针[zhēn] / 전	網[あみ] / 아미	그물코, 매듭 예) 한 코를 빠뜨리다.
690	코2	be proud / 프라우드	自尊心[zìzūnxīn] / 쩌준신	プライド / 푸라이도	자존심이 높다 예) 코를 납작하게 만들었다.
691	콕1	pecking / 페킹	哧[chī] / 츠	ちくりと / 치쿠리또	차 등이 작고 좁은 부분이 찍힌 모양 예) 문콕 (문열다가 살짝 찍힌 것)
692	콕2	hiding / 하이딩		ぽつんと / 뽀쯘또	외출않고 방에 틀어박혀 나오지 않는 모습 예) 방콕.(방에 콕 박혀 있는 모습)
693	콘1	cone / 콘	克恩[kè'ēn] / 커언	コーン / 콘	원뿔 모양의 물체 예) 얼음과자 - 아이스콘 등.
694	콘2	corn / 콘	玉米[yùmǐ] / 유미이	コーン / 콘	옥수수로 된 과자류. 예) 콘칩.
695	콜1	call / 콜	叫[jiào] / 지아오	コール / 코루	상대편을 불러내는 일 예) 콜걸
696	콜2	call / 콜	通[tōng] / 통	コール / 코루	상대편의 뜻을 묻거나,동의할 때 예) 카드게임에서 콜.
697	콜3	call / 콜		コール / 코루	은행간의 거래시에 적용되는 이자 예) 콜 금리
698	콜4	call / 콜		コール / 코루	대리기사가 손님의 이용 요청을 일컫는 말 예) 콜 잡았다.
699	콜5	call / 콜	呼号[hūhào] / 후하오	コール / 코루	방송국이나 무선국의 전파 호출 부호 예) 콜 사인 (방송국)

번호	우리말	영어	중국어	일본어	참고
700	쿵1	thump / 썸프	咚[dōng] / 똥	ずどん / 즈동	무거운 물건이 떨어질 때 나는 소리 / 예) 쿵하는 소리가 2층에서 났다.
701	쿵2	thump / 썸프	冬冬[dōngdōng] / 똥동	どんと / 돈또	고수가 장단을 맞추는 소리 / 예) 고수가 소리에 맞추어 북을 쿵 친다
702	큰	large / 라지	大[dà] / 따	大[だい] / 다이	사물이 크고 장대한 것. / 예) 큰 물, 큰 돈, 큰 불 등.
703	키1	height / 하이트	身高[shēngāo] / 션까오	身長[しんちょう] / 신쬬우	키, 신장 / 예) 그는 키가 크다.
704	키2	helm / 헴	舵[duò] / 뚜오	梶[かじ] / 카지	배의 조타 장치 / 예) 키를 잡다.
705	키3	key / 키	钥匙[yào·shi] / 야오스	鍵[かぎ] / 카기	열쇠 / 예) 차 키, 자물쇠
706	키4	winnow / 위노우	箕[jī] / 지	箕[み] / 미	곡식을 까부르는 기구 / 예) 키로 곡식을 까부르다.
707	키5	key / 키	键盘[jiànpán] / 지앤판	キ / 키	컴퓨터, 피아노의 건반 / 예) 한 키 올려줘, 반키만 내려줘.
708	킹	king / 킹	王[wáng] / 왕	キング / 킨구	왕, 임금 / 예) 홍길동 선수가 금년 연봉 킹에 올랐다.
709	타1	others / 아더즈	他[tā] / 타	他[た] / 타	타인, 다른 사람, 다른 단체 / 예) 저 은행은 타 은행에 비해 금리가 낮다.
710	타2	dozen / 다즌	打[dá] / 다	打[ダース] / 다스	12개의 한 묶음. / 예) 목장갑 2 타가 있는 전부이다.
711	타3	strokes / 스트록스	打[dǎ] / 다	打[だ] / 다	야구나 골프에서 채로 친 수. / 예) 홍길동은 평소보다 오늘 2타를 더 쳤다.
712	타4	burned / 번드	燎[liáo] / 리아오	焼[や]けて / 야께데	물건이나 생물체가 불에 탈때 / 예) 개가 주인을 구하다 불에 타 죽었다.
713	타5	taking advantage / 테이킹 어드밴티지	乘空[chéng//kòng] / 청콩	乗[じょう]じる / 죠우지루	무엇을 하는 사이. / 예) 사내가 방심한 틈을 타 그녀는 도망쳤다.
714	타6	make coffee / 메이크 커피	沖調[chōngtiáo] / 총티아오	入[い]れる / 이레루	커피나 음료수를 마시게 주는 것 / 예) 졸리니까 커피나 한잔 타 주게.
715	타7	ride / 라이드	搭[dā] / 따	乗[のる] / 노루	자동차, 비행기 등을 타는 것. / 예) 비행기는 작년에 처음 타 보았다.
716	탁1	with a bump / 위드어범프	啪[pā] / 파이	ずしん / 즈신	단단한 것에 세게 부딪치는 소리 / 예) 책이 선반에서 탁하고 떨어졌다.
717	탁2	vastly / 배스틀리	豁然[huòrán] / 후오란	ぱっと / 팟또	무언가 답답했던 것이 풀리는 모습 / 예) 사거리를 도니 시야가 탁 트였다.
718	탁3	chokingly / 초킹리	不暢[bùchàng] / 부창	ぐっと / 굿또	가슴이 막히는 모습 / 예) 공사장은 먼지로 숨이 탁 막힐것 같다.
719	탄1	briquet / 브리킷	炭[tàn] / 탄	石炭[せきたん] / 세키탄	무연탄을 주원료로 만든 고체연료 / 예) 연탄공장 주변은 탄가루로 새까맣다

번호	우리말	영어	중국어	일본어	참고
720	탄2	shell 쉘	弹[dàn] 딴	砲彈[ほうだん] 호우단	총알이나 포탄 따위를 이르는 말 예) 대응탄을 쏘면 탄의 파편이 비산한다.
721	탄3	burned 번드	燃[rán] 란	日燒[ひや] 히야토이	불이나 햇빛 따위로 타버린 모습 예) 폭격과 불로 까맣게 탄 건물이 있다.
722	탐	greed 그리드	贪[tān] 탄	物慾[ものほ] 모노호	무엇을 가지거나 차지하고 싶은 마음 예) 남의 것을 탐하면 그 자체가 죄악이다.
723	탈2	post 포스트	脱[tuō] 투오	脱[だつ] 다쯔	어떤 사건이나 현상 뒤에 올 모습 예) 탈 장르화, 탈 공업화 사회.
724	탈3	mask 마스크	假面[jiǎmiàn] 지아미엔	假面[かめん] 카멘	연극 등에서 얼굴을 감추는데 쓰는 물건 예) 탈 쓰고 하는 것에는 하회탈 이 있다.
725	탈4	an accident 앤 액시던트	事故[shìgù] 시구	事故[じこ] 지코	갑작스런 변고가 생긴 현상. 예) 기계가 중요한 때에 하필 탈이 났다
726	탈5	a problem 프라블럼	毛病[máo·bìng] 마오빙	問題[もんだい] 몬다이	곤란한 점이나 약점 예) 너는 말이 많아 탈이야.
727	탑1	tower 타워	塔[tǎ] 타	塔[とう] 토우	돌,벽돌 등으로 여러층으로 올린 집모양 예) 탑 종류에는 돌탑, 목조탑 등 다양하다
728	탑2	top 탑	最[zuì] 쩌애	トップ 토푸	무리 중에서 그 분야에서 최고인 사람 예) 우리반에서는 민호가 탑이야.
729	탓	reason 리즌	归咎[guījiù] 꾸이지우	ため 타메	잘못된 일이나 부정적 현상을 야기한 이유 예) 남 탓 하지 말고 너나 잘해.
730	탕1	bang 뱅	乓[pīng] 핑	ずどん 즈돈	총 따위가 강하게 터질 때 나는 소리 예) 한 발의 총소리가 탕하고 났다.
731	탕2	a bathroom 배쓰룸	汤[tāng] 탕	湯[とう] 토우	목욕탕 안에 물을 채워 놓은 시설 예) 탕 속에는 뜨거운 김이 가득 찼다.
732	탕3	times 타임즈	次[cì] 스	度[たび] 타비	어떤 일의 횟수 예) 버스 운행을 열 탕 했다.
733	터	place 플레이스	基[jī] 지	場所[ばしょ] 바쇼	건물을 짓거나 조성할 자리 예) 장사를 잘 하려면 터가 좋아야 한다.
734	턱1	treat 트리트	请客[qǐng//kè] 칭커	一杯[いっぱい] 입빠이	기쁜일로 자축의 의미로 남을 대접하는 일 예) 오늘 내가 한턱 쏠게.
735	턱2	a threshold 쓰레숄드	槛[kǎn] 칸	あご 아고	평평하지 않고 높이가 다른 부분 예) 장애인 이동통로에 턱이 있어 불편하다
736	턱3	reason 리즌	怎么会[zěnmehuì] 쩐머회	わけ 와께	이런저런 이유로 남의 계획을 비난할 때 예) 잘될 턱이 있나~
737	텅1	empty 엠프티	空[kōng] 콩	空[からっぽ] 카랏뽀	속이나 안이 비어서 아무것도 없는 모습. 예) 길거리는 텅 비어 있었다.
738	텅2	plunk 플렁크	嘡[tāng] 탕	ずどん 즈동	둔탁한 물건이 떨어져서 울리는 소리 예) 계단 끝에서 텅하는 소리가 들렸다
739	토1	Saturday 새터데이	星期六[xīngqīliù] 씽치리우	土曜日[どようび] 도요우비	토요일 예) 이번 공연은 토,일 양일에 걸쳐 열린다.

번호	우리말	영어	중국어	일본어	참고
740	토2	notes	助詞[zhùcí]	読[よ]みがな	문맥의 이해를 돕는 짧은 글
		노츠	쭈처어	요미가나	예) 글이 난해하여 설명과 토가 달려 있다.
741	토3	vomit	吐[tù]	嘔吐[おうと]	구토
		보미트	투	오우토	예) 심한 냄새에 갑자기 토가 나왔다..
742	토4	complain	理由[lǐyóu]	言訳[いいわけ]	변명이나 핑계, 이유.
		컴플레인	리요우	이이와케	예) 토 달지 말고 그냥 해라.
743	톡1	protrude	突[tū]	ぽっつり	무엇이 작게 쏙 튀어 나온 모양
		프러트루드	토오	봇쯔리	예) 무릎에 종기가 톡 튀어 나와 있다.
744	톡2	tap on	啪[pā]	こつんと	손으로 부드럽게 치는 모습
		탭온	파이	코쯘또	예) 어깨를 톡 치다
745	톡3	snap off	叭[bā]	ぽきっと	잔가지를 끊거나 실을 끊는 모습
		스냅오프	바아	보깃또	예) 실이 톡 끊어지다.
746	톡4	spicy remarks	冷淡[lěngdàn]	利[き]く	상대방에게 싫은 말로 마음을 상하게 함.
		스파이시리마크	렁단	키쿠	예) 그녀는 그에게 톡 쏘아붙였다.
747	톡5	talk			카카오톡의 줄임말
		톡			예) 사무실 여기저기서 톡 소리가 많이난다.
748	톡6	hop	突[tū]	ぽっつり	벼룩 등이 가볍게 톡 튀는 모습
		호프	토오	봇쯔리	예) 벼룩이 톡 튀어 올랐다.
749	톡7	bite	蛰[zhé]	ぴりりと	Red pepper bites(burns) the tongue.
		바이트	저어	비리리또	예) 고추는 혀를 톡 쏜다.
750	톤	tone	聲調[shēngdiào]	トーン	목소리의 분위기나 높낮이
		톤	셩디아오	톤	예) 목소리 너무 커. 톤을 낮춰 제발.
751	통1	barrel	桶[tǒng]	筒[つつ]	나무나 철판 따위로 깊고 둥글게 만든 그릇
		배럴	토옹	쯔쯔	예) 장사를 대비해 통을 박박 문질렀다
752	통2	entirely	通[tōng]	全然[ぜんぜん]	전체적으로, 전적으로
		인타이어리	통	젠젠	예) 뭐가 뭔지 통 모르겠다.
753	통3	width	裤筒[kùtǒng]	はば	바지의 통이 넓다 또는 마음이 크다
		위드쓰	쿠어토옹	하바	예) 냉장고 바지는 통이 크다.
754	통4	office	统[tǒng]	統[とう]	시 행정 조직에서 동과 반 사이의 조직.
		오피스	토옹	도우	예) 말단 행정단위로 통과 반이 있다.
755	통4	a phone call	通[tōng]	一本[いっぽん]	문서, 전보, 전화를 세는 단위
		폰콜	통	입뽕	예) 그녀로부터는 최근 전화 한 통 없다.
756	통4	through	通[tōng]	通[つう]じる	막힌 것 없이 서로 통하다
		쓰루	통	쯔우지루	예) 이 길은 남북으로 막힘없이 잘 통한다.
757	톨1	grain	粒[lì]	粒[りゅう]	곡식등의 낱낱의 알을 세는 단위
		그레인	리이	류우	예) 한 톨의 곡식도 귀하다.
758	톨2	toll	收费卡门[shōufèi kǎmén]	料金所[りょうきんしょぜんぜん]	톨게이트의 준말.
		톨	슈페이카먼	료킨쇼	예) 톨 비가 얼마예요?
759	톳1	seaweed	鹿尾菜[lùwěicài]	ノリ	갈조류 모자반과에 속한 바닷말.
		시위드	루웨이차이	노리	예) 여름에는 톳으로 무침을 만들어 먹는다

단어장 **245**

번호	우리말	영어	중국어	일본어	참고
760	톳2	a bundle 번들	捆[kǔn] 쿤	束[そくたば] 소쿠타바	김을 마흔 장 또는 백 장씩 한 묶음의 덩이 예) 장에서 김 두 톳을 샀다.
761	틀1	frame, formaula 프레임	模[mú] 무우	型[かた] 카따	일정하게 형성된 격식이나 형식 예) 파격은 기존의 틀을 벗어나는 것이다.
762	틀2	trap 트랩	套[tào] 타오	罠[わな] 와나	덫의 방언. 예) 틀을 놓으려면 꼭두새벽에 나서야 한다.
763	틀3	sewing machine 소잉머신	縫衣机[féngyījī] 펑지지	ミシン 미싱	재봉틀 예) 엄마는 저 틀로서 우리를 다 키우셨다.
764	틀4	a mold 몰드	模子[mú·zi] 무즈	枠[わく] 와꾸	만들고자 하는 물건의 일정한 틀 예) 창틀, 과자틀, 석고틀
765	틀5	a frame 몰드	框[kuàng] 쾅	額[がく] 가꾸	사진의 테두리, 액자 예) 사진 틀, .
766	틈1	a chasm 캐즘	縫[fèng] 펑	すき 스키	깊이 갈라진 틈, 간격. 예) 문 틈으로 황소 바람이 들어온다.
767	틈2	space 스페이스	空間[kōngjiān] 콩지앤	余地[よち] 요찌	공간, 여지 예) 그곳은 이미 발 디딜 틈이 없다.
768	틈3	chance 챈스	碴兒[chár] 차아	じょう 죠우	기회 예) 틈을 봐서 도망치려고 한다.
769	틈4	spare time 스페어타임	碴兒[chár] 차아	暇[ひま] 히마	여유, 여가 예) 틈이 나면 그녀에게 편지를 썼다.
770	틈5	breach, discord 브리치, 디스코드	碴兒[chár] 차아	間隙[かんげき] 간게끼	갈등, 불화의 틈 예) 둘사이는 점차 틈이 벌어지기 시작했다.
771	티1	look 룩	味道[wèi·dao] 웨이다오	びる 비루	어떤 기분, 태도(台徒)나 기색 예) 배가 고팠지만 티내지 않으려고 애썼다
772	티2	dust 더스트	一点[yìdiǎn] 이디안	ごみ 고미	먼지처럼 잡스러운 물체 예) 눈에 티가 들어갔는지 눈을 깽긋댄다.
773	티3	Tshirts 티셔츠	T恤[Txù] 티쉬	Tシャツ 티샤쓰	전체모양이 'T'자처럼 생김 예) 그 사람은 늘어진 티셔츠를 입고왔다.
774	티4	Tee 티	球座[qiúzuò] 치우주아	ティーショット 티숏토	골프에서 쓰는 'T'자 모양의 받침대. 예) 그는 컨디션이 좋아 티샷부터 잘됐다.
775	티5	defect 디펙트	하(瑕)[xiá] 시아~	きず 키즈	전체적으로는 좋은데 한 가지 결점이 있다 예) 옥에 티.
776	팁1	tip 팁	小费[xiǎofèi] 샤오페이	チップ 칩뿌	시중드는 사람에게 추가로 더 주는 돈 예) 팁은 의무가 아니라 자발적 추가 지불이다.
777	팁2	tip 팁	消息[xiāo·xi] 샤오시	情報[じょうほう] 죠호오	어떤 일에 대한 유용한 정보나 충고 예) 선배가 그 일에 대한 몇가지 팁을 말하였다.
778	파1	a group 그룹	派[pài] 파이	派[は] 하	특정한 사상,신념,주의에 따라 새로 갈라진 집단. 예) 의견 차이로 새로운 파가 생겼다.
779	파2	par 파		パ 파	골프에서 각 홀마다 정해진 기준 타수 예) 언더 파, 오버 파 등.

번호	우리말	영어	중국어	일본어	참고
780	파3	dig 디그	挖[wā] 와	掘[ほ]る 호루	땅이나 흙을 파는 일 예) 여기저기 파 보았으나 찾지 못했다.
781	팍1	hard 하드	啦[lā] 라아	はっしと 핫시또	힘있게 치거나 쑤시는 소리를 나타내는 말 예) 화가 나서 자루를 팍 쑤셨다.
782	팍2	fully 풀리	颇[pō] 포어	すっかり 슷까리	기분, 감정,형편이 갑자기 변한 모양. 예) 계속된 실패로 나는 기가 팍 죽어 있었다.
783	팍3	thud 써드	无力[wúlì] 오얼리	ばたっと 바닷또	맥없이 쓰러지거나 엎어지는 소리 예) 그녀는 갑자기 팍하고 쓰러졌다.
784	판1	trend 트렌드	毯[tǎn] 타안	横行[おうこう] 오우코우	처해있는 상황이나 형편 예) 출판계는 번역물이 지금 판을 치고 있다.
785	판2	round of cards 라운드어브카즈	局[jú] 주우	番[ばん] 반	승부를 겨루는 일의 수효를 세는 단위 예) 그는 내리 세 판을 이겨 큰 돈을 벌었다.
786	판3	edition 에디션	版[bǎn] 바안	版[はん] 한	책과 같은 대량 생산품을 구별하는 말 예) 초판, 점자판 등.
787	판4	plate 플레이트	极板[jíbǎn] 지이빠안	プレート 푸레토	표면을 넓고 판판하게 만든 기구 예) 레코드 판, LP판, 감광판 등.
788	판5	sold 솔드	卖[mài] 마이	売[う]った 웃따	물건 등을 판매하였다의 과거형. 예) 재활용품을 모아 판 돈으로 기증하였다.
789	팡	bang 뱅	劈[pī] 피이	ばんと 반또	풍선,폭탄 등이 요란스럽게 터지는 소리 예) 카운트가 끝나자 폭죽이 팡 터졌다
790	퍼1	scoop up 스쿠프 업	畅饮[chàngyǐn] 창이인	やたらに 야따라니	욕심 사납게 마구 하는 행동 예) 그는 아침부터 술을 퍼 마셨다.
791	퍼2	percentage 퍼센티지	百分比[bǎifēnbǐ] 바이펀비	パセント 파센토	퍼센트의 줄임말 예) 100 퍼 확실해. 장담해
792	펌	quotation 코테이션	引用[yǐnyòng] 옌용	いんよう 인요	남의 말,글을 자신의 말,글 속에 넣어 설명하는 것. 예) 자료는 인터넷에서 퍼왔다.
793	푹1	thoroughly 써럴리	充分[chōngfèn] 총펀	ぐっすり 굿스리	깊이 잠이 들거나 흡족히 쉬는 모양 예) 감기는 푹 쉬면서 낫는다.
794	푹2	(bow) far down 파 다운	消沉[xiāochén] 샤오첸	がっくり 갓꾸리	고개나 머리를 아주 깊이 숙이는 모양 예) 철수는 부끄러워서 고개를 푹 숙이고 있다.
795	푹3	steeped in 스팁트 인	沉迷[chénmí] 첸미이	ひたる 히타루	어떤 대상,분야에 아주 깊이 열중하는 모양 예) 그는 도박에 푹 빠져서 헤어나지 못했다.
796	푹4	thoroughly 써럴리	燉[dùn] 두앤	じっくり 짓꾸리	음식을 몹시 끓이거나 삶거나 고는 모양 예) 할머니는 돼지머리를 푹 삶으셨다.
797	푹5	caught deep 코트 딥	摔跟头[shuāigēn·tou] 쇄건토	ずぼっと 즈봇또	어떤 것이 갑자기 깊이 빠지거나 들어가는 모양 예) 자동차 바퀴가 진흙에 푹 빠져 버렸다.
798	푹6	sigh 사이	消沉[xiāochén] 샤오첸	がっくり 갓꾸리	연기나 한숨 따위를 아주 깊이 내쉬는 모양 예) 그는 한숨을 푹 쉬면서 쓸쓸히 말했다.
799	푹7	completely 컴플리틀리	严严实实[yányánshíshí] 얀얀스스	すっぽり 숫포리	드러나지 않도록 잘 싸거나 덮는 모양 예) 너무 추워서 이불을 푹 뒤집어쓰고 잤다.

번호	우리말	영어	중국어	일본어	참고
800	푹8	hollowed 할로우드	瘪窳[biěyǔ] 비에위	ぼこっと 보곳또	깊고 뚜렷이 파이거나 꺼진 모양 예) 구덩이가 푹 팬 곳에는 물이 고여 있다.
801	푹9	flat 플랫	嘴吃屎[zuǐchīshǐ] 쯔이츠수어	べたりと 베다리또	사람이나 물건이 단번에 힘없이 쓰러지는 모양 예) 총 소리가 나자 곧 한 사람이 푹 쓰러졌다.
802	푹10	(stab) through 쓰루	鏦[cōng] 초옹	ぶすっと 부슷또	작은 물건으로 힘있고 깊게 찌르거나 쑤시는 모양 예) 흉악한 강도는 집주인을 칼로 푹 찔렀다.
803	푹11	(rotting) completely 컴플리틀리	漚[òu] 오우	じっくり 짓꾸리	심하게 젖거나 썩거나 삭거나 한 모양 예) 푹 곰삭은 젓갈이 입맛을 당겼다.
804	푹12	(decrease) sharply 샤플리	太[tài] 타이	どっと 돗또	분량이나 크기 따위가 갑자기 많이 줄어든 모양 예) 겨울이 되자 일거리가 푹 줄어들었다.
805	푹13	flap 플랍	倒[dǎo] 따오	ぶすりと 부스리또	가루가 구멍으로 한번에 많이 쏟아져 나오는 모양. 예) 넘어지면서 쌀을 땅바닥에 푹 쏟고 말았다.
806	푹14	warm 웜	暖和[nuǎn·huo] 누안훠	暖[あたた]かい 아다다까이	날씨가 춥지 않고 꽤 따뜻할때의 표현 예) 오늘은 예상외로 날씨가 푹하다.
807	풀1	paste 페이스트	漿[jiāng] 지앙	糊[のり] 노리	무엇을 붙이거나 하는 끈적끈적한 물질 예) 풀 먹인 모시 적삼 깃이 빳빳하다.
808	풀2	full 풀	一体[yìtǐ] 이티이	フル 후루	일부가 아닌 전체를 의미한다. 예) 풀 셋트를 구입하면 낭비가 되기 쉽다.
809	풀3	pool 풀	遊泳池[yóuyǒngchí] 요용치	プール 푸루	헤엄칠 수 있게 물을 담아 놓은 시설 예) 한강변의 풀장은 사람들로 인산인해이다.
810	품1	the bosom 부즘	怀[huái] 후아이	懷[ふところ] 후토코로	안거나 안기는 것으로서의 가슴 예) 엄마 품 보다 더 좋은 것은 없다.
811	품2	effort 에퍼트	勞動力[láodònglì] 라오동리	手数[てすう] 테스	일을 하는데 드는 힘이나 수고 예) 그 일은 품이 많이 든다.
812	품3	apperance 어피어런스	樣子[yàng·zi] 양즈	当[あ]たり 아타리	몸짓이나 의복 등에서 풍기는 모습이나 형태 예) 수호는 노는 품이 재미스럽고 호기로웠다.
813	품4	laborer 레이버러	工活[gōnghuó] 꽁후어	手間[てま] 테마	일꾼, 일손 예) 그 일은 하루 세 품이 드는 까다로운 일이다.
814	품4	width 위드쓰	懷抱[huáibào] 화이바오	肩幅[かたはぼ] 카타하바	윗옷을 입었을 때 윗옷과 가슴사이의 틈 예) 그 옷은 품이 넉넉하다.
815	품5	rank 랭크	品[pǐn] 핀	品[ほう] 호오	벼슬 또는 등급의 순위를 매기는 단위 예) 정 삼품의 벼슬
816	팽1	thown away 쓰로운 어웨이	烹[pēng] 펑	兎死狗烹	토사구팽의 줄임말 예) 그는 회사에서 팽 당했다.
817	팽2	go round 고 라운드	晕乎乎[yūnhūhū] 인호호	くるくる 쿠루쿠루	물체가 매우 빨리 도는 모양. 예) 채로 치자 철수의 팽이는 팽 돌았다.
818	팽3	blow one's nose 블로우 원즈노우즈	哼[hēng] 헝	くらっと 쿠랏또	코를 순간적으로 힘있게 푸는 소리 예) 그는 코를 팽 풀었다.
819	팽4	tearful eyes 티어펄 아이즈	眩晕[xuànyùn] 슈앤윤	じぃんと 지이인또	갑자기 눈에 눈물이 조금 괴는 모양 예) 눈물이 팽 돌았다.

번호	우리말	영어	중국어	일본어	참고
820	편1	edition 이디션	篇[piān] 피앤	篇[へん] 헨	형식,내용,성질 따위가 다른 글을 구별하는 말 예) 세계탐방 호주편
821	편2	side 사이드	属于[shǔyú] 슈유	方[ほう] 호오	서로 갈라지거나 맞서는 것 하나를 가리키는 말 예) 약자의 편에 서다, 우리 편 이겨라.
822	편3	by 바이트	搭乘[dāchéng] 따청	便[びん] 빈	사람, 물건이 오갈 때 이용하는 기회나 수단 예) 기차 편으로 시골에 내려갔다.
823	편4	rice cake 라이스 케이크	打糕[dǎgāo] 따가오	餅[もち] 모찌론	떡을 점잖게 이르는 말 예) 편보다 떡이 낫다 (속담)
824	편5	book 북	篇[piān] 피앤	本[ほん] 홍	책이나 영화, 시 따위를 세는 단위. 예) 그 시인은 올해도 시 한편을 출판했다.
825	편7	spreaded 스프레디드	打开[dǎ//kāi] 다카이	伸[のばす] 노바스	펴다의 활용형 예) 솔개는 날개를 편 채 공중을 맴돌았다.
826	편8	direction 디렉션	面[miàn] 미앤	方[かた] 가따	방향을 가리키는 말 예) 바람이 부는 편으로 돌아서다.
827	편9	margin 마진	情形[qíng·xing] 칭싱	都合[つごう] 쯔고오	여러 패로 나누었을 때 그 하나하나의 쪽 예) 아직은 여유가 있는 편이다.
828	평	review 리뷰	評[píng] 평	評[ひょう] 효오	좋고 나쁨, 잘하고 못함 따위를 평가하는 말 예) 그 영화의 평은 좋은 편이다.
829	하1	huh 허	呵[hē] 허	はあ 하아	감탄사, 놀람, 슬픔, 기쁨 등 예) 하~
830	하2	inferior 인피어리어	下[xià] 시아	最低[さいてい] 사이테	품질이나 등급이 맨 마지막. 예) 품질이 최하급이다.
831	학1	malaria 말라리아	疟疾[nüè·ji] 뉘에지	瘧[おこり] 오코리	열대, 아열대에서 모기를 통해 옮기는 전염병 예) 말라리아 질병이 학질이다.
832	학2	sick and tired of 식크앤타이어드어브	磨難[mónàn] 모난	ひどい目め 히도이메	괴롭고 어려운 상황을 벗어 나느라 진이 빠진 상태. 예) 나는 걔한테 아주 학을 뗐어.
833	한1	one 원	一[yī] 이	一[いち] 이찌	수량이 하나임을 나타 냄. 예) 가게에는 빵이 한 개만 있었다.
834	한2	about 어바웃	約[yuē] 유어	約[やく] 야쿠	대략, 얼추 예) 수량이 한 100 개 정도 되보였다.
835	한3	grudge 그러지	恨[hèn] 헌	恨[うら]み 우라미	억울하고 원통한 마음 예) 내가 그 일에 한이 맺혔다.
836	한4	so far as 소파애즈	盡可能[jǐnkěnéng] 진커능	だけ 다께	~하는 한 예) 내가 아는 한 그는 좋은 사람이야.
837	할1	percentage 퍼센티지	割[gē] 그어	割[わり] 와리	비율의 단위를 나타내는 말. 예) 그 투자에서 내 수익은 1 할이다.
838	할2	duty to perform 듀티투퍼폼	办[bàn] 빤	する 스루	직무상 책임을 지고 수행해야 하는 활동 예) 사람은 각각 자기 할 일이 있다.
839	함1	box 박스	盒[hé] 흐어	箱[ほこ] 하꼬	물건 등을 넣게 만든 네모지게 만든 상자. 예) 불우이웃을 돕기위한 함을 비치하였다.

번호	우리말	영어	중국어	일본어	참고
840	함2	wooden-box 우든박스	盒[hé] 흐어	箱[はこ] 하꼬	혼인 때, 신랑측이 신부측에 보내는 것. 예) 나는 친구의 청으로 함을 지기로 했다.
841	함3	warship 워십	舰[jiàn] 지엔	艦[かん] 칸	전투에 쓰이는 군사용 배 예) 나는 함에서 지낸지가 벌써 2년이다.
842	항1	port 포트	港[gǎng] 강	港[こう] 코우	배가 드나드는 곳 예) 부산항, 인천항.
843	항2	paragraph 패러그래프	款[kuǎn] 콴	項[こう] 코우	법률이나 조문 등의 나뉜것들의 각각 예) 법률 1조 1항.
844	허1	empty 엠프티	虚[xū] 쉬	虚[きょ] 쿄	무엇이 비어 있는 것. 빈틈 예) 그 말로 그녀는 그의 허를 찔렀다.
845	허2	huh! 허	咳[hāi] 하이	やれさつ 야레사떼	놀라거나 탄식의 말. 예) 허. 참.
846	허3				차량번호 렌터카를 의미하는 말. 예) 허 87-3216
847	현1	string 스트링	弦[xián] 시엔	絃[げん] 겐	악기의 현 예) 정확한 음을 위해 현을 조율해야 한다
848	현2	current 커런트	现[xiàn] 시엔	現[げん] 겐	과거도 미래도 아닌 현재. 예) 현 인구수준 유지를 위해 노력해야 한다.
849	혈1	nature's energy 네이쳐즈에너지	穴[xué] 쉬에	穴[あな] 아나	풍수지리에서 지맥의 정기가 모인자리 예) 일제는 우리 산맥의 혈을 끊어 놓았다.
850	혈2	blood 블러드	血[xiě] 시에	血液[けつえき] 케쯔에키	피의 한자식 용어. 예) 혈중 알콜농도.
851	형1	brother 브라더	兄[xiōng] 시옹	兄[あに] 아니	형제 사이 중 나이가 더 많은 사람. 예) 형과 나는 사이가 좋았다.
852	형2	a sentence 센텐스	刑[xíng] 싱	刑[けい] 케이	범죄자에게 가해지는 죄의 집행. 예) 형 집행이 연기되었다.
853	형3	style 스타일	形[xíng] 싱	形[かたち] 카타치	비슷한 성질, 분위기를 가진 사람. 예) 저런 형의 남자는 좋아하지 않는다.
854	형4	shape 쉐입	型[xíng] 싱	型[かた] 카타	쇠붙이를 녹여 부어 그 틀로 쓰이는 모형 예) 납으로 형을 뜨다.
855	혹1	maybe 메이비	巧了[qiǎo·le] 치아오러	もしか 모시까	의혹을 나타낼 때 앞뒤 문장을 이어주는 말 예) 길에 책을 떨어뜨렸는데 혹 못봤는가?
856	혹2	drink 드링크	喝[hē] 허어	ごくりと 고꾸리또	적은 양의 액체를 단숨에 들이마시는 소리 예) 소주 한 잔을 혹 들이마셨다.
857	혹3	or 오어	或[huò] 후어	あるいは 아루이와	어쩌다가 간간이, 어떤 경우에는 예) 피곤해서 혹 눕기도 하고 혹 앉기도 했다.
858	혹4	if 이프	或者[huòzhě] 훠져	万一[まんいち] 만이찌	어떤 경우에는 예) 혹 죄수가 난동을 부리면 어떻게 하지요?
859	훅1	blow out 블로우아웃	呼[hū] 후우	ふっと 훗또	냄새나 바람따위가 갑자기 몰려오는 모양 예) 입김을 훅 불어서 촛불을 끄다.

번호	우리말	영어	중국어	일본어	참고
860	훅2	puffed out 퍼프트아웃	突然[tūrán] 투라안	にわかに 니와까니	갑자기 어떤 나쁜 일이 생기는 모양 예) 잘못하면 한방에 훅 가는 수가 있어.
861	해1	harm 함	害[hài] 하이	害毒[がいどく] 가이도꾸	사람이나 사물에 끼치는 나쁜 영향 예) 그는 가난했지만 남에게 해는 주지 않았다.
862	해2	year 이어	年[nián] 니앤	年[ねん] 넨	지구가 태양 주위를 한 바퀴 도는 동안의 시간 예) 지난해는 경기가 나빠서 실적이 좋지 못했다.
863	해3	do 두	做[zuò] 쭈어	する 스루	불규칙 동사 '하다'의 활용형 예) 그냥 해 예) 한번 해 보자. 처음 그는 밥을 해 보았다.
864	행1	a line 라인	行[háng] 항	行[ぎょう] 교우	글의 가로 또는 세로의 줄. 예) 가로 행과 세로 열을 맞추어야 한다.
865	행2	happiness 해피니스	幸[xìng] 싱	幸[さいわい] 사이와이	생활에서 기쁨,만족감을 느껴 흐뭇한 상태 예) 행, 불행이란 것은 매우 주관적이다.
866	행3	bound for 바운드포	開往[kāiwǎng] 카이와앙	行[ゆき] 유키	지명을 뜻하는 명사의 뒤에서 '그리로 감' 예) 선교사인 명철은 태국 행을 자원했다
867	활1	archery 아처리	弓[gōng] 꽁	弓[ゆみ] 유미	화살을 메워서 쏘는 기구 예) 장군은 도망치는 적군에게 활을 쏘았다
868	활2	a bow 보우	弓[gōng] 꽁	弓[ゆみ] 유미	현악기를 켤 때 줄에 마찰시키는 기구 예) 악사가 활을 켜자 황홀한 음악이 울렸다.
869	황1	bad luck 배드 럭		荒唐[こうとう] 코우도우	짝이 맞지 아니하는 골패의 짝, 나쁜 재수 예) 그는 재수없이 황을 잡았다.
870	황2	tan 탠	病容[bìngróng] 빙롱	黃[おう] 오우	익은 벼의 빛깔과 같이 다소 어둡고 탁한 색 예) 건강이 안좋아서 얼굴에 황이 끼었다.
871	황3	female phoenix 피메일 피닉스	凰[huáng] 후왕	鳳凰の雌	상상속 동물인 봉황의 암컷 예) 봉황의 암컷이 황이다.
872	홱	quickly 퀵클리	倏地[shūdì] 슈디	ぐっと 굿또	무엇을 힘있게 돌리거나 갑자기 돌아서는 모양 예) 철수는 운전대를 갑자기 홱 돌렸다.

건축관련

번호	우리말	영어	중국어	일본어	참고
1	낫	sickle 식클	鐮刀[liándāo] 리엔따오	鎌[かま] 가마	풀,곡식을 베는데 쓰는 'ㄱ'자 모양 농기구. 예)풀베는데는 낫이 최고다.
2	담	fence 펜스	墻[qiáng] 치앙	塀[へい] 헤이	집의 한 공간을 둘러 막으려 쌓아올린 것 예)남의 집 담을 넘으면 도둑이다.
3	등	light 라이트	灯[dēng] 떵	燈[とう] 토우	불을 켜서 어두운 곳을 밝히는 도구 예)등을 달자 방이 환해졌다
4	못	nail 네일	釘子[dīng·zi] 띵즈	釘[くぎ] 쿠기	쇠,나무로 만든 가늘고 끝이 뾰족한 물건 예)못에 찔리면 파상풍 균이 침투한다

번호	우리말	영어	중국어	일본어	참고
5	문	door 도어	门[mén] 먼	門[もん] 몬	내부와 외부를 드나드는 통로 예)열쇠를 잃어버려서 문을 열 수가 없다.
6	벽	wall 월	壁[bì] 삐	壁[かべ] 카베	방이나 집 등의 둘레를 막은 수직 건조물 예)고양이가 벽을 긁으며 울고있다.
7	방	room 룸	房[fáng] 팡	部屋[へや] 헤야	사람이 자거나 쉬는 공간 예)방에 보일러를 틀자 온기가 들어왔다
8	삽	shovel 쇼블	铲子[chǎn·zi] 찬즈	シャベル 샤베루	흙 등을 뜨는데 쓰는 도구 예)김씨가 삽으로 땅을 팠다.
9	자	ruler 룰러	尺[chǐ] 츠	尺[しゃく] 샤꾸	길이를 재는데 쓰는 도구. 예)설치기사에게는 자가 필수 도구이다
10	정	cold chisel 콜드치즐	凿[záo] 자오	鑿[のみ] 노미	무엇을 쪼는데 쓰는 도구 예)모난 성격은 정 맞는다.
11	줄	rasp 래스프	绳[shéng] 성	やすり 야스리	쇠붙이를 쓸거나 날을 세울때 쓰는 도구 예)줄로 칼날을 날카롭게 갈았다
12	집	house 하우스	家[jiā] 지아	家[うさ] 우찌	사람이 거주하는 공간 예)이번에 돈을 벌어 집을 샀다.
13	창	window 윈도우	窗[chuāng] 추앙	窓[まど] 마도	바깥을 볼 수 있도록 낸 작은 문. 예)소녀가 창으로 밖을 보고있다.
14	톱	saw 소	锯子[jù·zi] 쥐즈	のこぎり 노꼬기리	무엇을 자르는데 쓰는 도구 예)나뭇가지를 톱으로 잘라 내다.
15	틀	frame 프레임	模子[mú·zi] 무즈	形[かた] 까따	만들려 하는 물건 모양을 잡는데 쓰는 물건 예)김씨는 형틀 기사이다.

쌍자음 단어

번호	우리말	영어	중국어	일본어	참고
1	깜	an capable 케이퍼블	资深[zīgé] 쯔거어	なりて 나리떼	일정한 자격이나 조건을 갖춤. 또는 그런 사람. 표준어 '감', 예) 그는 깜이 아니다.
2	깡1	guts 거츠	劲[jìn] 진	根性[こんじょう] 콘죠우	끈기, 근성, 성깔, 용기 예) 해병대 출신은 깡이 좋다.
3	깡2	discount a bill 디스카운트 어 빌	贴现[tiēxiàn] 티에시엔	割引[わりびき] 와리비끼	어음 할인의 속어 예) 회사 사정이 나빠 어음깡을 하곤 했다.
4	껌1	gum 검	口香糖[kǒuxiāngtáng] 코샹탕	ガム 가무	과자의 한 종류로서 씹는 것. 예) 롯데껌, 해태껌. 츄잉껌
5	껌2	easy & simple 이지앤심플	吹毛[chuī//máo] 츄이마오	安直[あんちょく] 안쵸쿠	시시하고 하찮은 일이나 상대 예) 그 일은 그냥 껌이야.
6	꼭1	firmly, tightly 펌리,타이틀리	紧[jǐn] 진	しっかり 싯카리	단단히 힘주어 세게 누르거나 죄는 모양 예) 끈을 꼭 묶어라

번호	우리말	영어	중국어	일본어	참고
7	꼭2	exactly 이그잭끌리	紧[jǐn] 진	びったり 빗타리	뭔가 빈틈이 없이 정확히 들어맞는 모양. 예) 장갑이 손에 꼭 맞다, 꼭 맞는 두껑.
8	꼭3	without fail 위다웃페일	一定[yídìng] 이딩	是非[ぜひ] 제히	틀림이 없이 분명히 할 것을 요구. 예) 꼭 오십시요. 꼭 해라 (명령)
9	꼭4	just 저스트	好像[hǎoxiàng] 하오샹	まるで 마루데	마치 ~처럼. 영어의 as if. 예) 그는 하는 짓이 꼭 어린애같다.
10	꼭5	patiently 페이션틀리	吞[tūn] 툰	じっと 짓또	고통이나 모욕을 참는 모습. 예) 모욕을 꼭 참았다.
11	꼴1	shape 쉐입	饲草[sìcǎo] 쓰차오	暮[く]らしぶり 쿠라시부리	사람의 모습이나 행색을 낮추어 이르는 말. 예) 사흘 굶은 그의 꼴은 형편 없었다
12	꼴2	grass, pasture 그래스, 패스쳐	草料[cǎoliào] 차오리아오	秣[まぐさ] 마구사	소나 말에게 먹이는 풀. 예) 그는 시간만 나면 꼴을 뜯어야 했다.
13	꽁1	utterly 어털리			다른 요소가 없이 순전히 한 물질로 된 것 예) 꽁보리밥. 꽁생원
14	꽁2	free 프리	免费[miǎnfèi] 미엔페이	ただ 타다	공짜로, 부담없이 예) 꽁으로 얹혀살 생각하지마
15	꽁3	moody 무디	气性[qì·xing] 치싱	度量が狭[せま]い 도료가세마이	마음을 밝히지 아니하고 속으로 불만있는 예) 그녀는 꽁하는 성격이 있다.
16	꽃	flower 플라워	花[huā] 후아	花[はな] 하나	식물의 가지,줄기끝의 예쁜 색깔과 모양 부분 예) 교실마다 꽃병에는 한 아름씩 꽃이 꽂혔다.
17	꾹1	deeply 디플리	推搡[tuīsǎng] 투이사앙	すっと 슷또	단단히 힘을 주어 세게 누르거나 죄는 모양. 예) 뭔가 등을 아프게 꾹 찔렀다.
18	꾹2	patiently 페이션틀리	忍住[rěnzhù] 렌주	ぐっと 굿또	애써 참거나 견디는 모양을 나타내는 말. 예) 철수는 힘들어도 꾹 참고 언덕을 올라갔다.
19	꾹3	tight-lipped 타이트-립트	闭口藏舌[bìkǒucángshérěnzhù] 비코캉셔	きゅっと 큣또	굳센 의지로 할말을 않고 참는 모습 예) 그는 할말이 많았지만 입술을 꾹 다물었다.
20	꾼	a person notorious 어퍼슨노타리어스	匠[jiàng] 지앙	屋[や] 야	어떤 일, 분야에 능숙한 사람을 속되게 이르는 말. 예) 노름꾼, 장사꾼.
21	꿈1	dream 드림	梦[mèng] 멍	夢[ゆめ] 유메	잠자는 동안 일어나는 심리적 현상. 예) 나는 잘 때 꿈을 자주 꾼다.
22	꿈2	vision 비전	梦想[mèngxiǎng] 멍샹	希望[きぼう] 키보우	장래에 되기를 소망하는 것. 예) 너는 장래의 꿈이 뭐야?
23	꿀1	honey 하니	蜂蜜[fēngmì] 펑미	蜜[みつ] 미쯔	꿀벌이 꽃에서 만든 달콤하고 끈끈한 액체 예) 수정과는 생강과 계피, 꿀로 만든 음료이다.
24	꿀2	very good 베리 굿	好差[hǎochā] 하오차	とてもいい 도떼모이이	무척 좋다는 뜻의 속된 표현 예) 꿀알바. 개꿀이야.
25	끈1	string 스트링	绳[shéng] 셩	ひも 히모	물건을 묶는데 쓰는 가늘고 긴 물건 예) 노끈, 나일론 끈 등각종 끈 종류
26	끈2	influence 인플루언스	路子[lù·zi] 루즈	つて 쯔떼	도움이 되는 관련된 관계 예) 그 일을 하려면 관가의 끈이 필요하다.

번호	우리말	영어	중국어	일본어	참고
27	끌	chisel 치즐	凿子[záo-zi] 자오지	やすり 야스리	목수들이 주로 쓰는 연장 중의 하나 예) 끌은 구멍 파거나 겉면을 다듬는데 쓴다
28	끔	extinguish 익스팅귀쉬	熄[xī] 시	ひけし 히께시	불을 끄는 것 예) 화기사용자는 불끔 확인 요망.
29	끝	an end 엔드	最后[zuìhòu] 쭈이호우	端[はし] 하시	일정한 시,공간,사물에서 더이상 이어지지 않는 부분 예) 그는 마루 끝에 앉아 있다.
30	끼1	a meal 밀	顿[dùn] 뚠	1食[いっしょく] 잇쇼쿠	한 번의 식사 끼니 예) 바빠서 오늘 한 끼 걸렀다.
31	끼2	talent 탤런트	才能[cáinéng] 차이넝	才能[さいのう] 사이노우	남달리 두드러지는 성향이나 성격 예) 그는 무대에 오르면 더욱 끼를 발산했다.
32	낄	join 조인	入流[rùliú] 루리우	組[く]む 구무	모임 등에 같이 합류 하는 것. 끼다의 활용형 예) 여기는 너가 낄 자리가 아니야.
33	꽉1	tightly 타이틀리	緊緊[jǐnjǐn] 진지인	しっかり 싯까리	힘을 주어 세게 쥐거나 묶는 모양 예) 꽉 잡아 떨어져.
34	꽉2	crowded 크라우디드	滿[mǎn] 마안	いっぱい 입빠이	사물,생각이 틈이 없을 정도로 가득찬 모양 예) 출근길 도로가 꽉 막혀있다.
35	꽉3	patiently 페	緊緊[jǐnjǐn] 진지인	じっと 짓또	감정이나 웃음을 애써 참거나 견디는 모양 예) 그녀는 아픔을 꽉 참으며 이를 악물었다.
36	꽝1	bang 뱅	咣[guāng] 꾸앙	ずどん 즈동	총, 대포, 폭발물이 터질 때 나는소리 예) 꽝 소리와 함께 군인들이 갑자기 쓰러졌다.
37	꽝2	a blank 블랭크	未中將[wèizhòngjiāng] 웨이쫑지앙	空籤[からくじ] 카라쿠지	제비뽑기 등에서 뽑히지 못한 것의 속된 표현 예) 그는 복권을 사서 꽝이 나오자 실망했다.
38	꽝3	horrible 호러블	大失所望[dàshīsuǒwàngguāng] 따시수왕	はずれ 하즈레	내용이나 상태가 형편없거나 나쁠 때 예) 혹시나 했는데 이번에도 말짱 꽝이야.
39	꽤	quite 콰이트	較比[jiàobǐ] 지아오비이	かなり 카나리	보통보다 조금 더 예) 소녀의 피아노 연주는 꽤 훌륭했다.
40	꽥	shout 샤우트	哇哇[wāwā] 와와	大声[おおごえ] 오오고에	갑자기 목청을 높여 크게 지르는 소리 예) 그는 갑자기 소리를 꽥 질렀다.
41	꾀	a trick, a scheme 트릭, 스킴.	计谋[jìmóu] 지모우	智慧[ちえ] 찌에	문제 해결을 위한 교묘한 방법이나 제안 예) 힘보다는 꾀가 최고다.
42	꾐	a trick, a scheme 트릭, 스킴.	勾引[gōuyǐn] 꼬우인	誘惑[ゆうわく] 유우와꾸	남을 속여서 자신의 뜻대로 하게 함. 예) 그는 어리석게도 남의 꾐에 빠졌다.
43	따	outcast 아웃캐스트	看外[kànwài] 칸와이	外はずれ 하즈레	한 집단 안에서 특정한 사람을 따돌리는 일 예) 친구를 따 시키는 것은 나쁜 짓이다.
44	딱1	fell open 펠오픈	怒放[nùfàng] 누팡	しっかりと 싯카리또	활짝 벌어진 모양을 나타내는 말 예) 봄비로 꽃송이가 하루 새 딱 벌어졌다.
45	딱2	on time 온타임	正好[zhènghǎo] 쩡하오	はたり 하따리	계속되던 것이 아주 갑자기 그치는 모양 예) 밤새 계속되던 비가 날이 밝자 딱 그쳤다.
46	딱3	only 온리	就[jiù] 지우	ぴっちり 빗찌리	술, 일 등을 한번만 할 것을 강조하는 말 예) 오늘 딱 한잔만 하고 가지.

번호	우리말	영어	중국어	일본어	참고
47	딱4	flat 플랫트	說死[shuōsǐ] 슈어스어	きっぱり 킷빠리	몹시 심할 정도로 싫거나 언짢은 모양. 예) 그녀는 술 먹고 전화하면 딱 싫어한다.
48	딱5	snapped 스냅트	嘎巴[gā-ba] 까바	ぼきっと 보깃또	단단한 물건이 부러질 때 나는 소리. 예) 눈 무게에 나뭇가지가 딱 하고 부러졌다.
49	딱6	perfect 퍼펙트	正好[zhènghǎo] 쩡하오	ぴたっと 피땃또	모양이나 형편이 잘 들어맞는 모양. 예) 아주 딱 이네
50	딱7	just 저스트	一咬牙[yīyǎoyá] 이야오야	きっと 킷또	굳세게 버티고 있는 모양을 나타내는 말. 예) 그는 눈을 딱 감고 입술을 꽉 깨물었다.
51	딱8	just 저스트	将将[jiāngjiāng] 지앙지앙	きっちり 킷찌리	시간이나 상황이 정확히 들어맞는 경우 예) 기차는 딱 제시간에 도착했다.
52	딴1	other 아더	旁[páng] 파앙	外[ほか] 호까	어떤 것과 아무 관계가 없는 예) 이곳은 전혀 딴 세상처럼 보인다.
53	딴2	in one's conceit 인원즈컨시트	自以为[zìyǐwéi] 즈이웨이	(自分)[じぶん]でわ (지붕)데와	스스로의 생각이나 가늠 예) 제 딴에는 꽤나 모양을 낸 옷차림새이다.
54	땀2	stitch 스팃치	针[zhēn] 쩐	一針[ひとはり] 히토하리	바느질을 할 때에 한 번 뜬 자국 예) 한 땀 한 땀 정성으로 만든 옷.
55	딸	daughter 도터	女儿[nǚ'ér] 뉘얼	娘[むすめ] 무스메	여자로 태어난 자식 예) 나는 아들 보다는 딸이 더 좋다.
56	땅1	ground 그라운드	土[tǔ] 투	土[つち] 쯔찌	바다와 강 등 물이 있는 곳을 제외한 부분 예) 땅이 질어서 걷기가 힘들다.
57	땅2	clonk 클렁크	当[dāng] 땅	かおん 카온	작은 쇠붙이, 단단한 물건이 세게 부딪치는 소리 예) 대장장이가 망치질을 하자 땅 소리가 났다.
58	땅3	bang 뱅	当[dāng] 땅	ずどん 즈돈	총을 쏘는 소리 예) 포수가 새를 향해 총을 땅 쏘았다.
59	떡1	rice cake 라이스케이크	糕[gāo] 까오	餅[もち] 모찌	곡식가루로 찌거나 삶아 익힌 음식 예) 시루떡, 보리떡, 찰떡 등.
60	떡2	open wide 오픈와이드	宽[kuān] 쿠안	がっしり 갓시리	훨쩍 바라지거나 벌어진 모양 예) 어깨가 떡 벌어진 사내가 나타났다
61	떡3	sexual relation 섹슈얼 릴레이션	做爱[zuòài] 쭈오아이	まく 마꾸	성관계를 일컫는 속된 말 예) 새벽에 그녀와 떡을 쳤더니 피곤하다.
62	떡4	greasy 그리시	粘[zhān] 짠	脂[あぶら] 아부라	머리 따위가 한데 뭉쳐서 잘 펴지지 않은 모습 예) 그는 감지않은 머리가 떡이 져 있었다.
63	똑1	just 저스트	完全[wánquán] 완췐	びったり 빗따리	조금도 틀림이 없이 아주 비슷하게 예) 모양이 똑 같다.
64	똑2	break in half 브레이크인해프	咔嚓[kāchā] 카차	ぼきっと 보깃또	작고 단단한 물건이 부러지거나 끊어지는 소리. 예) 막대 한 가운데가 똑 부러졌다.
65	똑3	completely 컴플리틀리	全[quán] 취앤	ぼろりと 보로리또	다 써서 없는 모양을 나타내는 말. 예) 아침을 마지막으로 쌀이 똑 떨어졌다.
66	똑4	definitely 데피니틀리	利索[lì·suo] 리수어	公道[こうとう]に 코우또우니	말이나 행동 따위를 단호하게 하는 모양 예) 그 사람은 일처리가 똑 소리난다.

번호	우리말	영어	중국어	일본어	참고
67	똑5	definitely 데피니틀리	滴答[dīdá] 디다	ぼとり 보또리	액체 등이 아래로 떨어지는 모양 예) 눈물이 한 방울 똑 떨어진다.
68	뚝1	snap / break 스냅/브레이크	吧[bā] 바아	ぽきっと 보깃또	큰물체가 떨어지는 소리나 모습. 예) 많은 눈에 나뭇가지가 뚝 부러졌다
69	뚝2	stopped suddenly 스탑드서드리	吧[bā] 바아	ぶっつり 붓쯔리	계속되던 것이 아주 갑자기 그치는 모양 예) 물소리가 갑자기 뚝 끊겼다.
70	뚝3	dropped off 드랍드오프	突然[tūrán] 투라안	がたんと 가단또	오르거나 지속되던 것이 갑자기 떨어지는 모양 예) 주가가 갑자기 뚝 떨어졌다.
71	뚝4	impudently 임퓨던틀리	磕碴[kēchā] 커차	ぬけぬけと 누께누께또	사실을 모르는 척 가장할 때 예) 그는 모르는척 시치미를 뚝 뗐다.
72	뚝	bank 뱅크	路基[lùjī] 루지	堤[つつみ] 쯔쯔미	홍수를 예방하기 위해 쌓은 언덕. 둑의 비표준어 예) 마을은 장마를 대비하여 뚝을 쌓았다.
73	뚱	sourpuss 사우어퍼스	胖[pàng] 파앙	でぶ 데부	완고하고 우둔하며 무뚝뚝한 사람을 놀림조로 이르는 말. 예) 야! 뚱
74	뜰	a garden 가든	庭[ting] 티잉	庭[にわ] 니와	집안에 있는 평평한 빈터 예) 뜰아래 골방이 가난한 노인의 거처가 되었다.
75	뜸1	apply moxa 어플라이목사	灸[jiǔ] 지우	灸[きゅう] 큐우	병을 고치려 약쑥으로 치료하는 방법 예) 뜸을 뜨는 것은 한방 치료의 하나이다.
76	뜸2	give a pause 기브어포즈	卖关子[màiguān·zi] 마이꽌지	やむ 야무	말이나 일을 단박에 않고 시간을 끄는 것. 예) 그는 말을 않고 잠시 뜸을 들였다.
77	뜸3	being well-steamed 빙웰스팀드	焖[mèn] 먼	蒸[むらすこと] 무라스코토	음식을 천천히 속속들이 잘 익히는 일. 예) 탕류 음식은 적당히 뜸을 들여야 한다.
78	뜻1	meaning 미닝	意思[yi-si] 이스	意味[いみ] 이미	단어나 문장이 의미하는 속내 예) 이 단어의 뜻이 뭐지?
79	뜻2	meaningful 미닝펄	意義[yiyi] 이이	意志[いし] 이시	어떠한 일이나 행동이 지니는 가치나 중요성 예) 오늘 뜻깊은 행사가 있었다.
80	띵	being well-steamed 빙웰스팀드	嗡嗡[wēngwēng] 웡웡	がんがん 간간	울리듯이 아프고 정신이 흐릿한 느낌 예) 심한 감기로 머리가 띵 울리고 어지럽다.
81	땡1	clang 클랭	噹[tāng] 탕	があん 가안	작은 종 따위의 쇠붙이를 세게 치는 소리 예) 노래자랑 대회에서는 땡 하면 탈락이다.
82	땡2	hold a pair 홀드어페어	交好[jiāohǎo] 지아오하오	大当[おおあたり] 오오아타리	화투나 골전 따위에서 같은 짝을 뽑는 일 예) 그는 오늘 장 땡을 잡아 한 판 먹었다.
83	땡3	fire sale 파이어 세일	甩卖[shuǎimài] 사이마이	在庫處分[ざいこしょぶん] 자이꼬쇼분	팔리지 않는 상품을 헐값에 처리하는 행위 예) 상인은 오래된 상품을 땡처리 하였다.
84	뜀	running 러닝	跳[tiào] 티아오	飛[と]び 도비	뛰는 동작이나 모습 예) 그는 뜀뛰기에는 소질이 없다.
85	빵1	bread 브레드	面包[miànbāo] 미엔빠오	パン 팡	밀가루로 만든 먹는 음식. 예) 아침에 빵을 먹으면 속이 아프다.
86	빵2	prison 프리즌	牢[láo] 라오	監獄[かんごく] 칸고쿠	감옥의 속어 예) 죄의 결과로 빵에 3년 이나 있었다.

번호	우리말	영어	중국어	일본어	참고
87	빵3	bang 뱅	喔喔[wōwō] 워워	ぼんと 본또	자동차의 크락션 소리 예) 맞은편 차가 빵하고 소리를 내었다.
88	뻘1	mud 머드	潮滩[cháotān] 차오탄	泥土[でいど] 데이도	개흙의 방언 예) 뻘에는 발이 잘 빠진다.
89	뻘2	relation by decent 릴레이션바이디슨트	辈[bèi] 베이	あたる 아타루	비슷한 연령대의 사람을 통칭. 예) 요사이는 아들뻘, 손자뻘과도 친하다.
90	뻘3	foolish 풀리시	笨蛋[bèndàn] 벤딴	ばか 바까	허튼 짓, 바보같은 짓. 예) 뻘짓. 뻘짓거리.
91	뻥1	catharsis 커싸르시스	砰[pēng] 펑	ぽかっと 포캇또	무언가 기대하는 말을 듣거나 할 때. 예) 그 소리를 듣고 가슴이 뻥 뚫렸다.
92	뻥2	bluffing 블러핑	吹牛[chuīniú] 추이니우	うそつき 우소쯔키	허세를 부려서 속이다. 허풍떨다. 예) 그는 잘봐야 뻥쟁이에 불과하다.
93	뻥3	phut 펏트	嘣[bēng] 뻥	すぽっと 스폿또	펑 하는 소리, 타이어 등이 터지는 소리 예) 자전거 타이어가 뻥 하고 터졌다.
94	뼘	a span 스팬	拃[zhǎ] 자아	指尺[ゆびしゃく] 유비샤꾸	손가락 사이의 힘껏 벌린 거리 예) 순이는 땋은 머리 한 뼘이나 잘랐다.
95	뽕	a mulberry tree 멀베리 트리	桑[sāng] 쌍	桑[くわ] 쿠와	뽕나뭇과 뽕나무속에 속한 관목. 예) 누에는 뽕잎을 먹고 자란다.
96	뽕1	fart 파트	砰[pēng] 펑	ぶう 부우	막혀있던 공기가 조금 작은구멍으로 세게 터져 나오는 소리 예) 방귀 '뽕'소리
97	뽕2	philopon 필러펀	毒[dú] 두우	ヒロポン 히로뽕	마약 각성제의 하나. 필러폰의 속어 예) 그는 뽕쟁이다 – 마약 중독자이다.
98	뿅1	bye 바이	闪 샤	また,ね 마따,네	갑자기 나타나거나 사라지는 모양. 예) 통화 종료시 – 뿅~
99	뿅2	so baked 소베이크드	迷上[míshàng] 미샹	見[み]とれる 미토레루	무엇에 홀려 넋, 정신이 나간 모습. 예) 그는 그녀에게 뿅갔다.
100	뿡	fart 파트	砰[pēng] 펑	ぶうっと 부웃또	막혀있던 공기가 조금 큰구멍으로 갑자기 세게 터져 나오는 소리 예) 방귀 '뿡'소리
101	삘	feeling 필링	感觉[gǎnjué] 간주에	感[かん]じ 칸지	느낌이나 예감을 속되게 이르는 말 예) 그것을 보는 순간 삘이 왔다.
102	삠	become estranged 비컴이스트레인지드	扭[niǔ] 니우	くじく 쿠지꾸	운동,일로 근육이나 인대가 상하는 일. 예) 축구를 하면 발을 자주 삔다.
103	삥1	extort 익스토트	抢钱[qiǎngqián] 챵치앤	强度[きょうど] 쿄우도	돈을 빼앗거나 훔치다. 예) 그는 툭하면 하급생들 삥을 뜯었다.
104	삥2	round 라운드	团团[tuántuán] 투안투안	ぐるり 구루리	사물이 둥글게 널려져 있는 모습. 예) 식구들이 삥 둘러앉아 윷놀이를 했다.
105	뺑1	in a circle 인어서클	团团[tuántuán] 투안투안	ぐるり 구루리	일정한 둘레를 재빠르게 한 바퀴 도는 모양 예) 학생들이 운동장을 뺑 돌고 있다.
106	뺑2	dizzy 디지	旋转[xuánzhuǎn] 수앤주안	くるりと 쿠루리또	갑자기 정신이 심하게 어질해지는 모양. 예) 갑자기 머리가 뺑 도는 듯해서 기댔다.

번호	우리말	영어	중국어	일본어	참고
107	싹1	sprout 스프라우트	芽[yá] 야아	芽[め] 메	씨앗, 줄기에서 처음 나오는 어린잎이나 줄기 예) 보리 싹이 청청하게 돋아난다.
108	싹2	entirely 인타이얼리	全部[quánbù] 추앤부	きれいに 키레이니	남김없이, 전부 예) 간만에 푹 잤더니 피곤이 싹 풀렸어.
109	싹3	nip sharply 니프 샤프리	咔地[kādì] 카드	ちょきっと 쵸깃또	종이,헝겊을 칼,가위로 베거나 자르는 소리 예) 주머니 밑에 칼로 싹 베어낸 자국이 있다.
110	쌀	rice 라이스	大米[dàmǐ] 따미	米[こめ] 코메	벼의 껍질을 벗긴 알맹이 예) 그녀는 쌀 두 바가지를 퍼서 밥을 지었다.
111	쌈1	a bundle 어 번들	一包[yībāo] 이바오	束[たば] 타바	바늘 24 개를 한 묶음으로 세는 단위 예) 바늘 한 쌈과 초라한 이불이 다 였다.
112	쌈2	a quarrel 어 콰럴	打架[dǎ//jià] 따지아	けんか 켄카	말이나 힘으로 이기려고 상대방과 다툼. 예) 그녀를 말쌈으로는 이길 수 없다.
113	쌈3	lettuce wraps 레튜스랩스	包饭[bāofàn] 빠오판	包[つつ]み 쯔쯔미	음식을 야채에 싸서 먹는 종류의 통칭. 예) 상추쌈, 월남쌈 등.
114	쌍	a pair 페어	双[shuāng] 슈앙	対[つい] 쯔이	둘씩 짝을 이룬 것. 예) 원앙새를 암수 한쌍으로 샀다.
115	썸				아직 연인관계는 아니나 서로 사귀는 듯 지내는 관계. 예) 그 둘은 '썸'타는 사이다.
116	쑥1	with a jerk 위드어저크	嘴[zuǐ] 즈웨이	ぴょこんと 뽀꼰도	안으로 깊이 들어가거나 밖으로 내민 모양 예) 그녀는 인기척도 없이 쑥 들어왔다.
117	쑥2	mugwort 머거워트	艾[ài] 아이	艾[ヨモギ] 요모기	국화과에 속한 여러해살이 풀 예) 쑥을 이용한 다양한 요리가 차려졌다.
118	씹1 여자 성기	the vulva 벌바	屄[bī] 삐	陰部[しんぶ] 신부	성숙한 여자의 성기를 비속하게 이르는 말. 예) 미친놈 씹새끼.
119	씹2	sexual relation 섹슈얼 릴레이션	性关系[xìngguānxì] 싱꽌시	セックス 세꾸스	성교를 비속하게 이르는 말 예) 돈이 생겼으니 씹이나 해야겠다.
120	씽	whistling sound 휘슬링 사운드	飕[sōu] 소오	ひゅう 휴	사람이나 물체가 빠르게 움직이는 모습 예) 바람이 갈대숲 사이로 씽 분다.
121	쌤	teacher 티쳐	嘴[zuǐ] 즈웨이	ぴょこんと 뽀꼰도	샘'의 센말 주로 학생들이 쓴다 예) 수학은 김 쌤이 최고다.
122	쑥1	with a jerk 위드어저크	嘴[zuǐ] 즈웨이	ぴょこんと 뽀꼰도	안으로 깊이 들어가거나 밖으로 내민 모양 예) 그녀는 인기척도 없이 쑥 들어왔다.
123	쌩	whiz 휘즈	嗖[sōu] 소오	ひゅうっと 휫또	바람, 물체가 재빠르게 지나갈 때 나는 소리 예) 차 한대가 내 옆을 쌩 지나갔다
124	짜1	salty 솔티	咸[xián] 시앤	しおからい 시오카라이	주로 음식의 간이 소금기가 많을 때 예) 이 집 김치는 짜.
125	짜2	squeeze 스퀴즈	榨[zhà] 자	絞[しぼ]る 시보루	튜브 등에서 액체 등을 짜내는 것. 예) 끝까지 짜 봐~
126	짝1	extremely 익스트림리	透顶[tòudǐng] 토우딩	まりない 마리나이	비할 데 없이 대단하거나 매우 심하다 예) 혼자 사니 외롭기 짝이 없다.

번호	우리말	영어	중국어	일본어	참고
127	짝2	pair 페어	搭档[dādàng] 따당	ペア, 対[つい] 페아, 쯔이	서로 어울려 한 벌이나 한 쌍을 이루는 것 예) 청춘남녀들은 곧 서로 짝을 지었다.
128	짝3	couple 커플	偶[ǒu] 오우	添[そ] 소	배필, '배우자'를 속되게 이르는 말 예) 결혼은 제 짝을 만나야 한다.
129	짝4	lick 릭	啧啧[zézé] 즈즈	打[う]つ 우쯔	혀를 세게 차며 입맛을 다시는 소리 예) 냄새가 나자 그는 입맛을 짝 다셨다.
130	짝5	box 박스	箱子[xiāng·zi] 샹즈	はこ 하코	궤나 장롱,상자 따위를 세는 단위 예) 갈비 두 짝.
131	짝6	clap 클랩	咔嚓[kāchā] 카차	さくり 사쿠리	단번에 벌어져 갈라지거나 쪼개지는 소리 예) 대나무가 금새 짝 하고 갈라졌다.
132	짝7	tightly 타이틀리	贴[tiē] 티에시엔	ぴたっと 피땃또	물체가 끈기 있게 달라붙는 모양 예) 그녀는 몸에 짝 붙는 옷을 입고 왔다.
133	짝8	slap 슬랩	刺啦[cīlā] 스라	ぽかんと 포깐또	세게 후려치는 소리 예) 화가 난 그는 짝 하고 사내의 뺨을 갈겼다.
134	짬1	spare time 스페어 타임	空闲[kòngxián] 콩시엔	暇[ひま] 히마	잠간 동안의 시간적 여유. 예) 그는 짬만 있으면 독서를 한다.
135	짬2	ranking 랭킹	经历[jīnglì] 진리	經歷[けいれき] 케이레키	일에서의 경력이나 연륜 예) 그는 아직 팀장이 될 짬이 안된다.
136	짬3	food waste 푸드 웨이스트	厨余垃圾[chúyúlājī] 추유라지	たべのこし 타베노꼬시	취사병이 만든 요리 혹은 음식물 쓰레기의 속어 예) 남은 음식은 즉시 짬 처리를 해야 한다.
137	짱	boss 보스	首领[shǒulǐng] 쇼우링	御大[おんたい] 온타이	최고 혹은 대장을 속되게 이르는 말. 예) 철수는 우리 학교 짱 이다.
138	쪽1	chignon 시뇬	云鬟[yúnhuán] 윤후안	まげ 마게	시집간 여자가 뒤통수에 비녀를 꽂은 머리 예) 그녀의 쪽 진 머리가 갸름하니 예쁘다.
139	쪽2	direction 디렉션	方面[fāngmiàn] 팡미앤	方面[ほうめん] 호멩	방향. 어떤 것이 향하고 있는 곳 예) 그 쪽이 아니고 이 쪽이야.
140	쪽3	slice 슬라이스	瓣[bàn] 빠안	ひときれ 히도끼레	조금 작은 것들이 고르게 늘어서 있는 모양 예) 마늘 세 쪽.
141	쪽4	shame 쉐임	羞[xiū] 시오	恥[は]じらい 하지라이	수치스럽거나 부끄러움의 저속한 표현 예) 쪽 팔려 죽는 줄 알았어.
142	쪽5	number 넘버	人員[rényuán] 레이위엔	人員[じんいん] 진인	숫자, 수량의 속된 표현. 예) 쪽 수에서 밀린다.
143	쪽5	powe 파워	力量[lì·liang] 리량	氣[き] 키보우	기세나 기운의 속된 표현 예) 어른 앞에서는 쪽을 못쓴다.
144	쪽6	page 페이지	面[miàn] 미앤	面[めん] 멘	책이나 장부 따위의 한 면 예) 17 쪽을 펼쳐 보세요.
145	쫌1	a little 어 리틀	稍[shāo] 샤오	すこし 스꼬시	좀의 방언. 정도나 분량이 적게 예) 생각보다 수량이 쫌 적다.
146	쫌2	ask a favour 애스크 어 페이버	劳驾[láo//jià] 라오쟈	ちょっと 죳또	남에게 부탁하거나 동의를 구할 때 예) 쫌~해라, 쫌 하지마라.

번호	우리말	영어	중국어	일본어	참고
147	쫑1	finish 피니쉬	終了[zhōngliǎo] 쫑리아오	終了[しゅうりょう] 슈우료우	일, 연극, 학기가 끝났음의 속된 표현 예) 쫑파티.
148	쫑2	slipped 슬립트	错误[cuòwù] 추어우	こんびん 콘빈	어떤 동작이나 결말이 안좋게 끝나는 것 예) 쫑났다. 당구공 위치가 쫑 났다.
149	쫑3	stem 스템	蒜苗(儿)[suànmiáo(r)] 쑨미아오	茎[くき] 구끼	파나 마늘 따위의 꽃줄기 끝에 달린 망울 예) 마늘쫑.
150	쭉1	shrink 슈링크	吱[zhī] 즈어	さっと 삿또	넘쳤던 물 등이 빠진 상태 예) 냇물은 이제 쭉 빠져 건널수 있게 됐다.
151	쭉2	tear 테어	哧[chī] 치이	引裂[ひきさ]く 히끼사꾸	종이,헝겊을 칼,가위로 베거나 자르는 소리 예) 그는 종이를 쭉 찢었다.
152	쭉3	in a row 인어로우	一直[yìzhí] 이즈	ずっと 즛또	줄이나 금이 하나로 계속 곧게 이어지는 모양 예) 이 길로 쭉 가면 됩니다.
153	쭉4	stretch out 스트레치아웃	伸直[shēnzhí] 센지이	広[ひろ]げて 히로게데	크고 세게 펴거나 벌리거나 뻗는 모양. 예) 팔을 쭉 펼쳐 보아라.
154	쭉5	all the time 올더타임	嗤[chī] 치이	ずっと 즛또	동작,상태가 시간적으로 바뀜이 지속되는 모양 예) 철호는 그때 이후로 이 집에 쭉 살고있다.
155	쭉6	take a long drink 테이크 어 롱 드링크	一口氣[yìkǒuqì] 이코우치	ぐっと 굿또	물,술 등을 끝까지 다 마시는 모양 예) 목이 말라서 한잔 쭉 들이켰다.
156	쭉7	finely dressed 파인리 드레스트	溜溜兒[liūliūr] 리우리얼	ばりっと 바릿또	옷 등을 맵시있게 입은 모습 예) 새 옷을 쭉 빼고 나갔다.
157	쯤	about 어바웃	前后[qiánhòu] 치엔호우	ぐらい 구라이	~정도의 뜻을 더하는 말. 그만큼 가량 예) 모레쯤, 기온이 30 도 쯤.
158	찐1	real 리얼	真[zhēn] 쩐	本物[ほんもの] 혼모노	진'의 방언. '진짜'를 속되게 이르는 말. 예) 그는 찐 이다. 허세가 아닌 진짜.
159	찐2	steamed 스팀드	蒸[zhēng] 쩌엉	蒸[む]す 무스	뜨거운 김으로 익히는 것. 예) 찐밤. 찐고구마.
160	찜1	poke / choose 포우크	選擇[xuánzé] 쉬앤쩌어	選擇[せんたく] 센타꾸	속된말로 자기의 것이라고 내세우다. 예) 이거 내가 찜 했어.
161	찜2	a steamed dish 스팀드 디쉬	蒸[zhēng] 쩡	チム 찌무	각종 재료의 국물을 끓여 졸이는 요리법. 예) 갈비찜. 도미찜. 생선찜 등.
162	째1				차례나 횟수를 나타내는 말 예) 그 직원은 며칠 째 보이지 않는다.
163	째2	lance 랜스	裁[cái] 카이	裂[さく] 사쿠	물건을 찢거나 베어 가르다 예) 그 칼로 짐승의 배를 째 가죽을 벗긴다.
164	째3	miss 미스	缺席[quē//xí] 큐에시	缺席[けっせき] 켓세키	학생이 결석하다의 속된 표현 예) 오늘 학교를 째고 영화 구경을 갔다.
165	쨉	rival 라이벌	敵手[díshǒu] 디쇼우	好敵手[こうてきしゅ] 코우데끼슈	상대 또는 맞수를 속되게 이르는 말 예) 쨉이 안된다.

도량형 단위

번호	우리말	영어	중국어	일본어	참고
1	간		间[jiān] 지엔	間[けん] 겐	길이의 단위. 181.818 센티 미터 예) 한 간은 여섯 자이다.
2	감				옷감을 세는 단위. 예) 한 감은 치마 한 벌을 뜰 수 있는 크기이다.
3	갑	a pack 팩	包[bāo] 바오	箱[はこ] 하코	담배 등의 세는 단위 예) 담배 한 갑은 20 개피이다.
4	근		斤[jīn] 진	斤[きん] 깅	약 600 그램 예) 고기 1 근은 600 그램 이다.
5	기		台[tái] 타이	基[き] 키	묘, 무덤의 세는 단위 예) 고분 한 기.
6	길		一人高[yīréngāo] 이런가오	背[せい] 세이	길이의 단위로 약 2.4 미터~3 미터. 예) 열 길 물속.
7	결				조선시대 논밭 넓이의 단위 예) 한 결은 한 동의 열배이다.
8	개	piece 피스	块[kuài] 콰이	個[こ] 고	떡, 사과 등을 세는 단위 예) 송편 다섯 개, 사과 한 개.
9	관		贯[guàn] 꾸안	貫[かん] 칸	3.75 키로 예) 한 관은 한 근의 열배이다.
10	권	volume 발륨	卷[juàn] 주앤	卷[かん] 칸	한지, 책 등의 세는 단위. 예) 한지 한 권은 20 장이다.
11	냥		两[li·ng] 리앙	両[りょう] 료	37.5 그램 예) 10 돈이 1 냥이고 37.5 그램이다.
12	눈	marking 마킹	刻度[kèdù] 커두	目[め] 메	자,저울, 온도계에서 길이나 양,도수 따위의 금 예) 온도계 눈금으로 그날의 기온을 알 수 있다.
13	닢		枚[méi] 메이	枚[まい] 마이	동전, 전 종류의 세는 단위 예) 동전 한 닢, 녹두전 한 닢.
14	단	sheaf 쉬프	捆[kǔn] 쿤	束[たば] 타바	짚, 채소, 땔나무 따위의 한 묶음 예) 미나리 한 단, 배추 한 단.
15	돈			匁[もんめ] 몬메	3.75 그램 예) 손녀 돌잔치로 금반지 1 돈짜리를 샀다.
16	두	head 헤드	头[tóu] 토우	頭[とう] 도우	말, 소 등의 세는 단위 예) 말 백 두.
17	동				무우, 곶감 등을 세는 단위 예) 곶감 한 동은 100 접이다.
18	대			本[ほん]	갈비, 자동차 등의 세는 단위 예) 쇠갈비 한 대, 버스 한 대.
19	되		升[shēng] 성	升[ます] 마스	약 1.8 ℓ 예) 10 홉이 1 되이고 1.8 리터 이다.

번호	우리말	영어	중국어	일본어	참고
20	량	carriage 캐리지	辆[liàng] 리앙	輌[りょう] 료	열차 등의 세는 단위 예) 십 량짜리 화물열차가 들어오고 있다.
21	리		里[lǐ] 리이	里[リ] 리	약 3,927 미터 예) 10 리가 약 4 키로 이다.
22	마	yard 야드	码[mǎ] 마아	ヤド 야도	명주나 옷감 등의 세는 단위. 예) 한 마는 91.44 센티미터 이다.
23	말	18 liters 18 리터즈	斗[dǒu] 또우	斗[と] 또	가루나 액체 따위의 부피,분량의 단위 예) 술 1 말은 약 18 리터 이다.
24	모	block 유닛오브메져	块[kuài] 콰이	丁[ちょう] 쪼오	두부, 묵 등의 세는 단위 예) 두부 한 모.
25	문	cannon 캐논	门[mén] 먼	門[もん] 몬	대포, 기관포 등의 세는 단위 예) 대포 한 문, 기관포 두 문.
26	뭇				섶, 장작 등을 운반하기 좋게 묶은 것. 예) 장날 장작을 한 뭇 샀다.
27	벌	set 셋트	套[tào] 타오	着[ちゃく] 챡꾸	양복, 그릇 등의 셋트로 된 물건의 세는 단위 예) 장가 올 때 양복 한 벌 사 주셨다.
28	부	volume 발륨	部[bù] 부우	部[ぶ] 부	책 등의 세는 단위 예) 김씨는 작년 시집 한 부를 출판하였다.
29	병	bottle 바틀	瓶[píng] 핑	瓶[びん] 빈	술 등 액체를 넣은 용기의 세는 단위 예) 철수야 가서 술 두 병 사오너라.
30	섬		石[shí] 스	石[こく] 고쿠	곡식 따위의 부피의 단위를 나타내는 말 예) 왕은 그에게 쌀 2백 석을 하사하였다.
31	속	a bundle 번들	束[shù] 슈	束[そくたば] 소쿠타바	짚,장작,꽃 등을 묶은 세는 단위. 예) 짚 한속, 생선 1속은 생선 열 마리.
32	손	a bundle 번들	束[shù] 슈		파, 고등어 등을 세는 단위 예) 어머니는 고등어 한 손을 사 오셨다.
33	솥	cooker 쿠커	锅[guō] 꾸어	釜[かま] 가마	밥, 국 등을 큰 그릇에 담은 수량 단위 예) 된장국 한 솥, 잡곡밥 한 솥.
34	알	egg 에그	卵[luǎn] 루안	卵[たまご] 타마고	계란,과일의 낱개를 세는 단위. 예) 계란 한 알, 사과 두 알.
35	양	quantity 콴터티	量[liàng] 리앙	量[りょう] 료	부피의 크고 작음이나 수량의 많고 적은 정도 예) 나는 양보다 질을 우선으로 한다.
36	자		尺[chǐ] 츠어	尺[しゃく] 샤쿠	길이의 단위로 한 자는 30.303 센티 미터 예) 비단 넉 자를 끊다.
37	작				쌀 3,200 만 섬. 예) 한 작 이 쌀 3,200 만 섬이다.
38	잔	cup, glass 컵, 글래스	杯[bēi] 베이	杯[さかずき] 사카즈키	음료수나 술 등의 세는 단위 예) 차 한 잔, 술 한 잔.
39	장	sheet 쉬트	枚[méi] 메이	枚[まい] 마이	김, 다시마 등을 세는 단위 예) 김 다섯 장과 간장이 반찬의 전부였다.

번호	우리말	영어	중국어	일본어	참고
40	점	slice 슬라이스	块[kuài] 콰이	片[ペン] 펜	쇠고기, 돼지고기 등의 작은 조각 예) 고기 한 점 드시게나.
41	접	hundred 헌드레드	一百个[yībǎige] 이바이꺼	百[ひゃく] 햐꾸	무우, 배추, 곶감 등을 세는 단위. 예) 곶감 한 접은 100 개 이다.
42	정	one (gun) 원 (건)	支[zhī] 지이	丁[ちょう] 쬬오	약 109 미터, 총 등의 세는 단위 예) 단 권총 한 정이 사람을 많이 죽였다.
43	주	stock, share 스탁, 쉐어	股份[gǔfèn] 구펀	株[かぶ] 카부	주식의 사고 파는 단위 예) 오늘 태륭산업 100 주를 샀다.
44	죽		十套[shítào] 쉬타오	十個[じっこ] 짓코	버선, 사발, 대접 등의 묶음 단위 예) 버선 한 죽은 10 켤레 이다.
45	줌	handful 핸펄	把[bǎ] 빠아	ひとにぎり[一握り] 히토니기리	파 등 야채의 한 주먹 정도의 양 예) 실파 한 줌.
46	짐	load 로드			섶, 장작 등을 운반하기 좋게 묶은 것. 예) 섶 한 짐은 두서너 뭇이다.
47	집	point 포인트	眼[yǎn] 앤~	目[もく] 모쿠	바둑의 집 예) 두사람은 겨우 한 집 반 승부였다.
48	질	set 셋	帙[zhì] 찌	帙[ちつ] 치쯔	책을 세는 단위 예) 단편소설집 한 질.
49	제	pack 팩	剂[jì] 찌이	剤[ざい] 자이	한약의 세는 단위 예) 보약 한 제는 20 첩이다.
50	척1		尺[chǐ] 치이	尺[しゃく] 샤쿠	길이를 재는 단위 예) 한 척은 30. 3 센티미터 이다
51	척2	ship 쉽	艘[sōu] 소~	隻[せき] 세키	배 등의 세는 단위 예) 군함 네 척, 순양함 다섯 척.
52	첩	pack 팩	付[fù] 푸	貼[ちょう] 쬬우	한약의 세는 단위 예) 쌍화탕 두 첩.
53	축	bundle 번들			오징어 등의 묶음 단위 예) 오징어 한 축은 10 마리 이다.
54	춤				길게 생긴 물건의 한 손으로 쥘 만한 분량 예) 짚 한 춤, 왕골 두 춤.
55	칭		[chèng] 청	秤[しょう] 쇼	무게의 단위, 1 칭은 1근의 100 배이다. 예) 1 칭은 1근의 100 배이다.
56	채		[chèng] 청	軒[けん],屋[や] 켄,야	집, 이불, 큰 기구, 가구 등의 세는 단위 예) 서울에서 집 한 채 갖기는 쉽지않다.
57	칸	carriage 캐리지	[chèng] 청		열차 등의 세는 단위 예) 열 칸짜리 객차.
58	코				동태, 북어, 낙지 등의 세는 단위 예) 낙지 한 코는 20 마리 이다.
59	켜				노름하는 횟수, 시루떡의 세는 단위 예) 수수시루떡 한 켜

번호	우리말	영어	중국어	일본어	참고
60	타	dozen 다즌	打[dá] 다아	ダース 다스	연필, 양말 등의 묶음 단위. 예) 한 타는 12 켤레이다.
61	톨	chestnut 체스넛	颗[kē] 커어	粒[つぶ] 쯔부	밤 등을 세는 단위 예) 흉년에는 밤 한 톨 보기 힘들다.
62	톳	a bundle 번들	捆[kǔn] 쿤	一束[ひとたば] 히토타바	김을 마흔 장, 백 장씩 한 묶음으로 묶은 덩이 예) 시장에서 김 한 톳을 5천 원에 샀다.
63	통	a piece 피스	棵[kē] 커어	個[こ],玉[たま] 코,타마	수박, 호박 등을 세는 단위 , 예) 마트에서 수박 한 통을 만원에 샀다.
64	판	tray 트레이	盘[pán] 판	ケース 케-스	계란 30 개 한 묶의 세는 단위 예) 시장에서 계란 한 판을 샀다.
65	필	head 헤드	匹[pǐ] 피이~	匹[ひき] 히끼	말, 소, 명주 등의 묶음 단위. 예) 한 필은 40~50 마 이다.
66	편	a piece 피스	片[piàn] 피앤	片[へん] 헨	산삼, 인삼 등의 세는 단위 예) 산삼 한 편은 한 뿌리이다.
67	평		坪[píng] 핑	坪[つぼ] 쯔보	1 평은 3.30 ㎡ 예) 그가 사는 아파트는 30 평 이다.
67	홉		合[gě] 거어	合[ごう] 고오	180 밀리미터. 밤 등의 세는 단위. 예) 한 홉은 1.8 데시리터 이다.

※ 참조 : '이수열 선생님의 우리말 바로쓰기'

인체관련

번호	우리말	영어	중국어	일본어	참고
1	간	liver 리버	肝[gān] 깐	肝[きも] 키모	가로막 바로 아래,복강 오른쪽 위의 기관 예) 토끼는 간을 육지에 두고 왔다고 했다.
2	골	branin 브레인	脑[nǎo] 나오	脳[のう] 노우	뇌, 머리 예) 술을 많이 마셨더니 골이 휑하다.
3	귀	ear 이어	耳[ěr] 얼	耳[みみ] 미미	신체 중 듣는 기관 예) 코는 하나지만, 귀는 둘 이다.
4	낯	face 페이스	脸[liǎn] 리엔	顔[かお] 카오	눈,코,입 등이 있는 얼굴의 앞쪽 면 예) 영희는 부끄러워서 낯이 붉어졌다.
5	농	pus 퍼스	脓[nóng] 농	膿[うみ] 우미	오염된 상처가 곪아서 생기는 액체 예) 상처에서는 연신 농이 흘러내렸다.
6	눈	eye 아이	眼[yǎn] 옌	目[め] 메	신체 중 보는 기관 예) 눈이 보배다.
7	뇌	brain 브레인	脑[nǎo] 나오	脳[のう] 노우	두개골 속에 있는 신경계의 대부분. 예) 사람의 뇌 구성은 복잡하기 이를데 없다.
8	담1 쓸개	gall bladder 골 블래더	胆[dǎn] 단	膽囊[たんのう] 탄노우	많은 척추동물에 있는 주머니 모양의 기관 예) 쓸개나 담이나 같은 말이다.

번호	우리말	영어	중국어	일본어	참고
9	담2	sputum	痰[tán]	痰[たん]	가래, 침, 끈끈한 분비물
	가래	스퓨텀	탄	탄	예) 감기가 들면 담이 생기기 쉽다.
10	담3	congestion	痰[tán]	充血[じゅうけつ]	담이 몸안에 머물러 생기는 병의 통칭
	충혈	컨제스쳔	탄	쥬우케쯔	예) 가슴에 담이 들었다.
11	땀1	sweat	汗[hàn]	汗[あせ]	더울 때 육체의 피부에서 분비되는 액체
		스웨트	한	아세	예) 여름에는 모두 땀을 많이 흘린다.
12	똥	dung	糞[fèn]	うんこ	항문을 통해 내보내는 먹은 음식물의 찌꺼기
		덩	펀	운꼬	예) 남의 똥을 치우는 일은 정말 더럽다.
13	두	head	头[tóu]	頭[あたま]	골치를 속되게 이르는 말.
		헤드	토우	아따마	예) 아이고 두야 ~
14	등	back	背[bèi]	背中[せなか]	사람의 몸에서 가슴과 배의 반대쪽
		백	뻬이	세나까	예) 등에 혹이 생긴것 같다.
15	막	membrane	膜[mó]	膜[まく]	생물체 내부에서 기관을 보호하는 얇은 세포층
		멤브레인	모	마꾸	예) 양파의 누런 꺼풀막을 벗기면 속살이 나온다.
16	멍	bruise	挫伤[cuòshāng]	あざ	무엇에 맞거나 부딪혀서 피부에 맺힌 피
		브루샹	추오샹	아자	예) 매 맞은 자리가 퍼렇게 멍이 들었다.
17	목	neck	领[lǐng]	首[くび]	사람이나 동물의 머리와 몸통을 잇는 부분
		넥	링	쿠비	예) 교사는 목을 많이 쓰기에 조심해야 된다.
18	몸	body	身[shēn]	體[からだ]	뼈와 살로 이루어진 사람의 물리적 실체
		바디	션	카라다	예) 몸이 원하는 건 좋은 음식과 충분한 휴식.
19	못	clavus	茧子[jiǎn·zi]	魚[おう]の目[め]	손,발바닥에 생기는 사마귀 같은 굳은 살
	티눈	클래버스	지엔즈	오우노메	예) 손에 못이 생겨서 통증이 심하다.
20	맥1	pulse	脈[mài]	脈[みゃく]	육체의 기운이나 힘.
		펄스	마이	먀꾸	예) 환자의 맥이 약하다.
21	맥2	vigor	脉[mài]	元氣[げんき]	활력이나 용기
		비거	마이	겐끼	예) 그는 사업 실패로 맥이 풀려 있었다.
22	멱	a throat	嗓子[sǎng·zi]	のど	목의 앞쪽
		쓰로트	쌍즈	노도	예) 돼지 멱을 따는 일이 유쾌하지는 않다.
23	발	foot	脚[jiǎo]	足[あし]	사람의 다리 맨 끝의 편평한 부분
		풋	지아오	아시	예) 발을 다쳤더니 걷기가 불편하다.
24	뺨	a 'cheek	面頰[miànjiá]	頰[ほお]	얼굴 관자놀이에서 턱 위까지의 부분
		치크	미엔지아	호오	예) 딸의 뺨이 추위로 불그스름하다.
25	병	illness	病[bìng]	病氣[びょうき]	육체적 이상으로 고통을 느끼게 되는 것
		일니스	삥	뵤우끼	예) 긴 병에 효자 없다.
26	뼈	bone	骨[gǔ]	骨[ほね]	살 속에서 몸을 지탱하는 단단한 물질
		본	구	호네	예) 그는 오랜 수용소 생활로 뼈만 남았다.
27	볼	a 'cheek	颊[jiá]	頰[ほお]	뺨의 가운데 부분
		치크	지아	호오	예) 그는 너무 말라서 양쪽 볼이 쑥 꺼졌다.
28	배	the abdomen	肚子[dù·zi]	腹部[ふくぶ]	사람의 가슴과 다리 사이의 부위
		앱더먼	뚜즈	후꾸부	예) 배가 쇠꼬치로 쑤시듯 아프다.

번호	우리말	영어	중국어	일본어	참고
29	살	flesh 플레쉬	肉[ròu] 로우	肉[にく] 니쿠	사람의 신경을 싸고 있는 부드러운 물질 예) 그는 얼굴에 살이 없어 말라 보인다.
30	샅 서혜부	the crotch 크롯치	胯[kuà] 쿠아	股[また] 마따	사타구니 살, 허벅지 살 예) 오래 걸었더니 샅 밑이 쓰라리다.
31	손	hands 핸즈	手[shǒu] 쇼우	手[て] 테	신체의 한 부분으로 사물을 잡는 역할 예) 그 사람은 손이 크다.
32	숨	breath 브레쓰	气[qì] 치	息[いき] 이키	사람이 공기를 들이마시고 내쉴 때의 기운 예) 그는 거친 숨을 헐떡였다.
34	암	cancer 캔서	癌[ái] 아이	癌[がん] 간	질병의 하나 예) 간암, 위암 등.
35	열	fever 피버	热[rè] 르어	热[ねつ] 네쯔	병으로 인해 몸에 오르는 더운 기운 예) 열을 식히려면 수분 젤이 최고다.
36	옴	itch 잇치	疥疮[jièchuāng] 지에챵	疥癬[かいせん] 카이센	전염 피부병 예) 옴이 옮은 뒤에 한참 고생을 했다.
37	이	teeth 티쓰	牙[yá] 야	歯[は] 하	입안에서 무엇을 물거나 씹는 기관 예) 김씨는 피곤하면 잘 때 이를 간다.
38	입	mouth 마우스	口[kǒu] 코우	口[くち] 쿠찌	입술에서 후두까지의 부분. 예) 아이가 사탕을 입에 넣고 바싹 깨물었다.
39	위	stomach 스타먹	胃[wèi] 웨이	胃[い] 이	동물의 소화 기관의 하나 예) 위가 약한 사람은 익혀 먹는 것이 좋다.
40	장	bowels 바우얼즈	肠[cháng] 창	臟[ちょう] 쬬우	뱃속에 있는 기관을 통틀어 이르는 말 예) 병명은 장 출혈성 대장균 감염증이다.
41	점	a skin spot 스킨 스팟	点[diǎn] 디엔	あざ 아자	피부의 반점 예) 피부에 군데군데 점이 많이 있다.
42	족	foot 풋	足[zú] 주	足[あし] 아시	발의 한자. 예) 병명은 족저 근막염 이다.
43	좃 남자 성기	penis 페니스	棒儿[bàngr] 빵얼	陰莖[いんけい] 인케이	남자 성기를 비속하게 이르는 말. 예) 좃같이, 되는 일 하나도 없네.
44	질 여자 성기	the vagina 바기나	阴道[yīndào] 인따오	膣[ちつ] 치쯔	여성 내성기의 한 부분 예) 여성에게는 질 세정제가 필요하다.
45	침	spit 스피트	唾液[tuòyè] 투오예	唾[つば] 쯔바	침샘에서 분비되는 무색의 액체 혼합물 예) 길에 함부로 침 뱉지 마라.
46	체	upset stomach 업셋 스타먹	伤食[shāng//shí] 샹쉬이	食滞[しょくたい] 쇼쿠타이	먹은 음식이 잘 소화되지 아니하는 증상 예) 급체, 체병, 체증.
47	코	nose 노우즈	鼻[bí] 비	鼻[はな] 하나	얼굴 중앙에 튀어나온 부분 예) 영수는 잠을 잘때 늘 코를 곤다.
48	턱	jaw 조~	下巴[xià·ba] 시아빠	顎[あご] 아고	아래턱의 바깥 부분. 예) 그 선수는 턱이 약해 별명이 유리턱이다.
49	털	hair 헤어	毛[máo] 마오	毛[ひげ] 히게	머리카락 등 몸에 나는 각종 털 예) 남자들은 털에 그다지 신경쓰지 않는다.

번호	우리말	영어	중국어	일본어	참고
50	틱	tic	抽动症[chōudòngzhèng]	チック	신경병, 신경성 안면 경련
		틱	초우똥쩡	틱쿠	예) 틱 장애가 있으면 행동에서 표시가 난다.
51	팔	an arm	胳膊[gē·bo]	腕[うで]	사람의 어깨와 손목 사이의 부분
		암	거뽀	우데	예) 팔은 안으로 굽는다는 속담이 있다.
52	피	blood	血[xiě]	血[ち]	사람/동물의 몸안을 도는 붉은 빛의 액체
		블러드	시에	찌	예) 그는 피가 나는 곳을 붕대로 닦았다.
53	항	anti-	抗[kàng]	抗[こう]	그것에 저항하는'의 뜻
		앤티	캉	코우	예) 항혈청, 항우울증제 등.
54	혀	tongue	舌[shé]	舌[した]	입안의 아래쪽에 붙어 있는 육질의 기관
		텅	셔	시타	예) 그는 혀가 짧아 발음이 부정확하다.
55	혹	a lump	肿[zhǒng]	瘤[こぶ]	질병의 하나로서 몸에 생긴 덩어리
		럼프	쫑	코부	예) 몸에 혹이 생기다.

동·생물

번호	우리말	영어	중국어	일본어	참고
1	곰	bear	熊[xióng]	熊[クマ]	포유류 식육목 곰과에 속한 짐승의 통칭
		베어	시옹	쿠마	예) 곰은 나무에 잘 오릅니다.
2	굴	oyster	蛎[lì]	かき	굴과에 속한 연체동물.
		오이스터	리	카키	예) 굴은 아연 함유도가 높은 음식이다.
3	개	dog	狗[gǒu]	犬[いぬ]	포유류 갯과에 속한 동물
		독	고우	이누	예) 진돗개, 풍산개 등.
4	닭	a hen	鸡[jī]	鶏[にわとり]	꿩과에 속한 새
		헨	지	니와토리	예) 닭이 모이를 콕콕 쪼아 먹는다.
5	말	horse	马[mǎ]	馬[うま]	포유류 말과에 속한 포유동물
		호스	마	우마	예) 조랑말, 얼룩말 등.
6	매	a hawk	鹰[yīng]	鷹[たか]	맷과에 속한 새의 통칭.
		호크	잉	타카	예) 새매, 참매 등.
7	맥	Tapir	貘[mò]	貘[ばく]	몸집이 크고 생김새는 곰과 돼지의 중간
		테이퍼	모어	바쿠	예) 물에 살지만 맥도 포유류에 속한다.
8	박	gourd	瓠[hù]	瓠[ふくべ]	박과에 속한 한해살이 덩굴풀
		고어드	후	후쿠베	예) 흥부가 타는 박마다 보물이 쏟아졌다.
9	벌	a bee	蜂[fēng]	蜂[ハチ]	벌목 꿀벌과에 속한 곤충
		비	펑	하찌	예) 꿀벌, 말벌 등.
10	범	tiger	虎[hǔ]	虎[トラ]	호랑이
		타이거	후	토라	예) 범 내려 온다.
11	복	a swellfish	河豚[hétún]	一魚[フグ]	복어목에 속한 바닷물고기들의 통칭.
		스웰피시	허툰	후구	예) 복요리는 자격증이 있어야 할 수 있다.

번호	우리말	영어	중국어	일본어	참고
12	봉	a male phoenix 메일피닉스	凤[fèng] 펑	鳳[ほう] 호우	중국의 전설에 나오는 상상의 새 예) 봉황무늬는 대통령을 의미한다.
13	뱀	a snake 스네이크	蛇[shé] 셔	蛇[ヘビ] 헤비	파충강 뱀과에 속한 동물의 통칭 예) 뱀이 굼틀굼틀 기어간다.
14	삵	a wild cat 와일드캣	跳猫[tiàomāo] 티아오마오	山猫[ヤマネコ] 야마네코	포유류 고양잇과에 속한 종 예) 저 사람은 마치 삵같이 표독스럽게 생겼다.
15	소	a cow 카우	牛[niú] 니우	牛[うし] 우시	솟과에 속한 포유동물 예) 소는 꼬리로 몸에 붙은 파리를 쫓아냈다.
16	새	a bird 버드	鸟[niǎo] 니아오	鳥[とり] 토리	척추동물인 날짐승을 통틀어 이르는 말 예) 새 한마리가 창공을 가르며 날아간다.
17	양	a sheep 쉽	羊[yáng] 양	羊[ヒツジ] 히쯔지	포유류 솟과에 속한 한 종. 예) 양은 한 놈이 앞장서면 나머지도 따라간다.
18	용	dragon 드래곤	龙[lóng] 롱	龍[りゅう] 류우	상상의 동물 가운데 하나 예) 용의 꼬리보다 닭의 머리가 낫다.
19	이	louse 라우스	虱子[shī·zi] 스즈		이목 잇과에 속한 곤충 예) 몸을 잘 씻지 않으면 몸에 이가 생긴다.
20	좀	bristletail 브리슬테일	蠹[dù] 뚜	蠹[シミ] 시미	좀목 좀과에 속한 곤충 예) 모직물은 특히 좀벌레가 슬기 쉽다.
21	쥐	mouse 마우스	鼠[shǔ] 뚜	鼠[ねずみ] 네즈미	포유류 쥣과에 속한 짐승의 통칭 예) 약을 놓아서 쥐를 잡자.
22	학	a crane 크레인	鹤[hè] 허	鶴[ツル] 쓰루	두루밋과에 속한 겨울 철새 예) 홀로 서 있는 학의 모습이 고고해 보인다.

자연

번호	우리말	영어	중국어	일본어	참고
1	강	river 리버	江[jiāng] 지앙	川[かわ] 카와	넓고 길게 흐르는 큰 물줄기 예) 헤엄을 쳐서 강을 건너가다.
2	김	weeds 위즈	拔草[bá//cǎo] 바차오	草取[くさとり] 쿠사토리	논밭에 난 잡풀 예) 그는 벌써 이 밭 김을 매었다.
3	갓	mustard leaf 머스터드 리프	芥菜[jiècài] 지에차이	芥菜[からしな] 카라시나	십자화과에 속한 두해살이 풀 예) 돌산 갓이 여수시의 특산물이다.
4	논	a rice paddy 라이스 패디	田[tián] 티엔	田[た] 타	물을 기반으로 한 농사. 예) 비 오는 날은 논에 물을 대야 한다.
5	눈1	snow 스노우	雪[xuě] 쉐에	雪[ゆき] 유키	대기 중의 수증기가 겨울에 얼어서 내리는 것. 예) 눈이 오면 눈보라가 산골짝으로 몰아친다.
6	눈2	sprout 스프라우트	芽[yá] 야	芽[め] 메	풀이나 나무의 싹이 막 터져 돋아나는 자리 예) 봄이 오자 벚나무의 눈이 트기 시작했다.

번호	우리말	영어	중국어	일본어	참고
7	내	a stream 스트림	小河[Xiǎohé] 시아오허	小川[おがわ] 오가와	시내보다 크고 강보다는 조금 작은 물줄기 예) 우리 시골에는 강 보다는 내가 많았다.
8	닥	a paper mulberry	楮[chǔ] 츄	楮[カウソ] 카운	뽕나뭇과에 속한 활엽 관목 예) 닥 섬유를 이용한 미술작품의 한 장르이다.
9	달	moon 문	月[yuè] 위에	月[つき] 쯔끼	지구의 위성 예) 둥근 달이 휘영청 떴다.
10	들	a plain 플레인	田野[tiányě] 팅엔예	野[の] 노	평평하고 넓게 트인 땅 예) 들 한끝에 완만한 능선이 시작되는 풍경.
11	등	rattan 래턴	籐[téng] 터엉	籐[とう] 도오	야자나뭇과 등속 식물의 통칭 예) 등 나무.
12	마	flax 플랙스	麻布[mábù] 마뿌	麻[アサ] 아사	천의 일종 예) 아마, 삼마, 마직물
13	만	a bay 베이	湾[wān] 완	灣[わん] 완	바다가 육지로 쑥 휘어져 들어간 곳 예) 천수만, 남양만 등
14	말	algae 앨지	藻[zǎo] 자오	藻[も] 모	물속에서 자라는 은화식물의 통칭 예) 바다에는 여러 말 종류의 바다식물이 있다.
15	뭍	land 랜드	陆[lù] 루	陸[おか] 오까	섬사람들이 육지를 이르는 말 예) 뭍에서 온 사람은 배질하기가 쉽지 않다.
16	밭	field 필드	旱田[hàntián] 한티엔	畑[はたけ] 하타케	물을 대지 않고 작물을 심어 가꾸는 땅 예) 밭을 일구려면 많은 땀과 노력이 필요하다.
17	벌	plain 플레인	平野[píngyě] 핑예	原[はら] 하라	넓고 평평하게 생긴 땅 예) 황산벌, 벌판.
18	뻘	mud 머드	河肥[héféi] 허페이	ヘドロ 헤도로	개흙의 방언. 개흙 그 자체를 일컫는 말. 예) 어민들이 뻘에서 낙지잡이를 하고 있다.
19	별	star 스타	星[xīng] 씽	星[ほし] 호시	우주에서 반짝이는 천체 예) 맑은 하늘에는 수많은 별이 반짝였다.
20	볕	sunshine 썬샤인	阳光[yángguāng] 양광	日差[ひざ]し 히자시	해가 내려쬐는 뜨거운 기운. 예) 벌써 5월이라 볕이 따갑다.
21	봉	peak 피크	峰[fēng] 펑	峰[みね] 미네	산꼭대기의 뾰족하게 솟은 머리 예) 초심자는 가파른 봉을 타기가 어렵다.
22	비	rain 레인	雨[yǔ] 위	雨[あめ] 아메	수증기가 물방울로 변해 땅 위로 내리는 것. 예) 산불 진화에는 비가 최고이다.
23	빛	a light 라이트	光[guāng] 꾸앙	光[ひかり] 히카리	어둠의 반대 예) 빛이 있어라 하니 빛이 생겼다.
24	산	mountain 마운틴	山[shān] 샨	山[やま] 야마	둘레의 땅보다 훨씬 높이 솟아있는 땅덩이 예) 이 산에는 곧게 뻗은 전나무 숲이 있다.
25	솔	pine tree 파인트리	松树[sōngshù] 쏭슈	松[まつ] 마쯔	소나뭇과 소나뭇속에 속한 식물의 통칭 예) 후원의 푸른 솔은 여전히 싱그럽다.
26	섬	island 아일랜드	岛[dǎo] 다오	島[しま] 시마	사방이 물로 둘러싸인 육지 예) 섬 지역은 의료 인력이 늘 부족하다.

번호	우리말	영어	중국어	일본어	참고
27	순	sprout 스프라우트	笋[sǔn] 쑨	芽[め] 메	나뭇가지나 풀 등에 길게 돋아난 싹 예) 봄에는 새순이 돋아난다.
28	숲	forest 포리스트	林[lín] 린	林[はやし] 하야시	산속에 나무가 밀집한 곳 예) 숲에서 많은 새들의 노래소리가 들린다.
29	샘	spring 스프링	泉[quán] 췐	泉[いずみ] 이즈미	물이 저절로 땅속에서 솟아 나오는 곳 예) 담쟁이 덩굴 밑에 맑은 샘이 있다.
30	옥	jade 제이드	玉[yù] 위	玉[たま] 타마	보석의 일종 예) 깊은 밤에 들리는 옥퉁소 소리는 애절하다.
31	옻	lacquer 래커	漆[qī] 치	漆[うるし] 우루시	옻나무에서 나오는 진. 예) 옻이 올라 살갗이 헐고 부스럼이 돋았다.
32	움	a sprout 스프라우트	芽[yá] 야	芽[め] 메	풀이나 나무에 새로 돋아나는 싹 예) 3월이면 벌써 나무에 움이 튼다.
33	잎	leaf 리프	叶[yè] 예	葉[は] 하	풀,나무의 가지,줄기에 붙어 있는 식물의 기관 예) 식물의 잎은 다량의 녹말을 저장하고 있다.
34	죽	bamboo 뱀부	粥[zhōu] 쪼우	粥[かゆ] 카유	대나무. 예) 죽부인
35	진	resin 레진	津[jīn] 진	津[やに] 야니	풀이나 나무에서 흘러나오는 끈끈한 물 예) 나무가 상처가 나면 진액이 나온다.
36	짚	straw 스트로	稻草[dàocǎo] 따오차오	藁[わら] 와라	벼의 낟알을 떨어내고 남은 줄기. 예) 짚으로 여물을 만든다.
37	천	sky 스카이	天[tiān] 티엔	天[てん] 텡	해, 별, 달이 뜨는 공간 예) 천자문의 하늘 '천'.
38	촌	country 컨츄리	村[cūn] 춘	田舎[いなか] 이나카	도시에서 떨어져, 자연적으로 형성된 마을 예) 촌에는 아직 공기가 좋다.
39	콩	bean 빈	豆[dòu] 또우	豆[まめ] 마메	콩과에 속한 한해살이 풀의 씨앗 예) 콩심은데 콩나고 팥심은데 팥난다.
40	펄	slime 슬라임	潮淹地[cháoyāndì] 차오얀드	しおひがた 시오히가따	썰물 때 보이는 모래 점토질의 평탄한 땅 예) 밀물이 나간 펄에는 게들이 꽤 보인다.
41	풀	grass 그래스	草[cǎo] 차오	草[くさ] 쿠사	초본 식물을 통틀어 이르는 말 예) 토끼가 풀을 야금거리고 있다.
42	흙	soil 소일	土[tǔ] 투	土[つち] 쯔찌	지구나 달의 표면에 퇴적되어 있는 물질 예) 토담에서 부슬부슬 흙이 떨어졌다.
43	해	sun 썬	太阳[tàiyáng] 타이양	太陽[たいよう] 타이요우	태양계의 중심으로 높은 열과 빛을 내는 항성 예) 해가 떠오르고서야 한기가 가셨다.

먹거리

번호	우리말	영어	중국어	일본어	참고
1	감	persimmon 퍼시먼	柿[shì] 스	柿[かき] 카키	감나무의 열매 예) 감나무에 감이 주렁주렁 달렸다
2	곰	a thick broth 딕 브로쓰	煨[wēi] 웨이	煮込[にこ]む 니코무	고기나 생선을 푹 삶은 국 예) 곰탕, 곰국
3	국	soup 숲	汤[tāng] 탕	汁[しる] 시루	고기 등에 물을 붓고 간을 맞춰 끓인 음식. 예) 밥과 국, 미역국, 선짓국, 해장국 등.
4	굴	oyster 오이스터	牡蛎[mǔlì] 무리	牡蠣[かき] 카키	굴과에 속한 바다 연체동물 예) 굴은 단연 아연 함유도가 높다.
5	귤	tangerine 탠저린	橘[jú] 쥐	橘[ミカン] 미깡	귤나무의 열매 예) 제주도는 귤 생산지로 유명하다.
6	꿀	honey 하니	蜂蜜[fēngmì] 펑미	蜜[みつ] 미쯔	꿀벌이 꽃을 통해 만든 달콤하고 끈끈한 액체. 예) 꿀벌 덕분에 인간들은 꿀을 먹을 수 있다.
7	김	laver 레이버	海苔[hǎitái] 하이타이	海苔[のり] 노리	바다 해산물 예) 김은 구워서 먹어야 제맛이다.
8	갱	soup 숲	羹[gēng] 껑	羹[ギャング] 걍구	제사에 쓰는 국 예) 형편상 메 한그릇, 갱 한그릇이 다였다.
9	당	sugar 슈가	糖[táng] 탕	糖[とう] 토우	설탕, 당분, 사탕수수 등 예) 당뇨병 환자는 당이 떨어지면 위험하다.
10	마	a yam 얌 또는 얨	薯蓣[shǔyù] 슈위	芋[いも] 이모	맛과의 여러해살이 식용 덩굴풀 예) 참마, 천마
11	무	radish 레이디쉬	萝卜[luó·bo] 루어뽀	大根[ダイコン] 다이콩	십자화과에 속한 한해살이/ 두해살이 풀 예) 무가 바람이 들면 맛이 없다
12	묵	jelly 젤리	凉粉[liángfěn] 리앙펀	ムク 무꾸	도토리나, 메밀, 녹두 등으로 만드는 음식. 예) 어머니는 묵을 좋아하셨다. 도토리묵
13	물	water 워터	水[shuǐ] 쉐이	水[みず] 미즈	강이나 바다에서 흐르는 액체 예) 강물, 바닷물 등.
14	밀	wheat 휘트	麦[mài] 마이	小麦[コムギ] 코무기	한해나 두해살이를 하는 볏과에 속한 풀 예) 전쟁 여파로 밀 가격이 올라가고 있다
15	메	rice 라이스	祭饭[jìfàn] 지판	一膳飯[いちぜんめし] 이찌젠메시	제사 때, 신위 앞에 올리는 밥. 예) 없으면 메 한 그릇과 갱 한 그릇이라도 좋다.
16	밤	chestnut 체스넛	栗子[lì·zi] 리즈	栗[クリ] 쿠리	밤나무의 열매 예) 밤 껍데기는 음식물 쓰레기 이다.
17	밥	boiled rice 보일드 라이스	米饭[mǐfàn] 미판	飯[めし] 메시	쌀, 보리로 솥에서 끓여 익힌 음식 예) 누나가 밥을 새까맣게 태웠다.
18	배	pear 피어	梨[lí] 리	梨[ナシ] 나시	배나무의 열매 예) 추석 제수용품 중 하나가 배 이다.
19	벼	a grain of rice 그레인 오브 라이스	稻[dào] 따오	稻[いね] 이네	볏과에 속한 한해살이 풀. 예) 들판에는 벼가 자라고 있다.

번호	우리말	영어	중국어	일본어	참고
20	술	liquor 리커	酒[jiǔ] 지우	酒[さけ] 사케	알코올이 들어간 음료 예) 음식중 최고의 음식은 술이다.
21	쑥	mugwort 머거워트	艾[ài] 아이	艾[ヨモギ] 요모기	국화과에 속한 여러해살이 풀 예) 쑥을 이용한 다양한 요리가 차려졌다.
22	알	egg 에그	蛋[dàn] 딴	卵[たまご] 타마고	새, 물고기, 곤충이 종을 번식하기 위해 낳은 것. 예) 물새는 알을 물가에 낳는다.
23	옻	poison sumac 포이즌 수매크	漆[qī] 치	ウルツ 우루시	옻나무에서 나오는 진 예) 은행열매를 만졌더니 옻이 올랐다.
24	연	lotus 로터스	莲[lián] 리엔	莲[はす] 하스	수련과에 속한 여러해살이 물풀 예) 뿌리채소인 연뿌리는 건강에 좋다.
25	엿	starch syrup candy	饴[yí] 이	飴[あめ] 아메	곡식을 엿기름으로 삭힌 뒤에 고아서 굳힌 음식 예) 엿은 위장에 좋다고 한다. 호박엿 등
26	외	oriental melon 오리엔탈 멜런	瓜[guā] 꾸아	マクワウリ 마꾸와우리	참외의 방언 예) 외삼촌네는 외 농사를 지었다.
27	장	firmented foods 퍼먼티드 푸즈	酱[jiàng] 지앙	醤[しょう]油[ゆ] 쇼우유	간장과 된장, 고추장 따위 예) 장 종류 음식은 발효음식의 결정체이다.
28	잣	pine nuts 파인 넛츠	松子[sōngzǐ] 쏭쯔	チョウセンマツの実み 초우센마쯔노미	잣나무의 열매 예) 잣송이의 눈 속에 잣이 알알이 박혀 있었다.
29	전	fry 프라이	煎[jiān] 지앤	煎[いる] 이루	생선,고기, 채소를 얇게 썰어 기름에 지진 음식. 예) 명절 때면 전을 부치는 냄새가 가득했다.
30	조	millet 밀릿	粟[sù] 쑤	粟[アワ] 아와	곡식의 일종, 기장, 수수 예) 조는 무거운 이삭을 숙이고 있다.
31	죽	gruel 그루얼	粥[zhōu] 쪼우	粥[かゆ] 카유	곡식을 물에 끓여 알갱이를 무르게 만든 음식 예) 밥을 너무 끓여서 아주 죽이 되고 말았다.
32	즙	juice 주스	汁[zhī] 즈	汁[しる] 시루	수분이 들어있는 물체에서 짜낸 액체 예) 배 즙.
33	찜	a steamed dish 스팀드 디쉬	蒸[zhēng] 쩡	蒸[むし] 무시	각종 재료의 국물을 끓여 졸이는 요리법. 예) 갈비찜, 도미찜, 생선찜 등.
34	차2	tea 티	茶[chá] 차	茶[ちゃ] 쨔	마시는 차. 매실차, 설록차 등. 예) 그는 커피보다는 차 종류를 좋아한다.
35	찬	a side dish 사이드 디쉬	菜[cài] 차이	おかず 오카즈	밥에 곁들여 먹는 음식. 예) 찬이 없지만 많이 드시게나.
36	참	elevenses 일레븐지즈	点心[diǎnxin] 디엔신	おやつ 오야쯔	농번기에 식사 중간에 먹는 간식. 예) 새참, 중참
37	초	vinegar 비니거	醋[cù] 추	醋[す] 스	식초, 신맛이 나는 조미료의 하나 예) 초는 맛이 청염해서 여름 요리에 좋다.
38	칡	arrowroot 애로우루트	葛[gé] 끄어	葛[クズ] 쿠즈	산에서 자라는 덩굴 식물의 하나 예) 봄이 되면 친구들과 칡을 캐러 다녔다.
39	콩	bean 비인	豆[dòu] 또우	豆[まめ] 마메	콩과에 속한 한해살이 풀의 씨앗 예) 누나는 메주를 쑤려고 시장에서 콩을 사왔다.

번호	우리말	영어	중국어	일본어	참고
40	탕1	soup / 슾	汤[tāng] / 탕	汁物[しるもの] / 시루모노	제사상에 놓는 국의 높임 말. 예) 탕국은 제사상에 필수적이다.
41	탕2	soup / 슾	汤[tāng] / 탕		각종 음식 재료를 넣고 푹 끓인 것. 예) 설렁탕, 보신탕, 삼계탕 등이다.
42	톳	seaweed / 시위드	鹿尾菜[lùwěicài] / 루웨이차이	鹿尾菜藻[ひじきも] / 히지키모	갈조류 모자반과에 속한 바닷말. 예) 여름에는 톳으로 무침을 만들어 먹는다
43	티	tea / 티	茶[chá] / 차	茶[ちゃ] / 차	차나무의 잎을 따서 만든 음료의 재료 예) 허브티, 아이스티, 티백 등.
44	파	a welsh onion / 웰시오니온	葱[cōng] / 총	葱[ねぎ] / 네기	백합과에 속한 여러해살이 풀 예) 마늘, 파, 양파, 버섯 등 음식재료
45	팥	a red bean / 레드빈	红豆[hóngdòu] / 홍또우	小豆[あずき] / 아즈키	팥의 씨앗. 잡곡의 하나. 예) 팥으로 메주를 쑨대도 곧이 듣는다

화학·금속·기타

번호	우리말	영어	중국어	일본어	참고
1	금	gold / 골드	金[jīn] / 진	金[きん] / 킨	황색의 광택이 있는 금속 원소 예) 금도끼 은도끼.
2	납1	lead / 레드	铅[qiān] / 치엔	鉛[なまり] / 나마리	탄소족 원소의 하나. 납땜용 합금의 통칭. 예) 식품에서 납 성분을 검출했다.
3	납2	wax / 왁스	蠟[là] / 라	蠟[ろう] / 로우	벌꿀을 뜨거운 물에 녹여 채취한 흰색의 물질 예) 찢어지지 않게 천에다 납을 먹였다.
4	녹	rust / 러스트	锈[xiù] / 시우	錆[さび] / 사비	산화작용으로 쇠붙이의 겉에 생기는 물질 예) 시간이 흘러 대문이 녹이 슬고 칠이 벗겨졌다
5	놋	brass / 브래스	黄铜[huángtóng] / 황통	真鍮[しんちゅう] / 신쮸우	구리와 아연을 섞어서 만든 쇠붙이 예) 놋그릇이 손에서 미끄러져 떨어져서 깨졌다.
6	당	sugar / 슈가	糖[táng] / 타앙	糖[とう] / 도오	물에 잘 녹으며 단맛이 있는 탄수화물 예) 이 음식은 당 성분이 많이 들어있다.
7	동	copper / 카퍼	铜[tóng] / 통	銅[どう] / 도오	광택이 있는 붉은색의 금속 원소. 구리 예) 구리나 동이나 같은 말이다.
8	산	acid / 애시드	酸[suān] / 쑤안	酸[さん] / 산	물에 녹았을 때에 수소 이온을 만드는 물질 예) 염기는 산을 중화시켜 염을 만드는 물질.
9	약	medicine / 메디슨	药[yào] / 야오	薬[くすり] / 쿠스리	병, 상처 따위를 고치거나 예방하기 위한 물질 예) 의사는 약 처방, 약사는 약 제조.
10	은	silver / 실버	银[yín] / 인	銀[ぎん] / 긴	금속 원소의 하나 예) 그녀는 은으로 만든 팔찌를 찼다.
11	인	phosphorus / 포스포러스	磷[lín] / 린	燐[りん] / 린	질소족 원소의 하나 예) 쥐약, 성냥 제조에는 인이 쓰인다.

번호	우리말	영어	중국어	일본어	참고
12	철	iron	铁[tiě]	鉄[てつ]	쇠붙이를 통틀어 이르는 말
		아이언	티에	테쯔	예) 철은 녹이 잘 슨다.
13	황	sulfur	磺[huáng]	硫黃[いおう]	비금속 원소의 하나.
		썰프	후앙	이오우	예) 황 성분은 자동차 공해와 관련이 있다.

참조 및 인용

네이버 사전, 다음 사전, 유튜브 – 씨알의 꿈, 국립국어연구원 외 기타 다수.

한민족은 일음절의 천재들

초판 1쇄 인쇄 2023년 9월 25일
초판 1쇄 발간 2023년 9월 27일

저자 | 서재만
번역 | 중국어 : 홍성애
감수 | 김형관
발행인 | 김형관
발행처 | 다누리
주소 | 서울시 송파구 오금로 27길 25-25
전화 | 02)421-1472
홈페이지 | www.dasan119.com
등록 | 2023년 9월 19일, 제2023-000131호

가격 22,000원
ISBN 979-11-984752-0-6

* 이 서적의 출판권은 다누리에 있습니다.
  다누리의 허락없이 무단 복제, 발췌, 전재를 금합니다.